波兰历史的弄潮儿

——雅鲁泽尔斯基

作者：刘彦顺

世界知识出版社

图书在版编目（CIP）数据

波兰历史的弄潮儿：雅鲁泽尔斯基 / 刘彦顺著. —北京：世界知识出版社，2016.5

ISBN 978-7-5012-5229-9

Ⅰ. ①波… Ⅱ. ①刘… Ⅲ. ①雅鲁泽尔斯基（1923—2014）—人物研究 Ⅳ. ①K835.137=6

中国版本图书馆CIP数据核字（2016）第115353号

责任编辑 侯新鹏
责任出版 赵 玥
责任校对 陈可望

书　　名 **波兰历史的弄潮儿**——雅鲁泽尔斯基
Bolan Lishi De Nongchaoer—Yaluzeersiji

作　　者 刘彦顺

出版发行 世界知识出版社
地址邮编 北京市东城区干面胡同51号（100010）
网　　址 www.ishizhi.cn
电　　话 010-65265923（发行） 010-85119023（邮购）
经　　销 新华书店
印　　刷 北京毅峰迅捷印刷有限公司
开本印张 720×1020毫米 1/16 26½印张
字　　数 307.2千字
版次印次 2016年7月第一版 2016年7月第一次印刷
标准书号 ISBN 978-7-5012-5229-9
定　　价 49.00元

序

在现代波兰，对于沃伊切赫·雅鲁泽尔斯基将军的功与过、是与非，一直是褒贬不一，争议不休。然而，无论是褒他的，还是贬他的，都承认他在波兰历史上的重要地位。

《波兰历史的弄潮儿——雅鲁泽尔斯基》记述了雅鲁泽尔斯基一生的经历，是一本人物传记，但又不仅仅是人物传记。它在介绍雅鲁泽尔斯基人生经历的同时，也介绍了二战后人民波兰所经历的重大历史事件，勾勒出人民波兰由兴盛到衰亡的整个历史过程。在二战后四十多年的历史演变中，雅鲁泽尔斯基不止一次地在攸关国家前途和命运的关键时刻临危受命，在风口浪尖上奋力拼搏。尤其是在人民波兰存在的最后十多年里，他作为集波兰党政军三权于一身的最高领导人，处在决定国家历史发展方向的关键位置。在这样的历史关头，他不辱使命，敢于担当，并且，顺应历史潮流，果断做出抉择，显露了非凡的勇气和智慧。20世纪80年代初，波兰成功避免了苏联的军事干涉；90年代初，波兰又得以和平过渡到历史新时期，在这两件大事上雅鲁泽尔斯基都发挥了非常重要的历史作用。2014年5月25日，只差41天就满91岁高龄的将军，走完了自己艰辛曲折的人生道路，平静地离开了人世。为了表达对他的崇敬，国家为他举行了隆重的葬礼。可以说，雅鲁泽尔斯基将军襟怀坦荡，无私无畏，把自己的一生献给了波兰，至于他自己的功过是非，他相信历史和人民自会有公正的评说。

本书的作者是50年代初国家派往波兰学习的留学生，毕业后曾先后在波兰格但斯克中国总领事馆、华沙中国驻波兰大使馆，以及中国外交部苏联东欧司等单位任职，90年代初出任我国驻波兰大使。他不仅精通波兰语，对波兰的政治、经济、历史、文化有深入研究，而且，还有机会多次同雅鲁泽尔斯基会面，对这位将军有直接的了解。在写作本书时，他还参考了大量文献资料，包括不少波兰文资料，尽可能使本书的内容准确无误。须要提及的是，书中还有一些涉及波兰战后历史，特别是中波关系历史的鲜为人知的具体情节，这些细节或者是作者本人的亲历，或者是作者耳闻目睹的故事。所以，阅读这本书不仅可以了解雅鲁泽尔斯基的传奇人生，还可以具体了解人民波兰四十多年走过的崎岖曲折的道路。

我和作者是相识半个多世纪的老朋友，既是同事、邻居，又是笔友。20世纪50年代初，我们曾在相邻的两个中东欧国家留学，他在波兰，我在捷克。六七十年代，我们曾经是紧邻，在北京市朝阳区三里屯同一幢楼、同一个单元居住，他家在五楼，我家在四楼，相隔一个楼板。同时，我们都曾在外交部苏联东欧司工作，同属一个处，我们的办公室也紧紧相邻，仅一墙之隔。而现在，当我们都已年过八旬，步入耄耋之年的时候，我们又在燕达金色年华养护中心相遇，又成为同一幢楼、同一个单元的邻居。我们更是亲密的笔友，共同撰写和编辑过分析苏联解体、东欧剧变的文章和图书，共同参加过《世界外交大辞典》的编纂，在世界知识出版社的书刊里也凝聚有我们的一份心血。

我对我的老友活到老，学到老，辛勤创作，笔耕不断的精神感到由衷的敬佩。这些年来，他著书立说，撰写文章，成果颇为丰硕。

他即将发表的《波兰历史的弄潮儿——雅鲁泽尔斯基》同此前他撰写的关于波兰工人党总书记哥穆尔卡复出的《波兰十月风暴》，是相互呼应的姊妹篇。哥穆尔卡是人民波兰的缔造者，代表人民波兰之始，雅鲁泽尔斯基是人民波兰的终结者，代表人民波兰之终，这一始一终反映了人民波兰的历史沧桑。壮乎其始，悲乎其终，唏嘘兮，是为序。

世界知识出版社前总编辑　陈平陵

2015年12月22日

引 言

“条条大道通北京，所以我来了”

——我记忆中的波兰前总统雅鲁泽尔斯基

在当代波兰的政治版图中，雅鲁泽尔斯基（1923—2014）是一位毁誉参半、颇受争议的人物。在波兰人民共和国时期（1944—1989），他历任波兰人民军总参谋长、国防部长、政府总理、国务委员会主席、波兰统一工人党中央第一书记。1981年，面对波兰国内外的双重压力，“为了挽救波兰的社会主义制度”，他宣布实施战时状态，即“军管”，取缔了团结工会。1989年，为了探寻“波兰社会主义革新和民族和解”的道路，使波兰彻底摆脱困境，他倡议举行“圆桌会议”，就团结工会合法化、实行总统制和议会民主、进行经济体制改革等问题，同反对派达成协议。在卸任总统时，他动情地说：“我是怀着最好的愿望，在力所能及的范围内，诚恳而不张扬地履行自己的职责，庄严而有效地代表国家，努力争取人们对波兰正在进行的变革的理解和支持，至于成败得失，任由他人评说。”2014年5月25日雅鲁泽尔斯基在华沙病逝。

因为工作关系，我与雅鲁泽尔斯基有过接触，他对中国的友好态度给我留下了很深的印象。

早在50多年前的1958年，我刚参加工作不久，曾陪同我国驻格但斯克总领事，应邀出席波兰西部城市什切青解放周年庆祝大会。在酒会上，我第一次见到雅鲁泽尔斯基。当时他同我们握手寒暄，简短谈话。虽然是“一面之识”，但给我留下了深刻的印象：他是一位年轻的将军，有一张娃娃脸，腰杆笔挺，说话很有礼貌。

雅鲁泽尔斯基20岁时，参加在苏联组建的波兰军队，经受了第二次世界大战战火的洗礼。当二战的硝烟散去之后，他在波兰年轻的军官群体中脱颖而出，被送往苏联军事学院深造。1956年他33岁时，晋升为少将。1957年，任第12机械化师师长。当时，他是波军中最年轻的将军之一，是哥穆尔卡新领导当政后提拔上来的新人。

酒会上，他的举止颇引人注目，什切青省外事处长有意介绍我国总领事与他相识交谈。雅鲁泽尔斯基彬彬有礼，语气诚恳，说了不少友好的话，称赞中国人民伟大，中国是波兰的朋友。这些话，在20世纪50年代中波两国关系友好时期虽然可以常常听到，但如此年轻的一位将军，却讲得如此热情和诚挚，这成为总领事同我常常忆起的话题。

第二次见到雅鲁泽尔斯基，是在1972年夏我国驻波兰大使刘述卿上任拜会的时候。此时的中波关系，由于受中苏论战的影响，早已疏远和冷淡。而此时的雅鲁泽尔斯基，也早已不是从前的雅鲁泽尔斯基了。他在军旅生涯中扶摇直上，平步青云。他在党内和军内的地位不断上升，由少将晋升为中将、上将，由国防部副部长晋升为总参谋长、国防部长，由中央委员晋升为政治局候补委员。当刘述卿大使提出要拜会作为国防部长的雅鲁泽尔斯基时，波方很快就表示同意，并做出了安排。

这是一次礼节性的拜会，雅鲁泽尔斯基会怎样接待我大使呢？

是草草了事，还是热情好客？是同我国大使在意识形态问题上进行争辩，还是在国家关系问题上寻找共同语言？带着这样的问题，考虑到中波关系的现状和雅鲁泽尔斯基在党内的地位，细心的刘述卿大使在前往国防部之前，对可能发生的情况做好了充分的准备，甚至还问到我第一次见到雅鲁泽尔斯基的印象。

按约定好的时间，刘述卿大使在武官、武官处官员和我的陪同下，前往波兰国防部。不出所料，雅鲁泽尔斯基表现出波兰人特有的好客精神，接待非常热情。宾主十余人围坐在一张大会议桌周边，雪白的桌布一尘不染，桌上满满地摆放着鲜花、多种茶点、水果和饮料，这显然有别于一般的只请客人喝一杯咖啡的接待规格了。看得出来，雅鲁泽尔斯基颇为重视同我国大使的这次会面。他注意听取我大使的每一句话，并滔滔不绝地讲出了自己的观点。他谈分歧也谈友谊。我发现他每一段谈话都似乎遵循一个思维定式：友谊—分歧—友谊，从两国友好关系出发，克服存在的分歧，达到发展友好关系的目的。我感到双方的谈话有一个共同点，就是求同存异。

这次拜会很成功，刘述卿大使同雅鲁泽尔斯基交谈了一个多小时，名义上是礼节性拜会，实际上是一次重要的高级别的观点沟通，对增进中波双方的理解是十分有利的。

第三次见到雅鲁泽尔斯基是1986年，在他访华前夕接受我国《人民日报》记者采访的时候。我作为使馆的政务参赞，同记者一道前往部长会议大楼，我的任务是向雅鲁泽尔斯基介绍记者。

此时的波兰历史已翻过了团结工会兴起时的社会动乱和实施军事管制的一页。此时的雅鲁泽尔斯基已经辞去国防部长、部长会议主席等政府职务，只担任波党中央第一书记和国务委员会主席。但人人知道，他同历届中央第一书记不同，他作为波兰军队中唯一的一位大将仍握有实际的军权，仍高踞在波兰政坛的顶峰。结束军管后的雅鲁泽尔斯基雄心不已，他试图引导风雨飘摇的波兰摆脱政治和经济危机，摆脱国际处境的孤立。当中苏关系出现缓和的兆头和中国同东欧国家——波兰、捷克、匈牙利、保加利亚、民主德国关系走向正常化的时候，当民主德国最高领导人德国统一社会党中央总书记昂纳克准备在我国国庆节过后正式访华的时候，雅鲁泽尔斯基假借访朝和访蒙之机，提出了顺路访华的要求。人们感到，雅鲁泽尔斯基之所以选择这样的时机访华，显然是试图在改善国家关系问题上波兰要争取走在民主德国的前面。但因时间仓促，中方难于安排正式访问，只能安排工作访问，对此波方也表示同意。就这样，中波之间就雅鲁泽尔斯基访华事达成共识，安排在我国国庆节前夕9月28日至30日进行工作访问。

雅鲁泽尔斯基接受我国记者采访，这是前所未有的事，双方都颇为重视。在波方礼宾官员的陪同下，我和记者一同前往雅鲁泽尔斯基的驻地。我们走进一间简朴而明亮的、墙壁上悬挂几幅油画的会客室。稍候片刻，雅鲁泽尔斯基出现在我们面前，同我们握手寒暄。印象中他那永不衰老的娃娃脸和他那挺拔的腰身依然如昔，但头发已经稀疏，颌下多了些许的褶皱。他请我们在一起合影，然后请我们坐在一张大圆桌周围，开始了同记者的谈话。

雅鲁泽尔斯基事先已经知道记者提出的问题，入座后便直奔主题，一口气谈了很长时间。他阐述波兰国内政治经济形势和波党的政策，深入浅出；他回顾近年来中波两国关系的发展，语气诚恳。他强调说，我们波兰人牢记着中国同志在波兰历次困难时期所给予的同情和支持，牢记着近几年来中国同志友好地满足了波兰在经济方面的某些需要。他希望通过《人民日报》转达他对中国人民的问候和敬意。

离开雅鲁泽尔斯基的驻地，我们回味他的谈话，回顾中波两国关系中的重要事件，我觉得他讲得很实在。中波两国和两国人民之间存在着传统友谊，1956年波兰十月事件时，毛泽东支持哥穆尔卡

雅鲁泽尔斯基（中）、记者（左）和本文作者

反对苏联的大国沙文主义，成为经久不衰的历史佳话。1970年波兰十二月事件时，中国同意波方提出的“以船换肉”的要求，帮助波兰缓解了市场供应的紧张。1980年8月，波兰陷入政治经济危机，周边环境恶化，中国当即表示：波兰发生的事情是波兰内部事务，中国主张波兰问题由波兰人自己解决，反对外国干涉波兰内部事务。随后，中国雪中送炭，尽管当时中国国内市场供应并不宽松，但仍主动提出向波兰提供长期无息猪肉贷款和低息商品贷款。1981年12月，波兰实施军管，西方进行制裁，东方虎视眈眈。在波兰国际处境极其险恶之时，中国再次声明：波兰事务应由波兰人民自己解决，坚决反对外来干涉，希望波兰问题在符合波兰国家和人民利益的基础上和平解决。历史事实证明，每当波兰人民处境困难的时候，中国一再以其自己的声音和行动，表达了中国人民对波兰人民的同情和支持。

1986年9月28—30日，雅鲁泽尔斯基按照计划，如期对中国进行了工作访问。

这是雅鲁泽尔斯基第一次，也是30年来波兰统一工人党中央第一书记首次访问中国。虽说是工作访问，但实质上与正式访问相差无几。除了没有安排正式欢迎仪式和鸣放礼炮之外，他受到了中方最高规格的接待，邓小平、李先念、胡耀邦等中国党政最高领导人都出面与他会见或会谈。这次访问重要的历史意义在于，它恢复了中波两党和两国最高领导人之间的接触，恢复了多年没有来往的党际关系，使长期曲折起伏的中波关系实现了全面的正常化。

雅鲁泽尔斯基同邓小平一见如故。他握着小平同志的手，快人快语，说出了他事先准备好的话："人们说'条条大道通北京'，所以我就来了。我知道，你是杰出的政治家，是一位世界性的领袖，也是中国发展和现代化纲领的总设计师。"邓小平欢迎雅鲁泽尔斯基访问，说自己年岁比较大，一般见客人比较少。"但是"，邓小平用欢快的四川语调说："波兰同志远道而来，不见面总不礼貌嘛！特别是我理解你们的处境，你们是从困难的环境中走出来的。"

从邓小平的言谈话语中，雅鲁泽尔斯基了解了中国共产党人的探索和追求以及信心和勇气，也感到了中国对波兰问题的理解和对波兰处境的同情。他激动地说："见到了你，大大增加了我此次访问的意义。""我将永远记住这次会见，它有利于我们同你们伟大的人民永久的友好情谊。"

中波两国之间本没有根本的利害冲突，中波两国和两国人民之间存在着传统友谊，每当波兰发生政治经济危机时，中国都伸出同情和支援之手。雅鲁泽尔斯基身居高层，更是深知内情。他对邓小平说："在我们最困难的时期，你们对我们采取的措施表示理解，认为它是我们的内部问题。另外，你们还向我们提供了援助、贷款、外汇存款、商品。波兰人很珍惜这一切。波兰人的说法是'患难见知己’啊!”“波兰人民将永远牢记中国人民的深情厚意!”

雅鲁泽尔斯基访华，获得了圆满成功。他走在了民主德国昂纳克（1986年10月）、保加利亚日夫科夫（1987年5月）、匈牙利卡达尔（1987年10月）、捷克斯洛伐克胡萨克（1988年9月）等领导人的前面。他以军人特有的兵贵神速的姿态，抢占先机，给人留下了深刻的印象。

雅鲁泽尔斯基返波后，更加重视中国改革开放的经验。1988年，波兰翻译出版了邓小平文集《走向社会主义的中国道路》。雅鲁泽尔斯基认为，邓小平关于走中国特色社会主义道路的思想，对波兰共产党人是一种启迪。他认为“过去说‘波兰已进入建设发达的社会主义阶段’这种说法是有害的，实际上波兰还处于过渡时期，还需要回答什么是社会主义的问题”。他还强调，中国改革开放的成

1992年驻波使馆国庆招待会，雅鲁泽尔斯基（右2）、女儿莫尼卡、刘彦顺大使及大使夫人李惠娣参赞合影

功，将是对波党的支持，也是对他本人的支持。波兰新任驻华大使沃西尼亚克赴任前夕，雅鲁泽尔斯基指示说："研究中国改革的经验，是波兰新任大使的重要工作内容。"

1992年，我出任中国驻波兰大使。此时的雅鲁泽尔斯基虽然已是退休的总统，但并未销声匿迹，常常出席欧美西方国家和俄罗斯驻波兰大使举行的招待会，也应邀出席我在使馆举行的国庆招待会。在这些社交场合，我同他也时有见面寒暄和简短交谈的机会。有时我们还谈及波兰剧变的历史经验和教训，他坦然地说：波兰在20世纪80年代初实施"战时状态"，从军事角度讲，是一个胜利；但从政治角度看，则是一次失败，波兰统一工人党不得不为此付出高昂的代价。他还认为，"战时状态"结束后波党对局势的评估太肤浅了，盲目乐观，高枕无忧，是自己让雷鸣般的掌声欺骗了，是自己被热烈支持的赞美声蒙蔽了，这是波党沉痛的经验教训。他的话虽然不多，但颇有分量，是痛定思痛。

刘彦顺

目 录

第三章　团结工会兴起的前后（1971—1981）

第四章 战时状态的实施和结束（1981—1983）

第五章　剧变前风光平静的年代（1983—1987）

第六章　昙花一现的历史性大妥协（1987—1989）

第七章 “你们的总统，我们的总理”（1989—1990）

第八章 黄昏时节的云起云落（1991—2014）

第一章

童年和流亡西伯利亚

（1923—1943）

一、玫瑰色的童年

沃伊切赫·雅鲁泽尔斯基，1923年7月6日生于波兰卢布林省的库鲁夫。父亲瓦迪斯瓦夫和母亲婉达都受过高等教育，父亲曾毕业于捷克的一所农学院，是农艺工程师。祖父有地产，有庄园。

雅鲁泽尔斯基的家庭出身，有过两种不同的填写。在中学读书时，登记表上填写为“庄园子弟”，而在苏联参军时，则说“出身于劳动知识分子家庭”。雅鲁泽尔斯基后来解释说，这样的不同，是可以理解的。在那时苏联的西伯利亚，在那个讲求阶级成分的战争年代，出身劳动知识分子家庭，虽然不是最好，但也不是最坏的了。

雅鲁泽尔斯基有一段梦一样的美好童年。当时他们家住在祖父的Trzecina庄园。附近有花园和公园，周围的自然环境十分幽美。一条名叫布罗克的小河，欢快地流淌着，清澈的河水弯弯曲曲地流

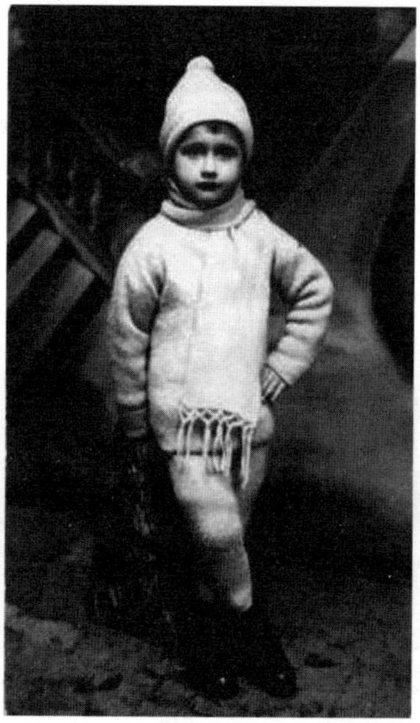
三岁时的小雅鲁泽尔斯基

入布格河。夏天，孩子们可以在河边戏水。冬天来临后，大雪纷飞，银装素裹，在结了冰的河面上，孩子们驾驭着爬犁奔跑和呼啸。有几次他拿着祖父的猎枪追打野兔，这可是他最感到惬意的时候了。祖父的庄园里有马厩，有犬舍。祖父送给他一匹小母马，雅鲁泽尔斯基十分喜欢，给小马取名叫库茨卡。

雅鲁泽尔斯基5岁的时候，母亲婉达送给他一件礼物，一本题名《小兵罗莱克》的小书。罗莱克是书中的小主人公，他参加了拿破仑统率的军队，随同拿破仑南征北战，打了一个又一个胜仗。书的结尾是罗莱克一觉醒来，从天上回到了人间，原来他的光荣的军旅生涯，只是一个美丽的梦。尽管当时雅鲁泽尔斯基还不会读书写字，但拿破仑的高大形象已进入他幼小的心灵。他羡慕罗莱克头上戴着的那顶拿破仑军帽，心里想如果能戴这样一顶帽子该多美啊！

这本小书，雅鲁泽尔斯基视为珍宝，因为小书的扉页上，还有母亲的亲笔题词。后来这本小书成为雅鲁泽尔斯基一家的传家宝。

二、教会学校的学生

童年，那无拘无束的童年，很快就在玫瑰色的晨雾中渡过了。这之后，雅鲁泽尔斯基来到华沙，进入了一所天主教中学学习。他是住宿生，在这所学校学习和生活达6年之久，直到1939年9月第二次世界大战爆发的时候。

雅鲁泽尔斯基的学生证

学校是玛利亚教派神甫们创办的。管理颇为严格。早晨6点时，神甫点燃蜡烛，拍着手，呼叫起床。起床后大家跪在床头做祷告。然后是做早操，吃早饭。早、中、晚三餐前后，都必须祷告，感谢上帝的恩赐。

雅鲁泽尔斯基认为，中学校的严格管理，自然也不是什么坏事，世界上哪有什么绝对的自由！一个人从小开始，就不断地受大人的训导。大人说“这个不准动，那个不准碰，不能走这里，不能去那里”，甚至还强迫你“必须喝下自己不喜欢的红菜汤”。这些“训导”和“必须”，对于每一个正在成长中的年青人来说，也是一种人生的历练。更为重要的是，也是雅鲁泽尔斯基感恩不尽的是，在中学，老师们的教导使他养成了好学和读书的习惯。他手不释卷，博览群书，对波兰语言和文学产生了特别的兴趣和爱好。他与同龄的文学青年一样，有过这样那样的成名成家的梦想，但他从来也未想到过自己会成为军人。

1939年9月1日凌晨，停留在格但斯克港口的纳粹德国军舰，突然炮击驻守在维斯特尔普拉特半岛的波兰守军，打响了第二次世界大战的第一枪。9月10日，16岁的雅鲁泽尔斯基和妹妹随同父母离开了炮火纷飞的波兰。他们赶着马车向东方逃去。为了躲避纳粹德国飞机的轰炸，他们白天藏身在深林中，夜晚披星戴月地赶路。在新格罗得镇那里，他们从广播的消息中得知，德军已经占领了华沙，苏军也从东方跨过边界进入了波兰。波兰沦陷了。

雅鲁泽尔斯基一家四口逃离战火中的波兰

为什么苏军也来了，人们议论纷纷，但无从知晓其背后隐藏的奥妙和秘密。于是他们逃往立陶宛避难，暂住在一个朋友的庄园内。当时立陶宛还是独立的，可过后不到一年的时间，即被划归苏联。厄运开始降临在雅鲁泽尔斯基一家人的头上，年轻的雅鲁泽尔斯基开始经历了人生不堪回首的苦难。

三、流亡西伯利亚

在波兰人民共和国（人民波兰）期间，雅鲁泽尔斯基很少详谈他这段经历，常常用“战时旅居苏联”这样一句话轻描淡写地概括了事。可实际情况却是无比沉重的。

1941年6月的一个早晨，几名荷枪实弹的士兵闯入他们的居所，一位立陶宛人用立语和波语宣读了对他们实施流放的决定，没收了他们的证件，以及一把芬兰刀、一架科达克照相机和现金99个马克3个卢布，并命令雅鲁泽尔斯基的父亲单独整理行装。随后他们一家四口人被押送到火车站，分别押上了两节不同的车厢。在维尔诺郊区站，火车停留了一天半的时间，进行重新编组。父亲乘坐的那节车厢脱钩而去，直接把父亲送进了劳动营。他们同父亲分开了。母亲和两个孩子紧紧地抱在一起，默默地为父亲祝福平安，然而谁都不知道等待父亲的是何等残酷的命运。

雅鲁泽尔斯基和母亲、妹妹乘坐的火车走走停停，用了一个多月的时间，才到达了目的站——西伯利亚阿尔泰地区的比斯克。然后他们改乘马车，又走了180多公里的路，到了一个名叫图拉查克居民点住了下来。从此之后，18岁的雅鲁泽尔斯基走进深山老林，开始了繁重的伐木劳动。

比斯克的东正教教堂

生活条件是出人意外的艰苦。气温在零下40甚至50度以下的冬天，寒风凛冽，砭人肌骨。从事着超强体力劳动的伐木工人，更因战争年代的物资匮乏和供应紧张而饥肠辘辘。但说起来也奇怪，正是在这样的艰苦的环境中，雅鲁泽尔斯基对俄罗斯人的认识，却悄然地发生了变化。

可以毫不夸张地说，雅鲁泽尔斯基自从来到人间之后，就受到了家庭的反俄和反苏教育。他的祖父参加了反对沙皇俄国的一月起义，起义失败后被流放到西伯利亚，遭受了八年的苦难，大部分的家产都被没收了。他的外祖父在1920年险些被送上绞刑架。他的父亲在1920年波俄战争中是一名志愿兵，是打败了苏俄军队的一条好汉。在这样的家庭中，雅鲁泽尔斯基从小仇视俄国，也就不足为奇了。但在西伯利亚的深山老林中，他发现了俄罗斯人的善良。这些俄罗斯人，这些普通的西伯利亚人，同他一样，有着一样的命运，承受着一样的苦难，忍受着一样的折磨。特别是在冰天雪地里，他们把仅有的一个面包拿了出来，同他在一起分食，这看似平常的举动，却深深地打动了雅鲁泽尔斯基的心，改变了他对俄国人的态度。

雅鲁泽尔斯基说，他理性地认识到，俄罗斯是一个伟大的国家，是波兰块头庞大的邻国。斯拉夫的民族本性和民族特点的相似，以及恩恩怨怨的历史，把波兰和俄罗斯连结在一起。俄罗斯欺压过波兰，而且很厉害。但人们不会忘记，波兰也欺压过俄罗斯，在1610年到1612年波兰人成为克里姆林宫的统治者。人们说斯大林主义害了波兰，但也应看到斯大林主义的第一个牺牲者，不是波兰人，而是俄罗斯人。有着这样历史的俄罗斯和波兰，这两个斯拉夫民族，理应和睦相处，而不应因为过去的恩怨情仇相互猜疑和仇视。

四、圆了参军梦

1941年6月苏德战争爆发了。在二战战火的炽烈燃烧中，苏联同波兰在伦敦的流亡政府之间的冰冷关系开始融化。苏联宣布废除1939年苏德签订的秘密瓜分波兰的“莫洛托夫—里宾特洛甫条约”，与此同时，还同波兰流亡政府签订了共同反德的“互助协定”和“军事协定”，同意波兰在苏联境内组建一支由波兰将军安德斯统领的波兰军队——安德斯军团。

消息传到了西伯利亚的深山老林，唤起了雅鲁泽尔斯基参军报国打回波兰去的希望。1942年1月，他同母亲和妹妹商量后，决定偷偷地前往比斯克，报名参加安德斯军团。

在比斯克他们见到了走出劳动营的父亲，他们一家团聚了，居住在古尔斯卡街37号。父亲在劳动营只待了几个月的时间就变了模样。在维尔诺郊区站分手时，他是膀阔腰圆精力充沛的壮汉，而今竟成为瘦骨嶙嶙奄奄一息的病夫。他病了，但当时缺医少药，不到半年，1942年6月4日他就离开了人世，葬身在异国他乡，时年仅53岁。多年过后，当雅鲁泽尔斯基在波兰声名显赫之时，苏联方面专门为其父修墓立碑，以示友好。

雅鲁泽尔斯基本来要报名参军，才长途跋涉来到比斯克的。但他来晚了，这时的安德斯军团正准备离开苏联前往中东，因而未接受他的报名申请。命运就是这样，失之毫厘，谬之千里。他只迟到一步，参军的希望就落空了。但生活还要继续，雅鲁泽尔斯基又进入深山老林继续伐木。终年不化的冰雪，反射着刺眼的阳光，雅鲁泽尔斯基的眼睛受伤了，他害了雪盲症。

雅鲁泽尔斯基失去了父亲，又失去了一次梦寐以求的参军机会，他感到无比的失望和痛心。殊不知这失去了的却为他开启了未来人生的更大的意想不到的机会的大门。

1942年8月，安德斯率军远走中东。不久后1943年4月，波苏关系则因卡廷事件（见附件1）而恶化，苏联借机宣布与波兰流亡政府断绝了刚刚恢复不久的外交关系。与此同时，苏联扶持旅苏的波兰共产党人组建了波兰爱国者联盟，并支持波兰爱国者联盟筹建一支波兰军队——科希秋什科波军第一师。1943年7月，波军第一师正式成立（后扩大为第一军），它隶属于苏联白俄罗斯方面军，由未同安德斯军团一道撤往中东的贝林格将军任总指挥。

消息传来，雅鲁泽尔斯基欣喜若狂，参加波兰军队，打回波兰去！破灭了的梦想复活了。1943年5月，雅鲁泽尔斯基报名参加了波军第一师，7月，他被送往梁赞军官学校进行培训。他终于圆了他的当兵梦。他高兴，他终于能够为祖国波兰服务了。他写信告诉母亲说："亲爱的妈妈，我将永远同过去的我一样，任何人也不能轻易地改变我的信念。"

但在那残酷的战争年代，他未来的命运究竟会是什么样子呢？他的信念会不会发生变化呢？他自己不知道，别人也不知道，也没有什么人能为他做出准确无误的预测。

第二章

战火的洗礼与平步青云

（1943—1970）

一、在梁赞军校的日子

1943年夏，20岁的雅鲁泽尔斯基参军了。

当兵的感觉真好！当他脱下破旧的衣衫，穿上波兰的军服时，当他手握钢枪，高唱波兰军歌时，他感到了幸福和自豪。他觉得，他可以不再去听俄国人说过的那些刺耳的话了："为了反对法西斯，我们俄国人正在浴血战斗，可你们的安德斯到哪里去了？"反之，他还可以对俄国人说："我们波兰人没有逃避，我们波兰人将去战斗。"

说起来雅鲁泽尔斯基也是一位有知识的青年，他报名参军后即被送到梁赞军官学校接受训练和深造。1943年9月1日，军校正式开学。军校的领导是苏联和波兰军官混合编制，校长是波兰人——沃帕钦斯基少校，雅鲁泽尔斯基所在的那个营的营长是苏联人——科斯特里科夫上尉。

在梁赞军官学校的日子

军校的生活秩序井然，但十分紧张和严格。雅鲁泽尔斯基想起了中学时代，那时候学校的严格管理同军校相比，简直是小巫见大巫了。在军校，值勤官呼叫起床是命令式的、粗暴的。起床后是晨练，不管天气多么冷，都要脱光上衣，长跑，用冷水洗漱。之后是集合、点名、报数、整理着装、列队，唱着波兰军歌《当朝霞升起的时候》去用早餐。然后是持续七个小时的训练，直至用午餐的时候。午餐后继续训练三个小时。一天下来，最难忍受的不是累，而是饿。

可是在那战争年代，口粮是定量的。雅鲁泽尔斯基不记得当时他们每人每天的面包定量是多少了，但任何时候他也忘不了当时分配面包的方式和方法。就餐时十几名士官生坐在一张餐桌前，然后一齐转过身去，背对着餐桌。这时值勤官开始按就餐人数切面包，分菜和汤。饥肠辘辘的士官，谁都看不见哪片面包切得厚，哪片面包切得薄，谁都不知道哪盘汤盛得满，哪盘汤盛得浅。片刻过后，值勤官高声询问：谁要这一份？这时就餐的士官有平等和自由的回答权，谁愿意应承说：我要，并报出自己的名字，值勤官就把这一份给谁。保证人人有份。使用这种“盲目自由选择”的办法，目的只有一个，就是要保证分配的公正，避免因偏心好恶而引起的纠纷。要知道，那可是战争年代啊，口粮有多么缺乏和珍贵啊！太缺少粮食了。

在训练场上，教官的要求严格得近乎残酷。常常听到的训词是："训练多流汗，战场少流血"。有了这样的思想指引，一个动作要反复操练，直到教官满意为止。在雅鲁泽尔斯基的记忆中，他忘不了他做匍匐前进的动作时教官的口令：卧倒，爬行！那男低音的吼声，如闷雷轰顶，永驻耳中。这种严格的训练的目的之一，就是要使绝对服从成为军人的本能。这是带兵打仗的要求，是军队的铁的逻辑。雅鲁泽尔斯基认为，他的切身经验表明，受过严格训练的军人，在战场上的感觉自然会比没有经过严格训练的更轻松一些。

给雅鲁泽尔斯基他们授课的政治教官中，多数是前波兰共产党人，其中赫赫有名的如马特温。这可是一位大人物，后来他担任了波兰统一工人党中央书记。在雅鲁泽尔斯基这群士官的心目中，马特温等共产党人如同"圣人"一样，帮助他们认清战争形势，描绘出未来波兰国家的蓝图。马特温等人的讲课，使他们受益匪浅。雅鲁泽尔斯基进一步认识了列宁的伟大和斯大林的天才。后来有人批判说这是"洗脑"，雅鲁泽尔斯基则不以为然。雅鲁泽尔斯基说，后来在战场上，当他看到士兵们从战壕中跃身而起，呼喊着"为了祖国，为了斯大林"，冲锋陷阵，流血牺牲的时候，他对斯大林的景仰和信任就更加深刻和无疑了。

梁赞军官学校纪念碑

在梁赞军校的日子里，雅鲁泽尔斯基最感惬意的莫过于唱军歌的时候了。当他们高唱《连队之歌》来结束一天紧张的训练的时候，一种民族自豪感油然而生：

我们是波兰军人！1943年12月，雅鲁泽尔斯基以全部科目均获满分的优异成绩，为军校学习画上了圆满的句号。他被授予准尉军衔，被分配到以董布罗夫斯基命名的波军第2师步兵第5团，任侦察排排长。

雅鲁泽尔斯基军旅生涯的序曲在嘹亮的军歌声中落下了帷幕。

二、从奥卡河到易北河

养兵千日，用在一时。1944年1月，波军第2师步兵第5团，从梁赞出发，开赴前线，抵达斯摩棱斯克，作为战略第2梯队，准备投入战斗。

年青的军官雅鲁泽尔斯基，意气风发、斗志昂扬，他率领的侦察排，或进行火力侦察，或深入敌后，神出鬼没，屡立战功。当他们有了战马代步的时候，侦察排如虎添翼，雅鲁泽尔斯基即升任为骑兵侦察队队长。兵书说“知己知彼，百战不殆”。第5团随大军向西，一路挺进，一路凯歌，自然这里面也有一份侦察情报准确的侦察队不可抹灭的功劳。

骑兵侦察队常常走在队伍的前面。1944年7月下旬，它渡过布格河，临近维斯瓦河东岸。维斯瓦，波兰的母亲河，当雅鲁泽尔斯基饮马河畔的时候，他感慨万千。他回忆说，多年来异国他乡的生活结束了，他站在维斯瓦河岸边，感到了“整个波兰在心中燃烧”。8月，第5团在普瓦韦地区展开了强渡维斯瓦河战斗。这是一场“异常困难的战斗”“我们从侦察中得知，敌人调来了增援部队”，但第5团官兵表现顽强，显现出波兰军人英勇杀敌的风貌。9月，第5团投入解放华沙市位于维斯瓦河东岸的布拉格区的战斗。这之后，在解放华沙的战役中，雅鲁泽尔斯基率部从北郊进入华沙市区。1945年1月17日华沙解放，雅鲁泽尔斯基参加了解放华沙的阅兵式。此时的雅鲁泽尔斯基已晋升为少尉军官了，阅兵式后即获得了第一枚银质军功章。

解放华沙后，雅鲁泽尔斯基随军转战波兰沿海地区，在解放波罗的海沿岸、强渡奥得河、挺进易北河的战斗中，在彪炳史册的攻克柏林的战役中，都留下了他的身影和足迹。他和第5团曾在解放了的科沃布热格向大海举行宣誓仪式，他曾潜入位于柏林北部希特勒最早修建的一座集中营——萨克森豪森集中营，成为解放这座集中营的英勇的波军战士中的一员。1945年5月4日，雅鲁泽尔斯基及其所属的部队挺进易北河，同美国的先头部队会师。

挺进易北河，雅鲁泽尔斯基感到无上的光荣，他和他的战友们书写了波兰的历史。38年后，雅鲁泽尔斯基在一次讲话中回顾说："正是在38年前，1945年5月4日至7日，我作为波兰军队第5步兵团的一名军官，经过从奥卡河开始的漫长的前线跋涉，来到了易北河边。能够穿着波兰的军装，站在德意志帝国的腹地易北河边，这是一件大事。当时我觉得这已经是波兰的最后一次战争了。由于这次战争的胜利，不会再有任何威胁了。"

雅鲁泽尔斯基经受了反法西斯战争最后阶段的战斗洗礼。他在自己的战斗岗位上，不怕牺牲，骁勇善战，屡立战功。可以说，战争节节胜利之日，正是他崭露头角之时。1945年5月11日，第5团举行胜利大阅兵，接受第一军军长波普瓦夫斯基将军的检阅。此时的雅鲁泽尔斯基已晋升为中尉。从解放华沙到攻克柏林，在不到半年的时间内，雅鲁泽尔斯基先后获得银质军功章三枚，勇士十字勋章两枚，同时获得波兰最高军事十字勋章——韦尔图梯·米里塔里十字勋章一枚。雅鲁泽尔斯基已成为波军年轻军官中的佼佼者。

自然，雅鲁泽尔斯基也是战争的幸存者。在战斗空隙时，他常常给远在西伯利亚的母亲写信，向母亲倾诉战场中的见闻和思考。波兰经受了战争的浩劫，华沙变成了一片废墟和瓦砾，战争结束了，他为之献身的祖国的将来会是什么样子呢？在胜利后最初的日子里，在驻扎尼斯河西岸的营地里，他写信对母亲说："亲爱的妈妈，你肯定知道，战争结束后有多少困难的事情和问题需要去解决。尽管人人都有各自的看法，但我仍然是过去的我，我理解我为波兰工作和服役的职责，不管这个波兰将是什么样子，也不管这个波兰将要求我们做出什么样的牺牲。"

这封信的字里行间洋溢着雅鲁泽尔斯基爱祖国爱波兰的思绪和情怀，表明了经过战争洗礼的雅鲁泽尔斯基为波兰服役的决心更加坚定了。但战后的波兰会走向何处？雅鲁泽尔斯基又将以何种姿态投入未来波兰的建设呢？

三、不再是"过去的我"

"我仍然还是过去的我"。雅鲁泽尔斯基安慰他自己的母亲，强调他秉持为波兰服役的始终一贯的不变的意志。从这一点上看，没错，他确实仍然是"过去的我"。但实际上这时的他，思想和信仰已经发生了深刻的变化，他在波兰军队中的地位和作用也显露出变化的苗头。他已经不再是"过去的我"了。

战争一结束，雅鲁泽尔斯基所在的部队，立即渡过尼斯河返回波兰，先是驻守波捷边境，尔后又奉调至波兰东南部地区，参加剿除各种地下武装组织，包括所谓的乌克兰起义军的斗争。雅鲁泽尔斯基满腔热情地投入了保卫新生人民政权的军事行动。他不断地进步，不断地得到上级领导的青睐，1946年7月他晋升为上尉，1947年3月他被选派到陆军学院深造。至此，雅鲁泽尔斯基完成了他在作战部队中担任侦察军官的职责，他告别步兵第5团，告别战争岁月中情同手足的战友，开始走向新的远大而未知的征程。

在陆军学院，经过半年多的学习和训练，雅鲁泽尔斯基以优异的成绩毕业。这期间，他光荣地加入了波兰工人党。这之后，他留校任战术课教官。1948年7月，他开始跻身于校级军官的行列，晋升为少校，时年25岁。对雅鲁泽尔斯基来说，陆军学院就是他的家。他喜欢读书，读了不少的书。他无忧无虑、不愁吃、不愁穿，还有薪饷。他还能把节省下来的部分薪饷汇寄给母亲和妹妹，他高兴自己能养家糊口了。雅鲁泽尔斯基认为，他一生中最幸福的时光就是在陆军学院度过的，当时他是一个快乐的单身汉。

他入党了，这是他在前进道路中做出的重要的抉择，跨出的关键性的一步。但他并没有把这件事告诉给自己的母亲，他担心会刺伤母亲的心。母亲是虔诚的天主教徒，她很难想象儿子会离经叛道。然而这个可爱的儿子却同母亲背道而驰了，走上了一条母亲难于同意和接受的道路，不仅背离了宗教信仰，接受了唯物主义世界观，而且还要在波兰实现科学社会主义。这哪里是“过去的我”呢！雅鲁泽尔斯基自己不说，可母亲心里有数，她十分担心儿子会陷入政治斗争的泥潭。母亲内心深处的痛苦，雅鲁泽尔斯基早就有所觉察，他看望母亲时一再表白：“妈妈，请相信我吧！我做的事，只有我确信它是正确的，我才去做。”

雅鲁泽尔斯基回忆他与教会和宗教关系时说：“我生于极其传统的天主教家庭，并受教育和成长。祖辈和父母积极参与一些天主教的活动。每个星期天我们都去大董布罗瓦教堂做礼拜。从1933年到1939年这六年我在华沙别拉纳区教会中学读书。我常常愉快地回忆起这些年的人与事，我的老师和同学。战争爆发了。在西伯利亚，同教会没有任何联系。同上帝的心灵对话不足以弥补空虚的一切。因为只有身在教堂，才能肯定自己的宗教信仰。当然我也如此。”

“我参军了。我又同教会拉开了距离。但在我从前线写给母亲和妹妹的信件中，我表明了我的信仰。这些信件一直保存至今。战后，我一步步地远离了宗教。与其说我年青时的宗教信仰是什么发自肺腑，莫如说它是家庭、学校培养的感情和实践。波兰人——天主教徒，这是从曾祖父、祖父传承下来的神圣不可侵犯的教条。”

“我头上‘一片霞光的天空’的出现，比起扬·帕兰多夫斯基书中的主人公，要晚了许多年。到了40年代后期我才摆脱了宗教信仰。1947—1948年在中央陆军学院学习时，我的政治信仰和世界观才发生了转折性的变化。”

“像我们所说的那样，我接受了科学的世界观的概念和灌输。但我并不是庸俗的咄咄逼人的无神论的信徒。我极其尊重教会，尊重宗教赋予我们民族生活的历史价值。教会的道德影响，虽然不常常是有效的，这令人感到遗憾，但它却是无比寻常的珍贵。信仰本身就是一种道德价值。我尊重那些真正的信教者。我甚至羡慕他们有了宗教和道德的归宿，精神和感情的寄托。反之，我过去和现在都厌恶这样一些人的行动，他们正像俗话所说的那样，跪在圣像脚下，貌似祷告忏悔，实则心怀鬼胎。”

雅鲁泽尔斯基不再相信上帝了，那么又是谁一而再地把幸运恩赐给他了呢？在雅鲁泽尔斯基前进的道路上，意想不到地发生了两件事，一是他被陆军司令波普瓦夫斯基将军发现了，二是他被选派进入马列主义夜大学。

用中国的典故来说，陆军司令波普瓦夫斯基将军就是发现雅鲁泽尔斯基这匹千里马的伯乐了。有一次，波普瓦夫斯基将军到陆军学院视察工作，观看了由雅鲁泽尔斯基少校指导的战术训练，很满意，给予好评。雅鲁泽尔斯基不知不觉地走进了波普瓦夫斯基将军的视野。过后不久，波普瓦夫斯基将军派员赴格但斯克视察驻军工作，特地将雅鲁泽尔斯基列入视察小组委员会成员名单中。1949年1月，雅鲁泽尔斯基晋升为中校，2月，组织上决定调他到陆军总军训部任职，把更重的担子压在雅鲁泽尔斯基的肩上。

从1949年2月至1957年10月，在总军训部的八年多的时间内，雅鲁泽尔斯基历任预备役军官培训处处长、在职军官培训处处长、总军训部副部长、部长等领导职务。这期间，对他影响最大的事，莫过于1952年被选派进入马列主义夜大学学习了。当时，马列主义夜大学是"冶炼"波兰党政军高级干部的熔炉。每周上课两次，学期两年。由波兰最有声望的专家学者，如哲学家沙夫、经济学家布鲁斯、历史学家图尔莱伊斯卡等教授授课。他们讲授马克思主义哲学、政治经济学和社会发展史，讲授列宁、斯大林关于国家和革命的学说，讲授国际共产主义运动和波兰工人运动史，以及国际关系史等。在夜大学，勤奋好学的雅鲁泽尔斯基系统地掌握了马克思主义和列宁主义，用理论和知识武装了头脑。雅鲁泽尔斯基回忆说，夜大学的学习，是高水平的讲课同生动有趣的讨论相结合，如果说从前他只是直观地感觉到战前波兰不好，可现今他却从理论上认识到人民波兰走的道路——对内坚持社会公正，对外与苏联结成同盟——是正确的。他相信，这种建立在理论和知识基础上的认识是十分牢固的。当时沙夫教授的《马克思主义初探》一书，名噪波兰，雅鲁泽尔斯基曾反复阅读，爱不释手。他评价说，这本书通俗易懂，有逻辑性和说服力。但，多年过后，出现了一个奇怪的现象，这就是昔日向雅鲁泽尔斯基灌输马列主义的多位老师，却变成了科学和知识界反对派的急先锋。雅鲁泽尔斯感慨万分，这真是"时代的荒谬"！

夜大学的学习，使雅鲁泽尔斯基受益匪浅。1953年12月他晋升为上校。1955年出任总军训部学院管理局局长，在波普瓦夫斯基将军的直接领导下工作。1956年7月，雅鲁泽尔斯基走进将军的行列，擢升为少将，时年33岁，成为波兰人民军最年轻的将军之一。1957年3月，任总军训部副部长。10月，他调离总军训部，出任沿海军区第12机械化步兵师师长，驻守在波兰西北部边陲重镇什切青。时至今日，雅鲁泽尔斯基在回忆他在总军训部的岁月时，仍然表示他对波普瓦夫斯基将军心怀谢意，感谢这位波军陆军司令的知遇之恩。

波普瓦夫斯基将军是苏籍波兰人，1956年夏他返回苏联，他给雅鲁泽尔斯基留下了抹拭不掉的记忆。

从1947年到1957年，弹指间，雅鲁泽尔斯基一步一个脚印，从一位上尉跃升为将军，成为波兰军界冉冉升起的明星。这期间，雅鲁泽尔斯基虽然是许多痴心女郎梦中追求的偶像，但他还没有坠入爱河，仍然是“快乐的单身汉”。

四、爱情的故事

1960年，雅鲁泽尔斯基同巴尔巴拉女士在什切青结婚了。

谁是他们俩的月下老？答案是人们意想不到的，竟然是中国的钢琴家。事实果真如此。

人人都有过一段谈情说爱的故事，有人把它深深地藏在心底，有人喜欢夸耀和张扬，更有人因羡慕朋友的爱情浪漫和美满而编织出一些脍炙人口的故事，虚虚实实，真假难分，但无一不扣人心弦，吸人眼球。

说也凑巧，恰恰是中国钢琴家傅聪的演奏会，为雅鲁泽尔斯基和巴尔巴拉这对青年男女提供了相识的机会。那是1955年初夏的一个夜晚，华沙国家音乐厅灯火辉煌，听众如潮。人们在等待一睹年轻的中国钢琴家傅聪的风采，倾听这位东方学子对肖邦音乐的诠释。不久前，在肖邦音乐国际大奖赛中，傅聪获奖，他的名字在华沙广为人知，他演奏的肖邦的马祖尔乐曲深得波兰人的好评。热爱肖邦和喜欢音乐的波兰人，关注傅聪的演奏会，许多听众，慕名而来，音乐厅内，座无虚席，其中就有雅鲁泽尔斯基上校和他的朋友。

演奏会即将开始，一位女士急匆匆地从雅鲁泽尔斯基身旁走向前去，寻找座位。她迟到了，引起了雅鲁泽尔斯基的注意。“她是谁？你认识吗？”雅鲁泽尔斯基悄悄地问坐在身边的伙伴。他的朋友

华沙国家音乐厅大楼

告诉说，这位女士叫巴尔巴拉，是华沙大学的老师，日耳曼语言文学学者。雅鲁泽尔斯基看了看坐在侧前方的这位女士的背影，未再说话。

音乐会开始了，音符在钢琴家手指上跳跃，明快的节奏拨动听众的心弦，雅鲁泽尔斯基沉浸在美妙的琴声之中。说也奇怪，他好像有了一种幻觉，只见这位迟到的女士踏着马祖尔乐曲的节拍向他走来，身姿窈窕、脚步轻盈、气质非凡。雅鲁泽尔斯基产生了强烈的求爱的愿望，音乐会中场休息时，他请朋友把他介绍给巴尔巴拉女士。就这样，中国钢琴家的一场音乐会，为两位素不相识的年轻人架起了一座鹊桥。两个人走到一起了，开始了热恋。

军人和学者，不同的职业，不仅不是彼此融为一体不可逾越的藩篱，恰恰相反，反而为两位情侣带来了更多的快乐话题。他们在一起说古论今，无话不谈。从军事到文学，从哲学到历史，从波兰到世界，都是他们的谈资。巴尔巴拉发现，她热恋的这位上校经历丰富，涉猎广泛，说起事来，有具体有理论，她很喜欢听。

有一次她问雅鲁泽尔斯基为什么不信教了？雅鲁泽尔斯基告诉

说，他背弃宗教信仰，妈妈很伤心。但背弃一种信仰，同时又接受另一种信仰，是一个不可抗拒的彼灭我生的过程。这个过程可以说始于他参军之时，终于他入党之日。在前线作战日子里，部队远离了教堂，见不到神甫。师部的随军牧师，除了过年过节外，是很少露面的。这样的环境使他的宗教感情一天比一天淡薄了。与此同时，波兰人民军是以马克思主义意识形态为行动指南的，日复一日，耳熏目染，他也就不知不觉地接受和相信马克思主义了。“这也是存在决定意识啊。”雅鲁泽尔斯基好像作了个小结。

I żyli długo i burzliwie...
Fotografia ślubna, 1 grudnia 1960 r.

1960年12月1日，结婚照，
但愿天长地久，激情澎湃……

“那你怎样认识列宁和斯大林？”巴尔巴拉又追问一句。

“列宁，神圣啊，伟人啊！英明的领袖啊！”雅鲁泽尔斯基脱口而出。“斯大林么，是天才！”雅鲁泽尔斯基肯定了斯大林。接着他补充说，自从赫鲁晓夫的秘密报告后，人们认为斯大林是“要手腕的天才，玩阴谋诡计的天才，天才的恶魔、罪犯”，可斯大林做了两件事是不容抹煞的，一是他领导苏联人民打赢了第二次世界大战，一是他帮助波兰人民收复了西部地区。

“啊！你说斯大林帮助了波兰？”巴尔巴拉的声音中充满了惊讶。

“巴秀，你说我说的不对吗？”雅鲁泽尔斯基反问了一句。

急性子的巴尔巴拉没直接回答。“行啦，行啦，军人是政治动物，我们不谈政治了。”

巴尔巴拉转变了话题。她告诉雅鲁泽尔斯基，不久前她又重新翻阅了歌德的《浮士德》，好像又有了新的发现。雅鲁泽尔斯基说，他也读过《浮士德》，看来，歌德是崇拜女性的。雅鲁泽尔斯基顺口说出全书结尾的句子：“永恒的女性呀，领导我们前走！”说到这里，雅鲁泽尔斯基还不等巴尔巴拉讲完她的新的发现，就显出他身为军人的特色，来了个兵贵神速。他放低了声音说，“巴秀！我给你背诵几句《浮士德》中的小诗吧：

攻打敌人的寨子，
攻打女人的坚城，
攻打虽然费功夫，
犒赏很隆重，
所以将士们，
个个都奋勇。”

雅鲁泽尔斯基的两眼闪出了明亮的光。永远像小弟弟一样的那张娃娃脸显得又顽皮，又可爱。巴尔巴拉感到了雅鲁泽尔斯基不仅知识渊博而且铁血柔肠。

几年热恋过后，雅鲁泽尔斯基和巴尔巴拉女士走进了婚姻的殿堂。1963年，他们生有一女，名莫尼卡。

莫尼卡结婚后生有一子，名古斯塔夫·费迪尼亚克—雅鲁泽尔斯基。可爱的小外孙是一家人的掌上明珠，雅鲁泽尔斯基决定把母亲婉达送给他的那本小书《小兵罗莱克》送给了外孙，作为雅鲁泽尔斯基家族的传家宝。

雅鲁泽尔斯基和巴尔巴拉

雅鲁泽尔斯基和女儿莫尼卡

莫尼卡·雅鲁泽尔斯基

五、出任国防部长

雅鲁泽尔斯基从普通军官跻身将军行列的年代，正是二战后国际关系进入冷战并全面展开的年代。在欧洲分裂、对峙、军备竞赛不断升级的浪潮中，在波兰国内阶级斗争和党内派系斗争不断尖锐化的声浪中，他乘势而上，表现出他作为年轻军人的两大特色。一是他对波兰人民政权忠贞不二；二是他坚持波兰同苏联的同盟。他是人民政权和波苏同盟的支持者、建设者、捍卫者，得到了历届波兰领导人的信任和倚重，也得到了苏方的信任和青睐。

在尖锐复杂的党内派系斗争中，雅鲁泽尔斯基谨言慎行，善辨风向，使自己始终立于不败之地。

雅鲁泽尔斯基是在1947年入党的。当时，苏美之间尚在维持一种战时形成的脆弱的同盟关系，与之相适应，波兰建立了以波兰工人党居主导地位的多党联合政府。在伦敦的波兰流亡政府总理米柯瓦伊契克回国参加了联合政府。这时的波兰工人党，根据波兰的民族特点、历史传统和现实情况，对波兰走向社会主义的道路问题进行了大胆的探索，提出了“波兰道路”的主张。总书记哥穆尔卡是这一主张的代表人物。雅鲁泽尔斯基入党时，尽管党内高层有人反对“波兰道路”，但“波兰道路”仍然写进党的第一次代表大会的决议，为党内多数所接受。时至今日，当雅鲁泽尔斯基回顾他入党动机时，他津津乐道地说，当初他参加的工人党是一个主张走“波兰道路”的党。言下之意是他当初的选择没有错。

1947年3月杜鲁门主义出笼了，东西方的冷战开始了。世界分裂为社会主义和资本主义两大阵营，尖锐对立，剑拔弩张。苏联加强了对波兰等东欧国家的控制，先后成立了共产党和工人党情报局、经互会、华沙条约。1948年3月，苏联和南斯拉夫关系骤然恶化，苏共利用情报局对南共发起围攻，置南共于死地。是年秋，在苏共直接指挥下，东欧各国展开了大规模清洗“铁托分子”运动。波兰工人党总书记哥穆尔卡因主张“波兰道路”而在劫难逃。

1948年9月，哥穆尔卡被戴上了“右倾民族主义”的帽子，被撤职，后又陷身囹圄。“波兰道路”遭到批判，波兰开始全面照搬苏联模式。1948年12月波兰工人党与波兰社会党合并，组成波兰统一工人党。党内反对右倾民族主义的斗争虽然激烈，但对于雅鲁泽尔斯基个人，并无负面的影响，他接受了统一工人党照搬苏联模式的路线，成为波兰统一工人党党员。在对斯大林个人迷信风行一时之时，他也逃脱不了盲目的崇拜。他迷信过斯大林。

事实表明，雅鲁泽尔斯基孜孜不倦追求的是建设和捍卫波兰的社会主义。但社会主义会是什么样子，他的认识和理解也是不断变化的，是随着波党中央领导适应莫斯科风向的变化而变化的。

在1956年6月波兹南事件爆发时，雅鲁泽尔斯基虽然不在波兹南，但他对当时波党领导动用军队一事是理解的。他认为发生流血悲剧很不应该，但示威群众以暴力手段焚烧公共建筑物，破坏了国内秩序，特别是当事态出现波及全国的危险的时候，被攻击的政权要保护自身也是必须的。波兹南事件过后，1956年7月，雅鲁泽尔斯基晋升为少将。雅鲁泽尔斯基说，此次提升“与波兹南事件无关”。

1956年10月，波兰统一工人党改朝换代。八年前被打下台的哥穆尔卡东山再起，苏波之间爆发了一场干涉和反干涉的斗争，闹到了剑拔弩张险些发生流血冲突的地步。哥穆尔卡向苏联争独立，争主权，要求苏联撤回安插在波兰军队中的苏联元帅——波党政治局委员、政府副总理兼国防部长、波军元帅罗科索夫斯基。赫鲁晓夫亲赴华沙进行干涉，并暗中调动驻波苏军，准备动手。华沙等地掀起了拥哥反苏的浪潮。波苏关系发生了剧烈的震动，这一事件，史称波兰十月事件。

哥穆尔卡在华沙群众大会上讲话

在十月事件中，时任军训总局副局长的雅鲁泽尔斯基，一方面信守军队是维护国家和社会稳定的柱石这一准则，支持党中央；一方面生怕波苏同盟遭到损伤，希望罗科索夫斯基元帅仍应留在波兰。雅鲁泽尔斯基敢于明确地说出留下罗科索夫斯基，这在波兰将军的群体中，独一无二，鹤立鸡群。他的这种表态，给波兰新领导，自然也给苏联留下了深刻而独特的印象。谁能说这对他日后的职务升迁和人生道路毫无影响哩！

1957年10月，他奉调出任沿海军区第12机械化师师长。在师长岗位上他工作至1960年。

1960年，雅鲁泽尔斯基再次离开作战部队，升任波军总政治部主任，晋级为中将。当时国防部长斯彼哈尔斯基元帅找他谈话，雅鲁泽尔斯基强调自己是作战部队的军官，在理论上和知识上缺少准备，恐怕难于胜任新的工作。斯彼哈尔斯基元帅哈哈大笑，"将军，你说错了。你是马列主义夜大学的优秀毕业生啊！"雅鲁泽尔斯基做梦也未想到这个"夜大学"学历竟为他开启了走进波军核心领导的大门。

雅鲁泽尔斯基在军内的地位不断上升，而且一帆风顺。1965年3月，任总参谋长。1968年4月，任国防部长，晋升为上将。

与此同时，1961年雅鲁泽尔斯基当选为第三届议会议员（此后直至1989年第九届议会连续当选为议员），1964年当选为波兰统一工人党中央委员（此后直至1989年7月连续当选为历届中央委员）。雅鲁泽尔斯基的活动领域扩大了，影响扩大了。在军内党内，在政府议会，都能听到雅鲁泽尔斯基的声音，看到雅鲁泽尔斯基的身影。

在雅鲁泽尔斯基的记忆中，常常浮现出1968年4月斯彼哈尔斯基元帅同他谈话的画面。斯彼哈尔斯基说话，慢腾腾地拖着长长的音节，他说，"领导决定要我担任国务委员会主席，国家元首，因此就有了一个谁当国防部长问题。我和领导商量，都认为国防部长非

1968年10月哥穆尔卡同格列奇科元帅和雅鲁泽尔斯基交谈

你莫属。”

雅鲁泽尔斯基回答说：“国防部长的职责并不总是同军队有关，我想集中精力在军中工作。”雅鲁泽尔斯基表示不愿接受新的职务。

“将军同志，你这样说，我怎么向领导回话呢？已经决定了的事，你必须去做啊。”

雅鲁泽尔斯基不断摇头。他知道，斯彼哈尔斯基说的领导就是党中央第一书记哥穆尔卡。他请元帅放他一马，进而他建议说“应该请科尔钦斯基将军担任部长”。在雅鲁泽尔斯基的心目中，科尔钦斯基参加过西班牙内战，打过游击，特别是他是哥穆尔卡的亲信和好友，这可是当部长的一张王牌。

斯彼哈尔斯基惊叫一声：“科尔钦斯基当部长？你开玩笑！不行，他不了解部队。”

电话铃响了。传来了哥穆尔卡的声音。“将军，你怎么了！难道

斯彼哈尔斯基向雅鲁泽尔斯基授予上将军衔

你不明白这是需要吗?!”

对雅鲁泽尔斯基来说，哥穆尔卡就是权威。“当哥穆尔卡把问题摆在刀刃上时，我是不能拒绝的。”就这样，雅鲁泽尔斯基继斯彼哈尔斯基元帅之后当了国防部长。哥穆尔卡在国防部长人选问题上没有任人唯亲，这使雅鲁泽尔斯基颇为感动。

六、葬母的故事

1966年，雅鲁泽尔斯基在总参谋长和国防部副部长任内时，噩耗传来，母亲逝世。

二战结束后，母亲同妹妹一道从西伯利亚返回波兰，定居在卢布林。母亲善良有文化，她知道雅鲁泽尔斯基抛弃了宗教信仰，走上了一条她难于赞同的道路。这使她感到了无比的悲伤，但她掩饰了内心深处的纠结，不仅不责怪儿子，反而祈求上帝保护儿子的平安。雅鲁泽尔斯基时常写信给母亲，信中免不了对时局的弊端说三道四，免不了会有不合时宜的只言片语，母亲担心这些白纸黑字日后会变成什么可能伤害儿子的证据，读过之后，均付之一炬。

母亲虔诚地信奉天主教，妹妹和妹夫也是虔诚的信徒。妹妹毕业于卢布林天主教大学，妹夫是该大学的教授。他们决定按宗教仪式为母亲举行葬礼。雅鲁泽尔斯基要去参加葬礼，但他身不由己，他在考虑，向国防部长斯彼哈尔斯基元帅是事先报告行踪，还是先斩后奏。雅鲁泽尔斯基认为，元帅迟早会在国防部活动简报中知道他去“参加天主教葬礼”的。这样的信息，与其让元帅从简报中看到，莫如让元帅事先知道，而且由他本人亲自报告为最好。因为将军参加天主教葬礼，触动了军中不成文的禁忌，如果处理不当，会招致不必要的非议。

雅鲁泽尔斯基走进斯彼哈尔斯基元帅的办公室。元帅对雅鲁泽尔斯基母亲逝世表示哀悼，说了些安慰的话。然后说了一句又同意又不同意软中有硬的话：“怎么办，你自己决定吧。但是，你知道我们在军队中是不鼓励我们的军官参加宗教仪式的。”

元帅“不鼓励”，但也未亮红灯。雅鲁泽尔斯基可以自行决定和自负其责。于是他脱下了军装，换上了便服，急匆匆地去了卢布林。

在卢布林，雅鲁泽尔斯基前往安葬母亲的墓地，向母亲告别，把鲜花和泥土抛洒在母亲的棺椁上。实际上，他参加了宗教仪式，但他未进入教堂作弥撒。他肃立在教堂门外，一道无形的意识形态的天幕，把母子二人隔离开来。雅鲁泽尔斯基的耳畔不断传来唱圣歌的声音，眼前不断浮现出母亲的身影、童年的爱抚、西伯利亚的苦难，一幕接着一幕，没完没了。感情和理智在较量，他想走进教堂，但又无力移动双脚。时至今日，他对当时的举止还感到一种歉疚和遗憾。

雅鲁泽尔斯基认为，如果他不去参加母亲的葬礼，那是不孝。如果他走进教堂，那会是对上的不忠和对下的不义。元帅讲了“不鼓励”的话，他不能听了不做，阳奉阴违。他作为总参谋长，本来也“不鼓励”下属做的事，他自己应以身作则，带头不做。因此，当时他的举止，可以说还是恰如其分的。但事后深思，他当时的表现，虽然没有百分之百的循规蹈矩，但他还是屈从于意识形态的压力，实在是胆怯有余而勇气不足了。

卢布林的教堂

这件事使雅鲁泽尔斯基联想起当时对教会和宗教的政策。波兰是一个天主教信众众多的国家。党和教会争夺群众，竞争激烈，冲突不断。在军中，虽然未明令禁止什么，但提倡不进教堂，不举行宗教婚礼，不给新生儿洗礼，不送孩子去上宗教课。谁如果不这样做，谁就可能被戴上“两面派”的帽子，招来直接或间接的后果，例如：不提拔、不晋升。雅鲁泽尔斯基认为，这种政策，是从“宗教是麻醉人民的鸦片烟”这一教条出发而制定出来的，是“自杀式的、不明智的”，是人民波兰“最沉重的历史性的错误之一”。波兰统一工人党在人民群众心目中的地位和作用，久而久之，因宗教政策的错误而不断地下降了。

七、波军参与侵捷事件

1968年，雅鲁泽尔斯基就任国防部长之际，恰是东欧局势动荡之时。华沙学生反苏示威的声浪未平，“布拉格之春”就迅速拉开了帷幕。

1968年1月，捷克斯洛伐克共产党中央（捷共中央）第一书记杜布切克执掌大权后，针对多年来照搬苏联模式的弊端，掀起了一场改革运动，对内推行民主化，对外反对苏联的控制。杜布切克提出要建设“新的、高度民主的、符合捷克斯洛伐克条件的社会主义社会”，主张走本国独特的社会主义道路。这场由捷共中央改革派发动的、自上而下的、史称“布拉格之春”的改革运动，引起了苏联的恐惧和担忧。苏联担心失去对捷的控制，担心改革之风在东欧蔓延，一再把波、匈、保和民主德国等国领导人召集在一起密谋对策。他们通过国际会议向捷施加压力，通过舆论进行围攻，通过军事演习进行威胁。在这一切手段均未奏效的情况下，在捷共“非常十四大”即将召开并准备把改革推向深入之际，苏联纠集波、匈、保、民德一起出兵侵捷。他们借口说，是应捷“邀请”，“帮助捷打倒反革命，保卫社会主义事业”。8月20日深夜，入侵开始。60万大军，7000辆坦克，从北、东、南三面，分兵18路，强行越过边界，一夜之间占领捷全境。“布拉格之春”燃起的改革的熊熊烈火，持续7个多月之后，终于在华沙条约五国大军的坦克履带下面熄灭了。

雅鲁泽尔斯基虽未随军入捷，但他进驻距边界仅数公里的前沿，为波军将士壮行。这次军事行动是由华沙条约武装力量参谋部协调指挥的。总司令是雅库包夫斯基元帅。在华约五国出兵侵捷问题上，雅鲁泽尔斯基认为，哥穆尔卡起了决定性的作用。哥穆尔卡害怕布拉格燃起的大火殃及波兰，他全力支持勃列日涅夫采取断然的军事行动。

雅鲁泽尔斯基曾经见过杜布切克，那是在华约国军队在布拉格举行参谋长会议之时。会后杜布切克接见了华约统一武装司令、苏联元帅雅库包夫斯基和所有与会者。杜布切克讲一口流利的俄语，显得谦虚和可爱。他宣称将不断加强同苏联的友谊和同盟。他强调对捷克斯洛伐克发生的事情，应该从积极方面去看，没有什么能够威胁社会主义，只是对诺沃提尼统治的反弹，引起了盟国的不安。但这是一时性的现象，是支流。杜布切克说话时很动感情，雅鲁泽尔斯基觉察到杜布切克的“眼中闪着泪花”，

雅鲁泽尔斯基认为，杜布切克“是一位诚实的、忠于理想的人，但他不够强悍，有时甚至束手无策。”这在当时意味着什么？“就意味着必须‘帮助’”。同杜布切克会见的情景，雅鲁泽尔斯基铭记心头。后来，当波兰陷入危机时，他常常想到杜布切克的形象和命运。

波兰和捷克斯洛伐克，同是斯拉夫国家，本来是友好的邻邦，但在20世纪却发生过两次波军侵捷事件。一次是1938年，一次就是1968年了。

1938年，波兰对德苏两大强邻奉行平衡政策的同时，对周边弱小邻国的政策也不是白玉无瑕的。波兰曾试图与匈牙利联手反捷，在捷划定波匈共同边界线。当英、法、德、意四国签订慕尼黑协议时，波兰立即向捷发出最后通牒，要求捷在12小时内交出切申地区。1938年10月2日至11日，波军进驻切申地区，获得土地801.5平方公里。但从国际政治角度看，波兰是得不偿失的。它使波兰站在德国一边参与了肢解捷的行动，从而在国际舆论面前和在捷克人和斯洛伐克人的心目中损害了好的名声。殊不知波军进占切申两周后，德国即以同意划定波匈边界线为诱饵，提出但泽和波兰走廊问题，把波兰定为下一步进攻的对象。

雅鲁泽尔斯基比较这两次入侵事件，他的看法是，1938年，波

兰是独立的国家，不是别人而是波兰自己下达了入侵令，占领了扎奥尔扎地区，并敲锣打鼓地宣称这是波兰武装力量的胜利。波兰总统前往扎奥尔扎视察，总统夫人同战士一道野餐，欢呼声一片。雅鲁泽尔斯基强调说，这是“主权国家作出的自主的决定，波兰实际上成为希特勒肢解捷克斯洛伐克的同谋，很可耻”。30年后，即1968年，华约五国侵捷，波兰不是主谋而是参与，波兰的目的也不是掠夺土地，三个月后波军即全部撤回。这自然有别于1938年。但1968年参与侵捷，雅鲁泽尔斯基强调说，这也是“波兰当代历史最黑暗的篇章之一”。

雅鲁泽尔斯基检阅部队

雅鲁泽尔斯基为军官授衔

参与侵捷，雅鲁泽尔斯基不是决策者，而是执行者。多年过后，雅鲁泽尔斯基承认，当时看过的许多关于捷克斯洛伐克形势危急的情报，其中包括来自华约的、来自波兰驻捷使馆的情况报告，有的是夸大其词了，有的甚至是虚假不实的。但他信以为真，执行了错误的决策。

八、十二月事件前后

波兰统一工人党中央第一书记哥穆尔卡，他1956年10月甩掉了“右倾民族主义”的帽子东山再起。当时，他对外向苏联要主权、争平等，对内主张走“波兰道路”。他彻底推翻了前任领导对波兹南事件的说法和结论，反对用武力镇压波兹南工人的示威。他指出，波兹南事件的性质，不是反革命，而是工人抗议“社会制度的弊端和我们对社会主义基本原则的扭曲”；事件的原因，“应到我们自己中间，到党政领导中间去寻找”，把它说成是帝国主义特务制造的，“这在政治上是非常幼稚的”。他告诫说，“失去了工人阶级的信任，就意味着失去了政权的道义基础，我们每个人除了他自己之外不能代表任何人”。哥穆尔卡的这些话，赢得了党内外广泛的支持。刚刚跻身将军行列的雅鲁泽尔斯基，聆听过哥穆尔卡的讲话，并把这些话牢记在心中。

后来，在苏联的压力下，哥穆尔卡不再提“波兰道路”了，哥穆尔卡本人也变得日益专横，刚愎自用。雅鲁泽尔斯基发现，党政高级干部“人人都怕哥穆尔卡”，对哥穆尔卡敬而远之。20世纪60年代末，有一次雅鲁泽尔斯基前往党中央去见中央书记莫查尔，讲了他从军情系统了解到的社情民意。他认为应该把人心不稳，可能出事的危险情况报告给哥穆尔卡。可莫查尔的反应却是一开口说了三个“不”字，这令雅鲁泽尔斯基感到十分意外。莫查尔说：“不，不，最好不报告！哥穆尔卡会发火的。”很显然，在莫查尔看来，只要哥穆尔卡不发火，就是天下太平，这比向哥穆尔卡报告真情实况更为重要。莫查尔不愿报告，雅鲁泽尔斯基也不愿越级去自讨没趣。

雅鲁泽尔斯基说，从1968年4月他出任国防部长直至1970年12月哥穆尔卡下台，哥穆尔卡从未找过他，同他谈话，他也没找过哥穆尔卡，军队的许多事是由西伦凯维兹总理给解决的。雅鲁泽尔斯基不越雷池，他心里想，党内有名的强悍人物莫查尔都怕哥穆尔卡，更何况他雅鲁泽尔斯基了。

雅鲁泽尔斯基和哥穆尔卡

不久后，1970年12月，风暴来临了。先是格但斯克造船厂工人为反对政府大幅度提高物价、特别是提高肉食品价格而于12月14日举行罢工，并走上街头游行示威，紧接着什切青等沿海城市也掀起了罢工浪潮。格但斯克街头发生了打砸抢烧事件，格但斯克省委大楼被纵火烧毁，一场突如其来的社会动乱震撼了整个波兰。但，这时的哥穆尔卡已经不是14年前波兹南事件时的哥穆尔卡了。他忘记了14年前他讲过的道理，他一口断定沿海工人罢工是“反革命挑衅事件”。因此解决问题的办法只能是压服。

12月15日（星期二），哥穆尔卡在办公室召集政治局委员开会，雅鲁泽尔斯基不是政治局委员，但他作为国防部长列席了这次决策性会议。在这次会议上，哥穆尔卡决定动用军队，用武力解决沿海地区发生的“挑衅事件”。哥穆尔卡甚至具体指示，军警可先朝天鸣枪示警，尔后再向地面射击驱散人群。哥穆尔卡责成西伦凯维兹总理向格但斯克下达了这一命令。

在这次会议上，无人反对哥穆尔卡的判断和决定。当时社会上盛传，雅鲁泽尔斯基态度暧昧，遭到软禁。实际上情况究竟如何，说法不一。后来有人问雅鲁泽尔斯基，当时是支持还是反对，为什么不反对？雅鲁泽尔斯基反问说，“当获悉有人杀害军警，焚烧党政办公大楼时，哪一个国防部长会站起身来说：这与我无关，我不管。难道世界上有这样的国防部长吗？我没听说过。”可见，当时雅鲁泽尔斯基也是赞同哥穆尔卡的判断和决定的。但，俗话说无风不起浪，无火不冒烟，传说中的雅鲁泽尔斯基的“不同意”，可能同雅鲁泽尔斯基未去格但斯克现场有关。在格但斯克，国防部参与现场指挥的是副部长科尔钦斯基将军，人们普遍认为，相比之下哥穆尔卡是更信任他的老友科尔钦斯基的。

会议决定向示威工人开枪，罪魁祸首是哥穆尔卡。结果在沿海地区造成45人死亡，1165人受伤。但枪声和坦克非但不能平息动乱，反而激起了更大的社会愤怒。波兰全国处于动荡不安之中。党政高级官员，包括雅鲁泽尔斯基在内都在思考：摆脱这场危机的出路何在？

九、回答就是一个“是！”

12月流血事件激化了波党政领导的内部分歧和矛盾，也引起苏联的关注和不安。12月16日苏联总理柯西金在莫斯科会见波兰出席经互会会议的副总理雅罗谢维奇，转述了苏共中央总书记勃列日涅夫的看法，说苏共认为“应该用政治手段”解决这场危机。两天后，12月18日，苏共中央政治局致信波兰统一工人党中央政治局，希望波兰防止事态的进一步恶化，用政治手段而不用武力，来恢复局势的正常化。苏共的信，对哥穆尔卡来说，无疑是沉重的一击。而对另一些人来说，无疑是巨大的鼓舞。哥穆尔卡的去留问题刹那间尖锐地摆在波兰统一工人党面前。

中央委员们议论纷纷。哥穆尔卡成为孤家寡人，盖莱克成为入主中央的最佳人选。盖莱克时任卡托维兹省委第一书记，他虽然是中央政治局委员，但并未出席哥穆尔卡召开的决策会议，在整个领导名声扫地之时，他受到的损害最小。为了迅速实现改朝换代，中央书记泰赫马到医院劝说哥穆尔卡退位，中央书记卡尼亚和内务部长什拉赫齐茨去卡托维兹迎接盖莱克出山。他们这些人事先在一起串联，密谋，并争取雅鲁泽尔斯基的支持。雅鲁泽尔斯基后来曾说，他表态坚定，他同泰赫马保持着联系，他回答泰赫马的话归结为一个字，就是“是”！与此同时，他还多次同卡尼亚交谈，他们之间的联系也是密切的。

雅鲁泽尔斯基说“是!”的时候，很有底气，这恐怕同他从苏联国防部长格列奇克元帅那里，事先知道了苏共领导的态度不无关联。12月19日，雅鲁泽尔斯基同格列奇克通了电话。

12月19日，波兰统一工人党中央政治局开会。盖莱克记述说：“西伦凯维兹宣布开会后，哥穆尔卡同医生一起来到会议室。医生讲了哥穆尔卡病情……哥穆尔卡说，他要治疗一段时间。在此期间，党应该由盖莱克同志作为临时召集人来领导。说完这句话他就离开了会场。他是作为第一书记——不履行职务的第一书记离开了会场。”这次会议持续7个小时之久。讨论主要集中在如何评价沿海事件的性质和采取怎样的解决办法，以及哥穆尔卡的去留问题上。盖莱克旗帜鲜明地说，他坚决反对把沿海工人的抗议说成“反革命”，他主张放弃使用武力，采取政治解决办法。有关选举新的第一书记问题，盖莱克坚持只要“哥穆尔卡仍然是第一书记，我们就不能选举新的第一书记”。西伦凯维兹明白盖莱克的想法，他当即表示前往医院，以便取得哥穆尔卡的辞呈。政治局会议暂时休会。一段时间过后，西伦凯维兹带着哥穆尔卡的口头辞呈返回会场。政治局会议复会，盖莱克不再坚持“不能选”的意见。

12月20日，波兰统一工人党举行七中全会，哥穆尔卡未出席。如果说此前的哥穆尔卡是“人人怕”，那么现在的哥穆尔卡则变成“人人批”了。孤家寡人，众叛亲离。他培养的接班人、政治局委员科乔韦克，向全会提出了改朝换代的动议，列举了三条理由，一是哥穆尔卡“不能理解也不愿理解事件的深刻的经济和社会原因”，二是哥穆尔卡“失去了控制事态发展的能力”，三是哥穆尔卡“失去了同工人阶级的共同语言”。听了科乔韦克的动议后，全会接受了哥穆尔卡的“辞职请求”，选举出盖莱克为党的新任第一书记。

雅鲁泽尔斯基和盖莱克

从1956年到1970年，执政14年的哥穆尔卡退出了历史舞台。他始则反对以武力镇压波兹南罢工工人，乘势东山再起，终则决定以武力镇压格但斯克罢工工人，被愤怒的工潮席卷而去，这既是他个人的悲剧，也是波兰的历史悲剧。雅鲁泽尔斯基反思这段历史时曾说，“在民主、公民自由和权利领域，我们犯有罪过。因此，我们的制度未能经受住考验。”例如哥穆尔卡，“他始于‘解冻’，而后却越来越使自己的政策走向僵化，终于导致了1970年12月的悲剧。”

波兰统一工人党实现了改朝换代，正是在这次全会上，雅鲁泽尔斯基当选为中央政治局候补委员。一年后，即1971年12月，波兰统一工人党举行第六次代表大会，进一步确立了盖莱克的领导地位。正是在这次代表大会上，雅鲁泽尔斯基当选为中央政治局委员。1973年，雅鲁泽尔斯基年满50岁时，为表彰他的功勋，国家专门立法在军中设大将军衔，雅鲁泽尔斯基晋升为波军中唯一的一位大将。在盖莱克执政的十年中，雅鲁泽尔斯基在军中和党内的地位，不断巩固和上升。他一步一步地向政治舞台的中心靠近，一步一步地走到了政治舞台的中心。

雅鲁泽尔斯基（右3）陪同盖莱克（右2）观看军演

第三章

团结工会兴起的前后

（1971—1981）

一、也喜欢过盖莱克

盖莱克从哥穆尔卡手中接过来了一个烂摊子。盖莱克十分清楚自己的处境，他说他“是在不信任和怀疑的气氛中上来的”，“党失去了人民的信任”，“已处于政治上、思想上和道义上破产的边缘”。他必须领导党重整旗鼓，另辟蹊径。

盖莱克采取的第一个行动是发表电视讲话，宣布用政治手段解决社会冲突问题。他指责前任“在经济政策上的主张未经深思熟虑”，“在政治上失去了同劳动人民的共同语言”。他着重提出了“同工人阶级和全体劳动人民进行磋商”是今后实施政策的指导方针。多年后他回忆说，他的“政策原则就是一句口号：‘再也不要出现十二月事件了’，也就是再也不要向社会开枪了。”

新官上任三把火。盖莱克的电视讲话是他放的第一把火。他划清了政策的界线，使沿海地区的枪声沉寂了。但动荡的局势并不因他的一句口号而平静下来，大小不同的罢工持续不断。特别是1971年1月23日，什切青造船厂又开始罢工，形势有进一步恶化的危险。

怎么办？这可是考验盖莱克言与行的关键时刻。盖莱克决定，偕新任总理雅罗谢维奇等党政高官一道，到罢工群众中去，亲自同罢工工人进行面对面的直接对话。1月24日，盖莱克和雅罗谢维奇等人从华沙乘飞机赶到什切青。在紧锁的造船厂大门前，他们受到手持木棒和铁棍的罢工工人的阻拦和询问，等了大约10分钟左右，罢工工人才打开门锁，允许他们进入。

映入眼帘的景象是，没有群众的鼓掌欢呼，只有罢工工人的惊愕和愤怒。他们开始同罢工委员会和职工代表对话，造船厂外集聚了一万多人收听实况。对话持续了九个多小时，直到第二天凌晨4点。对话的特点是，双方围绕党内和国内方方面面的问题，进行了激烈的交锋。盖莱克表示，他理解工人的要求、情绪和行动。他前来会见的目的，就是把国内的真实情况告诉大家，请大家谅解国家的困难。他保证不会对工人使用武力。

工人们要求社会公正和平等。他们说，“如果有必要的话，即使每天只有一碗菜汤可喝，我们也准备响应号召，进行劳动，但我们希望得到保证，那就是这碗菜汤的分配将会是公正合理的”。盖莱克恳请工人们的帮助，他说：“你们把我们也当作普通人吧！也像帮助他人那样帮助我们吧！我们都是用同样的泥土捏成的，如果你们肯帮助我们，我们就能共同地达到目的。怎么样，你们肯帮忙吗？”他问，工人回答说：“我们帮忙！”

盖莱克成功地放了第二把火，得到了工人们的谅解，缓和了社会的紧张气氛。“你们肯帮忙吗？”“我们帮忙！”这一问一答，成为波兰1971年最为时髦的口号。

盖莱克来到什切青造船厂

Proletariusze wszystkich krajów łączcie się!

GŁOS WYBRZEŻA

Organ Komitetu Wojewódzkiego Polskiej Zjednoczonej Partii Robotniczej

E. Gierek i P. Jaroszewicz spotkali się z przedstawicielami stoczniowców Szczecina i Gdańska

Rada Państwa ratyfikowała układ polsko-rumuński

Wczoraj w Warszawie

Podpisanie wieloletniej umowy handlowej między Polską i NRD

Polska-Szwecja

Umowa o morskiej

《海岸之声》关于盖莱克会见造船厂工人的报道

接着盖莱克又放了第三把火，决定重建被战争摧毁的王宫。王宫本是华沙古城的重要组成部分，二战后华沙古城迅速重建起来，唯独王宫依然是一片废墟，25年来沉睡在瓦砾之中，成为波兰人的一块心病。盖莱克把王宫定位为“独立的民族持续存在的象征”，“独立国家的纪念碑”，他决定立即启动重建王宫的工作，于1971年1月成立了公民重建王宫委员会，高高地举起民族的爱国主义的旗帜，赢得了社会上的广泛的支持。

盖莱克的三把火给人们带来了一种耳目一新的感觉。“再也不要向社会开枪了”，使人们松了一口气，也使雅鲁泽尔斯基松了一口气。多年后，雅鲁泽尔斯基在谈论往事时还高度评价说，与“人人怕”的哥穆尔卡不同，盖莱克上台“开始的时候，他令我喜欢，他吸引人们的眼球，甚至令人折服。在他的言谈举止中，会感到一种亲切、和蔼与长者风范。人们喜爱他，喜欢这种新的氛围。”

二、波军中唯一的大将

盖莱克，1913年生于卡托维兹矿工世家。他13岁就下井劳动。父亲因矿难事故逝世，他随母亲移居国外，先去法国，后到比利时，当了矿工。他参加了法共和比共。1948年回到波兰。1954年当选波兰统一工人党中央委员，1956年当选中央书记和政治局委员，后又兼任卡托维兹省委第一书记。他治理卡托维兹省13年，工作有方，政绩突出，声名鹊起。但他到了中央之后，又怎样领导和治理这个1956年和1970年两度陷入政治和经济危机的波兰呢?

三把火过后，盖莱克于1971年12月波兰统一工人党第六次代表大会上，提出了他的治国理念和行动纲领。他的如意算盘是，借助于从西方借入的贷款，来实现波兰经济的“高速发展战略”。后来人们称之为高速度、高投资、高消费“三高政策”。他还向社会描绘了“建设发达的社会主义社会”的景象，把“建设第二个波兰”作为他十年内准备实现的战略目标。实践表明，在70年代初期，盖莱克政策收到了立竿见影的效果，波兰经济出现了生产和消费同步高速增长的局面，出现了盖莱克的“奇迹”。市场供应充足，工人增加了工资，真是皆大喜欢。但好景不长，到了70年代中期，开始偿还美元外债的时候，波兰经济暴露出致命的弱点，发展的根基是不稳定的，市场的繁荣是虚假的。1975年波兰负债84亿美元，为出口外汇收入的26%以上，突破了国际公认的债务的安全线。1980年更猛增至近250亿美元。波兰跌进了外债的陷阱，盖莱克的政策难以为继。

1976年6月，政府总理在议会宣布提高食品价格，其中肉食品平均涨价69%，食糖涨价100%。政府企图以此缓解市场紧张状况，减轻国家财政负担。但出乎执政者意料之外，涨价的话音刚落，拉多姆市兵工厂工人的罢工即起。罢工中发生了流血冲突，更大的动乱有一触即发之势。刚刚走下议会讲台的总理，不得不走上荧屏，立即向全国宣布撤回涨价的成命。

执政当局慌了手脚，其结果是一场大的社会动乱虽然避免了，但更大更深的经济和政治危机已显露苗头。党内出现了意见分歧，出现了反对盖莱克的呼声和派别，社会上出现了有组织的政治反对派。政治反对派的代表人物是库龙和米赫尼克，他们成立了一个地下社团“保卫工人委员会”，有领导有组织地声援遭到逮捕的罢工工人，成为波兰政治角斗场中新的不可低估的因素。

危机正在逼近，可盖莱克对严峻的政治经济形势却熟视无睹，麻木不仁，坚持推行他的“高速发展战略”。时任《政治》周刊主编的拉科夫斯基不无感慨地指出，盖莱克本人“感染了他所激烈抨击过的一切旧的恶习”，盖莱克领导班子“正随着悲剧事件后的时光流逝，而力图忘却事件本身。更有甚者，还力图在实践中一笔勾销党内关于建立领导方法和保障制度的一切决定。对这种有害于人民、有害于党的倾向，要进行有效的抵制实际上是不可能的。有人提出了警告，'我们的方向走错了！'最高层的许多人听到了这种警告，但他们只把这种警告当作苍蝇的嗡嗡叫声而已。"

在盖莱克执政期间，雅鲁泽尔斯基在军中在党内的地位不断加强和上升。1973年，在经济"奇迹"的年头，雅鲁泽尔斯基迎来了50岁的生日。军中和党内掀起了一股为雅鲁泽尔斯基祝寿和庆功的浪潮，在报刊中出现了一片要求晋升雅鲁泽尔斯基为波军元帅的呼声。但此时的雅鲁泽尔斯基颇有自知之明，他强调二战时他只不过是尉官而已，并无显赫的战功，岂可戴上元帅的肩章，同朱可夫和蒙哥马利等元帅并列。最后，最高领导采取了折衷办法，修订了波军军衔制度，在上将和元帅之间，特地增设了大将军衔。就这样，雅鲁泽尔斯基晋升为波军中唯一一位大将。名义上不是元帅，实际上独此一人。

雅鲁泽尔斯基大将

可见当时盖莱克对雅鲁泽尔斯基的重视非同一般。可见雅鲁泽尔斯基在波兰政治舞台上的威望和地位举足轻重，已经今非昔比了。

三、同卡尼亚联手接权

自1976年拉多姆事件后，波兰经济形势不断恶化。执政者把寻找出路的目光又落在物价问题上。1980年7月1日，波兰政府决定提高肉类零售价格40%—60%。这项决定一经宣布，立即引起新的罢工浪潮，从华沙、罗兹等地开始，迅速向全国各地蔓延。8月14日，格但斯克造船厂工人开始了大罢工，他们把7月工潮推上了新的高峰。各地的分散的罢工联合起来了，成立了厂际罢工委员会。著名的政治反对派人士，如库龙、米赫尼克、马佐维耶茨基等人纷纷赶到格但斯克，给格但斯克—索波特—格丁尼亚三联城罢工委员会出谋划策当顾问。罢工的性质发生了质的变化，开始染上了浓厚的政治色彩。他们提出了21项要求，除经济要求外，要害是政治要求——成立独立于党和政府的自治的自由工会。

在强大的罢工浪潮的冲击下，波党领导内部分歧加剧，慌作一团。10年前答应盖莱克“我们帮忙”的工人们，收回了他们对盖莱克的信任。盖莱克发表电视讲话，表示同意罢工提出的经济要求，呼吁工人恢复劳动，通过政治磋商解决问题。但工人们不相信盖莱克的话，更不响应他的号召。当局派出三个以副总理为首的政府委员会，分赴什切青、格但斯克、卡托维兹，同那里的厂际罢工委员会进行谈判，工人们坚持成立独立自治的自由工会的要求，绝不退让。与此同时，波兰统一工人党中央，从8月24日至9月6日两周的时间内，连续召开四中、五中、六中三次中央全会，寻求摆脱危机的出路。貌似强大的盖莱克已失去了控制局势的能力。政治局委员、中央书记卡尼亚，在雅鲁泽尔斯基的大力支持下，走到了舞台的中心。通过四中全会撤换了政府总理，削去了盖莱克的羽翼；通过五中全会批准了政府委员会同厂际罢工委员会达成的协议，接受了成立自由工会的要求；尔后则通过六中全会干脆把中央第一书记盖莱克赶下台，由卡尼亚取而代之。

雅鲁泽尔斯基同卡尼亚有着十几年的交往和友谊。雅鲁泽尔斯基很钦佩卡尼亚在工作中表现的思想原则性和实用主义精神。虽然他们之间的接触主要涉及军队的政治思想工作，但在许多问题上彼此都能推心置腹。雅鲁泽尔斯基说:“我知道，卡尼亚想通过‘和解和斗争’，想通过‘理智和担当的力量’结成更广泛的同盟，来建设性地解决波兰问题。这种哲学，我感到合适。”所以“我热烈地支持他为第一书记候选人”。

波兰统一工人党重蹈覆辙，继1970年十二月事件后，又一次在工人罢工的声浪中改朝换代了。盖莱克失去了群众的信任，在党内也成为孤家寡人。卡尼亚指责盖莱克犯了“唯意志论的错误”，一味追求巨额的投资，举借巨额的外债，造成了经济发展的失调和社会生活的紧张。指责盖莱克违反党内生活的民主原则，中央政治局不民主。雅鲁泽尔斯基也抛弃了盖莱克，坚定地站在卡尼亚身边。

如果说十年前推翻哥穆尔卡时，卡尼亚曾是幕后推手，他争取了雅鲁泽尔斯基的支持，那么十年后的今天，卡尼亚则走上前台，实际上是他同雅鲁泽尔斯基联手，推翻了盖莱克。如果说十年前盖莱克从哥穆尔卡手中接过来一个烂摊子，那么十年后的今天，卡尼亚从盖莱克手中接过来的，不仅是一个烂摊子，而且是一个烫手的山芋。

1980年政府同罢工工人达成协议后，在格但斯克造船厂门前广场，为纪念1970年十二月事件而建立的纪念碑

根据政府委员会8月底和9月初分别同三联城和卡托维兹厂际罢工委员会达成的协议（史称8—9月协议），波兰独立自治“团结”工会，先在华沙省法院登记注册，后经波兰最高法院11月10日批准，成为合法的工人组织。瓦文萨担任了团结工会的主席。各地工人纷纷入会，会员人数猛增，号称千万之众。其中还有波兰统一工人党党员10多万人，党的中央委

员数十人。波兰的政治舞台出现了新的景观，在朝的波兰统一工人党同在野的团结工会两军对垒，教会势力居于中间，明一套，暗一套，左右逢源。

团结工会一旦取得了合法地位，它就抛弃了登记注册时关于承认波兰统一工人党领导地位的承诺，向当局提出挑战，展开了一浪高过一浪地夺权斗争。四中全会时上任、在位不到半年的政府总理显得软弱无力，不得不离开政治舞台。1981年2月，议会任命雅鲁泽尔斯基为总理。雅鲁泽尔斯基肩负起领导政府的重担，形成了卡尼亚—雅鲁泽尔斯基联手执政的局面。“一人之下，万人之上”，雅鲁泽尔斯基距权力的顶峰，只有一步之遥了。

四、出任政府总理

1981年2月初，卡尼亚多次来到位于克洛诺瓦街的国防部部长办公楼找雅鲁泽尔斯基长谈，要求雅鲁泽尔斯基出任总理。雅鲁泽尔斯基开始时推脱，犹疑不决，但在卡尼亚一再坚持下，最终还是同意了。当时他们商定，这只是一种“临时性的措施”，因此，雅鲁泽尔斯基不必辞去国防部长职务。他们认为，“将军总理，手中握有军权，可直接指挥军队，这本身无论对内和对外，都是可以说明问题的。”

但雅鲁泽尔斯基心里有数：当时波兰政治、社会和经济形势错综复杂，他承担的新的职责，是压在身上的无比沉重的担子。“在如此艰难的时候，我步入全然不同的领域。我知道，等待我的将是拼死拼活的努力，可我不知道，努力的结果是什么。这是一个大疑问。”他觉得，他面临巨大的风险，但他仍抱着一线的希望，能使国家从沉疴中解脱出来，因为他还有一定的本钱，这就是他“在军中服役多年获得的成果、地位和威信”。

雅鲁泽尔斯基为之“忠心耿耿服务的国家已陷入危机”。但他并未因之而失去对社会主义的信心。他说，“我相信社会主义制度的生命力和适应力，相信它的改革能力。1980年8月后的这段时间，我的认识没有丝毫的动摇。我相信社会主义的人道主义的内涵，是超越时代的道德价值。人们将永远地、在可以避免我们所犯的错误和失败的形式中，去追求它的实现。”

作为波兰统一工人党的活动家，雅鲁泽尔斯基敢于直面严峻的现实，他不无痛心地指出，“党在自己的旗帜和政治宣言中，凸现了、镌刻了工人阶级的作用。可现在恰恰在工人阶级中，团结工会获得了非常广泛的支持。这是一个明显的信号——现实社会主义的理论同人们的期待，两者之间有了分歧，而且这种分歧，令人痛心地加深了。”“这一切表明，我们应该首先从自己这里去寻找过失，从自己的治国思想方法和作风中去寻找。这不容易。”“我们接受了工人阶级的口号——‘要社会主义，不要对社会主义的歪曲’”，因此，为了人民和国家的最大利益，“应该寻找妥协”，“寻找和解”，“没有同团结工会的和解，就不能摆脱危机”。雅鲁泽尔斯基认为，这些思想，“不具有理论性质，但更具有实用主义的性质”，因之也不是什么由他倡导的意识形态的离经叛道的“邪说”，而只是他同意出任总理时的一些想法。

雅鲁泽尔斯基分析了号称千万之众的团结工会的组成，他认为，团结工会是一种政治上的酵母，它借助社会的不满，迅速地取得了强有力的地位和广泛的影响。团结工会内部存在着几个不同的政治流派，有极端的右派，也有坚定的信仰社会主义而对现实社会主义感到失望的人，在这部分人中既有波兰统一工人党的党员，也有党的中央委员。团结工会领导层中，有极端派，也有温和派。

雅鲁泽尔斯基接受了卡尼亚的要求，同意出任总理。他匆忙地搭起了一个政府班子。为了促进民族和解的进程，做好团结工会的

《政治》周刊主编米·弗·拉科夫斯基

工作，雅鲁泽尔斯基特地邀请拉科夫斯基参加政府工作，任副总理，并兼任工会合作事务政府委员会主席。这是雅鲁泽尔斯基政府特别引人注目的人事安排。

拉科夫斯基系《政治》周刊主编，波兰著名的记者和政论家。在波兰统一工人党内以其自由主义观点而名噪波兰和欧美。按拉科夫斯基自己的话来说，他是“被某些同志看成是烂透了的自由派分子和社会民主党分子”。

为什么选中了拉科夫斯基当副总理？雅鲁泽尔斯基有他自己的看法和想法。雅鲁泽尔斯基说，过去“拉科夫斯基在党中央委员会中不讨人喜欢。他主编的《政治》周刊常常受到攻击。一些军官对他发表的谈论军队的文章也很有意见。有时我也有同感。但随着时间的推移，我改变了自己的看法。”1980年11月，拉科夫斯基把自己的书稿《80年初期的共和国》送一份给雅鲁泽尔斯基传阅，一周后雅鲁泽尔斯基请拉科夫斯基到国防部部长驻地谈读后感。雅鲁泽尔斯基说：“原来你们编辑了解的事情比我们还多，而且看问题比我们更尖锐。”雅鲁泽尔斯基承认，在许多问题上评价正确的是拉科夫斯基而不是他。在雅鲁泽尔斯基的心目中，拉科夫斯基比周围许多人更早地觉察到现实社会主义的弊端，是一位革新和改革的坚定的信仰者，在改革问题上，可以做他的参谋和助手。

为了邀请拉科夫斯基参加政府工作，雅鲁泽尔斯基找拉科夫斯基谈话。肯定拉科夫斯基不久前发表的文章《尊重对手》写得好。好就好在拉科夫斯基的呼吁“把团结工会当作实实在在的伙伴对待”，提醒人们要进行认真的政治对话。雅鲁泽尔斯基语重心长地说，拉科夫斯基“同知识分子、艺术家们处得不错，无论是同新的社会势力对话，还是同知识分子对话，都是一个恰当的人选。”后来雅鲁泽尔斯基还说过：“我指望拉科夫斯基能同团结工会找到共同的语言，为和解准备土壤。”

拉科夫斯基准备抛开记者生涯步入政坛，他的妻子担心他走上一条很危险的道路，但百般劝阻都成了耳边风。拉科夫斯基想的是当了副总理，第一可以为国家做的事肯定比当编辑要多得多，第二还可以抛掉头上戴着的由“某些同志”加给他的恶名，获得“一种个人的满足感”。就这样拉科夫斯基“被将军拉上了政治舞台”。

人事安排就绪后，1981年2月12日，雅鲁泽尔斯基走上议会的讲台，发表了将军总理的施政讲话。

五、索取“90天安定的日子”

在议会的讲台上，雅鲁泽尔斯基环视四周，460个议员席位，座无虚席。这是他第一次以政府总理的身份在议会发表纲领性的讲话，他要向议员，并通过议员向全国人民传递一种信心，他要以自己对祖国和对社会主义的忠诚感染在座的议员，感染社会。

一阵轻声细语的议论过后，议会大厅里鸦雀无声。这也许就是黎明前的寂静吧！雅鲁泽尔斯基的脑海里倏然间好像闪现出侦察兵的身影，他敏锐地觉察到议员的目光从四面八方聚焦在他的身上。

雅鲁泽尔斯基打破了寂静，向崇高的议会阐明了他的执政理念和要求。

将军总理自有其独特之处。雅鲁泽尔斯基的讲话开宗明义，首先他把当总理定位为战士的值勤。他说：“我是一个战士，因而把每一项工作，把赋予我的每一项职责，都看成是值勤，看成是为人民、为社会主义波兰值勤”。在结束讲话时雅鲁泽尔斯基表示，议会给予他的信任，应归功于军队，因为这“体现了军队所有干部和战士的成绩，包含着他们每个人的一份劳动，显示了军队在社会中的威望和良好的声誉”。可见，将军总理之所以独特，就是他始终同军队是不可分割的、永不分离的一体。

在战场作战必须分清敌我友。“在事关波兰命运的问题上，态度必须明确，不容沉默，不容旁观，不容随波逐流”。雅鲁泽尔斯基明确地宣示，政府将把斗争的矛头直指“敌对的政治势力”、“政治操纵者”、“极端派”。雅鲁泽尔斯基说：“可恶的敌对的政治势力，正在针对社会主义和波苏同盟展开活动，企图渗透和利用团结工会的部分环节，并把它引向错误的、无政府主义的、背离社会主义的轨道。”雅鲁泽尔斯基呼吁，对此，“劳动人民是不应该同意的”，“应该抵制，应该同那些政治操纵者断绝往来，不屈服于极端派的压力”。“政府将向所有善良的、爱国的人们伸出真诚的友善的手”。在错综复杂一片混沌的形势中，雅鲁泽尔斯基划出了一条明确的敌我友的界线。

雅鲁泽尔斯基声明，他领导的政府“将认真地、始终不渝地为社会主义革新和社会主义民主而工作”。但政府“在罢工这个‘枪口’的威胁下”，又怎么完成它的使命！他强烈地指出，“破坏国家生活稳定的暗流必须加以制止。一个国家不容有两个政权并存。”否则，“威胁我们的不仅是经济凋敝，而且是同室操戈的冲突。”“保卫国家的制度价值，是宪法赋予政府的职责。对那些企图使历史车轮倒转走向反革命的人和进程，人民政权有足够的力量来阻挡他们的去路。”

雅鲁泽尔斯基的话掷地有声。这是他在履新的第一天，向那些一心想夺取政权的人发出的第一个警告。莫谓言之不预也！当他说“有足够的力量”的时候，他底气十足。人们知道他手中握有一支训练有素的军队，但人们不知道他将在什么时候和将如何使用这支军队。这位将军总理在施政演说中给朋友和对手留下了一个亟待破解的巨大的问号。

雅鲁泽尔斯基历数了政府现在和未来，特别在经济领域，应做的事情，提出了旨在改善生活的10点计划。他强调，要把计划变为现实，当前“最迫切的任务，就是实现生活的正常化”。他“呼吁工会和全体劳动人民停止一切罢工行动”，他要求“给我三个月勤奋工作时间，即90天的安定日子”，他要利用这段时间，整顿经济领域中的基本问题，进行广泛的社会对话，共同去实现去年达成的8—9月社会协议。雅鲁泽尔斯基指出，这种社会协议，大大小小总数有628份之多。如要全部满足其中的要求，即便是经济效益比波兰更好更高的国家也会被窒息。他直言不讳地告诉议会，他“不能许下不能兑现的诺言”。巧妇难为无米之炊。政府能做到的只能是“实际上有多少，才能分多少”。

雅鲁泽尔斯基在施政讲话中说了重话，也说了真话。但从总体上看，还是给人以机会和希望，表达了政府渴望安定和渴望正常的工作秩序的强烈愿望。

当雅鲁泽尔斯基走下议会讲台时，这位将军总理下意识地感到，战士值勤，只讲奉献，而不讲索取。可今天的他，为什么竟然伸出手来，在崇高的议会提出了“给我……”的要求呢？“三个月的勤奋工作时间，90天的安定日子”，难道这不是他就职伊始向议会和社会提出的一个索取吗？

这可是价值连城的非同一般的索取啊！他能得到吗？

六、争取支持的最初努力

雅鲁泽尔斯基走马上任。他走进了他在部长会议大楼的办公室，只见他的办公桌上摆满了来自各个方面和各个渠道的文件，其中很多是他不愿阅读但又不能不阅读的有关各地团结工会的报告。在他看来，这些报告的内容几乎是千篇一律，不是“我们抗议”，就是“我们谴责”；不是“我们要求”，就是“我们期待”；归根结底就是一个意思，当局有错，罢工有理，当局必须做出令罢工者满意的让步。雅鲁泽尔斯基暗自思忖，“能让步吗，又怎样让步呢？难啊！”

但也有一些令他略感宽慰的信息。波兰统一工人党的盟友——波兰农民党和民主党发表了各自的声明，表示支持将军总理的施政讲话。他们呼吁“健康的理智”，指出“滥用罢工这个最后的手段，就是走上了经济和社会自杀的道路”。此外，波兰教会和梵蒂冈也做出了正面的反应，波兰主教团发表的由维辛斯基大主教签署的声明强调：“当前的紧张局势，只能通过当局同公民之间诚恳而不间断的对话来解决。”教皇在梵蒂冈讲话中说，“我们的祖国是大家共有的伟大的财富。对事态发展过程中出现的紧张，要保持温和的态度”。甚至团结工会的发言人也说，“雅鲁泽尔斯基总理在施政讲话中提出的政府的政策原则，为扭转事态发展的危险进程提供了可能”。雅鲁泽尔斯基觉得这些表态、这些话来得及时，有的是一种支持，有的是一种赞许和理解，给了他些许的谨慎的乐观。

雅鲁泽尔斯基采纳了拉科夫斯基的建议，亲自出马争取媒体的支持。就职后的第一天就举行了记者招待会。以便向社会传递政府的愿望和打算。他向记者们宣布，他领导的政府将“拉开天幕”进行工作。他要求广播、电视和报刊的记者理解和传播他作为总理“真的渴望和解、对话和妥协”，因为他相信，为了社会安宁，为了给经济和政治体制改革创造有利的条件，就必须承认团结工会是波兰社会政治结构中的一个持久的组成部分。

雅鲁泽尔斯基还亲自会见科学、文化等社会各界名流，听取他们的意见，争取他们的善意。他未采纳在部长会议大楼接见科学院院长的主张，而是驱车前往科学院，亲自登门拜访，以避免给人“执政者人人高傲”居高临下的不良印象，用行动表示了他对学术界的尊重。他要虚心地向多方求教，为化解社会矛盾和冲突，尽可能多地去寻求灵丹妙药。

雅鲁泽尔斯基还前往国防部召开了国防部领导成员和军事会议成员会议，研讨形势和统一看法。大家认为，地方上的形势更为紧张，担心华沙尚未觉察到所有的危险。但相信和解的进程会不断地向前推进，社会冲突会逐渐地熄灭。相信由军人出任总理能提高行政能力和扩大行政效果，但这并不意味着把新的因素引入政治斗争。军队不是独立的政治力量。军队应以党和政权的意志为行动的指南。会议表明，高级军官的看法是一致的，他们都拥护和支持雅鲁泽尔斯基出任总理。雅鲁泽尔斯基感到十分欣慰。

在总理的岗位上，雅鲁泽尔斯基开始了他的勤奋的工作。部长会议办公厅主任雅尼舍夫斯基将军，十分理解雅鲁泽尔斯基的心情，他特地制作了一张巨大的90天倒计时图表，悬挂在会议室的醒目位置上，提醒部长会议的成员们：90天只不过是短暂的一刻，不要忘记时不我待啊！

七、第一次会见瓦文萨

雅鲁泽尔斯基精心筹划，安排了同对手瓦文萨的会见。

瓦文萨服兵役时曾担任过班长，人缘好，排里有什么难办的事都交给瓦文萨去办，他准能办妥。雅鲁泽尔斯基找来了当年瓦文萨的上级伊万涅茨，特派伊万涅茨少校同瓦文萨接触，任务是向瓦文萨透露政府的意图，了解瓦文萨的看法和想法。3月10日，由伊万涅茨安排和引见，雅鲁泽尔斯基在部长会议大楼会见了瓦文萨。这是他们两个人坐在一张圆桌的周围，进行的第一次面对面的交谈。

雅鲁泽尔斯基会见瓦文萨

气氛不错，一口气谈了3个小时。波通社报道说，政府总理同团结工会主席进行了“长时间建设性的”会谈。

雅鲁泽尔斯基告诉瓦文萨：“没有相互理解和信任，很难生活在同一个屋檐下。我们将改变政府作风，要更接近百姓，实现革新路线，把政权置于社会的监督之下。这不是权宜之计。没有根本性的变化，就不能解决波兰的问题。到那时，威胁我们的将是下一次危机。”瓦文萨表示完全同意将军的看法，他使用了一个短语：“不是社会主义本身名声不好，只是人们败坏了社会主义的名声。”瓦文萨抱怨和批评了中央和地方当局的一些做法，雅鲁泽尔斯基表示，政府的某些环节不胜任工作，要管，要做出相应的结论，但不能以一代全。因为“全线进攻，只会引起全线防守，将造成新工会同政府之间的对抗”。雅鲁泽尔斯基同瓦文萨就一系列具体问题交换意见，商讨解决办法。雅鲁泽尔斯基举了一个例子，说某地工会突然发现某某人失踪了，他们怀疑是内务部做了手脚，就大声叫嚷起来。过了一天，这个人出现了，原来他夜里偷偷地拈花惹草去了。因此，雅鲁泽尔斯基希望工会对问题的反应，“要同事情的大小成比例”，“要冷静”，“越少猜疑越好”。

雅鲁泽尔斯基说：“将军领导的政府不可能是任人摆布的政府，但坐在火山口上是难于工作的。我不能保证某省某乡不办蠢事，你，瓦文萨先生同样也不能保证工会的某一环节不办蠢事。但有一点我们必须保证，如果发生了什么事，我们不应该立即进行反攻，而应努力降低紧张程度。”为此，雅鲁泽尔斯基建议在政府和团结工会之间建立一条“热线”，瓦文萨表示同意（后来的事实表明“热线”成为一条死线）。

雅鲁泽尔斯基向瓦文萨通报了华约将于3月16日至25日在波兰进行军事演习，希望在此期间国内保持安定，希望不要出现那些“玩弄波兰的命运”的不负责任的反苏言行。雅鲁泽尔斯基强调，“不能把我们内部的事拿到外国市场上去”，“几个月以来，政府和团结工会肩负着共同的责任，我们需要安定，需要工作”。瓦文萨说，他将整顿自己的队伍，呼吁大家要更好的工作。

雅鲁泽尔斯基提醒瓦文萨，说团结工会利用了国外的金钱支持。瓦文萨很幽默，赤裸裸地说，“我们没必要只拿美元，我们可以拿玉米，拿化肥，随便说，拿什么都行。我曾同卡尼亚先生说过，我要从敌人那里拿所有的东西，拿得越多越好，把敌人拿得软弱不堪”。瓦文萨表示，他相信雅鲁泽尔斯基会采取必要的行动，会摆脱当前的困境。雅鲁泽尔斯基说：“如果我们能使波兰走出僵局，那将是历史性的伟业。如果不能，人们会唾骂我们啊！”

瓦文萨建议雅鲁泽尔斯基找合适的时间，举行一次同团结工会全国委员会的会见。雅鲁泽尔斯基接受了这一建议，认为这会有利于双方的了解与合作。

雅鲁泽尔斯基认为，他同瓦文萨第一次会面，谈了许多问题，最为重要的结果是，双方都承认在一起商谈是解决争端的唯一方法。会见时雅鲁泽尔斯基和瓦文萨两个人面对面坐在一张圆桌的周围，但当时谁都没想到十年后正是这样的圆桌形式成了历史的象征。

雅鲁泽尔斯基和瓦文萨两人结束会见后，又出席了大范围的会见。团结工会方面有尤尔契克参加，政府方面参加的人有拉科夫斯基和乔塞克。他们又谈了一个多小时，谈了些具体问题。言谈话语中双方表示了相互了解的愿望，双方都意识到必须建立一种可以避免紧张的机制。

会见结束了，雅鲁泽尔斯基和瓦文萨友好地分手了。望着瓦文萨离去的背影，雅鲁泽尔斯基突然感到一丝的遗憾和欠缺，为什么事先没想到应留下客人吃一顿晚饭呢！

回顾刚刚结束的会见，雅鲁泽尔斯基毫不掩饰心中的宽慰，他好像看到了某种希望，他说，瓦文萨给他留下了好印象。瓦文萨想问题很现实，反应敏捷，又有幽默感。拉科夫斯基和乔塞克也认为，这次会见可能开启了一个新的重要的阶段。

但此后不久发生的事件表明，愿望和事实，南辕北辙。

八、比得哥什事件

树欲静而风不止。雅鲁泽尔斯基并未获得他索取的90天安定的日子。罗兹大学的大学生罢课了，要求成立独立自治的学生会。乌斯契克和热舒夫的农民起来了，举行了全波兰的农民抗议。绿山省因内务部新疗养所的使用问题引发了全省罢工。在罗兹，内务部下属的一个医院也发生了罢工。特别是3月16日，在华约于波兰境内实行代号为“联盟—81”军事演习的日子，比得哥什省的个体农民团结农会宣布实行“无限期的占领性罢工”，掀起了新一轮抗议和罢工浪潮。

比得哥什省团结农会组织了一群人，他们气势汹汹，手持棍棒和斧头，在该省统一农民党总部安营扎寨，闹将起来，提出了一大堆政治和经济要求。他们要求派六名代表参加省人民代表会议于19日举行的会议。19日那一天，实际上则有30余人进入会场，为首的是鲁莱夫斯基。省人代会议开了一半，决定中断会议。但鲁莱夫斯基等人拒不离开会场。傍晚时分警察前来清场，鲁莱夫斯基一而再地要求“等一等，15分后就走”，警察一次又一次表示应允，就这样双方僵持着，一直拖延到夜里，终于发生了肢体冲突，数名团结工会活动家受伤被送至医院。

当鲁莱夫斯基在省府大楼被警察殴打的消息传出时，刹那间国内形势因这起“比得哥什事件”而空前紧张起来。团结工会反应强烈，有人扬言要举行全国性总罢工。

消息传到了华沙，主管工会事务的副总理拉科夫斯基星夜去见雅鲁泽尔斯基。雅鲁泽尔斯基说，他们俩“犹如难兄见了难弟”，在一起反复推敲这一事件，究竟是偶然发生的蠢事，还是蓄谋已久的挑衅？究竟用什么办法去解决为好？雅鲁泽尔斯基表示他反对使用武力。恰巧这时刚从布达佩斯回到华沙的卡尼亚，打来电话同雅鲁泽尔斯基交换看法。从电话中雅鲁泽尔斯基发觉卡尼亚身边还有什么人似的，卡尼亚是在重复什么人的意见，说在这一天晚上就应在比得哥什强力驱散占领省农民党大楼的人群。卡尼亚的话使雅鲁泽尔斯基突然想到下午接到的来自比得哥什的报告，说地方当局“根据政治局的决定”准备调动军警晚上突袭被占领的省农民党大楼。雅鲁泽尔斯基告诉卡尼亚说，他本人“不知道，是哪里来的‘政治局的决定’，这或许又是地方上在假借中央的名义”，因此他当时就曾指示地方当局，“在卡尼亚返回华沙之前，禁止采取行动”。

卡尼亚要雅鲁泽尔斯基立即去党中央开会。大约在凌晨2时许，雅鲁泽尔斯基才回到了自己的办公室。他告诉拉科夫斯基，参加此次会议的共五人，中央书记奥尔绍夫斯基等二人主张动武，雅鲁泽尔斯基和内务部长等二人反对动武，形成了一个2：2的僵持局面。最后，中央第一书记卡尼亚拍板定案，不动武。可以说，这个小型会议，恰恰是波兰统一工人党党内力量对比的一个缩影。

这个五人会议给雅鲁泽尔斯基留下了深刻的印象，多年过去他还说“想一想，真可怕”。殴打鲁莱夫斯基引起的风波未平，如果再发生因攻打省农民党大楼而造成的流血事件，其后果是不堪设想的。如果因之而引发一场全国性的总罢工，政权被推翻的可能性是不能排除的。当时社会群情激动，雅鲁泽尔斯基说，“我没有测试社会情绪的温度计，但我知道，整个1981年社会情绪紧张的曲线，呈现着上升的趋势，是一浪更比一浪高”。

紧张的社会情绪因比得哥什事件而剧烈升温。对立双方互不信任达到了病态的程度，雅鲁泽尔斯基认为，双方“都成为这种不正常状态的囚徒”。他决定再找瓦文萨做做工作。3月22日，他在帕尔科瓦街政府宾馆会见了瓦文萨。这是他就任总理后，时隔不到两个星期，第二次会见瓦文萨。雅鲁泽尔斯基刚从“联盟—81”军演现场返回华沙，耳边还萦绕着库利科夫元帅和捷、民主德国两国国防部长在野战机场送别谈话的余音，他们都对比得哥什事件表示了关注和极大的不安。雅鲁泽尔斯基来不及更衣，他身着野战服，足登长筒靴，就走进会客室，也没想想这一身戎装会给瓦文萨留下什么印象。会见时间较短，双方对比得哥什事件的表述和看法各有不同。瓦文萨尖锐地批评了当局的举动。但双方都认为形势不妙，都感到不安。雅鲁泽尔斯基呼吁，保持冷静，必须降温，不能不计后果。雅鲁泽尔斯基向瓦文萨介绍了正在进行的“联盟—81”军演情况，还特地向瓦文萨转交了情报部门在意大利获得的有关团结工会内部反瓦文萨的材料。雅鲁泽尔斯基同瓦文萨约定，这些材料“只你知我知，不做他用”。有分析认为，瓦文萨在政治斗争的漩涡中游泳，还是一个新手，他必须边游边学。当他了解了华约军演的情况和看到情报部门的材料后，他探询形势发展的前景是否会导致当局采取特别措施，并要求“当这一时刻来临时能事先向他通报”。雅鲁泽尔斯基当面答应了，但后来并未这样做。雅鲁泽尔斯基同瓦文萨商定，这次会见是秘密会见，对外不发表公报。

不能说雅鲁泽尔斯基同瓦文萨第二次会见毫无成果。瓦文萨在团结工会中力排众议，不赞成因比得哥什事件而举行全国性总罢工，并决定只举行警告性罢工。此后，3月30日，拉科夫斯基同瓦文萨签署了所谓的“华沙协议”，政府和团结工会双方都做了一定的让步。比得哥什省副省长被免职。比得哥什事件引起的灾难总算熬过去了，但它却留下了抹不掉的伤痕，再一次引起苏联的疑虑和不满。

雅鲁泽尔斯基感到，这一事件打破了新政府的计划和希望，他所祈求的勤奋工作的秩序落空了。悬挂在部长会议会议室的倒计时图表的行程还未过半，“90天的安定日子”就被一场又一场的风暴吹得无影无踪。看着那倒计时的指针，雅鲁泽尔斯基不寒而栗，他周围有多少不可抗拒的压力啊！这种压力，不仅来自国内的团结工会，而且来自党内的强硬派，还来自国外的盟友苏联。

九、苏共的“波兰俱乐部”

说起来自苏联的压力，可以说雅鲁泽尔斯基也是先觉先知。自团结工会成立的第一天起，波兰就感到了从东方吹来的阵阵寒风。莫斯科不能理解更不能容忍波兰发生的离经叛道的事态：一个社会主义国家，为什么居然允许一个反党、反社会主义、反苏的独立自治的自由工会的合法存在!?

为了密切关注波兰局势的发展变化，并制定对波的行动方针和政策，苏共中央成立了一个“危机指挥部”，后来戏称为“波兰俱乐部”。参加者是苏联党、政、军显赫一时的实权人物：苏斯洛夫、安德罗波夫、葛罗米柯、乌斯季诺夫、鲁萨科夫和戈尔巴乔夫。他们有时在幕后运筹，有时亲赴华沙说三道四，直接插手波党内部的派系斗争。与此同时，苏联驻波兰大使阿雷斯托夫则成为波党中央第一书记卡尼亚的常客，俨然是驻在波兰的“总督”。

在雅鲁泽尔斯基的印象中，苏联态度的变化大约是发生在1980年11月下旬。此前不久，勃列日涅夫曾致信卡尼亚，表示向波兰提供数目可观的财政和经济援助，并祝愿“兄弟的波兰在这困难时刻取得全面的成就”。这封信给波兰送来了温暖，表明苏联虽然对波兰局势感到不安，但还认为波兰党尚能掌控事态的进程。殊不知11月20日发生了所谓的“纳罗日尼亚克事件”，它引起了巨大的抗议浪潮，标志着团结工会已经成为一支巨大的势力，有能力动员社会，来同政权对抗。在处理这一事件的过程中，波党做出了让步，这就促使苏联改变了看法，认为波党已经失去了掌控局势的能力，后退了，投降了。在社会主义大家庭中，波兰已经成为摇摆不定的薄弱环节。苏联开始有些紧张，有些不耐烦了，他要给波兰一些颜色看。

1980年12月1日，苏军总参谋长奥加尔科夫元帅，在捷克和民主德国军队代表在场的情况下，向应邀前往莫斯克的波军副总参谋长胡帕沃夫斯基将军通报说，根据苏联和兄弟社会主义国家领导的要求，准备在波兰境内举行一次军事演习，华约军队将从东、南、西三个方向开进波兰，分别驻扎在波兰各大地区。第一批进入波兰的军力为18个师，其中苏军15个师，捷军2个师，民德军1个师。12月3日，华约统一武装力量最高司令库利科夫元帅，要求波方对华约拟定的“联盟—81”军演表示同意。

恰于此时，各国媒体报道了一条震惊世界的新闻，说美国侦察卫星发现，苏联在西乌克兰和西白俄罗斯调动大量军队，坦克排放的尾气遮天盖地。说苏军已经做好了武装干涉波兰的准备。几天后，媒体的喧嚣声平息了，但人人相信，这绝不是空穴来风。特别是波党政军领导人心中有数，他们不能不深思这究竟意味着什么？1968年华约军队侵捷的那一幕戏会重演吗？应该怎样去应对可能发生的事态呢？正是在波苏边境地区苏军坦克隆隆的行进声中，12月5日，华约国家首脑会议，在莫斯科拉开了帷幕。雅鲁泽尔斯基作为国防部长随同卡尼亚参加了这次会议。

十、华沙条约的"第一次警告"

1980年12月5日，出席华约国家莫斯科首脑会议的波兰代表团，由中央第一书记卡尼亚率领，成员中有中央书记奥尔绍夫斯基和国防部长雅鲁泽尔斯基等人。卡尼亚想事先同勃列日涅夫会面，对方未予置理。与历次首脑会议不同，这次会议波兰受到的是冷遇。雅鲁泽尔斯基是有心人，他对这次会议作了详细的笔记。

据雅鲁泽尔斯基的笔记，勃列日涅夫主持开幕，他的开场白简短而强硬。他说国际形势不好，紧张加剧。在这种情况下，波兰发生的事情就更加危险。大家有责任和义务表明立场，因为这是我们的共同事业。

接着卡尼亚发言，他平和而务实地讲了波兰形势和波党的对策，捍卫了波党的和解和斗争路线。第一，卡尼亚承认"形势非常困难"，"这是我国历史上最深刻的危机，它的特殊性表现为不仅工人阶级，还有知识分子和青年都卷入了。"但他强调"我们必须自己解决我们的问题。"第二，卡尼亚坚持"用政治手段解决今年8—9月罢工冲突，这样做是正确的，否则就会发生流血事件，削弱现实社会主义"。同时他指出"此后发生的则是尖锐的政治斗争"，"在罢工行动和冲突的背后隐藏着反革命势力”。卡尼亚断言，保卫工人委员会和波兰独立联盟的“目的，就是搞反革命”。第三，卡尼亚说，已经逮捕了波兰独立联盟的头头，还将逮捕一些活动分子。同时“我们正在准备政治条件，以便对保卫工人委员会采取同样的措施”。“我们正在尽一切努力，来恢复社会主义思想和道德规范”，“来重建我们的阵地”。最后，卡尼亚说，“当然，当形势的发展迫使我们不能只采取政治行动的时候，我们也不会缺少勇气”。

接下来发言的是东欧各党的第一把手，他们从不同的角度评析波兰形势和波党的政策，对波兰展开围攻。保加利亚的日夫科夫抢先质问，“妥协会有什么结果?”民主德国的昂纳克慷慨陈词，说“退让就是投降”。在发言中，昂纳克历数波兰发生的事件，如团结工会的登记注册，纳罗日尼亚克事件中的退让，格但斯克8—9月社会协议等，指名批驳卡尼亚。说卡尼亚“保证一步也不后退”，但上述事实表明，社会主义遭到“沉重的打击”，“这是敌人的成就”。“团结工会用罢工进行讹诈，保卫工人委员会出谋划策，为的是争夺政权”。“反革命可以用和平方式来实现其目的，因此，我们必须运用强制的手段”，否则就“是投降，是错误”。昂纳克强调说，“我们已经准备好了帮助你们同反革命进行斗争。”

捷克斯洛伐克的胡萨克，匈牙利的卡达尔也都发了言。他们的火力虽然不如昂纳克那样猛烈，但也弹不虚发。说什么波党“从7月开始就步步退让”，“妥协是没用的”，“捍卫社会主义的人被称为保守分子。反社会主义势力要求召开特别代表大会。切不可匆忙地开代表大会。”“必须终止两个政权并存的局面，必须加大压力”。“波兰自身的可能性几乎用尽了，我们有足够的力量瘫痪反革命”。

唯独罗马尼亚的齐奥塞斯库，唱了反调。他说，“团结工会的兴起，我们感到惊奇。但当它已经成为现实的时候，则应在社会主义的基础上建立起工人阶级的团结一致。应提拔工人担任各级领导。

只有取得工人积极分子的帮助，才能克服困难。”齐奥塞斯库不赞成对波兰事务进行外来的干涉。他说，“波兰同志的国际主义义务就是保证社会主义的胜利。外来的干涉对国际缓和不利。因此，应帮助波兰同志自己去解决问题。”后来，雅鲁泽尔斯基了解到，勃列日涅夫曾在会前，即12月4日晚上，同保、匈、罗、捷、民主德国五家在一起，背着波兰开会，协调立场。在这次会上，齐奥塞斯库和卡达尔表示反对武装干涉波兰。

勃列日涅夫已经听累了。他的结束语和开场白一样，很简短，但有些含混不清。他肯定了大家在会上表达的不安心情，希望波兰能从中得出结论。他说，“苏联将忠于国际主义义务。我们不能让兄弟的波兰受委屈，不能让波兰孤立无援”。

雅鲁泽尔斯基说，他是第一次听到勃列日涅夫说了这么一句又像经文又像咒语的话，在整个1981年，这句话响在耳边，如影随身。雅鲁泽尔斯基认为，在某种意义上说，这次会议同1968年8月3日布拉迪斯拉发会议极其相似，区别在于布拉迪斯拉发会议，是在华约武装侵捷前夕，向捷克斯洛伐克发出的最后一次警告；而12月5日莫斯科会议则是对波兰发出的第一次警告。

不久后，雅鲁泽尔斯基就任总理。在总理的岗位上，他比任何人都更深地感到，来自苏联的政治、经济和军事的压力，其特点是全面的、多渠道的、持续不断的、逐步升级的。

十一、出席苏共第26次代表大会

1981年2月23日至3月3日，波党中央第一书记卡尼亚和政府总理雅鲁泽尔斯基率党政代表团应邀参加苏共第26次代表大会，这一次在莫斯科，雅鲁泽尔斯基对苏联的压力有了新的切身的体验。

波兰代表团下榻在位于列宁山的政府别墅。雅鲁泽尔斯基的皮包里装了一大堆需要解决的问题，因此他对主人提供的俄式佳肴，无心去品尝；对苏联的最新电影，更无闲心去欣赏。他坐在大会台上“如坐针毡”，会开了三天后，他赶回华沙处理了必须处理的事，然后他又马不停蹄地返回莫斯科。

过去，雅鲁泽尔斯基曾随同盖莱克参加过苏共第25次代表大会。同上一次相比，他明显地感到，波兰代表团的处境是今不如昔了，受到了“冷遇”和“孤立”。波兰代表团被人们视为“不善于也不愿意用强硬手段去解决波兰问题，因而也损害了整个大家庭利益”的人。

雅鲁泽尔斯基聚精会神地听了并记下了勃列日涅夫在报告中谈波兰的几句话，勃列日涅夫说，“哪里有帝国主义的颠覆活动，再加上我们政策的错误和偏差，那里就会产生敌对分子积极化的土壤。在兄弟的波兰的情况就是这样。在外部势力的支持下，社会主义的反对者制造了无政府主义，企图扭转事态的发展，并将其引向反革命的潮流。”在会议休息期间，雅鲁泽尔斯基同几位苏联元帅和将军交谈，他们谈友谊时，说说笑笑有礼貌，但一旦谈及波兰形势，他们就变得死板，党性十足，以大国主义的思维来讲国际主义。

从台上的报告和台下的交谈中，雅鲁泽尔斯基在琢磨苏联对波兰问题的底线是什么？1956年10月苏联容忍了波兰，其后却未容忍匈牙利，1968年又对捷克斯洛伐克下了狠手。1980年8—9月，波兰工潮兴起的初期，其政治色彩尚未充分显露时，苏联的反应也不那么强烈。而当团结工会成为具有反对派性质的、有组织的、强大的势力，而且还表现出反苏倾向的时候，当团结工会作为政治运动而且其野心不断膨胀的时候，苏联的态度随之发生了变化，结束了它的容忍。

雅鲁泽尔斯基有了一种预感，苏联对波兰局势已经快到了忍无可忍的时候了。波兰人谈苏联，常常把苏联和缺少自由联系在一起，可雅鲁泽尔斯基与众不同，他常常想起的却是苏联的坦克。1939年在立陶宛的森林，1945年在攻克柏林的战场，还有1968年的进军捷克……这些钢铁怪物横冲直撞，如入无人之境。雅鲁泽尔斯基不愿但又不能不设想，“假如苏联坦克一旦驰入波兰，那么发生最可怕的悲剧势必是不可避免的”。

3月4日，苏共领导会见波兰代表团。勃列日涅夫、乌斯季诺夫、苏斯洛夫和安德洛波夫都发了言。总的调子是，波兰局势令人感到不安，反革命势力的活动不受惩处，米赫尼克和库龙还逍遥法外，瓦文萨和莫楚尔斯基还到处招摇。他们说“让将军来领导政府，很好嘛！但是还有两个政权的现象啊。还有新的退让啊。”“波兰发生的事，会给其他社会主义国家带来损害啊。”他们断言，“采取更尖锐的手段和进行坚决反攻的条件已经成熟了。”

卡尼亚和雅鲁泽尔斯基发言，强调一把钥匙开一把锁，他们说明“解决波兰问题的关键，是同社会寻找共同的语言，是重建社会对政权、对党的信任”。但这需要时间，需要相应的工作。雅鲁泽尔斯基则三句话不离本行，他用军事术语概括了波兰的政策，说“积极的防御胜过杂乱无章的进攻”，一旦局势变得危险时，波兰会“使用非常的手段，变防御为进攻”。

会见结束了。从苏共领导人的表情和动作中可以看到，他们对卡尼亚和雅鲁泽尔斯基说的话，有很大的保留，甚至怀疑是在“玩弄两面派手法”。在发表的公报中有一句话，说“社会主义大家庭是不可动摇的。保卫社会主义大家庭不仅是每一个社会主义国家，而且是整个社会主义同盟的事业。”波兰试图修改这样的用语，但无济于事，因为苏联坚持这样写。后来雅鲁泽尔斯基认为“实质上这就是对勃列日涅夫主义的肯定”。

在大会进行期间，雅鲁泽尔斯基还同苏联总理吉洪诺夫举行了会谈，主要谈经济合作与援助。虽然解决了一些实际问题，但各有各的逻辑，各说各的道理。吉洪诺夫强调经济服从政治，说“不解决政治上的紧张，不击退‘蠢蠢欲动的反革命’，就别指望摆脱经济上的困境。”雅鲁泽尔斯基则坚持说“只要经济形势坏，就休想重建政治上的信任，就不可能有稳定。”吉洪诺夫回答说，“要想经济恢复健康，首先必须控制好政治形势，整治好反对派分子。”双方各执一词，到底这个政治和经济关系，是先有鸡还是先有蛋，成为争论不完的命题了。

要知道苏联的压力有多大吗？在莫斯科，这位上台不久的将军总理，从参加苏共26大的亲身经历中，又进一步获得了回答问题的资格。

十二、克留奇科夫出的主意

军人是无所畏惧的，人们常常这样说，其实也不尽然。雅鲁泽尔斯基就曾对他的朋友说过一句大实话，他说：“我最害怕的是被蒙上眼睛押往莫斯科”。1968年有过捷共第一书记杜布切克的先例，当时他脑袋上蒙着布口袋被运至莫斯科，1981年谁敢说这样的戏剧不会在波兰重演呢？雅鲁泽尔斯基忧心忡忡，杜布切克遭遇的厄运是他挥之不去的魔影。

恰恰在“联盟—81”军演的时候，发生了比得哥什事件。这两件事重叠在一起，是偶然的巧合，还是必然的结果？雅鲁泽尔斯基的看法同指挥军演的华约统一武装力量司令库利科夫是迥然不同的。雅鲁泽尔斯基认为，这两件事彼此没有关联，库利科夫一再把这两件事联系在一起，反复强调波兰形势的发展威胁着华约的利益。随同库利科夫前来华沙的有一大批将军和军官，还有克格勃第二把手克留奇科夫。其中一位将军带来了一份在波兰实施战时状态计划草案，想要交给波军参谋部，被波方婉拒了。3月27日，在团结工会宣布实行警告性罢工的日子，雅鲁泽尔斯基再次会见库利科夫。库利科夫向雅鲁泽尔斯基施压，要求雅鲁泽尔斯基和卡尼亚赶快制定和签署有关战时状态的文件。

与此同时，勃列日涅夫两次打电话给卡尼亚，说形势已经发展到关键阶段，社会主义遭到致命的威胁，战时状态的必要性已经成熟。他话中有话，说什么如果波兰不能用自己的力量解决问题，那就可能发生某种更为严重的事。他还出主意说，要“发现”三两个反对派贮存弹药的仓库，来当作反革命活动的罪证。勃列日涅夫态度强硬，说什么不要怕流血，这一切会以流血而告终。

勃列日涅夫的电话使卡尼亚深感震惊。雅鲁泽尔斯基告诉卡尼亚，库利科夫同他谈话时“唱的是一个调子”。拉科夫斯基在3月27日的日记中写道：“星期五上午，被弄得焦头烂额的雅鲁泽尔斯基很担心苏联的干涉。”

看来在波兰当局、团结工会、苏联三者之间，团结工会摆出了一副天不怕地不怕的架势。可波兰当局则不然，它既怕团结工会咄咄逼人的夺权攻势，又怕苏联虎视眈眈的入侵威胁。雅鲁泽尔斯基左右逢源，又左右为难。一方面要坚持举着同团结工会“和解”的旗帜，一方面又要兑现向苏联许下的“同反革命进行斗争”的诺言。难啊！

形势发展到了一个危险点。没有战争，但在波兰的上空弥漫着“联盟—81”军演的阵阵硝烟，回荡着坦克轰鸣和罢工抗议交织在一起的一片嘈杂的声浪。恰在此时，胡萨克在捷共代表大会上，又尖锐地攻击了“波兰的反革命”，说，“社会主义是社会主义大家庭各国的共同事业，我们要坚决地捍卫它。”“联盟—81”军演“就是为此目的而举行的”。这句话说得太露骨了，在波兰看来，是不合时宜的。但波兰的出路在哪呢？怎样才能摆脱当前的危险呢？正在一筹莫展的时候，克格勃的二号头子克留奇科夫出了一个主意，建议卡尼亚和雅鲁泽尔斯基前往苏联会见苏共领导人。

雅鲁泽尔斯基同卡尼亚反复商量和思考，克留奇科夫的主意是他个人的灵机一动，还是有什么背景？最终还是接受了克留奇科夫的安排。但两个人心中无数，会见的结果如何难于预期。如果谈得好，有可能争取到苏共领导对波兰当前政策的理解，如果谈崩了，其后果将不堪设想。事到如今，别无出路，只好明知山有虎，偏向虎山行了。

十三、布列斯特“历险记”

克留奇科夫安排的会见是一场绝对秘密的会见，地点在波苏边界城市布列斯特。在波兰知道这件事的人只有卡尼亚、雅鲁泽尔斯基、雅尼舍夫斯基（部长会议办公厅主任）和斯太普诺夫斯基（雅鲁泽尔斯基的随行副官）四人。关于这次会见没有片纸只字的记载，长期尘封在当事人的记忆中，是他人无从知晓的谜。

行前雅鲁泽尔斯基忐忑不安，不知是福是祸。他做好了两手准备。他向他的得力助手和亲密朋友雅尼舍夫斯基做了两点交待：第一，如果有人问及，就说去莱格尼察了。如果此行有去无回，问题复杂化了，必须按顺序首先告知希维茨基将军（波军总参谋长，实际上代行国防部长职权），军队必须最先了解情况。第二，“请多多关照我的夫人和女儿。”说这些话时，雅鲁泽尔斯基的情绪免不了有些激动，眼前仿佛又浮现出杜布切克的影子。雅尼舍夫斯基劝说雅鲁泽尔斯基带上一名副官，雅鲁泽尔斯基迟疑片刻，点头同意了。

多年后，雅鲁泽尔斯基的随行副官斯太普诺夫斯基写了篇回忆，揭开了此行的神秘的面纱：

4月3日，17时左右，雅尼舍夫斯基将军来见首长（雅鲁泽尔斯基）。尔后，他请我到他那里去。他要我举手宣誓，对他讲的话要永远保守秘密。他宣告说，雅鲁泽尔斯基和卡尼亚将前往苏联。不排除会被扣留的可能……他建议首长带上我随行，首长开始时不想带，后来同意了。简短的谈话后，在我告辞的时候，雅尼舍夫斯基紧紧搂着我的脖子吻我，并说，“难啊，干上了这一行，我希望一切都会有好的结果。”

几分钟过后，首长打电话到秘书室“让斯太普诺夫斯基到我这里来!”我走进首长的办公室。将军站起身来，直视我的眼睛，问道:“怎么样，我们一起飞吗?”我回答说:“我们一起飞!”我拿起首长的皮包。我清楚地记得，走到门口时，将军停下了脚步，回头又看了看自己的办公室。上了汽车后他说:“去接卡尼亚。”

卡尼亚在家里等我们。他们两人没说什么话，我感到了气氛有点紧张。

我们的汽车一直开到了奥肯切机场军用停机坪，我看到了一架飞机，不是波兰的，而是苏联的，图—134。周围没有一个波兰军官，稍远处有人，但没看到一个熟人。只有华约统一武装力量参谋长格力勃科夫一个人站在飞机下面。

迎接显得冷淡。格力勃科夫向着飞机的舷梯做了个手势，首长生气地看着他，狠狠地说:“您至少要引领我上飞机啊!”格力勃科夫没进机舱，在舱门口就匆忙告别，扬长而去。在机舱内，除了我们三人和苏联服务员外，空荡荡别无他人。说是去苏联，但飞机却向西南方向飞去，我失去了方向感。

飞机降落后，有三辆挂着窗帘的伏尔加小轿车开了过来。周围有几位头戴礼帽身着皮衣的克格勃便衣。我跟着首长和卡尼亚上了第二辆车。路上不见车辆行驶，只见警卫森严。每隔数十米，或在左侧，或在右侧，都有便衣。过了一会儿，车辆转弯，驶入田野小路，我看到了前面300米左右的地方有一道红色的砖墙。完了！我们到了哪啊？我紧张地注视路牌，找到了答案：布列斯特。

我们乘坐的轿车开进了火车站台。铁轨上停着几辆车。一名警卫请卡尼亚和首长进入一间包厢。首长从我手中取走了皮包，我们就分手了。我被安排在附近的另一间包厢，一个人坐在那里。我能听到谈话的声音，但无论我如何使劲也听不清谈话的内容。大约两小时过后，有人给我送来了一杯茶和几块点心，放在那里我动也未动一下。我想看看车窗外的情况，每当我拉开窗帘时，我就看到站在窗下的克格勃不断地盯着我……

大约在凌晨2点的时候，又用那辆黑色的伏尔加小轿车送我们去了飞机场。卡尼亚和首长都不说话，车中一片寂静……

在机场上，无人送行。飞机起飞了，但我一直判断不了飞机的航向，直到降落才看清楚这是华沙。我们回到了家……

同样，在机场上，无人迎接。只有我们的司机开着我们的轿车在等我们。先送卡尼亚回家，再送首长回家。我想，应该告知雅尼舍夫斯基将军，他肯定还在工作等我们的消息。我问首长：“我应该说些什么？”首长说：“告诉他，一切均好。”

当我出现在雅尼舍夫斯基面前时，他猛地站了起来，险些撞翻了办公桌。我向他讲了所见所闻，除了我不知道的会谈的内容……

斯太普诺夫斯基的回忆绘声绘色，字里行间是忧心、紧张和冰冷。虽然卡尼亚和雅鲁泽尔斯基此行的结果，总算是化险为夷了，波兰人虚惊了一场，但苏联人的葫芦里卖的到底又是什么药呢？

十四、布列斯特秘密会谈

深藏在波军总参谋部、向美国传送情报、后来逃往美国的波军上校库科林斯基，向美国密报说，4月3日雅鲁泽尔斯基会见了勃列日涅夫。这当然是捕风捉影。实际上，在布列斯特火车站同卡尼亚和雅鲁泽尔斯基举行会谈的苏联领导人并不是勃列日涅夫。

4月3日夜，安德罗波夫和乌斯季诺夫先期到达了布列斯特，是他们二人同卡尼亚和雅鲁泽尔斯基在火车包厢里举行了会谈。这是一场务实而艰难的会谈。安德罗波夫显得温和，注意听取波方的解释，乌斯季诺夫则态度强硬，不断要求“你们要坚决，要进攻”。会谈前，波方忧心忡忡，会谈后，雅鲁泽尔斯基感到了些许的轻松。

苏方要求波方回答两个根本问题：（一）你们“是否看到了比得哥什事件是‘敌人制造’的，是对社会主义国家进行总攻击的前奏曲？（二）波兰党可能失去对局势的控制，是否还有能力抖掉身上的灰尘？”“这不仅仅是内部问题，这涉及整个大家庭的安全。”“前不久你们说能够把局势稳定下来，可现在是退让，退让，不断地退让。”“卡尼亚亲自向勃列日涅夫保证，不允许个体农民团结农会合法化，可现在你们未兑现诺言。”“你们太谨小慎微了，你们高估了反对派的力量。”

雅鲁泽尔斯基和卡尼亚不止一次地应对过这样的会谈了，但一次比一次难。既要从“亚当和夏娃”开始解释波兰事态的基本特点，又要根据形势变化不断地增加新的内容。在这次会谈中，雅鲁泽尔斯基强调了解决比得哥什事件的华沙协议，给了当局喘息的机会，从而有利于控制经济危机，稳定政治形势。强调了团结工会的威胁十分严重，但同团结工会中的工人流派达成和解的可能性还是存在的。还强调了前不久他同维辛斯基首席大主教会见时教会高层也反对极端主义。

安德罗波夫对波兰教会的态度表现出一定的兴趣，雅鲁泽尔斯基也就多说了几句。

他同首席大主教的会见，是在比德哥什事件后、紧张形势不断升级的危险时刻，3月26日，在华沙郊外的纳托林宫举行的。

雅鲁泽尔斯基说，在卡尼亚的充分的支持下，他努力推动政府同教会的接触，但双方之间的成见很深。教会坚决支持团结工会，向团结工会提供了多种多样的帮助。他们指派顾问，撰写文章，为团结工会领导人树立威信。在布道中，神甫们讲述罢工的神学学说，为团结工会运动寻找其哲学根源。他们还允许团结工会在其活动中广泛地使用宗教的标志。这些都是令人十分不安的一个方面。

但还有另一个方面。雅鲁泽尔斯基指出，在危机面前，教会怕走极端。从而致力于调解，试图使社会情绪降温。他们不相信，一夜之间就能推翻政权，并打破波兰和苏联的同盟。他们认为要达到这一目标，还要走很长的路。他们虽然企盼这样的前景，但不想人为地加快速度。教会明白，如果人为地加速，会带来可怕的结局。

雅鲁泽尔斯基告诉安德罗波夫，维辛斯基大主教认为，人们应该理解波兰的地缘政治的现实，尤其是边界的不可侵犯性，更不应忘记30年来所取得的成就。这种看法同那些极端分子的看法有天壤之别。维辛斯基对人们说，“你们要记住，我们是有成就的民族。我们是踏着废墟而走向自由的。复兴了的波兰成功地重建了华沙、格但斯克、弗罗茨瓦夫、波兹南和那么多的被夷为平地的城市。这一切绝非一日之功。”可他的一些所谓的“崇拜者”，一些极端分子却说，“30年来波兰山河凋零，甚至比希特勒占领时期还差。”

雅鲁泽尔斯基说，他会见首席大主教时一再指出，团结工会中的激进分子，还有保卫工人委员会，表现出很多的仇恨，又叫又闹，失去了现实感，制造威胁感，造成了政权的瘫痪和厂矿领导的恐惧。他提请首席大主教注意，不能把宗教的象征，把民族的象征当作政治工具加以利用，“难道白红两色旗帜和国歌可以成为罢工活动的包装和伴奏吗?”雅鲁泽尔斯基告诉首席大主教，“我们真正是被挤到了墙角。我们试图寻找理智的解决办法。但是，如果天塌地陷仍在发生，那么采取某种非常手段，不是为了进攻，而是进行自卫，看来是必要的。”形势十分危险，“我获得的信息是，一旦超出某种框框，问题就不再是我们的内部问题了。再进一步会是什么，我很难去想象。形势复杂，我们正处于决定波兰未来和命运的时代”。

“我已经看到了首席大主教对团结工会中正在发展的极端倾向深感不安。”雅鲁泽尔斯基作了一个小结，之后又补充了两个事实。

1981年1月19日，维辛斯基对瓦文萨说，“你们肯定要获得更多。但是为了获得更多，今天和明天都必须有耐心。要善于看到什么是今天能办的事，什么是明天能办的事。”在格丁尼亚维辛斯基对团结工会的代表们说，“有些时候，要以善报恶，这是难于避免的。否则，会给自己的祖国，会给祖国的独立和主权带来灾难性的后果。”在比得哥什事件发生期间，维辛斯基对团结农会说，“我想衷心地祝愿你们，活动要有耐心。我们不能在波兰冒险，因为我们不是孤立的自我。”

雅鲁泽尔斯基说，“我认为首席大主教是对手，也是盟友”。“按老框框，他全身心地支持团结工会，他是对手。”但在局势危急时“他还能扮演调停的角色，起到一些刹车的作用。”

雅鲁泽尔斯基没有隐藏自己的看法，安德罗波夫听了，但不以为然地摇了摇头。

卡尼亚通报说，波兰议会即将开会，届时议会将通过关于停止罢工的呼吁书。雅鲁泽尔斯基说，他将在议会表示准备辞去总理职务，理由是当前形势使他不可能完成应完成的任务。他估计，他若提出辞职，会引起社会的震惊。

说这些话时，雅鲁泽尔斯基心里盘算着，这也可能软化来自盟国的压力。可安德罗波夫未置可否，听到的回音好像是乌斯季诺夫的那句老话，“你们要坚决，要进攻！”

会谈结束了，双方都感到不满足。但是对波方来说，最为重要的结果是，三天过后，“联盟—81”军演宣告结束。形势的紧张程度有所下降。波兰为政治解决困局，又获得了一些活动的余地和时间。

4月10日，议会开会。雅鲁泽尔斯基讲话表示他愿辞去总理职务。他说，他就任总理时曾说过，“我是一名战士，我随时准备服从调遣，特别是当我主持的政府有负众望的时候，我将交出自己的职权”。他认为“这一时刻已经来临”。但议会并未接受雅鲁泽尔斯基的辞职，而是通过了雅鲁泽尔斯基提议的禁止在两个月内进行罢工的决议。

雅鲁泽尔斯基本以为议会的决议和他的辞职表示，会引起社会的反响和反对派的深思，但雅鲁泽尔斯基大失所望，他错了。反对派仍然我行我素，苏联领导人的疑虑也一天比一天加深。

十五、苏斯洛夫的“警报”

布列斯特秘密会谈刚刚过去20天，苏共中央书记苏斯洛夫在另一位苏共中央书记鲁萨科夫的陪同下，匆匆忙忙来到了华沙。苏斯洛夫是苏共的思想家和理论家，他在苏共党内地位极高，是勃列日涅夫的左右手。1980年夏波兰危机爆发后，他是苏共中央成立的所谓的“波兰俱乐部”的主席。他此次来华沙，提出了一个令卡尼亚和雅鲁泽尔斯基感到非常尴尬的要求：他要会见波党政治局全体成员。

真是善者不来，来者不善。不安排这样的会见，行吗？不行。安排这样的会见，这又意味着什么呢？雅鲁泽尔斯基和卡尼亚两人不约而同地认为，这显然是在布列斯特密谈之后苏联“不赞同我们的所作所为”。

会见时，苏斯洛夫强调，波兰局势令苏联和其他社会主义国家感到“十分担心”。苏斯洛夫使用了“triewoga”这个词，雅鲁泽尔斯基知道，在苏联军事术语中这个词意为“警报”，因此，他认为，把苏斯洛夫说的话，与其理解为担心，莫如当作警报了。

苏斯洛夫不愧为理论家，说起话来头头是道。他一口气讲了三个问题。他说，“前不久苏共政治局开会，认为应该向波兰统一工人党领导转告这种担心”。第一、波兰的“反革命正在掐着党的脖子。党和政府领导未能对反对派的活动给予应有的回击。比得哥什事件后达成的协议虽然防止了总罢工，但它使团结工会信心大增，相信自己是一支能使政权瘫痪的力量。他们害怕苏联军队，害怕冲突的国际化，因此他们要搞和平的反革命，要逐步搞垮社会主义，要改变制度。”一句话，“团结工会正在公开地索取政权。”第二、党已遭到“严重的削弱”。“虽然地缘政治妨碍（他们）推翻和改变党的作用，但是可以通过内部破坏来达到目的。对手企图把党领导分裂为所谓的强硬派和自由派，（你们）应该在原则的基础上加强党领导的团结。”“你们不要怕真正的共产党人。应该让党内的健康力量去回击一切机会主义现象。”“党不能成为地方党委的邦联。”第三，在波兰“反苏浪潮不断高涨。”“可以认定谁是指挥者，但他们不受任何惩处。”为了论证波兰有人反苏，苏斯洛夫举了许多例子，什么玷污苏军纪念碑呀，什么篡改历史和焚烧俄语课本呀，什么宣传苏联剥削波兰呀。令苏斯洛夫气恼的是，有人把美国给波兰几包奶粉制作成硕大的广告牌，悬挂在大街上，他问，为什么不宣扬宣扬苏联实际上给予波兰的巨大援助呢？

在座的波党政治局委员一边倾听，一边盘算。卡尼亚惴惴不安，他感到这无疑是对他的当众批评。他要申辩，但说话必须巧妙。他首先肯定波苏之间“在评估局势方面没有分歧”，表示他同意苏斯洛夫的分析和判断。然后在“没有分歧”的大前提下，他列举了一些事例，说明波党工作中取得的“某些进展”，波兰正在“消除反革命的威胁”。与此同时，他特别强调“党和政治局的立场是一致的”，回答了苏斯洛夫关于波党领导分裂的看法。卡尼亚承认，允许团结农会登记注册，这是“犯了一个错误”。卡尼亚承诺，要审判波兰独立联盟领导人莫楚尔斯基，“不能让反苏活动不受惩罚”。最后，卡尼亚重申，“我们绝不自满。我们要在现有的条件下做出最大的努力。我们还有可能使用政治手段，辅以有限的强制，来解决对抗。”当然，内务部和国防部都在为采取“其他手段”预做准备，以应对可能发生的事态。

雅鲁泽尔斯基对苏斯洛夫讲的什么“原则的基础”啊，什么“真正的共产党人”和“健康力量”啊，也不敢苟同，他想驳斥，但说不出口。他是政府总理，他在发言中特别强调了波兰的经济困难。他的目的有两个，第一是要争取苏联的更多的经济援助，第二是要指出在经济困难的条件下，政治活动的余地极其狭小，如果采取更加严厉的强力的行动，很可能会引起社会经济的灾难。他这样说，实际上是支持卡尼亚，为波党现行的政策作辩护。

政治局委员们都发了言，其中奥尔绍夫斯基讲了宣传战线的形势，他强调了为反对团结工会争夺宣传手段，波党“正在进行严重的斗争”。巴尔齐科夫斯基强调，“罢工和紧张对团结工会中的极端分子有利。他们的影响随着每一次的紧张而水涨船高。议会呼吁停止罢工两个月是有意义的，如果得以实现，那么形势就可能好转。”关于党的代表大会问题，巴尔齐科夫斯基不同意推迟召开的意见，他认为“召开代表大会虽然有风险，但如果推迟召开，风险会更大。”地方上党委领导的人事变动，选出许多新的省委第一书记，对这一现象，应给予“积极的评价”。巴尔齐科夫斯基讲的话也是有针对性的，实际上也是支持了卡尼亚。

引人注意的是格拉布斯基的发言。格拉布斯基是党内强硬派代表人物，同苏联大使阿雷斯托夫过从甚密。他在发言中批评了党的路线和政策，说，“在政治领域，冲突和紧张正在不断升级。作为政党，我们推行了一条协商与和解的路线，这实际上就是退却。团结工会正在加速向政权进军。避免了3月31日的总罢工，这只是把对抗的时间向后推迟而已……我们为此付出了高昂的代价……允许团结农会登记注册，破坏了同统一农民党合作的基础。”雅鲁泽尔斯基认为，格拉布斯基的发言非常尖锐，他为苏斯洛夫的论断提供了论据和弹药。

苏斯洛夫是客人，但他反客为主，以老子党领导人自居，竟对这次会见作了最后的讲话。他不认为双方的看法一致，他只是说“接近”。他强调“形势严重，危机持续，敌人强而有力，党在不断削弱”。“政治解决越来越不现实了，必须做好采取其他方式的准备”。他话里有话，支持谁和反对谁，在座的波党政治局委员一听就明白了。

苏斯洛夫走了。两天后，4月25日，苏联塔斯社发表了一篇评波兰统一工人党党内形势的文章，明白无误地说出了苏斯洛夫在华沙想说而未说的话。文章尖锐地批评了波党“党内的修正主义分子”，说他们极力“瘫痪波兰共产党人亦即人民的领导力量的活动”。显而易见，这篇文章“正式地”发出了苏共支持波党党内“真正的共产党人”的信号，也证实了雅鲁泽尔斯基对苏斯洛夫用词的破解，所谓的“担心”，就是拉响了“警报”。

十六、苏联大使的抗议和苏共中央的信

说到苏联驻波兰大使阿雷斯托夫，他可是一位非同凡响的人物。在那时的波兰，他比任何人都更紧张，更忙碌。拉科夫斯基曾说，“从阿雷斯托夫几乎每天都要走访卡尼亚或者还要走访雅鲁泽尔斯基来看，从他提出的各种问题的方式来看，他现在是一位古典式的（波兰）总督。这些事实叫人感到屈辱。恰恰是阿雷斯托夫，根据勃列日涅夫的谈话，担当了格拉勃夫斯基及其同伙策划的一场‘政变’的主要组织者。”

5月底的一天，阿雷斯托夫在驻波苏军北方集团军司令的陪同下，来见雅鲁泽尔斯基，向雅鲁泽尔斯基宣读了一封苏联政府的抗议信。据拉科夫斯基记载，抗议信的主要内容说，在波兰各地不断地发生对苏军的挑衅事件，出现了明目张胆的反苏主义。敌对分子肆无忌惮，当局毫无反响。丑化社会主义的浪潮越掀越高。有人造谣中伤波苏关系，这也对华沙条约造成损害。反苏的传单和小册子泛滥成灾，攻击性的招贴画处处可见，发表反苏言论的大会小会比比皆是。

阿雷斯托夫质问雅鲁泽尔斯基：“怎么能对这一切都不加惩罚呢？”“最近时期波苏关系越来越冷是怎么回事？”

一位大使当面如此这般地质问一国总理，这会给人留下何种印象？无怪乎拉科夫斯基说“叫人感到屈辱”了。

阿雷斯托夫提出了抗议，雅鲁泽尔斯基并不感到新奇。这类的抗议，听到过，又何止一次。雅鲁泽尔斯基一方面对发生的反苏事件“表示遗憾”，一方面批驳了阿雷斯托夫。雅鲁泽尔斯基指出，第一，这是总的形势引发的问题，这种事过去也有，“不要夸大其

词”。第二，波兰谴责反苏行为。如若指责波兰没有正式做出反应，“这是不能接受的”。

阿雷斯托夫未辩驳，只是抢着说了最后一句话，“那也必须对具体事件做出反应啊！”

雅鲁泽尔斯基也未再说什么。其实他们俩都心知肚明，这种抗议的真正作用，是正式地记下了一笔账。日后苏联一旦需要以“反苏”为借口而采取什么行动时，翻翻老账，不就可以说“反苏”是由来已久，铁证如山嘛！

没过几天，6月5日，阿雷斯托夫去见卡尼亚，向卡尼亚转交了一封苏共中央致波党中央的信。这信的形式和内容引起卡尼亚的气愤和雅鲁泽尔斯基的不安。这封信是在波党第九次代表大会前夕，在即将举行八届十一中全会时发出的，实际上是对波党现任领导人投了一张不信任票。

人们不约而同地发现，这封信的收信人，既不是波党中央第一书记，也不是波党中央政治局，而是波党中央委员会的委员们。如果说一个月前苏斯洛夫来波会见波党政治局全体委员，把卡尼亚和雅鲁泽尔斯基置于尴尬的境地，那么现今写给全体中央委员的来信，指名批评了卡尼亚和雅鲁泽尔斯基，无疑是对波党领导的当头棒喝。这封信说：

> “置人于死地的威胁高悬在波兰人民革命成果的头上……在反社会主义势力及其要求面前实行没完没了的让步，致使波兰统一工人党在国内反革命——由国外帝国主义颠覆中心支持的国内反革命的压力下，一步步地退却了。当前的形势不仅仅是危险的，更有甚者，它已经使国家走到了一个险要的关头……我们想强调一下，卡尼亚、雅鲁泽尔斯基和其他波兰同志，他们同意我们在所有有关

问题上的看法，但实际上，却一切还都是老样子，对退却和妥协的政策未进行任何调整，交出了一个又一个的阵地……我们不能让社会主义的波兰、兄弟的波兰处于水深火热之中。”

卡尼亚从阿雷斯托夫手中接过来这封信，他浏览了一番，只见那用大字体写出的他和雅鲁泽尔斯基的姓名，显得特别刺眼。他耸了耸肩膀，把信丢在桌上，心中想“现在要拿我开刀了。”

卡尼亚的感觉没有错。党内的派系活动随着这封信的流传而骤然升温。要求卡尼亚和雅鲁泽尔斯基辞职的声音不胫而走。与此同时，随着十一中全会的临近，阿雷斯托夫大使更活跃了，他利用各种机会加紧同“真正的共产党人”进行联系，支持和鼓励他们在十一中全会上一显身手。

十七、十一中全会的“政变”风波

其实，雅鲁泽尔斯基早就从情报部门那里获悉，有那么一份苏共中央的文件在波兰流传。华约统一武装力量司令部的代表曾经向波军军官介绍了它的内容，同时还要摸清楚波军军官的反应。他们分别找了国防部副部长、总参谋长和副总参谋长几位将军。在交谈中，他们援引勃列日涅夫的话，说什么波兰领导人反对社会主义反对派的斗争毫无成效，党内健康力量特别是军人应该同这种政策一刀两断。为了了解军队的情绪，他们还提出三个问题进行调查，第一，有反对国防部长的可能性吗？第二，能执行不是由国防部长而是由其他人发布的命令吗？第三，一旦发生外来的“援助”时，军官们会做出什么样的反应？

显然，他们企图在波军中寻找“健康力量”，但他们的种种努力都未能获得预期的结果。国防部副部长兼总参谋长希维茨基将军向雅鲁泽尔斯基报告了这些事，同时还报告说，华约统一武装力量司令部提出了向波兰各军区和各军种派驻代表的要求，他已表示拒绝；还提出了撤销第20装甲师师长职务的要求，原因是这位师长在一次友好会见时对客人明确表示波军将反抗“入侵”，引起尖锐的争论。对这一要求，他也拒绝了。希维茨基的报告使雅鲁泽尔斯基感到，他在军中的地位还是稳固的，波军是忠于党政领导的。尽管外人背着他在军中做手脚，尽管国内党内的形势异常复杂和紧张，他还是胸有成竹地走进了十一中全会会场。

6月10日，波党十一中全会如期举行。气氛凝重，紧张。雅鲁泽尔斯基坐在主席台上，注意地听取发言。不出所料，党内那股保守——教条主义势力，对早已公布的第九次代表大会提纲的怀疑和不满，溢于言表。他们指责说，党内存在“修正主义”、“右倾机会主义”、“自由资产阶级观点”以及“反苏观点和情绪”。他们批评领导无能，向敌人投降。表示应该更换领导，卡尼亚和雅鲁泽尔斯基应该下台。当副总理拉科夫斯基发言批驳一部分人对党领导的指责时，场内一片混乱，响起了阵阵的跺脚声。最使雅鲁泽尔斯基感到痛心并且记忆深刻的是，有两位将军走上讲台，他们加入了这场合唱，讲了些出格的话。一位将军，他是国防部副部长，把党领导比做“在深渊中摆手呼救的溺水者”，另一位将军，他不久前曾任总政治部主任，讲话中充满了不协调的杂音。

雅鲁泽尔斯基用军事术语概括说，这些人的发言，犹如一阵“排炮”，其中最厉害的莫过于政治局委员、中央书记格拉布斯基了。这一阵“排炮”形成了“某种形式的政变”，如若得逞，其结果必然是党和国家领导人的剧烈变动，必然是推迟召开党的第九次代表大会，必然是从根本上改变党的路线。能允许出现这种前景吗？雅鲁泽尔斯基心里不断地嘀咕着。

在全会中间休息时，召开了政治局和书记处会议，斗争进一步激化了。卡尼亚和雅鲁泽尔斯基表示，愿意辞职。格拉布斯基离开会场，走出去打了个电话。他要干什么？他给什么人打电话？几乎是人人心知肚明。只见他回来后就高声宣布："是的，斯塔尼斯瓦夫同志（即卡尼亚），你已失去了盟国的信任。谁失去了这种信任，谁就甭想领导波兰。"政治局委员们面面相觑，一片寂静，片刻过后，多数人表示不同意卡尼亚和雅鲁泽尔斯基辞职。这个所谓的格拉布斯基电话事件，虽然把十一中全会"政变"这场戏推向了一个高潮，但它转瞬间就消逝了。

回到全会的会场，一位老将军站起来发言。他力挽狂澜，一声怒吼，改变了十一中全会的风向。雅鲁泽尔斯基向这位老将军投去了敬佩的眼光。这位老将军名叫乌尔班诺维奇，论年龄，他比雅鲁泽尔斯基大，论资历，也比雅鲁泽尔斯基深，他是波军中的高官，曾担任过海军副司令、国防部副部长、总政主任等要职。他为人正派，讲原则，立场坚定。如果可以把"投降"这顶帽子随便地扣在什么人的头上，无论如何也不能扣在这位老将军的头上。当他发言捍卫党领导、捍卫现行的政策和路线时，当他宣称"军队完全支持现领导"时，那些激进分子的地雷就一个个地变哑巴了。最后，乌尔班诺维奇提高了调门，大吼一声："人们，你们想干什么?!"

全会的气氛发生了变化，多数人同意和支持党的现行政策和路线，支持卡尼亚和雅鲁泽尔斯基的领导地位，并为按计划召开第九次代表大会开了绿灯。

雅鲁泽尔斯基是华沙军区党组织选出的出席第九次代表大会的代表。他出席了华沙军区党组织会议，他几乎是全票当选。有241人投票，他得票238张。他感到十分满意，认为"这是一种信任"，他"可以指挥军队，不只是靠军职和官衔，而且是靠社会的赞同。"

但雅鲁泽尔斯基并没有什么轻松感。对他来说，十一中全会的结果,“绝不是什么全盘胜利。”恰恰相反,党内分歧更加明显了,盟军影响波军的努力也不是毫无效果的,前景如何,实难预料。

十八、深夜的“闲聊”

十一中全会结束了,党内有人试图推翻或动摇卡尼亚—雅鲁泽尔斯基领导体制,但他们的“政变”未能得逞。卡尼亚深深地喘了口气,但紧张的神经依然像拉满了的弓。同雅鲁泽尔斯基一样,他也没有什么轻松感。一团乱麻似的波兰局势,折磨得他睡不好觉。领导不是神,也是人啊,他也有情绪低落和唉声叹气的时候。一天晚上,他来到了雅鲁泽尔斯基的办公室,想“闲聊”几句。

多年以来,卡尼亚和雅鲁泽尔斯基交情颇深,是同事也是好朋友。近几个月来,两个人同甘苦共患难,彼此之间的关系更密切了。他们两个人坐在茶几旁无话不说,可是三句话不离本行,说着说着就把“闲聊”变成“诉苦”了。

卡尼亚告诉雅鲁泽尔斯基,对十一中全会的结果,党内强硬派很不甘心,苏共领导也不满意。他要打电话给勃列日涅夫,向苏共通报全会情况和未来的行动计划,但热线变成了冷线。等了好几天,好不容易在全会结束后的第六天,即6月16日,才接通了电话。电话的这一端,他——卡尼亚小心翼翼、毕恭毕敬、认真地讲着话。电话的那一端,那位老人家只是时不时地“嗯”“啊”几声,似听非听,不置可否。“快到结尾时,我还想说几句客套话,只听见那位老人家说了一句‘我们看看吧!’电话就断了。”卡尼亚叹了一口气,“一头热,一头冷啊!不满意,吹冷风,这本是意料之中的。你看,居然冷到如此程度!”卡尼亚把双手一摊,做出了一个难于理解的姿势。然后摇摇头,沉默了好久。

“我看,干涉的时钟已经上好了发条。”卡尼亚又开腔了。

雅鲁泽尔斯基也有同感。他告诉卡尼亚，库利科夫六月初就来了，呆了三个多星期还没走。他们要干什么？想策反波兰的将军，但找错了对象。他们还要干什么？雅鲁泽尔斯基说，“我认为，俄国人已经转入入侵的准备阶段，现在只等待寻找入侵的借口了。”

“是啊！”卡尼亚长叹了一声。他同雅鲁泽尔斯基一样，两个人都有一种危机感。他们最害怕的莫过于苏联的“兄弟般的援助”了。“可局势稳不下来啊！”

团结工会咄咄逼人的攻势，又一幕幕地在雅鲁泽尔斯基的眼前闪过。自他就任总理以来，大大小小的罢工从未中断，经济形势一天比一天恶化，议会的呼吁无人响应，政府的稳定计划一再受阻。四个月内他三次站在议会讲台上讲形势，说措施，发号召。他苦口婆心，可有什么人听了呢！统计资料显示，1981年第一季度，无故旷工率为90%，市场商品供应下降6%，与此同时，居民现金收入却增加了20%，结果是每一天居民手中就握有1亿5千万兹罗提的巨款买不到相应的商品和服务。罢工，罢工，生产链条中断了，交通运输瘫痪了，商品奇缺，物价飞涨，老百姓怨气冲天，哪一个政府能承受得了这种持续不断的压力啊！

“局势稳定不下来啊！”雅鲁泽尔斯基重述着卡尼亚的话，也长叹了一声。片刻后，他问卡尼亚：“你看过《泰坦尼克号》电影吧？”

卡尼亚点点头。雅鲁泽尔斯基说：“你看，什么总罢工啊，行业罢工啊，罢工准备状态啊，警告性罢工啊，抗议行动啊，五花八门，天天如此，没完没了。这不就是狂欢舞会还在波兰的‘泰坦尼克号’上继续进行着嘛！”

卡尼亚又点点头，没吭声。心里想“波兰的‘泰坦尼克号’”，这种比喻还蛮形象啊。

卡尼亚问雅鲁泽尔斯基是否看过最近的民意调查报告？这份报告说，在回答“社会最信任谁？”这个问题时，教会高踞榜首，波党名落孙山。信任度依次是：教会——94%，团结工会——90%，军队——89%，议会——82%，政府——69%，波兰统一工人党——32%。

“你看，上帝高高在上，我们还得找上帝帮忙啊！”卡尼亚说。

“可惜啊，维辛斯基大主教偏偏在这个时候（5月28日）逝世了。”雅鲁泽尔斯基说。

两个多月前，雅鲁泽尔斯基就任总理后曾经会见过维辛斯基，谁知道那次会见竟然是第一次也是最后一次了，这使雅鲁泽尔斯基感到十分遗憾和惋惜。雅鲁泽尔斯基早就不信教了，他不相信上帝会帮什么忙。但他认为，波兰首席大主教维辛斯基的逝世，确实是不小的损失。他尊重维辛斯基，觉得维辛斯基处事理智，负责，不走极端，在维持国内稳定方面是可以借助的力量。在涉及波兰地缘战略问题时，维辛斯基总能想到波兰的国家利益。在欧洲分裂，冷战加剧的那个年代，维辛斯基理智地承认波兰同苏联同盟的事实。

雅鲁泽尔斯基告诉卡尼亚，当他同维辛斯基谈到欧洲紧张形势和波兰的战略地位时，维辛斯基说了一句名言：“一个人不能倚靠两堵墙”。当时维辛斯基说：“一个人站在某一个空间里，他不能同时倚靠两堵相对而立的墙。我们国家就好像处于日尔曼和斯拉夫两堵墙的中间，在这种形势下，波兰就应该倚靠斯拉夫这堵墙。”

“说得不错。”卡尼亚称赞了一句。

“可惜，他去世了。他是对手也是盟友啊！”雅鲁泽尔斯基眼前浮现出他在国防部纳托林宾馆送维辛斯基上汽车时的情景。当时，维辛斯基诚恳地说，他将竭尽自己之所能，帮助雅鲁泽尔斯基，并祝雅鲁泽尔斯基取得成功，然后他上了汽车，在胸前划了个十字，就迅速地逸出雅鲁泽尔斯基的视野。谁知道，这次送别竟然成为永别。

十九、新任首席大主教格莱姆普

维辛斯基魂归天堂。漆黑的波兰夜空期待着升起一颗新的明星。7月8日，波兰主教团发表了公告，宣布教皇约翰·保罗二世任命格涅兹诺和华沙大主教格莱姆普为波兰首席大主教。波兰教会有了新的年龄较轻的掌门人。

消息传来，虽然令人感到突然，但波兰执政者还是立即做出了积极的反应。波党第一书记卡尼亚、国务委员会主席雅布翁斯基、政府总理雅鲁泽尔斯基三人联名发电，表示祝贺。他们对新任首席大主教格莱姆普寄予厚望，期待他“继承伟大的前任的事业”，“深信他将发扬光大那些能连结波兰人民和服务祖国的善良的一切”，并强调“在当前，波兰特别需要这种支持。”

三天后，即7月11日，雅鲁泽尔斯基高兴地接受了格莱姆普的拜会。公报称，双方谈话“涉及当前国内最重要的问题，其中包括如何保障社会安宁，如何顺利推进革新进程，如何克服危机现象，以及如何构造国家和教会关系这一主要问题。”会见后两人合影留念。

雅鲁泽尔斯基和格莱姆普的会见，持续了一个多小时，简短的公报只罗列了他们谈及的问题，并未透露出谈话的实质内容。

据雅鲁泽尔斯基的回忆，这次会见的重要性，表现为一是双方表示了对社会安宁的关心，二是双方肯定了构筑民族和解的意义和必要，三是双方有通过对话增进相互了解的愿望。

会见中，格莱姆普首席大主教表明了教会恪守的原则立场，概括地说就是，教会不允许自己卷入纯粹的政治领域中去，尽管主教团把民族事业看作是自己的崇高的责任。教会将反恶扬善。对生活中的各种消极现象，对经济形势的持续恶化，教会将做出反应。哪里有丑恶，哪里要用善良来战胜丑恶，教会就会出现在那里。“为了实现善良，哪怕走进丑恶的火海，也在所不惜”。教会在当局和反对派关系问题上，将保持一种中立的立场。“教会不能卷入反对派中去，不能同反对派搞政治意义上的合作。不管丑恶和善良出现在哪一方，是此方还是彼方，教会应该为自己保持反恶扬善的自由。”

格莱姆普首席大主教

关于国家和教会关系问题，格莱姆普和雅鲁泽尔斯基一致同意，应该进一步推进正常化。雅鲁泽尔斯基表示，他将及时地向格莱姆普通报险情和各种值得注意的问题。为此目的，他委托奥兹多夫斯基副总理作为他同格莱姆普之间的“联络员”。

雅鲁泽尔斯基还向格莱姆普通报了波兰统一工人党准备召开代表大会的情况。

格莱姆普的第一次拜会给雅鲁泽尔斯基留下了很好的印象。雅鲁泽尔斯基觉得格莱姆普谦虚、平静、务实。格莱姆普的举止虽然与维辛斯基有所不同，但他的言谈表明了他属于维辛斯基国家思想学派。雅鲁泽尔斯基对这位年轻的首席大主教产生了好感，相信他可以期待这位首席大主教的理解和支持。此后，在多次接触和交谈中，这种好感上升为他对首席大主教的尊重和信任。雅鲁泽尔斯基不讳言，他同首席大主教之间在许多问题上存在着重大分歧，首席大主教在感情上向着团结工会，行动上偏袒和支持团结工会。但雅鲁泽尔斯基更看重的是首席大主教的智慧和勇气。首席大主教一再主张和呼吁“温和”与“理智”，这对团结工会也是一种约束。正因为如此，他被团结工会中一些激进分子恶狠狠地冠名为“格莱姆普同志”。

同格莱姆普会见后，雅鲁泽尔斯基感慨良多。他想想格莱姆普和他自己两个人的家庭出身和学校教育，觉得波兰真是一个奇怪的国家。一个贫苦的工人家庭的儿子，由社会主义性质的世俗学校培养出来的学生，现今成为波兰教会的首席大主教。一个家境富裕的贵族子弟，由教会学校培养出来的学生，早已担任了波兰统一工人党的领导人。真是不可思议的“荒谬”。

二十、东西方都不是慈善家

说“荒谬”，荒谬的事情太多了。在欧洲，在华沙条约和北大西洋公约两大军事集团尖锐对峙的年代，波兰的战略地位太重要了。雅鲁泽尔斯基知道，在苏联的心目中，从某种意义上说，华沙条约“可以没有罗马尼亚，但是不可以没有波兰”。正因为如此，东西方在波兰的争夺，比在其他地方的争夺更为激烈。表现在经济方面，长期以来西方乐于借钱给波兰，希望波兰摆脱对苏联的依赖，借以挖苏联的墙脚。苏联也不时地为缓解波兰经济困难而慷慨解囊，借以巩固自己在东欧的阵地。但是，到了1981年，一切都变了样。

盖莱克时期借来的西方外债，已经到了还本付息的时候了。1981年波兰应偿还西方外债本息共计100亿美元。可是，在罢工天天发生，生产不断下降，出口持续萎缩的情况下，到哪儿去寻找这么一笔巨款去还债呢？此时的西方，对波兰事态的发展兴高采烈，在政治上叫好喝彩，弹冠相庆，可在经济上却变得吝啬了。他们欣赏波兰追求自由的雄心壮志，夸耀的调门一天比一天高，然而西方同波兰的贸易周转却一天比一天少，同波兰的财政关系也一天比一天困难。金融界的富豪们考虑的是利润，而不是亏损，个个都想回避风险，谁也不愿意给深陷危机中的波兰放贷借钱了。

人们常说，石油统治世界。但对波兰而言，则是原煤统治波兰。原煤是波兰出口商品中的王牌商品，可惜，在80年代，波兰已无力利用这张王牌了。为了抢救国内市场，波兰不得不忍痛失去国外市场，特别是失去了传统的、在20年代中期、趁英国矿工罢工之机取得的北欧市场。同样，向英国出口的传统的肉制品，由于格丁尼亚码头工人的封锁而不能装船，也使波兰失去了英国市场。没有相应的出口，又怎能取得偿还债务的外汇呢！

听着西方高唱的歌颂波兰自由的赞美诗，面对国际收支失衡特别是偿还西方债务的压力，雅鲁泽尔斯基不断地摇头，无可奈何地感叹西方银行家"有如此的硬心肠，从来也不考虑他人的感受"。他情不自禁地拍着桌子说，"荒谬！"

西方如此，东方又如何呢？雅鲁泽尔斯基认为，经互会也不是慈善家，"也不会搞什么慈善活动"。1981年7月2日，雅鲁泽尔斯基以总理身份，第一次出席了经互会索菲亚会议，他处境尴尬，感觉不佳。1981年5月，苏联就开始抱怨波兰不能按合同供货，如原煤，截至4月底，本应供550万吨，实际只供62万吨。波兰同民主德国的双边贸易也出现了类似的情况。在索菲亚会议上，人们不断地追问他，"什么时候波兰会履行出口和协作的义务啊？在我国（发问人代表的国家）的平衡表中还能指望波兰的供应吗？"听了这样的问话，雅鲁泽尔斯基感到"羞愧，脸上无光"。波兰的违约，自然会给对方带来了困难，这是不能否认的客观事实，他雅鲁泽尔斯基又能辩驳什么哩。

显而易见，波兰的国际地位不论在东方还是在西方正在不断下降，可是许多波兰人依然自我感觉良好，自以为在他人的心目中波兰是“自由的曙光”。殊不知左邻右舍的人们一再发问，“波兰人究竟要干什么?”民主德国工会主席讥讽说，“波兰人是天才，发明了不劳而获的方法”。一种成见已经在邻居那里形成了，“波兰人肆无忌惮，波兰国家乱作一团”。

二十一、葛罗米柯大驾莅临华沙

波兰统一工人党第九次代表大会即将开幕，罢工和示威的“狂欢节”还在波兰继续，东部的大邻居苏联早已坐立不安了。此前几个月，苏共中央“波兰俱乐部”的成员一个接一个地轮番前来波兰“访问”，人们对此早已司空见惯了。现在又到了一个关键的时刻，“波兰俱乐部”的重要成员、苏联外交部长葛罗米柯大驾莅临华沙，自然也不足为奇了。

葛罗米柯是一位富有经验的政治家，是战后苏联外交政策的设计者和执行者，他在苏共领导层中的地位十分显赫。在世界外交舞台上，他常常态度强硬和寸步不让，他的谈判对手送给他一个雅号，称他是“不先生”。他于7月4日来到波兰，同卡尼亚和雅鲁泽尔斯基长谈11个小时。

葛罗米柯说勃列日涅夫授权他向波兰党领导转达苏共对波兰局势的评估和意见。显然，这是苏共为了影响波兰党的代表大会而采取的一次重大的行动。苏联对波兰局势忧心忡忡，对波兰党的政策和采取的措施颇多异议。

葛罗米柯特别强调“反革命的威胁”。他认为团结工会“已经成为一个政党，其主要目的就是夺取政权”。保卫工人委员会是团结工会的“大脑”，它按照帝国主义的要求，左右诞兰的局势。波兰独立联盟的领导人仍然逍遥法外，为非作歹。试问“世界上哪一个国家会允许以推翻政权为己任的各种组织不受惩罚地自由活动?”

葛罗米柯声音不高，但口气强硬地反问了一句。随后，他又说，“不要怕嘛，政权就是政权”，“行动必须坚决和有效”，要把拳头“打在反革命的心脏上”。“党必须是马列主义的党，假如变成为社会民主党，那可是灾难啊”。党的“领导层必须团结一致，超越个人的恩怨。”在十一中全会上“有的人讲话可能过于情绪化了，他们这些人思想性强，可不能委屈他们啊。要有肚量嘛，不能搞报复”。葛罗米柯指名道姓地提出，应该把格拉布斯基留在领导岗位上。

葛罗米柯真不愧是“不先生”，他对波兰人强调的符合波兰民族特点的政策一一予以否定，说了一个又一个“不”字。他特别批评波兰的农业政策，说允许个体农户的存在是不正确的。说团结农会就是羽翼尚未丰满的富农党，允许它合法化就是一个错误。“迟早有一天波兰会遭到农业政策的报复”。他还指责波兰的大众传媒“没出现积极的变化”，“社会主义思想遭到攻击”，鼓吹什么“社会主义不适合”波兰国情的谬论。说这种状况不能再继续下去了。他甚至质问，“为什么在捷克、乌克兰、格鲁吉亚和其他一些国家和地方行得通的办法，波兰人就不采用呢?”

葛罗米柯说，苏联和所有的社会主义国家都对波兰局势感到不安。他强调，“只有社会主义制度才能真正保证波兰的独立和边界安全”，未来苏波在经济领域的合作，“将以波兰党是什么样的党为转移”。“如果是马列主义党领导的波兰，那就可以指望苏联的援助。如果第九次代表大会产生的领导出乎意外，而且在原则问题上发生动摇，届时我们之间的关系，包括经济关系在内，必将发生激烈的变化。”“到那时，波兰怎么办?”葛罗米柯问。

葛罗米柯讲了这么多的话，他神情严肃，杞人忧天。卡尼亚和雅鲁泽尔斯基两个人洗耳恭听。在过去的日子里，类似的批评和指责，他们俩不知道听到过多少遍了。这次葛罗米柯的话似乎更全面和更严厉一些，而且还有点外交上的最后通牒的味道，“如果如何如何，必将如何如何”，真是莫谓言之不预也。这显然是针对波兰党第九次代表大会，来自苏共的又一次警告。对于这类谈话，卡尼亚和雅鲁泽尔斯基早就胸有成竹，有了一套应对的办法。

卡尼亚和雅鲁泽尔斯基耐心地向葛罗米柯讲解波兰问题的复杂性。争取对方理解波兰的历史和现状，内政和外交，经济和政治以及民族心理的特殊性。他们特别强调与苏联结盟和合作的重要性，并请苏联放心。卡尼亚还通报了筹备代表大会的进程，并着重指出，“重建对党的信任是一切问题的关键”。

说到这里卡尼亚话锋一转，讲了十一中全会上发生的事。卡尼亚说，“你们对上一届领导人的批评是婉转的，非常外交式的。我们的同志说，当时从莫斯科飘来的是‘勋章雨’，而现在从莫斯科飘来的却是一封信。党内有人利用这封信，试图改变党的领导人。这是有计划有组织的活动，给党造成了损失”。卡尼亚说，格拉布斯基“电话事件”就是典型的事例。当时，在政治局会议上格拉布斯基指着他—卡尼亚的鼻子说，“谁失去盟国的信任，谁就甭想领导波兰。”

葛罗米柯显出一副吃惊的样子，问道“他真的这么说了？”

雅鲁泽尔斯基回答说，“是的，全体政治局委员都听到了。”

卡尼亚指出，苏联大使找形形色色的人谈话，所谈的都是为更换波兰领导人做准备。卡尼亚问，“该把这种行为称作什么？这难道与伙伴关系有什么共同之处吗？”

卡尼亚话音刚落，雅鲁泽尔斯基立即补充说，“很遗憾，还有一些不健康的现象。不久以前，华约统一武装司令部的苏联军人干涉我们内部事务，实际上就是示意我们的将军和军官不要服从我这个国防部长—总理。这是不能允许的！”

葛罗米柯不动声色，解释说，“苏联领导没有参与这些事。是一些不负责任的军官自作主张。再者，是有人找了我们的同志，这是他们主动找上门来的。”葛罗米柯真不愧是外交老手，两句话就把责任推得一干二净，而且还倒打了一耙。

卡尼亚和雅鲁泽尔斯基不再纠缠这些事，只希望苏共更好地理解波兰问题的复杂性，尊重波兰的特点，尊重波兰人对国家独立的感情和波兰教会的作用。他们两人一致地强调，“我们的政策会赢得社会的理解，我们将用自己的力量解决我们内部问题。”“苏联的干涉会导致几代人的遗殃。”

葛罗米柯走了。他在华沙对波党领导人施加了极大的压力和影响。雅鲁泽尔斯基认为，葛罗米柯说了些“令人生畏”和“预兆不祥”的话，但他未能改变波党的基本路线和方针。“但愿他能够对波兰的现实有了些许的更好的理解，那就太好不过了。可实际上，他一定是带着疑虑、保留和担忧离开华沙的。”

二十二、波党第九次代表大会

葛罗米柯走后，7月14日至21日，波兰统一工人党举行了第九次代表大会。在这次代表大会上，以卡尼亚和雅鲁泽尔斯基为代表的中间派赢得了胜利，改革派的势力得到加强，保守派的势力遭到削弱。代表大会通过了“和解与斗争”的路线，维护了卡尼亚—雅鲁泽尔斯基领导体制。雅鲁泽尔斯基谦虚地说，“社会主义革新”、“和解与斗争”这条路线的“设计师，应归属卡尼亚”，但实际上这是他们共同的心血和意志的结晶。

大会通过民主选举产生了中央委员会，在中央领导成员中，雅鲁泽尔斯基得票最多。在1909张有效票中，他得票1615张，超过了卡尼亚（得票1335），可见当时雅鲁泽尔斯基在党内威望之高。

雅鲁泽尔斯基的讲话，安排在大会的结束阶段。他作为总理，考虑了代表们提出的意见，对一系列问题提出了政府的立场。事实上，可以把他的讲话视为大会的总结。

从雅鲁泽尔斯基的讲话中，可以看出他对波兰局势的看法和他设想的摆脱危机的出路。

他要把危机的严重性和深刻性告知全党和全社会。他首先强调指出“如此这般的经济倒退”，令人震惊。1981年国民收入估计将下降15%，这在人民波兰的历史上还是第一次，“在和平的条件下，在世界上也是极其罕见的”。与此同时，居民的货币收入迅速增加，在国内市场上，商品日益短缺，投机倒把猖獗，生活费用上涨。在国际市场上，外贸进出口萎缩，美元债务增加，国际收支状况不断恶化。结果是全社会怨声载道，笼罩在惊慌失措和悲观绝望的气氛中。

为了缓和危机对居民生活的影响，政府作出了许多应急性的决定，采取了实行票证供应和强制性收购等特别手段。为了寻求长远的解决办法，政府制定了《克服危机和稳定国家经济的纲领》。但事实表明，政府的努力迄今收效甚微。在这种情况下，当前最紧迫的任务就是要千方百计地遏制生产下降的趋势，同时要进行经济改革，为摆脱经济危机寻找出一条生路。

雅鲁泽尔斯基之所以把政府已经做的和准备做的事情讲了又讲，就是要向全党和全社会传达一个信息：面对危机，政府是有所作为的，借以增强人们对未来的信心。

在雅鲁泽尔斯基的心目中，改革有两大支柱，一是职工自治，二是中央计划。他坚信此次经济改革，不会重蹈50年代后半期和70年代初期改革半途而废的覆辙，但他深知改革面临的困难和阻力是不可低估的。改革的阻力，既来自党内的保守势力，也来自团结工会。政府向议会提出了国营企业法和职工自治法草案，团结工会遂即以保障职工的“真正的自治权”为由，提出所谓的社会草案，同政府唱对台戏。雅鲁泽尔斯基认为，团结工会的做法是在“阻挠立法进程，为迅速实施改革打上了问号”。雅鲁泽尔斯基指出，这两个草案的根本分歧在于：政府主张交给自治企业的生产资料仍然属于社会所有，这是必须坚持的社会制度原则；而团结工会则要求企业是财产的唯一的支配者。“如果接受这一主张，实际上就是把全民所有制变成集团所有制，这是不符合社会公正原则的。”

雅鲁泽尔斯基强调，“社会主义革新是不可逆转的”，“改变经济职能不可能没有阻力”，改革者“有时要进行不受欢迎的活动”，正因为如此，只能知难而进，不可踟蹰不前，“必须使改革成为我党活动的重要的坚定方针”。

雅鲁泽尔斯基的讲话引起了会场内外的广泛注意。特别是他对波兰国家职能的论述和表态，掷地有声。他再次声明，当局不寻求对抗，但不能不有所准备。

他说，“无政府状态像病菌一样侵袭健康的细胞，破坏健康的肌体，瓦解国家，损害国家的根本利益。对于社会主义民主来说，没有什么东西比无政府状态具有更大的威胁性和更大的危险了”。他说，“各种各样的有计划的抗议活动，正在加剧紧张形势和气氛”，“有人又在企图制造混乱，向国家政权机构施加压力，呼吁进行破坏经济和削弱社会结构的罢工”。“试问，这一切的背后是谁？谁想搞对抗？搞反社会主义的冒险？”雅鲁泽尔斯基明确地声明，“存在着一条不允许逾越的界限。为了最高利益，一旦形势表明有必要时，当局将被迫坚决履行宪法赋予的职责，挽救国家，免于崩溃；挽救人民，免于灾难”。“不可能也不会交出人民政权和社会主义国家的权力。这里不应存有任何幻想，不能玩火”。“要使波兰成为波兰，在现在就必须是社会主义的波兰”。“波兰的命运是由自己决定的”。

雅鲁泽尔斯基的讲话表明，他捍卫波兰的社会主义的决心是不可动摇的。他认为，他讲的话“是充满忧虑的话，也是负责的话”。他真诚地希望党能领导人民，以超人的顽强精神，走好社会主义革新、协商和斗争的道路，用波兰自己的力量克服危机，解决波兰自己的问题，保卫波兰的社会主义。

二十三、聚焦党内的派别斗争

在雅鲁泽尔斯基的政治生涯中，他参加过许多次党的代表大会，许多体验和感受基本上是大同小异的，唯独这一次代表大会，给他留下了深刻的印象，与众不同。

代表大会通过了《经济改革方针》。这是经济领域中的纲领性文件。这份文件体现了雅鲁泽尔斯基主张改革的决心和意志。为起草这份文件，雅鲁泽尔斯基多次主持经济改革委员会会议，听取各方的意见和建议。他鼓励由巴卡教授领导的起草小组，要有敢于改革的勇气。

当卡尼亚—雅鲁泽尔斯基路线在九中全会遭到猛烈攻击的时候，巴卡教授意识到起草工作面临着从未有过的难度。九中全会后，巴卡去见雅鲁泽尔斯基汇报工作，雅鲁泽尔斯基敦促他加紧定稿，以便作为经济领域的正式纲领提交给代表大会。巴卡忧心忡忡，他生怕已经修改好的文件遭到保守势力的否定，他问“政治局能接受这份文件吗？中央委员会能接受这份文件吗？”雅鲁泽尔斯基也不掩饰自己的忧虑，说，“确实，可能有困难”。那么怎么办呢？巴卡建议绕开政治局，雅鲁泽尔斯基思索片刻，点头同意，但他说，“这样做嘛，也应该让卡尼亚看看啊”。于是巴卡打电话给卡尼亚，说要占用他半个小时的时间，请他过过目。卡尼亚接见了巴卡，一边看一边皱着眉头说，“这简直是反革命！”但最终卡尼亚还是表示了同意，说“就这样吧！”。巴卡认为，假如没有雅鲁泽尔斯基的决心，没有卡尼亚的首肯，也就不会有这份标新立异的《经济改革方针》绕过政治局的故事了。

雅鲁泽尔斯基认为，在波兰统一工人党的历史上，第九次代表大会是一次最民主的和最有创造意义的代表大会。尽管党内有人怀疑“和解与斗争”路线，尽管世界上多数共产党和工人党投来了疑虑的目光，代表大会还是通过了新的主张。新主张的实质，就是保持党的首要的压倒优势的作用，同时承认其他势力——特别是工会势力的自治和伙伴关系。这是经过激烈争论之后达成的妥协，体现了党内的民主。代表大会决定成立一个由库比亚克教授领导的委员会，分析总结历次危机发生的原因及其过程。代表大会采纳了“库比亚克委员会”的看法，把波兰发生的危机定义为“执政方式的危机，信任的危机，没进行改革的、没有效益的、不能满足社会需求的经济制度的危机”。正是这一判断，为制定一个深刻的改革纲领开辟了道路。雅鲁泽尔斯基认为，可以说“库比亚克委员会”是代表大会的一个信号：党的变化开始了。

在这次代表大会上，党内的派别斗争空前激烈。在大会会场内的各个角落都设置了麦克风，谁愿意讲什么，都可以就近拿起麦克风发言。这是历次代表大会从未有过的台前风景。与此同时还有会场外的各式各样的操作，还有所谓的“横向结构”的串联，这也是历次代表大会从未有过的幕后风光。会场的气氛活跃和紧张。有人散发传单，有人窃窃私语，有人传播对某派某人的恶意攻击。拉科夫斯基成为保守派攻击的目标之一。有人发言要“摘除党机体上的‘拉克’”（波语拉克，意为肿瘤，系拉科夫斯基姓名中前三个字母），赢得了一片掌声。

听到这样的发言，雅鲁泽尔斯基感到太刺耳了。雅鲁泽尔斯基自视为党内的中间派。但他内心深处倾向于改革派。他亲近他们，倾听他们的主张，钦佩和尊重他们是能体现时代精神的革新者。对于党内的保守派人士，雅鲁泽尔斯基也不想把所有的人都放在一个口袋里。他认为在保守派中，有人顽固地把学说当作医治百病的良方，要不惜一切代价地予以坚持；有人没有理想，是胆小怕事的钻营者；还有人光明磊落，但脱离基层，是“办公室里的革命家”，是教条主义者。他们中的一些人，可能醒悟迟，犯了错，但还应予以尊重和信任的。

正常年代举行代表大会时，社会上充满了一片支持和欢呼声。与此不同，这次代表大会的社会伴音，没有歌功颂德，只有不断的抗议、示威和罢工，以及各种各样的反党和反社会主义的喧嚣。谣言不胫而走，说什么党中央密令党员和党机关贮存或者销毁食品。于是乎所谓的“饥饿游行”成为时髦，喊出了把矛头指向“使人民挨饿的无能政府”的口号。

雅鲁泽尔斯基认为，用“饥饿”这个口号当作通向政权的跳板，原本是无政府主义者老祖宗巴枯宁的馊主意，现在团结工会的一些人是在重操祖业，故伎重演了。雅鲁泽尔斯基本想发表电视讲话，呼吁一些人“不要火上加油了”，后来他放弃了这个想法。他想，与其多说而无效，莫如加倍努力去挽救日益崩溃的经济。

代表大会以后的一些日子，不容乐观。可以看到，社会紧张加剧，抗议活动升级。雅鲁泽尔斯基认为，之所以如此，是团结工会方面企图贬低代表大会的积极成果和削弱代表大会的影响。形成了一种恶性的循环，每当形势出现好转的希望时，立即会遭到来自这一方和另一方的抵制。团结工会发起的这一轮攻势，不仅浪费了和解的现实机遇，而且鼓起了那些思想老旧的党政干部的风帆。一些党政干部从团结工会的攻势中获得了有力的论据，用来证明和解是不可能的。进而加深了他们对改革的怀疑，或者阳奉阴违地作些表面上的文章。这种情形，又使团结工会中的激进分子获得了新的论据，用来证明社会主义是不能改革的。对此，雅鲁泽尔斯基感到十分痛心，他无可奈何地叹息说，“嗨！这就是‘波兰地狱’的又一副面孔”。

更令雅鲁泽尔斯基痛心的是，他利用各种场合和各种时机强调“用自己的力量”解决波兰问题。但他的话有人听吗？他原本希望，自己人听了他的话，会凝聚力量，增加自信，振奋起来；团结工会听了他的话，会意识到外来干涉的危险和危害，从而有所克制；苏联听了他的话，会尊重波兰的主权，放弃武装干预的想法和做法。可他得到的反馈却是“豌豆打在墙上”，对牛弹琴了。雅鲁泽尔斯基意识到，形势更加严峻了。团结工会针对党代表大会掀起的抗议声浪，表明了它正在成为富有进攻性的强大的社会—政治运动。党在摇摆和扭捏中开始了政治—经济政策的民主化和自由化进程，还远未统一意志和步调。可双方的激进势力都在强化。在团结工会内，旨在推翻社会制度和夺取政权的一派开始占了上风。在党内，保守派变得更加顽固。与此同时，外来干涉的乌云仍然重重地压在波兰的头上。形势的变化令雅鲁泽尔斯基寝不安席，食不甘味。

二十四、政府同团结工会谈判破裂

党代表大会燃起的一丝希望之光正在暗淡下去。

商店的货架子上空无一物，集市投机倒把盛行。物价飞涨，群情激愤，怨声载道。政府成立了反投机委员会，无济于事。又成立了反危机行动指挥部，也改变不了日用品、药品，甚至面包匮乏的现状。新一轮的抗议浪潮又来了，而且越来越具有浓厚的政治色彩。社会不满的压力十分巨大，批评政府的言论不绝于耳。说政府行动迟缓，无能和无效。社会上流传着讽刺政府的笑话说，在两座悬崖峭壁之间，连结着一条细细的钢丝绳，大风在峡谷中呼啸，钢丝绳不断地晃动摇摆，一个小提琴手拉着琴走上了钢丝绳，围观的人们指指点点地说“他不是那块料”。

雅鲁泽尔斯基知道，他也是走在风口浪尖上，当总理还不到半年，累得他差不多筋疲力竭了。许多事力不从心，冒着坠落万丈深渊的风险。代表大会后，他又推动政府工会事务委员会同团结工会就经济改革问题进行谈判，他焦急地等待着谈判的结果。

人生50多年一向烟酒不沾的雅鲁泽尔斯基突然变了，开始同香烟打起交道来。是没完没了的会议、劳累和紧张，使这位将军在拉科夫斯基的引诱下缴械投降了。在一次会议时，拉科夫斯基见他疲惫不堪，向他递过来一支香烟，他接受了。吸了第一支，又吸第二支，从此之后也就烟不离手，变成了烟迷。直到吸烟过多过量，在一次当众演讲时咳嗽，失声，中断了演讲，他才决心戒烟，摆脱烟瘾的困窘。

8月上旬的一个夜晚，雅鲁泽尔斯基的办公室中又是烟雾腾腾。拉科夫斯基和巴卡几位干将来了，他们向雅鲁泽尔斯基汇报了同团结工会谈判的结果。

政府工会事务委员会同团结工会全国协商委员会在8月3日和6日举行了两轮谈判。在谈判桌上，双方谈的颇为顺利，达成了协议。雅鲁泽尔斯基看过了联合公报的文本，并在个别地方做了些文字上的无伤实质内容的改动。他好像看到了希望的光芒，一颗悬着的心落地了。但在最后时刻，在临近半夜12点，在即将举行签字仪式时，团结工会的代表突然拒绝在联合公报上签字。谈判破裂了，雅鲁泽尔斯基大失所望。

雅鲁泽尔斯基的笔杆子古尔尼茨基是联合公报的起草人之一。他回忆当时的情景说，还差6分钟就是午夜12点了。拉科夫斯基说，双方代表业已谈妥了联合公报，现在是签字的时候了。拉科夫斯基话音刚落，团结工会全国协商委员会秘书采林斯基立即站了起来，照本宣读了两句话，说双方没有达成协议。会议室里的气氛立即变得冰一样的又僵又冷，古尔尼茨基说，“令人遗憾的是，当时没有拍照。假如拍照了，那一定是波兰‘百年一遇的照片’：拉科夫斯基和瓦文萨两个人，好像听了口令一样，先是对视着，你看着我，我看着你，不明白发生了什么事，尔后又不约而同满脸怒气回过头看着自己的顾问们，好像他们做了什么手脚。再后是一片寂静，拉科夫斯基声音疲惫，说了一句‘嗨，我们已经没什么可说的了’。”

雅鲁泽尔斯基回忆8月6日到7日的夜晚。他坐在办公室里焦急地等待。“他因谈判顺利而感到高兴。他认为谈的问题非常重要，将创造巨大的机遇。”但他意想不到，他对联合公报在文字上的些许改动竟然成为对方拒绝签字的借口。他看到拉科夫斯基、巴卡等人痛心和气愤的样子来到了他的办公室，他似有同感，但他明白，这是对方还不准备妥协的表现。

一个难过的8月夜晚。雅鲁泽尔斯基怎么也弄不清楚，是谁指使采林斯基拒绝签字的？在雅鲁泽尔斯基的心目中，采林斯基这个人是温和的负责的，他这样做，显然是他迫于团结工会内部不可抗拒的形势而采取的行动。在团结工会内部，激进分子的势力占了上风，他们认为同政府对话，更不用说达成妥协了，只会削弱团结工会手中的王牌——它的能动力。为了要保持这种能动力，就必须不断地罢工，抗议，提要求，而不是同政府签什么协议。

雅鲁泽尔斯基和拉科夫斯基等人估计，谈判破裂的后果将是严重的。出现了新的障碍，彼此间的猜疑势必加深，再建立相互信任的难度将会更大，进一步的合作受到了消极的影响。

怎么办？8月的不眠之夜折磨着雅鲁泽尔斯基。他的合作伙伴拉科夫斯又递给他一支香烟。

二十五、库利科夫又来了

波兰统一工人党代表大会后，苏联还能忍耐多久，这始终是雅鲁泽尔斯基昼思夜想的问题。

恰在同团结工会谈判之时，库利科夫元帅又来到了波兰。雅鲁泽尔斯基曾对拉科夫斯基说过“我不希望在我们代表大会刚一结束时就让库利科夫到这里来”，可现在他来了，又怎能不依礼接待哩！8月6日、8日和12日，雅鲁泽尔斯基同库利科夫斯基进行了三次会谈。

库利科夫斯基告诉雅鲁泽尔斯基，几天前他去过捷克和民主德国，会见了胡萨克和昂纳克，他们都对波兰局势感到不安和担忧。他这次来波兰不想看什么单兵训练，而要深入了解波兰军队状况，肌体是不是健康。因为这同联盟的安全密切相关。勃列日涅夫和乌斯季诺夫知道波兰缺肉，缺许多东西，但一旦缺少了燃料怎么办？库利科夫认为，团结工会、团结农会、保卫工人委员会和波兰独立联盟已经结成了广泛的反政权的阵线，因此他强调，当局“需要采取攻势。不能允许军工厂工人罢工。要行动起来。健康势力一定会无条件地支持的。”他出主意说，当局“要有详细的行动计划和斗争方法。在军事领域要提高准备级别。”库利科夫知道雅鲁泽尔斯基喜欢引用马列主义经典，于是他有意地强调了一句，说“当苏维埃俄国陷于困境时，列宁毫不迟疑地使用了武力。”

库利科夫斯基搬出来列宁，这是什么意思？雅鲁泽尔斯基心里嘀咕着。姑且不论这是教导他要向列宁学习，还是影射他背离了列宁精神，还是二者兼而有之，他还要向库利科夫讲讲波兰问题的ABC，讲讲波兰的民主传统，他还要特别强调“波兰的现实要求波兰式的解决办法。在我们这里，什么事可以做，什么事不能做，只有我们感知得最好。”与此同时，雅鲁泽尔斯基还借机提出了意见，指出一位苏联空军将军说了不应说的话。库利科夫也没护短，骂那位将军“傻瓜，饶舌头”。后来，这位空军将军再也未在波兰露面。

对这次会见库利科夫，雅鲁泽尔斯基表示了“谨慎的满意”。他告诉拉科夫斯基，此前他得到可靠的情报，说苏联人准备在8月底或9月初入侵波兰。现在库利科夫通报，苏联将在西部边境和波罗的海举行大规模的军事演习。对此，雅鲁泽尔斯基些许地感到松了一口气。

库利科夫走了。雅鲁泽尔斯基加紧准备同卡尼亚一起去克里米亚会见社会主义大家庭的老大勃列日涅夫。

克里米亚，美丽的黑海之滨，早在60年代初，雅鲁泽尔斯基就曾偕夫人陪同时任国防部长的斯彼哈尔斯基元帅一家人，在这里度过欢乐难忘的假期。在苏联国防部长举行的欢迎宴会上，雅鲁泽尔斯基还曾兴致勃勃地朗诵了密茨凯维奇描写克里米亚的诗。然而今年8月14日的克里米亚，虽然阳光、海浪和沙滩犹如往昔，但雅鲁泽尔斯基却有"又是它，又不是它"的感觉。说心里话，他预见会谈将是很困难的，他不想去，又不能不去。他十分明白，库利科夫施加的压力同勃列日涅夫相比，肯定是小巫见大巫了。行前，他对拉科夫斯基说，"去受训斥"。

二十六、去克里米亚"受训斥"

"去受训斥"。不出雅鲁泽尔斯基之所料，勃列日涅夫在会谈时的讲话十分尖锐和严厉，说得卡尼亚和雅鲁泽尔斯基几乎失去了招架之功。

勃列日涅夫是会谈的主人，他的开场白直奔主题。他说，波兰局势极其复杂，社会主义各国领导人都在问："波兰要走到哪里去？"本希望第九次代表大会后会出现好转，但令人感到遗憾，形势日趋尖锐，反革命的压力日益增强，党越来越弱。反革命变天的威胁成为现实。团结工会有目的地搞垮经济，以便利用社会和工人阶级的不满夺取政权。反社会主义、反党、反苏诽谤俯拾皆是，可敌人的活动却不受惩罚。勃列日涅夫问：

“你们的‘社会主义革新’是什么意思?”

“你们不允许反对者越逾的界线在哪里?”

“你们如何监控大众传媒?”

“为了把工人阶级从敌人手中，从团结工会领导人手中争取过来，你们做了些什么?”

勃列日涅夫像考官似的提出了一大串问题，要求波兰人回答。

卡尼亚作了回答。他首先讲了波兰形势的严重性和特殊性，他强调说，波党是在前所未有的困难条件下进行活动的，这同其他党的痛苦经历是完全不同的。表现为（一）波党有过数次危机的历史，（二）其他国家不曾有经济危机，而今天的波兰是经济危机使政治危机进一步尖锐化了。波党的活动条件更加困难了，然而（三）也有积极有利的因素，这就是波党没有解体，政权没有解体，军队和警察的肌体是健康的，这有别于当年的匈牙利和捷克斯洛伐克。

卡尼亚讲了第九次代表大会情况，他极力地捍卫了代表大会的成果。他说，虽然有困难，但结果是好的。中央委员会中增加了工、农、兵的比例。有36名团结工会会员进入中央委员会，他们这些人责任心强，有理想，作风正派。其中佐菲娅·格日布还进入了政治局。这一届中央委员会富有斗争精神，有能力在困难的条件下进行行动。卡尼亚讲了一句重话，“同这届中央委员会在一起可以去战斗，去冲锋陷阵了”。

卡尼亚说，政府同团结工会的谈判破裂了，这表明当局是建设性的力量，努力引导国家摆脱危机，而反对者在搞冒险主义。总的说来，形势是有利的，社会的同情正在逐渐地向我方倾斜。卡尼亚最后强调说，“打开困局的钥匙，是经济，是生活水平的稳定。”

继卡尼亚之后，雅鲁泽尔斯基发言。在一些问题上，他补充、肯定和强化了卡尼亚的看法。他讲了政府为克服危机采取的各种措施，他强调“要保持安定，在当前的形势下，防守比进攻会更为有效”。雅鲁泽尔斯基承认，一些反苏行动令盟友不安，但他认为，破解这一问题的最好对策，就是发展波苏合作和继续在经济上援助波兰。具体地说，波兰希望苏联增加天然气、合成橡胶、棉花、石油等原料的供应，同时延长偿还贷款的期限，以及在经互会中支持波兰。

雅鲁泽尔斯基肯定地说，“军队状况良好”，并说“我们努力要军队发挥稳定局势的作用。”雅鲁泽尔斯基表示“形势是严峻的，但总体上处于我们的掌控之中。一旦有必要，我们会毫不动摇地用武力捍卫社会主义国家”。

长时间的休息后，双方继续会谈。勃列日涅夫开腔了。他自以为是，俨然像一位教师爷点评考生的答卷。他很不满意，讲了不少的重话，狂轰滥炸一番。雅鲁泽尔斯基感到从谈判桌对面吹过来一阵阵的刺骨的冷风。

勃列日涅夫断言，波党第九次代表大会“有某些积极因素，但消极因素更多”。“许多好的共产党人”如格拉布斯基、热宾斯基、莫查尔，未能进入党的中央和地方领导机关，这“是巨大的损失”。“应该关心那些捍卫马列主义的真正的共产党人。这是党性标准。你们党内有右翼和左翼，我认为卡尼亚和雅鲁泽尔斯基你们两位是中间派。对党的威胁是来自右翼。代表大会并未带来彻底的变化。反对者在进攻，党和政权在退却”。

勃列日涅夫强调，“不能退却了！”“革命必须用武力反对反革命。必须用红色恐怖回敬白色恐怖！”对反对派“要打击，代表大会后是有利的时刻，不能再迟疑了”。“现在还可以动员群众反对反革命，以后就会为时已晚了”。勃列日涅夫质问卡尼亚和雅鲁泽尔斯基，“你们说局势是非常的，那你们为什么不采取非常的强硬手段?”“这是你们对自己国家承担的责任，也是对我们同盟、对华沙条约、对社会主义国家大家庭承担的责任。难道不应该现在就实施战时状态吗?”

勃列日涅夫进一步进行质问。“你们说‘和解’，说‘妥协’”，试问“同谁和解？同谁妥协？不是你们战胜他们，就是他们战胜你们。”“团结工会在党内，在中央委员会和政治局有自己的会员。那么在团结工会代表大会前，党是怎样工作的？怎样才能使他们的代表大会不能把反革命势力更大的凝聚在一起呢?”“你们不断地讲经济困难，可危机的性质主要是政治的。走向稳定的钥匙是政治”。

勃列日涅夫讲了未来的苏波关系，他的意思是，苏联不是不想援助波兰，而是“苏联也有困难”。有严重的旱灾，不得不减少战士的口粮，每人每天减少100克。援助的可能性已到了极限。勃列日涅夫像宣读通牒式地说，“我们的关系将取决于波兰走什么样的道路，取决于波兰的共产党人能否做到他们应该做的一切，能否言行一致”。勃列日涅夫的结论是“已经到了采取尖锐手段的时候了。”

卡尼亚对勃列日涅夫的这番发言表示了“理解”，同时他再次强调了波兰要用自己的力量解决波兰问题的立场。他说“迄今为止我们没使用武力，因为我们是小心谨慎的。而苏联军队如进入波兰，必将引起极大的灾难性后果，同时也将是迎合了帝国主义。如果形势进一步激化，我们是不会动摇的。不存在波兰脱离社会主义道路的威胁。我们将像保卫独立一样来保卫社会主义。”

勃列日涅夫说了最后一句话，“我希望你们就这样办吧!”

勃列日涅夫那一大篇激烈的言辞，深深地铭刻在雅鲁泽尔斯基的记忆中。他的第一个感受，就好像一个人被塞进了榨汁机中，挤压得喘不出气来，而且头上还悬挂着一把摇摇欲坠的达摩克利斯利剑。引起他警觉的则是，勃列日涅夫以1968年捷克斯洛伐克为例，说当时他之所以出兵，是接受了捷克斯洛伐克一些共产党人的请求。雅鲁泽尔斯基暗中下定决心，他要千方百计地防止在波兰出现类似捷克斯洛伐克那样的“请愿人”。

二十七、团结工会第一次代表大会

雅鲁泽尔斯基和卡尼亚一样，无意享受克里米亚的自然风光，情绪低落地回到了华沙。虽然受了一番“训斥”，但他和卡尼亚还是捍卫了波党的立场。虽然前景暗淡，但只要有一丝半点的希望，他和卡尼亚还要在和解的路上向前挪动着脚步。他瞥了一眼办公桌上一堆一堆的文件，他知道这些都是关于团结工会的信息和报告。团结工会正在热火朝天地筹备自己的第一次代表大会。

自去年8—9月协议签订以来，团结工会合法存在一年了。波兰党在许多问题上做了让步，但始终不能实现“和解”的愿望。现在团结工会羽翼丰满，已经成为以工会为名的社会政治运动了。它的代表大会的结果如何，势必对危机重重的波兰政局，带来新的深刻的影响。势必会同不久前举行的波党的代表大会唱出一场对台戏。雅鲁泽尔斯基不能不预谋对策。

情报表明，团结工会代表大会已经筹备就绪。根据瓦文萨的建议，会议将分为两个阶段进行。9月5日至10日为第一阶段，解决组织问题，9月26日至10月7日为第二阶段，解决纲领问题。瓦文萨的设想是，在第一阶段只解决人事安排，“不进行任何讨论，只进行选举。只是在第二阶段，才可以谈纲领，但此时人们已经不能再有争夺席位的奢望了，因为席位已分配完毕”。不管谁说什么民主或不民主，瓦文萨坚持就这样开会了。

9月5日，团结工会第一次代表大会在格但斯克奥利瓦体育馆开幕。团结工会各路英雄好汉济济一堂，这可是人民波兰历史上的第一次，代表们踌躇满志，情绪昂扬，会场上有说有笑，热闹非凡。特别在会议的第一阶段“不缺少许多戏剧性”的争权夺利的场面，也不缺少指责当局的激烈言辞和冷讽热嘲。当局委托一位副总理与

奥利瓦体育馆，
团结工会的大会场

会祝贺，但遭到冷遇。这些情景早就在瓦文萨意料之中了。在瓦文萨的想象中，团结工会运动好像一条大河，“河水奔腾向前，但应该治理了”，否则，“汹涌的河水有可能被截流，也有可能回流或流失殆尽”。但治河并不是一件轻而易举的事，瓦文萨竭力掌握会场的动向，坚持要建立一个能够控制整个工会的权力结构。他多次发言，情绪激动。有人为他鼓掌叫好，有人不以为然，也有人喝倒彩。但最终瓦文萨还是以微弱的多数胜利了，他当选为团结工会全国委员会主席。

大会的第一阶段的进程表明，团结工会中的极端势力占了上风，那些反对和解和对话路线的人取得了成功。温和派遭到削弱，瓦文萨的回旋余地受到了限制。这样的人事格局，震撼了摇摇摆摆的波兰政坛，刺痛了当局的敏感的神经。当局认为这“几乎就是宣战”。

波党中央政治局9月8日开会评估形势。9月13日召开了国防委员会会议，与会者普遍认为“政治手段不灵了，已经到了做出根本性决定的时候了”。卡尼亚认为，不能排除实施战时状态，但最好避免这一最后手段。他要求各有关部门要做好实施战时状态的准备。卡尼亚要求与会者要绝对保密。雅鲁泽尔斯基认为，“我们是站在悬崖上，正处于千钧一发之时。谁都不想这样做，但人人明白，不能再这样生活下去了”。“政治对抗已经进入非常尖锐的阶段。我们迄今未采取非常的手段，表现了我们的善意。如果我们免不了要做决定，最重要的是我们要用自己的力量去实现它。”国防委员会会议气氛凝重，所有的人都屏息静气，但还没下定决心，还抱有一丝希望。

当天晚上，召开了国防部军委会会议。雅鲁泽尔斯基传达了国防委员会会议情况，大家发言十分尖锐，说“不能再让步了”，必须采取果断的行动，把那些闹事的人和造成当前这种局面的前领导人“一起关起来”。会议没作决定，雅鲁泽尔斯基作总结时强调，“最重要的是，要用我们自己的力量去控制冲突”。

9月16日，波党中央政治局发表声明，指出团结工会中的“冒险主义倾向”上升到团结工会“正式纲领的地位”，“建设一个反对派的政治组织的路线获得了胜利，其目的就是接管政权和改变波兰社会政治制度”。9月17日，政府表明立场，指出团结工会事实上拒绝了建设性的合作。9月17日，卡尼亚和雅鲁泽尔斯基会见了波兰首席大主教格莱姆普，讲明“政府坚持政治解决，追求和解。如果团结工会继续走现在的路线，势必要发生撞击”，希望教会向团结工会代表大会施加影响。

9月24日，在团结工会代表大会第二阶段会议即将开幕前夕，雅鲁泽尔斯基走上议会的讲台，针对团结工会代表大会第一阶段会议情况，他向议会说明了当局的立场，回应了团结工会方发出的新的挑战。

雅鲁泽尔斯基严厉指出，团结工会代表大会第一阶段会议“造成了新的、尖锐的政治形势”，团结工会中的极端派“滥用了这个大工会及其几百万会员的信任，把这个工会引入政治歧途，把它当作通向政权之路的云梯”。雅鲁泽尔斯基强调，“这确实是决定性的时刻”，并一口气提出了7个问题，期待团结工会领导表态和答复。他要大家都弄个明白，团结工会代表大会和一心治理河流的瓦文萨要把团结工会引向何方？

雅鲁泽尔斯基诘问团结工会（一）是否打算遵守8—9月协议已写明的、工会章程已接受的对制度所承担的根本性义务？（二）是否愿意实现社会主义革新、民主和协商的思想？（三）是否能停止和放弃接管政权的打算，承认和尊重政府的权利？（四）是否能摆脱极端行为和倾向，放弃破坏法制、破坏秩序的口号和活动？（五）是否愿意理解政府实行经济改革和克服危机的纲领和努力？（六）是否承认与苏联的同盟，断绝与反共中心的暧昧关系？（七）是否理解事关保证边界安全的国防和安全问题？

雅鲁泽尔斯基正告团结工会，能否建立谅解和承认团结工会在社会生活制度中应有的地位，这将取决于团结工会如何回答。

雅鲁泽尔斯基呼吁议会和社会理解和支持政府对破坏法律的行为采取的严厉方针，并明确宣布他已向内务部长下达了任务，在必要和适当的范围内，军队将派出专门部队协助内务部进行工作。雅鲁泽尔斯基说，一年来政府“尽了一切力量避免出现极端的局面，避免采取激烈的措施”，这怎能说政府“不讲分寸，不克制和缺乏善意呢？”“政府经常感到自己好像一个脚上捆了石头的人，步履艰难，还不断听到有人说‘它走得真慢’，‘它真无能’”。试问“在这样的条件下，还能干多久呢？”

雅鲁泽尔斯基已经把当局的立场说得一清二楚了。差只差他没有公开国防会议的记录，但团结工会的各路英雄好汉听了吗？天知道。

二十八、“一个不想生而生了出来的孩子”

奥利瓦体育馆热闹非凡。雅鲁泽尔斯基在议会的讲话像一阵过堂风，从华沙吹到了格但斯克，在奥利瓦体育馆穿堂而过，消失在一片喧嚣声中，无影无踪了。团结工会代表大会第二阶段会议已接近尾声。在大会的决议和文告中，雅鲁泽尔斯基看到了对方的高傲、强硬和咄咄逼人的攻势。

清晨，在太阳还未升起的时候，雅鲁泽尔斯基就浏览了团结工会代表大会的决议。他一边看，一边在上面勾勾划划，发泄他内心深处难于掩饰的失望、遗憾和愤怒的情绪。他发现，本来在会前材料的字里行间还能看到的亲近社会主义的字句，而今在代表大会通过的纲领中不见了，连一个“社会主义”这样的字词也找不到了。为什么会发生这样的变化？是屈从于基层极端化的压力和外来的唆使，还是领导层重新评估了政治价值的取向？他想不明白。但他很快就冷静下来了，作为一位政治家，他怎能让情绪左右政策，怎能随心所欲偏离已经选定的道路啊！

团结工会代表大会背离了团结工会成立时的宗旨。它明确地提出了纲领性的口号：建立社会、政治和世界观多元化的“自治共和国”。雅鲁泽尔斯基明白，这无疑是向社会发出了全面夺权，改变制度的动员令。团结工会同当局之间的矛盾已经发生了质的变化，已经演变为夺权和反夺权的斗争。而且在可预见的时间里，这场斗争势必进一步深化、激化、白热化。雅鲁泽尔斯基不断地自问，还能坚持“政治手段”吗？还能坚持多久呢？

团结工会代表大会还发表了一份给东欧各国劳动者的信，呼吁东欧国家的劳动者起来组织“独立和自治”的工会，捍卫民主权利和自由。读了这封信，雅鲁泽尔斯基下意识地说了一句“太疯狂了！”看来这个团结工会的野心可真不小，不仅要在波兰夺权，而且还要把社会主义大家庭闹个鸡犬不宁。这无疑是为苏联的干涉提供了最好的口实。雅鲁泽尔斯基再一次问自己：苏联的容忍还能持续多久呢？

不出雅鲁泽尔斯基的所料，苏联对团结工会代表大会的反应十分强烈。苏共中央和苏联政府发表声明，断言在波兰不断加剧的“反苏主义已经达到危险的边缘”，“团结工会代表大会成为诽谤和蔑视苏联的讲台”，波兰当局“在国内外反革命的压力下步步退让”，因此，苏方要求波兰“必须立即采取坚决和果断的措施，制止恶毒的反苏宣传和敌视苏联的行为”。9月17日，苏联驻波大使阿雷斯托夫会见了卡尼亚和雅鲁泽尔斯基，递交了这份声明。雅鲁泽尔斯基敏感地想到了1939年9月17日苏联出兵波兰的历史。为什么苏联又选择了9月17日，是偶然的巧合，还是有意的安排？他无法断定，但他认为这不是毫无意义的。

苏联施加的压力来自四面八方。除了党、政、军正式渠道外，二战时曾参加解放波兰战斗的苏联退伍军人，他们以老兵、老朋友、老战友的名义，纷纷写信给波兰党中央、政府和国防部，给波兰退伍军人，对兄弟波兰的命运，对社会主义国家合作的前景表示不安。来信数量多得惊人。起初雅鲁泽尔斯基把来信看作是个别现象，后来了解到这是苏方有意安排的向波兰施加群众性影响的行动。

雅鲁泽尔斯基放下手中的文件，他回想一年来团结工会的所作所为。这可是波兰特有的现象。他眼前仿佛走过来一个又高又大的孩子，这个孩子就是独立自治的团结工会。它是波兰当局怀胎十年不想生而生了出来的一个孩子。孩子要活下去，当局无可奈何，只能如此。可这个孩子长得特快，令人吃惊，他把兄弟姐妹扔出窗外，又把父母双亲挤到墙角，到后来还想制服父母，恫吓左邻右舍。这必然不会有什么好的下场。雅鲁泽尔斯基从这个孩子的奇特发育中得出了这样一条结论，一切均应正常地成长，凡是人为地加速和跃进，一般都不会是健康的。他想起俄罗斯的谚语，“你走得慢一点，你会走得远一点”。生活中有许多“慢则行远”的生动事例，可团结工会走得太快了。

团结工会要恫吓左邻右舍，邻居们谁敢视而不见，听之任之，掉以轻心。他们从东南西北一起来防范和反击，就好像在波兰身上绑了一条绞索，而且越拉越紧。

二十九、"只要用班克，何必用坦克"

勃列日涅夫说过，波苏关系如何，"将取决于波兰走什么样的道路"。这自然不是说说而已。团结工会代表大会后，苏联领导人更不耐烦了，他们把套在波兰身上的绞索拉得更紧了。雅鲁泽尔斯基明显地感到"1981年下半年，波兰被完全孤立了"。

多数社会主义国家从波兰召回了留学生，严格限制同波兰的人员来往。捷克斯洛伐克加强了边民出入境的管制，民主德国退回了2万名波兰工人。他们开始计算因波兰不履行贸易协定而造成的经济损失，并准备不同波兰签署任何重要的协议。他们认为波兰国家接近完全解体，日甚一日地失去了经济伙伴的地位。在波苏谈判1982年年度贸易时，苏方代表明确表示，由于波兰政治形势不稳定、不明朗，苏方对波兰能否信守合同没有把握，因此苏方也不能应承任何长期义务。由于波兰对苏贸易有逆差，1982年双方贸易只能根据支付完全平衡的原则进行，并补足上一年度的差额。这些话的实际意思，就是苏联将史无前例地大幅度削减对波兰的供应。

雅鲁泽尔斯基接到了波方谈判代表的报告，他心里明白，苏方代表的表示，绝不是什么个人意见，而是最高领导层的决定。苏方打过来一记重拳，这是团结工会代表大会招来的后果。波兰的经济会因苏联供应锐减而雪上加霜，波兰将大难临头了。雅鲁泽尔斯基看着办公桌上摆着的一张写满数字的报表，感到束手无策。这张报表的数字表明，苏方几乎是完全拒绝了波方的要求。波方要求供应，石油1310万吨，苏方的回答说只能供应4.1万吨；天然气5.3亿立方米，回答是2.8亿立方米；棉花10.5万吨，回答是7万吨。波方要求供应汽车燃油60万吨，飞机燃油18万吨，回答是0；波方要求供应不同数量的茶叶、乳酪、鱼罐头、电冰箱、电视机和拖拉机等，回答一律是0。

石油只给一滴，棉花天然气减半，其他一律不给。雅鲁泽尔斯基心想，这无疑是向波兰发出了一道“预告将实行经济封锁的最后通牒”。如果苏联真的这样做了，民主德国和捷克斯洛伐克一定会步其后尘，波兰经济将完全瘫痪。这个老大哥，可真厉害啊！

“瘊来啦！”（cholera，音译）一句波兰的国骂，脱口而出。

怎么办？无可奈何的雅鲁泽尔斯基只好打电话给苏联总理吉洪诺夫。电话接通了。对方的声音同往常一样有礼貌，很客气，同往常不一样的则是缺少热情。吉洪诺夫强调苏联也有许多困难，波兰也没有履行供货合同，苏联也必须考虑社会的反应。雅鲁泽尔斯基请吉洪诺夫派苏联副总理兼计委主任巴伊巴科夫来波兰了解实际情况和进一步商谈，吉洪诺夫痛快地答应了，并未把门关死。

巴伊巴科夫果然来到了波兰。9月25日雅鲁泽尔斯基心存侥幸，会见了巴伊巴科夫。在雅鲁泽尔斯基的印象中，巴伊巴科夫这个人性格开朗，讨人喜欢，他对波兰颇有好感，说他的家族有波兰血统。波兰人同他开玩笑，按照波兰姓氏习惯，在他的姓氏后面加上了“斯基”两个字，叫他“巴伊巴科夫斯基先生”，他很高兴。在会见雅鲁泽尔斯基之前，巴伊巴科夫参观访问了西里西亚矿区和贝尔哈托夫发电厂等地，他认为波兰经济状况比1968年的捷克斯洛伐克还更糟糕。因此，他直言不讳地对雅鲁泽尔斯基说，“波兰缺煤少电，在这种情况下，就是向波兰提供原料，波兰也无法加工生产”，“当纪律松弛，效率低下的时候，任何额外供应，都无济于事”，“没有平静和纪律，没有政局的稳定，经济就不会有起色”。雅鲁泽尔斯基心里想，这些话你不说我也知道，但无论如何也要解决迫在眉睫的1982年的供应问题啊！当雅鲁泽尔斯基把话题转到1982年波兰的具体要求和希望时，巴伊巴科夫开始支支吾吾，躲躲闪闪，面有难色。雅鲁泽尔斯基失望了，但他知道，“没有上面的政治决定，不能指望巴伊巴科夫会改变立场”。他不能难为也不能责怪这位可称之为“斯基先生”的老朋友，于是两个人友好地结束了这次毫无结果的会见。

雅鲁泽尔斯基的希望落空了。他突然想起了几天前流传到他耳朵中的一个说法，意思是用经济制裁的手段，就可以搞垮一个国家，而不必开动一辆坦克，放一枪一弹：“只要用班克，何必用坦克”！（班克是银行的音译）

显然，这是邻居拉紧了绞索，为配合政治、军事、外交等手段而采取的经济手段，为迫使波兰当局改变对团结工会的方针政策而施加的一种压力。对此，雅鲁泽尔斯基是再明白不过的了。

三十、出任波党中央第一书记

1981年10月16日至18日，波党召开了九届四中全会。全会接受了卡尼亚的辞职请求，选举雅鲁泽尔斯基为中央第一书记。卡尼亚–雅鲁泽尔斯基联手执政的领导体制结束了，出现了雅鲁泽尔斯基集党（第一书记）、政（政府总理）、军（国防部长）三权于一身的局面。这在人民波兰的历史上是破天荒的第一次。

卡尼亚在全会上作了报告。他坚持九大路线，讲了几句强而有力的话。他强调解决波兰问题“只有一个不可越逾的条件，这就是承认社会主义的宪法秩序基本原则的不可动摇性和呵护与苏的同盟”，其次“主要方法是对话与和解”，再次“要信任政府，并赋予它采取一切必要手段的权力，来保卫社会主义，恢复法律秩序，遏制国民经济解体过程”。中央委员们听取了卡尼亚的报告，反应强烈，批评之声骤起，使卡尼亚的处境十分尴尬。他们一方面同意报告的精神，一方面批评党领导执行九大决议工作不力，没取得预期的效果。矛头直指卡尼亚，直言不讳地对卡尼亚的工作表示失望。

在这种情况下，卡尼亚向中央委员会提出了辞去第一书记职务的申请，中央委员会投票表决，结果104票赞成和79票反对，接受了卡尼亚的辞呈。

四中全会，卡尼亚（右1）辞职，雅鲁泽尔斯基接班。

在计票的时候，卡尼亚疲惫地坐在办公室的沙发上，等待表决的结果。雅鲁泽尔斯基在他身边，陪伴着他。两个人说话不多，但两个人都思绪万千。卡尼亚想想这一年他在风雨中奔波，早已心身交瘁，深感力不从心。他知道党内有不满情绪，批评之声不绝于耳，他迟早要辞去第一书记的职务，但不曾想到这一刻竟然来得这么快。雅鲁泽尔斯基也百感交集，在他的心目中，卡尼亚作为中央第一书记，在极端困难的条件下制定和执行了党的社会主义革新、对话与和解的路线，顶住了来自左右两方面的压力，为波兰用自己的方法解决波兰问题打下了牢固的基础。雅鲁泽尔斯基最了解，最清楚，卡尼亚是怎样在这条艰险的道路上走过来的，有哪些成果或缺憾。

政治局委员奥尔绍夫斯基祝贺雅鲁泽尔斯基当选中央第一书记

雅鲁泽尔斯基认为，卡尼亚和他两个人如同“前脚和后脚，走的是一条共同的道路，在这条道路上，有正确的和好的，也有弱点，也摔过跤”，对此，雅鲁泽尔斯基坦诚地说，“我同样感到负有共同的责任”。

受政治局委托，巴尔齐科夫斯基向中央委员会推荐雅鲁泽尔斯基为中央第一书记候选人。10月18日雅鲁泽尔斯基顺利地当选，只有4人投了反对票。

雅鲁泽尔斯基对政治局的推荐未表示什么“谦让”和异议。相反，却表现出敢于承担的勇气。他知道，与一年前波兰党改朝换代时相比，现今的困难更大了。一年前波兰人还能“像波兰人和波兰人那样”相互和解，“要社会主义，不要对社会主义的歪曲”的口号还很时髦，党还是有力量的。可现今波兰人和波兰人相互掐脖子，党变得步履蹒跚，与此同时东邻西舍也拉紧了绞索。一切都颠倒了，条件更差了。如果说一年前在条件相对好的时候，他曾经拒绝过中央第一书记候选人提名，不久前也曾对出任总理表现过犹豫，可现今，在10月18日这一天，在一种责任感的驱使下，他只能当仁不让，当机立断了。他毅然接过来这第一书记的千斤重担，他认为“不能不担起这个担子。否则就会是机会主义，就是胆小鬼”，就不能在九大路线所确定的道路上继续前进。

雅鲁泽尔斯基当选中央第一书记后，他要求全会休会1小时。因为按惯例，他必须发表就职讲话，但事先并无准备。他想起行军打仗的时候，这次讲话就好像“行军”途中的讲话，必须简单扼要，要使党放心，使盟友放心，也要向反对派发出警告。

一小时过后，雅鲁泽尔斯基登上了全会的讲台，他没讲什么感谢同志们信任的套话，他对中央委员们直率地说，“根据你们的意愿，我承担起极为沉重的担子和巨大的责任”，“我首先感到，是被党委派去执行一项新的任务，去干一件极为困难的工作。同时我也意识到，人们特别期望党的攻势和加强社会主义国家”。“我愿尽我的力量与可能，与你们一道认真和积极地去完成这一任务”。

同过去改朝换代时不同，这次新任第一书记没有否定前任，也没有端出一套新的纲领否定前任执行的方针路线。这次是人换了，但路线不变。雅鲁泽尔斯基宣布“我们现在和将来都要恪守九大的总路线”。

雅鲁泽尔斯基就职讲话的核心是他对当前形势和任务的强硬的表态，他说，“我们从来不寻求对抗，更准确地说，我们一向都在避免对抗。今天我们也不致力于对抗。但是有一点是肯定的，即退却的可能性已经用尽”，“已经到了最后时刻”。

四中全会落下了帷幕。雅鲁泽尔斯基受命于危难之时，他身兼三职——第一书记、总理、国防部长，他要握紧波兰这艘巨轮的舵柄，在惊涛骇浪中较正航向，使它驶向波澜不兴的港湾。

然而，他知道留给他的时间实在是不多了。

第四章

战时状态的实施和结束

（1981—1983）

一、“三人会谈”无果而终

形势的发展已经进入了关键的时刻。当局为采取“必要的措施”进一步加紧了做好最后的准备工作，团结工会为保持对当局的高压态势，时不时地发出了全国性警告罢工的动员。

对立的双方，相互猜疑，擦拳磨掌，怒目而视。但不到最后一刻，雅鲁泽尔斯基还不想放弃寻求对话与和解的一线希望。因为他坚信，只有和解才是走出困境和避免灾难的上上策。

雅鲁泽尔斯基是军人，更是政治家，他懂得先礼后兵的策略思想和战略意义。他现今身兼三职，大权在握，正因为如此，他更要凸显出政治家的本领，更要做到仁至义尽，以便稳稳地占据道义上的制高点。他获悉瓦文萨有同他会面的愿望，也了解在他当选为第一书记时瓦文萨对记者发表的谈话。瓦文萨曾说“确实，很难说明天会发生什么事，但我们肯定会像波兰人同波兰人那样进行和解，特别是我本人，直到今天为止，我同雅鲁泽尔斯基将军在一起交谈，都很好”。雅鲁泽尔斯基认为，对瓦文萨的这种表示，不能视而不见，听而不闻。

1981年10月30日，雅鲁泽尔斯基在议会发表讲话，提出了两项重大的举措。一是硬的一手，希望议会通过一项授予政府特命全权的法案，二是软的一手，倡议成立民族和解会议。

雅鲁泽尔斯基在议会发表讲话

雅鲁泽尔斯基设想，民族和解会议是社会—政治代表机构，是进行不受约束的对话的论坛和寻求应对时代挑战的方法的场所，是咨询机构，但享有立法倡议权。他建议先由波兰统一工人党、统一农民党、民主党、团结工会、行业工会、宗教界和科学文化界等七方各出一位代表，组成发起人小组，进行筹备工作。雅鲁泽尔斯基认为，成立民族和解会议将是走出死胡同的最为现实的道路。这是他出任第一书记后高高举起的寻求和解的一面旗帜。

对雅鲁泽尔斯基的倡议，社会各界反应积极，波兰首席大主教格莱姆普本人也“给予正面的评价”，唯独团结工会一方却装聋作哑，沉默不语。这自然不是什么好的预兆。严冬即将来临，余下的时间实在太少了。面对这种情况，雅鲁泽尔斯基觉得有必要主动再主动，以表示当局的诚意和他的急切心情，他建议由团结工会、教会、当局三方的最高领导人，就成立民族和解会议问题，举行直接会谈，以达成一项波兰特有的“国内政治革命”。

1981年11月4日傍晚，瓦文萨—格莱姆普—雅鲁泽尔斯基“三人会谈”开始了。首席大主教和团结工会主席两人同乘一辆小轿车抵达帕尔科瓦街政府宾馆。这表明，从格但斯克来到华沙的瓦文萨已经同格莱姆普交换过看法了。雅鲁泽尔斯基心想，如果首席大主教能向团结工会主席施加一些积极的影响，也许“这是一个好的迹象”。

雅鲁泽尔斯基是主人，他首先感谢首席大主教和团结工会主席接受了他的邀请，然后就直奔主题，谈了起来。

雅鲁泽尔斯基描绘了国内形势，他指出经济崩溃“有客观的原因，但主要的还是主观的原因，尖锐的政治斗争，无政府主义泛滥和社会情绪的不稳”，与此同时，面临的外部问题又是“致命的威胁”。波兰不履行贸易合同，不断发生反苏事件，招来了“各种各样的警告和抗议，以及彻底限制供应的危险”。雅鲁泽尔斯基摆了摆波苏贸易谈判苏方1982年供货方案中的数字，他说，“形象地说，石油只供一滴”，他问瓦文萨，“你说说，这叫我们怎么办？”

格莱姆普和瓦文萨对国内面临的困难和威胁都有足够的估计，但瓦文萨表示了不同的看法。瓦文萨认为，造成当前局面的主要原因来自当局，是“当局旧的罪过和新的罪过”造成的结果。所谓的新的罪过，瓦文萨认为，一是实施改革的步子“走得太慢了”，二是当局特别是基层机关对团结工会的“态度不友善”。

雅鲁泽尔斯基对瓦文萨的话并不感到意外，有关改革问题，他请瓦文萨放心。他说“改革是不可逆转的”，这一点波党的九大再次做了肯定。至于态度问题，雅鲁泽尔斯基坦率地说，“党内的保守情绪和团结工会内的极端倾向相互提供养料。机关中还有不负责任的人，我们将逐步解决。但团结工会内也不是人人都是天使”。一个巴掌拍不响，我不好你也不对，因此，双方都要清理自己的干部队伍。

瓦文萨指责当局“管理不善”，雅鲁泽尔斯基抱怨说团结工会“不兑现先前的承诺和义务”。显然，他们二人的立场不同，一些话说不到一起，但他们二人都认为，必须寻找出一条出路。

首席大主教格莱姆普站在调解的立场上说话，他表示理解雅鲁泽尔斯基和瓦文萨各自表述的观点和看法，强调只有把双方联结在一起的东西，才有利于民族的和睦与和解。然后他各打五十大板。他对雅鲁泽尔斯基说，主教和神父们告诉他，“当局的人仍然按照老方法行事”。又对瓦文萨说，“人们对团结工会一部分活动家的处事态度有意见”。格莱姆普讲的话，无懈可击，既附和了瓦文萨批评改革走得太慢的说法。也支持了雅鲁泽尔斯基指责并非人人都是天使的意见。

会谈的核心自然是民族和解会议问题了。雅鲁泽尔斯基阐述了成立民族和解会议的必要性和迫切性，首席大主教和团结工会主席都表示接受这一倡议，不同的是格莱姆普的态度更积极些，瓦文萨则有些勉强。瓦文萨提出个顺序问题，他希望首先要解决有争论的问题，然后再成立和解会议。雅鲁泽尔斯基耐心地做了解释，强调说，“最合乎逻辑的顺序是，先成立合适的论坛，然后利用这个论坛来商量和解决各个问题”。雅鲁泽尔斯基提议各方派出一位代表组成倡议小组，商谈民族和解会议的人员组成，进行各项筹备工作，并表示当局一方的代表将是巴尔齐科夫斯基。格莱姆普赞成雅鲁泽尔斯基的提议，当即表示将由董布罗夫斯基大主教作为教会一方的代表参加筹备工作。令雅鲁泽尔斯基十分惊奇的是，能言善辩的瓦文萨居然沉默了，他摇了摇头，不推荐谁是团结工会一方的代表。

事后，雅鲁泽尔斯基了解到，团结工会全国委员会对三人会谈持有异议，瓦文萨的领导地位不强，被束缚了手脚。瓦文萨同意前来华沙，遭到一些人的反对，他们说“要谈嘛，就叫雅鲁泽尔斯基到我们这里来”，甚至还有人鼓吹撤掉瓦文萨，改选新的主席。在格但斯克机场上，瓦文萨对送行的鲁莱夫斯基说，“砍下我脑袋的人，不是他们，就是你”。而当瓦文萨回到格但斯克后，团结工会全国委员会立即通过了一项决议，字里行间批评瓦文萨，为三人会谈打上了一个大大的问号。

雅鲁泽尔斯基急于召开成立民族和解会议的筹备会，团结工会一方就是你急我不急，不派代表，不断地吹冷风，还提出当局无法接受的反建议。团结工会和当局之间争执的焦点是，团结工会不同意当局的盟友——统一农民党、民主党、帕克斯协会、行业工会“五花八门的人参加”民族和解会议，而当局也不能同意建立一个没有自己传统盟友的机构。团结工会还要求在民族和解会议中波党、教会、团结工会三方平起平坐，拥有特别权限，团结工会绝不做小伙伴，绝不同意只占有1/7的席位。这又是当局不能接受的。与此同时，教会一方则一再表示，不同意出席没有团结工会代表参加的筹备工作。就这样，雅鲁泽尔斯基的倡议，颇像冬天里绽放的一朵昙花，很美丽，但转瞬间就消失在一阵阵的刺骨的寒风中。

这样的结果既出乎雅鲁泽尔斯基的意料，又在雅鲁泽尔斯基的意料之中。和解，对于当局来说是摆脱失败命运的机会，是当局梦寐以求的，但当局囿于内外各种因素的制约，不可能走得太远了，不可能再让步了。与此同时，团结工会感到了自己的强大和对手的日渐衰弱，同这样的苟延残喘的对手进行妥协，并不是一笔什么好生意。团结工会中的激进活动家把当局看作是“生了虫的苹果，只要你摇晃摇晃这棵树，它就会掉下来”。现实情况就是这样，当局无路可退，团结工会不愿妥协，雅鲁泽尔斯基的心里是一清二楚的。

这样的结果也使雅鲁泽尔斯基感到痛心，自担任总理以来，为了实现民族和解，克服危机，他一次又一次地提出对话与和解的倡议，结果是一次又一次地碰壁，无果而终。这一次，他的努力又碰壁了。他说自己是“伸出了和解的手”，可对方的回应则是“紧握的拳头”。回顾自己走过的弯弯曲曲的道路，他痛楚地承认，“在1981年秋，未能实现民族和解，是我在政治上最大的失败”。

二、“狂欢节”还在继续

三人会谈失败了，和解的最后一次机遇随风飘去，但，波兰这艘《泰坦尼克》号上的“狂欢节”还在继续着，并一幕接着一幕地走向高潮。

据波兰科学院一位教授统计，1981年11月5日至28日，全国宣布无限期罢工105起，罢工准备状态196起，预告罢工115起。在雅鲁泽尔斯基的办公桌上，每天都有堆积如山的电报、简报、报告，其中涉及各种各样的罢工，数不胜数。什么积极罢工，消极罢工，占领罢工，轮番罢工，意大利式罢工……雅鲁泽尔斯基颇为感叹，罢工的花样繁多，究竟有多少？“只有上帝才知道”。

雅鲁泽尔斯基后来回忆说，看看周边邻国，再看看波兰，感到一些事情真不可思议。在波兰，一家国营企业的职工罢工、抗议，就会产生连锁反应，引起全省乃至全国的震动，一次大罢工就是一场地震。在民主德国，罢工和抗议行动在一般情况下都安排在下班后的时间，并在工厂外面进行，对正常的生产和生活秩序的影响有

高举团结工会旗帜的游行

限。在布拉格，公交工人响应反对派领导人哈维尔的呼吁，取消了已经宣布的二小时罢工，而代之以张贴宣传画的示威行动。特别在“天鹅绒革命”时，人们用交响乐队的演奏压倒了电台和电视台的播音。同为罢工、抗议和示威，那里和这里表现得如此之不同，雅鲁泽尔斯基不胜唏嘘，不断地重复着波兰人常说的俗语，真是“一个国家，一种风俗”啊！

波兰人曾自豪地说，“我们波兰之美，是立体，是全面”，而今，显现在雅鲁泽尔斯基面前的波兰，美景不见了，见到的则是一片触目惊心的景象。人们走在街上甚至坐在家里都没有安全感，打、砸、抢、偷等犯罪行为屡见不鲜，袭击警察的现象时有发生。服刑的罪犯在狱中暴动和潜逃。铁路和公路交通中断。有人非法私藏枪支弹药，有人投机倒把囤积居奇。商店的货架子空空如也，凭票供应的商品数量短缺。

肉食品商店空空如也

1981年11月15日，雅鲁泽尔斯基视察一家面包房，储备的面粉量本应为15天，实际上只够1天。雅鲁泽尔斯基担心，冬天来了怎么办？奄奄一息的经济势必会在大雪和寒流中瘫痪。雅鲁泽尔斯基知道，路透社发表了一条震惊世界的报道，说“会有300万波兰人活不过这个冬天”。雅鲁泽尔斯基认为，这个300万的数字，是记者“看着天花板”编造的，但他不能否认“饥与寒的魔影”正在“威胁许多人特别是老人、病人和孩子的生命”！乔塞克部长报告了有关煤、电短缺的情况，并建议疏散大城市人口，使他们集中住在供暖和供电有保障的地方。除乔塞克外，还有人也建议分三级疏散和集中城市居民的方案。这种办法可取吗？雅鲁泽尔斯基思前想后，“形势险恶，无论如何，我绝不能掉以轻心啊！”

雅鲁泽尔斯基手中还握有一张王牌——一支训练有素的军队。能动用军队吗？怎样动用军队呢？他一步步地小心翼翼地试探着。

先是在大城市中派出内务军战士配合警察进行巡逻，后又决定成立军队地方行动组，派往乡村和小城镇。从10月18日起，军队地方行动组开始工作。雅鲁泽尔斯基希望地方行动组能收到一箭双雕的效果，一要震慑反对派，二要检查地方官员的工作，进而达到在商业、收购、服务等方面有效地克服经济生活解体的目的。雅鲁泽尔斯基发现，“没人喜欢被检查”，行动组的工作引起了基层官僚和一些从危机中谋利的人们的恐慌。尽管如此，他还是根据行动组发现的问题，下令撤换了一些地方的村长、书记和经理的职务。11月19日，由2000余名军官组成的第一批行动组结束工作，回到部队。11月25日第二批行动组投入工作，他们被派往中小城市和一些工矿企业。有人说，向地方派出军队行动组，是雅鲁泽尔斯基为实行战时状态打响了前哨战，是实施战时状态的第一步。雅鲁泽尔斯基不同意这种说法，但他承认，参加行动组的军官们了解了地方上的情况，受到了教育，为日后采取“必要的措施”积累了可资借鉴的经验。

11月27日至28日，波党召开了六中全会，原定日程是经济和经济改革问题，但大家在讨论时都把注意力集中在政治问题上了。这并不是遵循什么所谓的“政治高于经济”的公式，而是现实形势决定了的。大家强调，没有社会政治的稳定，经济改革是“纯粹的空想”，必将是“国家的自我毁灭”。也就是说，波兰势必面临着“4个S”问题，亦即独立、自治团结工会（波文缩写为S.S.Solidarnosc）再加上“自我毁灭的改革”（波文Samobojcza reforma）。

全会通过决议，责令党员议员在议会提出授予政府为期3个月（至1982年3月31日）特别全权的法案，其目的是在此期间内用行政和纪律手段中止罢工权，管制社会生活。

在全会上，雅鲁泽尔斯基再一次说了重话，他说，“紧张、冲突、反党和反社会主义国家的活动日益尖锐化了。这些危险现象的总和及其发展倾向表明，目前的这种状况不可能再维持下去了。破坏的过程必须予以制止，否则会不可避免地走向对抗，走向战时状态”。这里，雅鲁泽尔斯基使用了战时状态一词。用“战时状态”代替了过去一再重复使用的“必要的措施”。这种提法的升级，等于是公开地宣布了即将实施战时状态的政治意向。

但，究竟在什么时候实施战时状态？采取何种方式实施战时状态？这些具体的实质性问题自然是军事秘密，雅鲁泽尔斯基没有必要在全会上一一讲明，他的讲话无疑是表明了实施战时状态的准备工作已经接近尾声。

雅鲁泽尔斯基认为，团结工会中的一些人又会把他的讲话当作牧羊的孩子在叫喊“狼来了”，是虚声恫吓，不必相信。他说“人们可以不听我们的话，可以趾高气扬的轻视政权。但是为什么不听听教会和首席大主教的话呢?”“可能警告过多了，团结工会的激进派早已习以为常了，他们以为没有什么可怕的，他们以为这个政权只能垮台”。雅鲁泽尔斯基希望团结工会能听一听他的话。事态已经走到了这一步，他必须提出这样的警告。

雅鲁泽尔斯基还在苦苦地反复思索，难道和解之路真的走到尽头了吗？他的笔杆子古尔尼茨基少校，早已为他起草好了关于实施战时状态的广播电视讲话稿，他看了看就锁进抽屉里。他还要再等一等。雅鲁泽尔斯基知道，党政领导层的情绪已经到了无法忍受的程度了，但他还是委托政治局委员、中央书记巴尔齐科夫斯基去会见团结工会的顾问们，也许做做工作还会有出人意料的转机，他期待着。

三、团结工会拉多姆会议

在这些日子里，雅鲁泽尔斯基紧张得寝不安席，食不甘味。有关授予政府特别全权的法案在议会受阻了，它不仅遭到团结工会的坚决反对，而且也争取不到教会方面的支持。这本来是雅鲁泽尔斯基为扭转可怕事态的进程而采取的最后一次尝试，可惜又失败了。

这之后，形势迅速恶化。11月29日，消防军官学院发生了占领罢工。这场罢工是由团结工会玛佐夫舍地区工会组织发动的，他们反对当局把学院交由内务部管辖。当天，玛佐夫舍地区工会副主席闯进院长办公室，宣布说“我现在逮捕你，你坐下！不要动！”随后学院就落入占领者手中。消防军官学院是准军事单位，在这里发生了占领罢工，岂能等闲视之！当局决定采取“必要的措施”。12月2日，当局动用了大量军警，包括重型装甲车和直升飞机，以压倒的优势，攻入学院大楼，恢复了秩序。

此举，是当局有意识地显示了武力。雅鲁泽尔斯基企图以此为例证，警告团结工会切勿轻举妄动。

是时，团结工会全国委员会主席瓦文萨正在华沙“索莱茨”旅馆，他回忆说他有过一段难忘的经历：那一天乔塞克部长来旅馆同他会面，乔塞克有意拖长谈话的时间，好像有什么不可告人的目的。一段时间过后，有人打电话找乔塞克。乔塞克起身去接电话，在沙发上丢下了一张便笺，瓦文萨看到了。这是一条手写的指令：“不惜一切代价，把瓦文萨留在旅馆里”。当瓦文萨得知当局用强力解决了消防学院的占领罢工后，他终于明白了乔塞克的来意，就是要把他困在旅馆里，而那张便笺，他认为是乔塞克有意丢下的，是对他的恫吓。

当局在消防学院炫耀了武力，但并未收到预期的效果。团结工会的反应十分强烈，他们不是知险而退，而是进一步激进化了。瓦文萨也变得更加激烈了。

雅鲁泽尔斯基认为瓦文萨也在“扮演着一个困难的角色。在某种意义上说，他同卡尼亚和我在我们这一方所扮演的角色相似。他也是一个‘中间派’”。但瓦文萨的态度变化无常，左右摇摆，“早晨说一，晚上说二”。当人们指出瓦文萨讲话自相矛盾时，瓦文萨不但不否认，而且回答说“是啊，我赞成，甚至我反对”。有人嘲笑瓦文萨讲话自我矛盾，瓦文萨的顾问盖莱梅克教授却夸奖说，这就是“我们主席的风采”。现在，瓦文萨变了，他顺应团结工会内那股狂风暴雨般的激进潮流，同团结工会中的激进分子走到一起了。雅鲁泽尔斯基认为，这也应验了瓦文萨的一句口头禅“我不想干，但我‘必许’干”。瓦文萨讲话发音不准，把必须说成“必许”了。

团结工会全国委员会于12月3日在拉多姆举行了同地区工会主席和专家组的会见。在拉多姆会议上，团结工会全国委员会的激进化达到了最高点，瓦文萨的变化也随之凸显出来。瓦文萨自己承认，他担心失去控制局势的能力，“我把自己变成了最大的激进派。我融入了整个会议大厅的情绪中，目的就是不要使自己处于即将发生的事件的边缘。”“在拉多姆，为了不被游离出去，我违心地走在刀刃上”。瓦文萨还说“如果不能制止疯跑的马儿，就应该跳上马背，驾驭它”。雅鲁泽尔斯基认为，瓦文萨为了保持影响力，来了个大转身，但瓦文萨无力驾驭这匹马了。当时团结工会另一位领导人雅沃尔斯基就曾对瓦文萨威胁说，“你如果后退一步，我就亲手拿下你的脑袋”。

团结工会拉多姆会议刚结束，一盘记录会议进程的录音带就在第一时间送到了内务部。这是渗入团结工会的一位内务部干部秘密工作的成果。雅鲁泽尔斯基在党中央第一书记办公室，同副总理拉科夫斯基、内务部长基什查克等人一道收听了录音，他们听到了瓦文萨的真情流露。瓦文萨说，“从第一天开始，事情就是明显的，一定要斗争。问题在于要选择好方法，使社会上更多的人理解这场斗争。不能大喊大叫地说对抗是不可避免的，同样，会谈也只是一种欺诈，看谁能诈过谁，我们自己就去诈嘛。我们会说：我们爱苏联，可我们干的事已经是既成事实。我们在等待。对抗将会发生，只希望它不要出乎我们的意外。对抗是不可避免的。任何政权对制度的改变都不会无动于衷，不会不咬牙切齿”。雅鲁泽尔斯基仔细地听了瓦文萨的这段录音讲话，他认为这些话讲的虽然不好听，但是有力量，真实，是对拉多姆会议作出的结论。会上另一些人的讲话更为露骨和极端。说什么“现在要全速前进”，“撤销对雅鲁泽尔斯基政府的信任”，“我们要像盘旋在尸体上的一群兀鹫，尽管有些尸体还在搐动，我们已经知道可以去叼那些眼睛了”。雅鲁泽尔斯基把瓦文萨同另一些人的讲话联系在一起，他似乎看到了一个变得咄咄逼人的瓦文萨。

雅鲁泽尔斯基认为，参加拉多姆会议的是团结工会中央和地方的领导人，他们是团结工会的决策者。其中一些人，在团结工会第一次代表大会时的表现尚属温和，现今也在好战的氛围中举手投降了。他们头脑发昏了，正像波兰谚语说的那样，这些人“脑袋里灰尘滚滚”。尖锐的充满敌意的声音在拉多姆会议上占了上风，他们要用全国总罢工来维护罢工权。雅鲁泽尔斯基还特别注意到瓦文萨当天在拉多姆皮革厂的公开讲话，他认为瓦文萨抛弃了民族和解的思想。瓦文萨一口咬定“没有和解，同谁去和解？没有这样的人。”

对团结工会拉多姆会议，当局以政府发言人发表声明的方式做出了反应，算了一笔总账。

声明列举了一年来议会的一系列决议和呼吁，其中包括2月12日呼吁安静工作90天，3月26日和10月31日两次通过的关于停止摧毁国家和破坏社会秩序的罢工行动的决议，10月30日政府要求议会授予特别全权。11月18日议会主席团发表了关于将要审议向政府授权的声明，但议会并未立法。

政府发言人解释说，由于罢工和许多破坏法制的行动，使社会生活的基础和波兰国家的结构受到了威胁，从而产生了授权政府采取行动的必要性。但这只限于冬季（到1982年3月31日），是一种有限的办法，藉以防止发生对抗和采取最后措施的必要。政府发言人指出，这只是政府的提议，议会尚未立法，团结工会领导就起来反对，并以普遍罢工相威胁，是实在不应该的。政府发言人的语言虽然比较平直，实际上是指责团结工会在无的放矢和无理取闹。

其实，政府在10月份提出授权法一事的真正意图，就是要以这样一种方式，向团结工会发出警告。对此，雅鲁泽尔斯基并不讳言，只可惜团结工会未能利用这一时机，理智地评估国内局势和当局的意向。只可惜在团结工会强烈反对的压力下，教会也坚决要求议会不要通过授权法。授权法胎死腹中，团结工会弹冠相庆。

在波党六中全会后，雅鲁泽尔斯基为避免最后摊牌而采取的软硬两手——倡议成立民族和解会议和议会通过授权法都一一落空了，失灵了。而标志着团结工会激进化已达到顶点的拉多姆会议，更令雅鲁泽尔斯基等人感到无比的震惊，正如拉科夫斯基所说的那样，“党政领导层的情绪已到了无法忍受的程度”。形势逼人，这样的局面还能持续下去吗?

四、外交部长的报告

形势空前紧张，众多的事实表明，许多地方已在火星闪烁。拉科夫斯基对当时形势有这样一段描述，他说“实在出格的是，玛佐夫舍地区团结工会宣布，要在12月17日，也就是沿海流血事件11周年时，在华沙宪法广场，举行大规模的示威行动”，届时势必在整个波兰燃起熊熊烈火，“流血惨剧就会开始”。“宣布举行示威活动，这使我们更加相信，我们已经再无别的办法了，只能像大家考虑的那样，采取休克式的行动了。”雅鲁泽尔斯基早已获悉玛佐夫舍团结工会的动向，他感到采取最后措施的时刻正在逼近，似乎已经进入倒计时阶段了。

越是这样的时刻，雅鲁泽尔斯基越显得沉着和谨慎。他反复地审视波兰国内形势和国际处境，预测一旦对团结工会实施“外科手术”时可能引起的后果。

他打开外交部长契莱克的报告，一些话映入眼帘。报告说，波兰统一工人党第九次代表大会后，社会主义国家对波兰的批评越来越尖锐了。代表大会制订的对话、和解、改革——社会主义革新路线引起了他们的不安。他们还认为在新选出来的党领导层中是“自由主义和修正主义改革派”占了优势。在交谈中第一次听到苏共有人称雅鲁泽尔斯基为“自由派将军”。契莱克认为“一些社会主义国家，好像同团结工会一道结成了反对第九次代表大会路线的联合阵线了，尽管彼此的出发点截然不同”。

契莱克报告指出，在西方，总的说来是支持团结工会的，但各国的态度也有所不同。法国恰由社会党执政，法国总理赞扬波兰实行工会多元化和波党的路线，希望波党同团结工会“一道前进”，“法国在西方，波兰在东方，共同开辟欧洲社会主义演化的道路”。联邦德国外长的看法是，“你们（波兰人）应该寻找用自己的力量克服危机的办法，不应有外来的干涉”，“波兰形势紧张可能对国际关系产生不利的影响”，“联邦德国希望波兰局势稳定”。在联合国大会期间契莱克同美国国务卿黑格会见，黑格有意避谈波苏关系，只祝愿波兰“用自己的力量，通过和解，解决波兰自己的事”。当契莱克提到可能不得不采取“特别手段”时，黑格则说“届时美国将不得不重新考虑自己的政策”。

契莱克报告还指出，他怀疑西方存在某种势力，这种势力认为“引发波苏对抗”对己有利。“我感到他们准备把波兰推进国际对抗的火海，就像1956年的匈牙利那样。这将会是利用波兰危机而编写的对我们人民和国家最坏的一个剧本”。

契莱克还绘声绘色地报告了他同苏联外长葛罗米柯会见的情况。

葛罗米柯领他到一个防窃听的会客室，契莱克立即感到谈话的特殊意义。“我向他通报情况，他很不耐烦。他没讲客气话就展开了‘攻势’。我从未看到过他如此激动，提高了嗓门。他说苏联领导人对波兰局势及其解决办法，有不同的评估和看法。他们不理解波兰对团结工会和教会的政策。波兰领导要对反对派的反社会主义和反苏活动负责。因为在华约国家安全体系中，波兰具有战略意义，当看到敌人要把我们大家吊死在路灯杆上的时候，能置之不理吗？你们是瞎子，是聋子！”契莱克说，“令我震惊的，与其说是他的谈话内容，莫如说是他讲话的方式和声调”。葛罗米柯7月初曾来过华沙，当时可不是这样的态度。因此契莱克说，“我有一个想法，这是施压的逐步升级。升级至悲剧的阶段。问题只在于，这是倒数第二次，还是最后一次”。

引起雅鲁泽尔斯基特别注意的还有苏联和波兰两位驻西德大使的谈话。苏联大使谢苗诺夫知道波兰大使黑林斯基（贝鲁特之子）即将回国参加六中全会，有意地向黑林斯基谈了他对波兰问题“历史哲学”的看法。他说“波兰人是一个情绪化的好冲动的民族。每过几十年就必然要热血沸腾。因此就有了一次接一次的起义。从形势发展来看，你们那里正酝酿着一场闹事。可能发生内战。可能要付出的代价是50万人的生命。到那时又会发生什么样的事呢？到那时或者是波兰人，或者是西方就会出面央求苏联介入，以避免灾难的继续”。黑林斯基了解苏联大使谢苗诺夫是接近苏共领导的人，认为他的话反映出苏联高层的看法。

雅鲁泽尔斯基反复琢磨契莱克报告中的一些话和苏联大使讲的“历史哲学”，他再次感到在国际舞台上波兰处境的艰险。他认为波兰正处于铁锤和铁砧之间。一幅看似荒谬的图画展现在他的眼前：苏联等社会主义国家，波兰的盟友，他们反对团结工会，也反对波党的对话与和解路线。西方国家，社会主义大家庭的对立面，反而支持团结工会，也支持波党的对话与和解路线。波兰是社会主义国家，是华约的关键环节，苏联绝不会放弃波兰。而西方也不愿失去把波兰从莫斯科那里剥离出来的机会。对东方来说，波兰不能成为异教改革的试验场，对西方来说，波兰则应成为共产主义解体过程的演兵地。波兰一旦发生内战，就有苏军进入的危险。一场灾难的魔影，在雅鲁泽尔斯基的头脑中徘徊，挥之不去。

五、巴卡教授的三问

原定12月4日政府工会事务委员会工作小组同团结工会全国委员会工作小组，围绕经济改革的立法问题的再次磋商，因团结工会拉多姆会议而戛然中断。拉多姆会议公报指责政府方案“在实践中坚持旧的经济管理体制，把决定权掌握在中央机构的手中，却把责任推给企业和职工。这等于一笔勾销了改革，勾销了议会业已通过的企业自治法”。对团结工会的种种指责，雅鲁泽尔斯基早已习以为常了，但这一次令他感到痛心的是，磋商的大门已被关死，民族和解丧失了最后的机会。

雅鲁泽尔斯基的案头摆着巴卡教授关于政府工作小组的报告。他大致看了看，巴卡在报告的结尾部分一口气提出了三个问题，他颇有同感。

本来从10月份开始，政府就开始就经济改革的各项立法工作广泛地征求社会各界的意见，包括征求团结工会和各行业工会的意见。雅鲁泽尔斯基的想法是要把这项工作做得细致、深入和集思广益，以避免过去年代屡犯不鲜的独断专行的错误。政府同团结工会两方面的工作小组开始了接触，进行磋商。团结工会方面主张在未来的国民经济社会会议中，团结工会应拥有否决权，来否定政府的错误决定。政府方面不同意团结工会主张的否决权，双方争执不下。

团结工会还要求，在没得到团结工会的同意之前，政府不得向议会提交有关经济改革的立法草案。这些立法草案早在10月16日就送交团结工会征求意见，可团结工会就是拖而不答。政府方面认为团结工会的要求会在时间上不断拖延立法，推迟经济改革的进程，表示不能接受。但政府方面愿意随时听取团结工会的有益的意见，修改有关法律条文。双方一时谈不拢，同意11月4日再谈。回忆这一过程，巴卡感到失望、不解和震惊。他提问："（一）怎么会突然变卦了呢?（二）那些对抗性的词藻是从哪里来的啊?（三）是什么力量和机制，什么野心和意向在阻挠达成妥协呢?"

面对巴卡教授的三问，雅鲁泽尔斯基心里明白，团结工会采取的战术就是，把某一部分权力拿过来，而不承担什么责任。这也表现在经济领域。经济改革方案中包括价格改革。当时预算赤字每天为30亿兹罗提，年赤字可达10000亿兹罗提。改革不合理的物价形成机制势在必行。但物价是一条碰之不得的极其敏感的神经。提价不得人心，政府要提高物价，团结工会就提出补偿损失的口号，并以罢工相威胁。在磋商对话时，尽管团结工会中的激进分子没有明说什么"我们要接管政权，我们要改变制度"这类的话，但雅鲁泽尔斯基知道，实际上他们是在实行一步一步地蚕食政权的策略。他们的要求"太多了，太高了"，当局"不能，也没有胆量再让步了"。

六、内务部长的报告

早在1980年下年年，雅鲁泽尔斯基就向时任国防部内务军司令基什查克将军（主管反情报和宪兵工作）布置了一项秘密工作，搜集和分析盟国对波兰的态度和动向。为此，基什查克选用了一些绝对忠诚的军官，利用他们同华约国家军事情报部门高级军官的个人关系，谨慎小心地进行此项秘密工作。通过这一渠道，基什查克掌握了许多重要的情报，并向雅鲁泽尔斯基做了报告。

盟国，特别是苏、捷和民主德国，视波兰为重度污染了的地区。认为在波兰发生的事给整个阵营的安全造成了危险，正在威胁阵营的稳定和团结。因此，他们加强了对波兰的渗透和影响。基什查克获得的情报表明，苏、捷、民德等国的特工，试图诋毁卡尼亚和雅鲁泽尔斯基的名声，他们不断地在下面唱着一个曲调，说“雅鲁泽尔斯基是波兰‘芬兰化’这一主张的暗藏的信徒”，“雅鲁泽尔斯基想要一个由军队支持的强有力的政府，和一个无力影响国家政策的软弱的党”，甚至还拿家庭出身说事，散布谣言说“雅鲁泽尔斯基的父亲还活着，住在英国，起着一种值得怀疑的作用”。他们还不断地试探“假如有一股什么力量剥夺了雅鲁泽尔斯基的权力”，届时波兰的“将军们会有何种表现”？

有关在波苏、波捷和波民德边境地区盟军集结和调动的情报纷至沓来。特别在1980年8—9月，1980年11—12月初，1981年3—4月初，以及现在1981年11—12月，军队的调动尤为频繁。盟军中有关的军官直言不讳地对波兰人说，“我们准备给予你们‘兄弟般的帮助’”。绿山省警察局局长奥霍茨基上校，同苏军北方集团军的将校们有着很好的工作关系和个人交往，苏军驻莱格尼察司令部的几位将军，在不同的场合告诉他，“我们已经准备好了，给予波兰国际主义援助”，“现在只等政治上的决策了”。

雅鲁泽尔斯基认为，这些情报勾画出一幅五颜六色的“令人望而生畏的图景”。其大线条是：

——波兰局势威胁社会主义阵营的团结及其国防、政治、经济的利益。波兰的反对派和反革命在财政、宣传和政治等方面得到了西方的支持。

——应该向波党施加压力，要在尽可能短的期限内恢复秩序。如果波党领导，先是卡尼亚—雅鲁泽尔斯基，尔后是雅鲁泽尔斯基不迅速而坚决地采取行动，那么就应该最大限度地支持波党内的“健康力量”。

——在邻近波兰的各军区，部队要补充人员，要加强情报和军事侦察活动，要起用懂波语的后备役军人。

——在克拉科夫、弗罗茨瓦夫、卡托维兹、什切青和格但斯克设有领事馆的省市，利用各种公开身份的特工，如领事馆官员、合作项目中的专家等，开展异常活跃的活动。

——引人注目的是，有几位波党中央委员同盟国的外交和领事官员保持着一种特别的接触。每次中央全会后，这些人都去苏联驻克拉科夫总领事馆，去民德驻华沙大使馆。

“这些人到总领馆和大使馆去干什么?”雅鲁泽尔斯基明知故问，“难道他们就是‘健康力量’!?”

苏驻波大使馆武官处雷沃夫武官突然“奉调离职”，雅鲁泽尔斯基很快就从基什查克那里了解到这件事的内幕。不问不知道，一问吓一跳。基什查克向他报告了这个故事的来龙去脉：

8月中旬，基什查克的好朋友达尔仁凯维奇上校，应苏驻波使馆武官雷沃夫的邀请，去雷沃夫家吃晚饭。客人准时到达，但不见主人，只有主人的儿子出面接待。等了半个多小时，雷沃夫从使馆打来电话，向客人道歉，并请客人再等一会儿，因为还有几件要紧的事要办。一个多小时过后，主人回家了，只见他气喘吁吁，红头涨脸。达尔仁凯维奇问，出了什么事？雷沃夫答，他同库利科夫元帅发生了争吵。

库利科夫又来到华沙，在使馆召开形势汇报会。要使馆各部门有关人员参加，要求与会人员都必须结合本职业务，汇报波兰形势、看法和建议，并想听听对苏军一旦进入波兰的意见。库利科夫主张迅速而坚决地解决波兰问题，关键在于要为苏军的进入选择有利的时间。老奸巨猾的外交官都顺着库利科夫的思想说话。雷沃夫最后发言。库利科夫对他期望很高，谁知道失望更大。库利科夫希望雷沃夫对大家的发言作个小结，肯定苏军应进入波兰的结论。但雷沃夫真人不说假话，他援引1956年匈牙利事件、1968年捷克事件、美军在越南以及苏军在阿富汗的遭遇，反对华约军队进入波兰。此言一出，立即招来了驳斥。雷沃夫极力为自己的看法进行辩护，库利科夫粗暴地打断了他的发言，用军营中的语言点评两句，并命令他立即离开会场。库利科夫之所以如此愤怒，是雷沃夫讲了下面一句话："波兰不是捷克斯洛伐克，苏军的进入会遭到严重的抵抗，会发生大量的流血"。

雷沃夫被赶出会场。片刻后阿雷斯托夫大使走了过来，对他说了几句安慰的话，然后不无批评地提醒他，"你了解苏共领导对波兰问题的立场，更知道库利科夫元帅的'战斗精神'，你不应该在盟军进入问题上，那么坚决地表示反对，坚持自己的立场"。

基什查克说，"就这样，雷沃夫武官被'紧急奉调'回国了。"

看了基什查克渠道送来的情报，雅鲁泽尔斯基知道形势的严峻，也知道他本人的处境并不美妙。他又想起他最害怕的两件事：苏军进入波兰，他被蒙上眼睛押往莫斯科。可现在他还有多少可支配的时间呢？

七、政治局扩大会议

12月5日，雅鲁泽尔斯基主持召开政治局扩大会议，研究团结工会拉多姆会议后的形势和对策。除了政治局委员和候补委员外，出席会议的还有副总理拉科夫斯基、工会事务部部长乔塞克、内务部部长基什查克、部长会议办公厅主任雅尼舍夫斯基和华沙市委第一书记科乔韦克等人。这次会议气氛肃穆，雅鲁泽尔斯基形容它，"好像参加葬礼似的。"

在会上，与会者回顾了团结工会的所作所为，大家的认识比较一致，认为团结工会“已经成为具有反革命面貌的反对党。激进的潮流获得了胜利，他们大声地叫喊着对抗是不可避免的，拒绝参加民族和解阵线，不同意授予政府全权，约挟要举行总罢工”。特别是团结工会预告，即将在格但斯克举行全国委员会会议，届时将进一步把拉多姆会议精神向前推进。大家认为，对团结工会的这一激进路线，瓦文萨已无力予以反对，教会的影响也极其有限了。此外，团结工会成立了自己的“战斗队”，反对派准备在即将来临的罢工浪潮中采取暴力行动。甚至还有传言说，团结工会试探同苏联接触和商谈，有人看到了团结工会的代表在罗马苏联驻意大利大使馆进进出出。

营垒的那一方，可谓“士气高涨”，营垒的这一方，一天比一天令人担忧。与会者颇为一致地认为，基层和地方机关正在瘫痪。一些办公楼已被占领。遭到恐吓的党员失去了力量和希望。社会已被撕裂。人们渴望安静和秩序，但又不敢反对闹事分子。经济形势非常困难，1982年1月之后，商品短缺将更严重，肉食定量有进一步降低的危险。不久前华约国家国防部长会议再次向波兰发出了严重的警告信号。

形势危险，怎么办？一涉及这个具体行动问题，与会者的看法和想法就不一致了，意见纷纭，争吵不下。对迄今的方针政策和采取的措施，一些人加以肯定，说是正确的；另一些人予以否定，说“走和解、妥协是条退让的道路，是错误的”。对这种由来已久的两种意见的争争吵吵，雅鲁泽尔斯基并不感到意外。数周以来，以他为第一书记的这个政治局，越来越表现出它的内部分裂，在这次会议上只是更加凸显出来而已。意见难于统一，但与会者多数还是在不同的程度上表示，如能使用和平方法解决问题，那是最好不过的了。

与会者也提到了战时状态问题，那只是一切办法都用尽之后方能采取的手段。雅鲁泽尔斯基作了总结，他说，“一个政党要用警察的力量来保护和保卫自己，这是很丢脸的事。一部分干部把战时状态视为法宝，另一部分把改革视为法宝，但两者都不是奇妙的能单独起作用的手段。最重要的是争取人。我们必须对各种选项都做好准备。”

政治局扩大会议虽然没通过什么决议，但，可以说“必须做好相应的准备”就是这次会议的结论。可以说，距离战时状态的实施，已经为时不远了。

政治局扩大会议后，雅鲁泽尔斯基主持召开了省委书记会议，政府部长会议和省长电话会议，为“必须做好相应的准备”做了布置。但他仍要牢牢地抓住道义上的制高点，强调说，要避免对抗，不要讲对抗，“讲对抗是政治错误”。

雅鲁泽尔斯基回忆说，政治局扩大会议后的晚上，恰是周末，他乘车回家。夜深了，华沙街上不见行人，灯光暗淡。他打开车上的收音机，收听晚间新闻。收听到的内容不外是：人们正面临着一个难过的寒冷的冬天，煤的储备有限，电和煤气供应不足，各种各样的闹事此伏彼起，生活的无政府主义化步步加深……雅鲁泽尔斯基一边听一边反复地自问，“我还能够做什么呢？我还应该做什么呢？”他感到和解之路已经走到了尽头。在拉多姆事件之后，他、和他的对手团结工会主席瓦文萨、和处于调解地位的格莱姆普大主教都显得无能为力了。

八、老大哥的承诺

12月7日早晨，雅鲁泽尔斯基决定打电话给勃列日涅夫，向“大家庭”家长通报他即将采取的行动。通话的时间不长，他感到对方一反常态，未念稿。印象是勃列日涅夫已经了解了拉多姆事件，但还不知道团结工会准备在12月17日举行大示威。勃列日涅夫说，“反革命骑在脖子上了。如果你们不采取必要的措施，就将为时已晚矣。这会成为我们大家的事。”雅鲁泽尔斯基告诉勃列日涅夫，“最近一次政治局会议认为局势是极端危险的。我们有足够的意志和力量去阻止反革命翻天。确实，极端分子在拉多姆占了上风，但社会上多数人会理解我们的政策和行动。”雅鲁泽尔斯基强调“我们还未作出最后的决定。一旦有了必要，我们必须事先对经济上能否得到支撑心里有数”，因此他请勃列日涅夫派巴伊巴科夫再来波兰。勃列日涅夫回答说，“好！让巴伊巴科夫去。”

通话结束。雅鲁泽尔斯基放下听筒，深深地吸了口气。他好像自言自语，我这里要动外科手术了，你那里怎能不输血啊！

12月8日，巴伊巴科夫来到了华沙。雅鲁泽尔斯基向他介绍了近日来发生的事件。雅鲁泽尔斯基说，“希望是渺茫的。如果要作出痛苦的决定，我们必须心里有数，第一，这是我们自己，用自己的力量，来实现的决定。第二，不论我们走了什么样的路，你们一定要取消事实上的经济封锁，没有这样的援助，波兰将陷入火海。考虑到同西方关系可能出现的困难，苏联应保证向我们提供更多的援助。”

巴伊巴科夫竭力劝说雅鲁泽尔斯基，要坚定信心，战胜摇摆。他承诺将向最高领导报告雅鲁泽尔斯基提出的要求。他认为社会主义波兰正在溺水沉没，没有其他的出路了。他不相信还会有什么改变局势的希望和机会。苏联和华约，不论什么时候，都不能容忍波兰沦入他人的势力范围。他以苏联领导的名义声言，“如果波兰恢复了秩序，经济开始正常运转，苏联一定会给予援助的”。

在华沙期间，巴伊巴科夫同奥包多夫斯基副总理谈了整整一个夜晚。他不断地重复说，“你要向将军施加影响啊，施加影响啊”。9

日早晨，在机场，巴伊巴科夫眼中含着泪水，向前来送别的奥包多夫斯基说：“不能再这样了，你们要做点事啊！”

雅鲁泽尔斯基会见巴伊巴科夫后，在同一天晚上还会见了库利科夫元帅，也向他讲述了波方的要求。库利科夫也承诺向苏联领导报告，但他明显地表现得很不耐烦了。

一年以来，雅鲁泽尔斯基会见库利科夫多达22次。雅鲁泽尔斯基不无感慨地说，“1981年，我同库利科夫在一起的时间，超过了我同妻子和女儿团聚的时间”。在波兰，库利科夫说过许多强硬的话，雅鲁泽尔斯基认为他最不能忘记的一句话就是：库利科夫说，“一旦有必要，我们的手不会发抖”。

库利科夫同雅鲁泽尔斯基互致问候

这一次库利科夫来华沙是12月7日。雅鲁泽尔斯基的好友拉科夫斯基副总理的日记记载说，“今天库利科夫元帅又来到了华沙。我已说不清这是他今年第几次来华沙了。整个参谋部的人都跟着他来了。雅鲁泽尔斯基担心库利科夫要长期驻留不走。”拉科夫斯基还曾回忆说，在实行战时状态前，“在这令人压抑的几个月里，我曾留心观察雅鲁泽尔斯基，他面对危险几乎不动声色，是那么镇定自若，令人肃然起敬。不过他也有过情绪低落、悲观溢于言表的时刻。我记得在11月的某一天，在他的办公室……我们谈起对形势的看法，他说了一句令我至今仍记忆犹新的话。他说，‘他们一旦打进来，我们俩都知道自己该怎么办。你是预备役军官，我是现役军官……’他的话同我对前途的考虑是一致的。我认为他们对我们不会客气，甚至还会把我们套进麻袋弄到莫斯科去。原因是我们没有同‘反革命’进行应有的斗争，在库利科夫等人的心目中，我们是比杜布切克还要坏的软骨头。”从拉科夫斯基日记和回忆中可以窥见，对于雅鲁泽尔斯基来说，他同库利科夫的会见，是必要的，然而并非是愉快的。

库利科夫（右2）“把整个参谋部都带来了”

会见巴伊巴科夫和库利科夫后，雅鲁泽尔斯基好像有了把握，但心里还不踏实，一旦他开始行动了，宣布实施“战时状态”，苏联能兑现经济援助和按兵不动的承诺吗？是不是会出现意外的举动呢？为了取得完全清晰的答案，他于12月12日上午又打电话给苏斯洛夫和乌斯季诺夫。苏斯洛夫肯定了雅鲁泽尔斯基的说法，同意这是波兰的“内部事务”，也就是说苏军不会介入，但乌斯季诺夫则支支吾吾，显得有些不好打交道似的，话中有话。乌斯季诺夫希望雅鲁泽尔斯基不要犹豫，要坚决行动，并说如果波兰形势“继续威胁合作的利益”，就不能排除“兄弟般的援助”。

雅鲁泽尔斯基明白，波苏关系将如何走下去，将取决于他最后一击的成败。只要他对团结工会动外科手术，苏联就会停止事实上的经济封锁；只要他成功地控制了波兰局势，苏军就会按兵不动；如果局势失控，苏军进入波兰将会是不可避免的了。他现在只有一条路可走，铤而走险，只许成功，不许失败。

倒计时的读秒阶段已经开始了。

九、风萧萧兮的悲壮

12月9日23点，雅鲁泽尔斯基在总参会议室召开了国防部军事会议。参加这次会议的有国防部领导、各军区司令、各兵种司令和有关的将校军官等。深夜开会，加深了这次会议的重要性和神秘感。会议中的发言不断地提出质疑：敌人在公开行动，为什么当局无所作为？

雅鲁泽尔斯基开始讲话，与会者个个聚精会神。雅鲁泽尔斯基讲了形势、任务和政策。无疑是实施战时状态前的动员报告，主要内容是：

紧张加剧，形成了对抗和起义的气氛。经济跌落到谷底，事实上正在困死。商店空空如也，缺少储备。电力缺乏。冬天是一个难跨过的威胁生存的门槛。波兰的国际地位下降。无政府主义和我行我素，以及国家解体的过程，使波兰不能指望外来的援助。更严重的是还搅乱了来自盟友的供应。经济要稳定，要开始改革，其前提条件是政治的稳定。可现在，经济生活已经瘫痪和瓦解了。

社会日渐分崩离析，争吵不休。人们在问，这样的日子何时了？政权必须是政权。迄今为和解做出的努力毫无成效。团结工会中的激进潮流占了上风。甚至教会的威望，大主教的呼吁和主教团的斡旋也没取得预期的结果。

此后又试做一次努力，提出授与政府特别权力法案，其中最主要的一点就是有可能限制在冬季的罢工。很遗憾，这条路也在总罢工的威胁下给堵死了。他们还预告，在沿海地区悲惨事件11周年（12月17日）时将在华沙举行群众大示威，这简直是在玩火。当前气氛炽热，这可能引爆一场同室操戈的冲突。

作为伙伴和盟友，作为华约成员国，波兰越来越失去信任，正面临着严重的难于预测后果的威胁。

怎么办？我们已经走到了关键时刻。我是怀着沉重和痛苦的心情说这句话的。最近几天，特别是格但斯克团结工会全国委员会那里会发生什么事情，我们走着瞧吧！当战时状态不可避免时，我们应该用语言和行动证明，这是一种较小的坏事，是为了拯救国家，其最终结果是达到我们的和解目的。因此，用自己力量解决问题是至关重要的。要尽一切可能，不流一滴血。

在雪崩面前筑起一座堤坝。但这不是回到旧时代。社会主义革新必须继续下去。报仇、报复、算旧账，对于我们来说是格格不入的。要把那些因情绪驱动而迷失方向的人们同教唆者、组织者和极端分子区别开来。要做积极的解释工作，把工作做到青年中去，做到他们父母和学校中去，争取理解，恢复理解。要拜会主教和神甫，同教会建立起联系。

我们面对的是一种第二次革命。军队必须把对国家的责任掌握在自己手中。波兰必须清除多年积淀的坏事。必须从各单位、各机关、各部门坚决肃清各种各样的名声扫地和不称职的人。建议由相应的军官去担任这些职务。

这一切表明，要承担巨大的责任。要求我们献出所有的政治智慧，表现出高度的纪律性，进而肯定军队同人民的亲近和联系。

与会的将军们没有人表示疑义。他们认为，雅鲁泽尔斯基讲了他们期待已久的话。会议结束后，大家纷纷起立。雅鲁泽尔斯基同所有的人一一紧紧握手和拥抱，气氛有些风萧萧兮的悲壮，激动和决心溢于言表。

雅鲁泽尔斯基从总参谋部回到部长会议大楼时已经是第二天（12月10日）凌晨了。他躺在简易的行军床上，没有睡意。他又翻开了他最亲密的战友写来的信：

最近十几天来，波兰政治经济形势的发展已经进入了新的特别危险的关键阶段。从实际情况看，摆脱当前局势的出路有以下几条：

第一条出路，就是继续当前的路线，也就是无声无息地拖下去，政权会逐步（然而有效）的遭到削弱。其结果或迟或早必然是政权的完全解体，街头的游行示威，私设公堂和恐怖肆虐，等等。继续这一路线势必导致街头的流血冲突，终了则导致外来的干涉。

第二条出路，就是举双手投降。这是（理论上的）一条出路，它会立即招来外来的干涉。

第三条出路，就是由救国小组采取主动行动。其实质就是由波兰人民军接管全部政权。只要客观地评估一下当前的形势，应该肯定这是留给我们的唯一的出路。

你（我们）要对3600万人的命运承担责任，要把承担责任这一可怕的重担压在自己的肩上。

你要好好斟酌斟酌。这可不是我们每天都要作出的那种老生常谈的困难决定中的一项决定啊，这是生与死的抉择。要豁出一切去冒险，你（我们）有十分把握吗？值得吗？你（我也一样）对别人的袭击和进攻十分敏感，你（我）有足够的力量来承受可能对你（对我们）一阵又一阵的唾骂、仇恨和轻蔑吗？在为时不晚的时候提出辞呈，是不是会更好一些呢？这能是出路吗？我不愿意从悲剧性的决定中——我指的是“Z”行动——把你拉回来，因为这是历史赋予你的、同当时赋予毕苏斯基一样的波兰的抉择，但我所期求的只是你要记住，你的（我也一样）青春年华早已成为过去，你首先是一位生命只有一次的人，尔后才是一位战士和政治家。哪怕是最完美地实施了“Z”行动，你也会在今后多年成为疯狂的波兰式的仇恨的对象，甚至成为不能排除的恐怖暗杀的对象。

雅鲁泽尔斯基反复地掂量信中的每一句话，他为这位战友的友谊和忠贞所感动。但他已经走上了一条不归路，他不敢多想什么个人的前途和未来了。在他耳边，不断回响着的声音只是勃列日涅夫的一句话："如果形势再复杂化，我们就要进入了。"雅鲁泽尔斯基清楚地意识到，形势是在不断地复杂化，莫斯科容忍的弦已经绷紧到最后限度了。为了避免外来的干涉，"Z"行动势在必行。这是他必须做出的最后抉择。他认为，走了这一步，那是他做了一件坏事；如果不走这一步，那会发生更坏的事。他认为，他要做的事应该是对各方都有利的"小坏"。

首先，"对波兰来说是小坏。事态的发展如果是另外一个样子，其后果必然是灾难。但坏终究是坏。我十分清楚，我们这一悲剧性的行动，在一段时间内，将加深民族的分裂，将留下深深的伤痕。"其次，"对苏联来说也是小坏。它不必在中东欧动用自己的武装力量进行干涉，从而不会破坏同西方的关系。但小坏也是坏。因为他们视为异端的革新进程在波兰依然要保持下来了。在勃列日涅夫看来，我们斩草未除根，只是拔出了'萝卜缨子'。"再次，"对西欧来说，如果波兰的火山喷发了，就可能烧毁欧洲的平静。但小坏也是坏。因为西方不喜欢的制度依然如故，而他们支持的团结工会却失败了。"最后，对美国来说也是小坏，有所失，也有所得。

雅鲁泽尔斯基几经思虑，总也走不出多日来形成的思维逻辑：两害相权取其轻，两坏相权取其小。他在这个思维定式中转来转去，终于横下了一条心：只要今天能救国，不怕身后骂名滚滚来。

十、走上"最后的一条路"

时间终于走到了12月13日，"和解"和"对话"戛然中断，雅鲁泽尔斯基以救国军事委员会主席的名义，向全国发表广播电视讲话，宣布实施"战时状态"，即军管。雅鲁泽尔斯基认为，这是他"一生中做出的最困难和最痛苦的抉择"，为了"拯救国家免于崩溃”，他走了“最后的一条路”。

这些日子，雅鲁泽尔斯基没有睡过一次安稳觉。他回忆说，12月12日，星期六，又熬过了一个艰难之夜。这哪是什么睡眠和休息的日子啊！他是军人，但也免除不了人性的弱点，绝望的情绪时隐时现。在夜深人静中，他“不止一次地用手触摸那冰冷冷的手枪”。他闭上眼睛，似睡非睡，仿佛又回到六中全会的主席台上。他看到坐在前排的几位女同志，她们眼中含着泪水，甚至流露出绝望的怨恨。她们不无痛苦地问：“将军呀，怎么办啊？”“什么时候我们才能不再没完没了地讲那些‘呼吁，警告，不允许’啊？什么时候我们才能大喊一声并真正地做到‘不允许！’呢？”

清晨7时，雅鲁泽尔斯基就走进办公室，翻阅从党中央、国防部、内务部和政府应急值班室送来的报告。这些报告说了些什么，他不看也能猜得个八九不离十，绝不会有什么可以令他宽慰的好消息。果然，不出他的所料，昨晚，12月11日团结工会全国委员会在格但斯克开了会，那里的气氛、情绪、语言和预言，同12月4日拉多姆会议一模一样。有人说，要通过工人自治把工矿企业掌握在团结工会手中，把波党从工厂中赶出去。有人提出要成立由专家组成的临时政府，就议会选举问题举行全民公决。有人要求明确地讲“我们要的就是政权，我们不要任何谈判”。全国委员会继承了拉多姆会议的精神，并把它变成了“斗争计划”。1970年沿海流血事件周年纪念日12月17日，已被定为“抗议日”。雅鲁泽尔斯基相信，到那时在华沙等大城市举行大规模的示威活动，这已经是不可避免的了。可以说“汽油已泼在干柴上”，最后的关头已经到了，只剩下谁来点火和谁来灭火了。

千钧一发，事不宜迟。雅鲁泽尔斯基决定请三位将军到自己办公室开会。9点准，这三位将军都来了。他们是内务部长基什查克、总参谋长（实际上是代理国防部长）希维茨基和部长会议办公厅主任雅尼舍夫斯基。加上雅鲁泽尔斯基本人，四位将军举行了一次纯粹的将军会议，没有党政文职官员的身影。这是一次决策会议，是建立救国军事委员会的第一个行动。会议气氛凝重。雅鲁泽尔斯基问三位将军对形势的看法，基什查克说了许多话，绘声绘色地讲了团结工会格但斯克开会的情况。希维茨基讲了他对华约国家国防部长莫斯科会议的印象，以及边界地区盟军的动向。雅尼舍夫斯基通报了来自地方的各种告急的信号。雅鲁泽尔斯基同意将军们的看法，并作了总结。雅鲁泽尔斯基等四人组成了救国军事委员会的核心。此后，增补了委员会的成员。

将军会议于10时结束。实施战时状态的一切准备工作终于画上了句号。现在是万事俱备，只欠东风了。这东风就是雅鲁泽尔斯基的一句口令。

雅鲁泽尔斯基同三位将军约定，要保持紧密的联系。基什查克提醒，如果在当天夜里开始行动，必须在下午14时以前下达命令，要给予八个小时的调兵遣将的时间。快到14点的时候，基什查克打来电话，报告了格但斯克造船厂和团结工会全国委员会会议情况。没有什么好消息。这时，雅鲁泽尔斯基绝望了，说出了他“一生中在最困难时刻说出的一句话:‘我们没出路了，开始行动!’”

军令下达之后，雅鲁泽尔斯基立即接通了同希维茨基的电话。然后他向国务委员会主席（即国家元首）雅布翁斯基通报了情况，并提议当天即召开国务委员会会议。雅鲁泽尔斯基还请两位中央书记巴尔齐科夫斯基和奥尔绍夫斯基到办公室来听取通报，并请巴尔齐科夫斯基在国务委员会会议之后前去大主教官邸，把有关情况告诉给大主教格莱姆普。这之后，雅鲁泽尔斯基又以不同的方式，向三位副总理，向同盟党（波兰统一农民党、民主党）的两位主席打了招呼。他得到的反应是没有人感到意外，人人都表示赞成。

一阵忙乱过后，雅鲁泽尔斯基开始推敲他即将宣读的电视讲话稿。这份稿子是雅尼舍夫斯基将军布置古尔尼茨基少校起草的。早在12月8日就送到他的案头，当时他把它锁到抽屉里，并抱有一种“最好不用”的希望。现在不能不打开抽屉，不能不用它了。古尔尼茨基是笔杆子，有倚马可待之才，写出来的稿子都可以用。可这一次，雅鲁泽尔斯基很挑剔，看来看去，总觉得还有许多需要改动的地方。但他已经没有时间自己动手了，他只好谈了几点修改意见，还是叫古尔尼茨基代劳了。

雅鲁泽尔斯基同基什查克保持着不间断的联系。基什查克在追踪团结工会全国委员会会议的动向，不断地向雅鲁泽尔斯基报告。夜里22时，基什查克报告说：还在开会。23时，还在开会。24时，还在开会。雅鲁泽尔斯基开始焦躁不安了，他生怕情况有变，打乱原有的部署。他每隔几分钟就催问基什查克，他们散会了吗？直到0点30分左右，基什查克报告说，终于散会了，他们走出来了。能听到有人讲话，说什么“可能有情况了，电话打不通了”。“你们怕什么？当局苟延残喘了，来，到我家去喝上一杯”，这好像是库龙的声音。

雅鲁泽尔斯基一声令下，那早已撒开的一张大网，在北风呼啸和雪花纷飞中收网了。不费一枪一弹，不伤一兵一卒，那池中的鱼儿被一网打尽。漏网了几条，屈指可数。

时间定格在1981年12月13日凌晨。

十一、宣布“战时状态”

是时，在华沙，国务委员会紧急召开非常会议，通过了“战时状态法令”，为救国军事委员会的成立和全国进入战时状态盖上了合法的图章。在国务委员会成员中，只有“帕克斯”协会主席莱伊夫一个人表示了反对。

莱伊夫回忆当时的情景是，半夜时刻，一位上校军官送来国务委员会主席雅布翁斯基发出的通知：12月13日凌晨1时召开国务委员会非常会议，请准时出席。莱伊夫来到了贝尔维德尔宫，那里有许多人，有一半是身著军装的将校军官，为首的是图查普斯基将军。气氛十分凝重。有人问身边的一位军官："是不是俄国人进来了?"那位军官说："不是，但他们的参谋部离这里只有200米"。说完这句话，那位军官就急忙地躲开了。委员们坐在会议桌前，每个人面前都摆着一叠事先印好的文件，其中有"战时状态法令"。国防部副部长图查普斯基将军讲话，宣布军队对国家负责，要求通过法令。雅布翁斯基作了总结。在座的级别最高的是政治局委员、中央书记巴尔齐科夫斯基，他未讲话，只是在纸上记了些什么，会议一结束，他就驱车前往格莱姆普大主教官邸去了。

散会后，一位军官压低了嗓音悄悄地告诉莱伊夫，"库利科夫元帅几天来就在等待今天这件事，肯定他已经接到了这次会议的报告，也知道了你的态度。"听了这句话，莱伊夫确信无疑：雅鲁泽尔斯基行动的背后，有盟国强大的军事力量做靠山。确实，街头虽然看不到苏军的踪影，但谁不知道那虎视眈眈的苏军，正在驻地枕戈待命。

是时，在华沙，雅鲁泽尔斯基坐在摄像机前，发表了历史性的"广播电视讲话"，也就是宣读了他刚刚修改好的讲话稿，宣布成立救国军事委员会，在全国实施战时状态，即实行军管。

自雅鲁泽尔斯基任职总理以来，自他集党、政、军三权于一身以来，他发表了许许多多的讲话。但这些话犹如清风过耳，早已被人们遗忘了。唯独此次以救国军事委员会主席名义发表的"广播电视讲话"，却在社会的记忆中留下了深深的烙印。

首先，雅鲁泽尔斯基讲了形势，藉以论证成立救国军事委员会、实施战时状态的必要性。

他说"我们的祖国已处于深渊的边缘。……全民灾难的临近，

雅鲁泽尔斯基发表广播电视讲话，宣布军管

不是以日而是以时来计算了。”“国民经济被人当作了政治斗争的舞台”，政府的“良好愿望、审慎态度和耐心……民族大和解的倡议”遭到了“极端分子越来越嚣张的挑衅”和“蓄意破坏”。我们“伸出的和解之手，遇到的却是紧握的拳头”。雅鲁泽尔斯基提问，这样的日子“还能持续多久?”他答称，“如果再持续下去，就不可避免地导致灾难，导致全面混乱、穷困和饥饿”。特别是有人在1970年十二月事件周年时将“举行大规模的政治示威”，有可能“点燃全国的熊熊烈火”。在这个时候，我们“应该说：够了!”我们要在“冒险分子把祖国推向兄弟残杀的深渊之前，必须捆住他们的手脚。”“无所作为就是对人民的犯罪。”

其次，雅鲁泽尔斯基讲了救国军事委员会的性质和任务。

他说“我们不想搞军事政变，不想搞军事独裁”，“救国军事委员会不取代政权的宪法机构。它的唯一任务是维护国家的法律秩序，建立能够恢复秩序和纪律的行政保证。”救国军事委员会将委任军事委员，作为全权代表“对政府各部门的活动进行监督”。“一旦国内恢复法治，文官政府有条件从事正常活动的时候，救国军事委员会就会解散”。

讲到这里，雅鲁泽尔斯基略加停顿，然后他话锋一转，严厉地说，“谁也不要指望（我们）会表现得软弱和动摇。”他宣布，已对

救国军事委员会全体成员合影

两种人实行了“预防性拘留”。一是对“一批威胁国家安全的人”，其中有团结工会和非法组织的极端分子；二是对“70年代导致国家深刻危机的负有个人责任的人”，其中他直呼其名地列举了前任第一书记盖莱克和前任总理雅罗谢维奇等党政领导人。雅鲁泽尔斯基强调，“我们将坚定不移地从波兰生活中清除一切坏事，而不管它产生在何处。”

再次，雅鲁泽尔斯基讲了实施军管时的方针政策。

这部分的话讲得较多，大体是，“不试图报复”，将把“并无恶意而一时感情冲动和受到欺骗性挑唆的人”同极端分子区分开来，对其“某些罪行和过失予以赦免和不咎既往”。将“维护社会主义的普遍价值，并不断地以民族因素和民族传统来丰富这一价值”，“清除偏差和歪曲”。“坚持民族和解”和“尊重世界观的多样性”。“一切重大改革都将继续下去”，“再也不会回到1980年8月以前的错误方法和错误实践中去”。“必须依靠自己的力量来摆脱危机，必须用自己的双手来消除威胁”。在对外关系方面，雅鲁泽尔斯基强调坚持波苏同盟，同时表示“我们的行动不威胁任何人。其目的只有一个：消除内部威胁，从而避免对和平与国际合作造成危险”。

雅鲁泽尔斯基熟知波兰的历史和现实。在他的“广播电视讲话”中，有两句深谙历史哲理的话，反映出他的历史观，给许多人留下了深刻的印象。一是他说“我们只不过是历史长河中的一滴水。波兰历史不仅是由光荣的篇章写成的，而且也有它阴暗的一面，这就是自由否决权、自私自利和争斗不休。其结果导致了衰败和灾难。应该打破这一悲剧性的循环。我们经受不起历史的重演。”二是他说“我们必须制止我国国际地位的进一步下降。一个处于欧洲心脏、拥有3600万人口的国家，不能无休止地扮演有损尊严的乞讨者的角色。关于我们这个‘共和国是个伤风败俗的国家’这种讥讽论调正在重新泛起，我们必须尽一切努力把这种舆论扔进历史的垃圾堆。”

Trybuna Ludu

Ukonstytuowała się Wojskowa Rada Ocalenia Narodowego

Rada Państwa wprowadziła stan wojenny na obszarze całego kraju

Przemówienie gen. armii W. Jaruzelskiego

《人民论坛报》发表雅鲁泽尔斯基的广播电视讲话

雅鲁泽尔斯基说，今天“我作为一名清楚记得战争之残酷的战士向大家讲话。在我们这个饱经灾难和忧患的苦难国家中，不能再让波兰人流淌一滴血了！让我们共同努力来制止内战的魔影！在需要架设桥梁的地方，我们不要架设街垒。”他大声呼吁，波兰的工人们“为了祖国，放弃你们不可剥夺的罢工权力吧！”

最后，雅鲁泽尔斯基以一句“不朽的名言”，结束了他的震撼整个波兰的广播电视讲话：“只要我们还活在世上，波兰就不会灭亡”。

十二、大拘捕和流血事件

雅鲁泽尔斯基终于出手了。几个月以来周密准备的“最后行动”终于付诸实施了。

实施战时状态，自然不是请客吃饭。一整套军管的条条框框是十分严厉的。其中包括：中止所有的工会以及某些社会组织和协会的活动，解散高等院校校长会议，在全国范围内禁止集会，实行从夜里22时至早晨6时的宵禁，变更常住和临时住所必须登记批准，

坦克开进城市

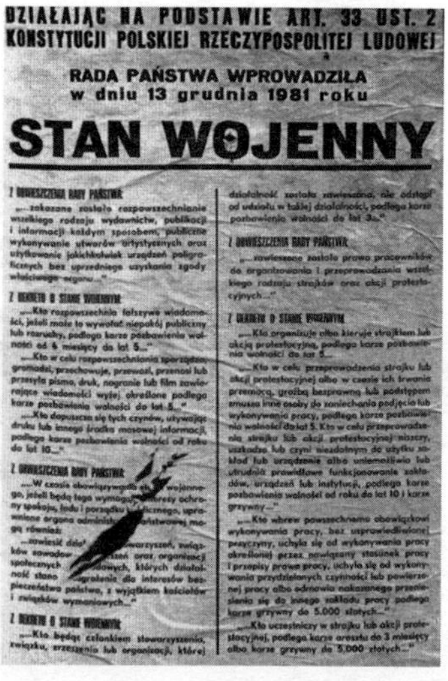

DZIAŁAJĄC NA PODSTAWIE ART. 33 UST. 2
KONSTYTUCJI POLSKIEJ RZECZYPOSPOLITEJ LUDOWEJ
RADA PAŃSTWA WPROWADZIŁA
w dniu 13 grudnia 1981 roku
STAN WOJENNY

布告：战时状态

中止公民离境出国，限制邮政、电信服务，审查邮件和电话通话，国家机关和国有经济单位实行军事化，限制报刊出版发行和广播电视节目，等等。对团结工会和反对派极端分子，以及对前任领导人的拘捕行动遍地开花，一天之内拘捕了5906人。

但，雅鲁泽尔斯基是一位具有军人本色的政治家，他头脑冷静，处事审慎，绝不鲁莽。他知道应该如何对待他的主要对手瓦文萨。对这位拥有"千万会员"的、合法存在一年多的工会主席，绝不能图一时之痛快，一抓了之。恰恰相反，雅鲁泽尔斯基考虑到未来，他采取的办法是，委托地方主要官员，以"邀请"之名，把瓦文萨接到了华沙。

据瓦文萨和瓦文萨夫人的回忆，12月12日夜里，团结工会全国委员会还在继续开会。在休息时，瓦文萨还会见了记者。记者问他为什么在拉多姆说"对抗不可避免"？他解释说是当局的宣传歪曲了他讲话的原意。复会后不久，瓦文萨得到报告，说电话和电信已被切断。瓦文萨本能地意识到局势有变，遂立即中断会议，要大家离开会场。之后，他即乘车回家了。他记得，当时天空飘着雪花，造船厂内的路灯显得格外的昏暗。

瓦文萨的家。军管前夕，瓦文萨（左）在家中接待来访者。

半夜1点前后，有人来到了瓦文萨的家，告诉说，自己的人被捕了。瓦文萨的司机的夫人也来了，她的丈夫也被捕了。大约在3点差一刻的时候，又听到了门铃的声音，瓦文萨的夫人前去开门，从猫眼中一看，是省委第一书记菲什巴赫和省长科沃捷伊斯基来了。隔着门说了几句话，然后他们两人进到房间。他们转达了指示，说雅鲁泽尔斯基将军“邀请”瓦文萨立即前往华沙，参加会谈，说将军正在等他。瓦文萨发火了，说“要会谈，太晚了。”瓦文萨夫人插话，“你们知道抓人了吗?”菲什巴赫说他们不知道。这时瓦文萨说，“好，如果释放了被捕的人，我就去会谈”。两位地方长官表示将通过热线向华沙报告，随即离去。细心的瓦文萨夫人发觉，这两位地方长官很激动，也很紧张。菲什巴赫离开她家时，拿起了大衣就走，居然把帽子遗忘在衣架上；科沃捷伊斯基则穿了两支颜色不同的鞋，一支黑色，一支棕色。又过了5分钟，门铃声又响了起来。从猫眼中看到五名警察和三名便衣。他们手里拿着撬门的工具，要求开门。瓦文萨夫人说，第一书记和省长不来，决不开门。他们几个人就在门外坐等。一小时过后，第一书记和省长来了，其中一名警察也跟随他俩进入室内。省长科沃捷伊斯基劝说瓦文萨，与其被强行送往华沙，莫如像自愿似的前去会谈，更有利于问题的解决。瓦文萨别无选择，就随同两位地方长官，在5点25分时，走出了家门。瓦文萨坐进了早在那里等候他的汽车，两位地方长官向他挥手告别。9点时，两位地方长官又来到瓦文萨家，告诉瓦文萨夫人，瓦文萨到了华沙，正同乔塞克部长会谈，过会儿将同将军会见。如果家里有什么需要的话，他们两人一定帮忙。晚上6点，瓦文萨夫人使用省长的电话，同瓦文萨取得了联系。她问瓦文萨要待多久？瓦文萨回答说，“不知道，这个状态恐怕至少要拖上一年吧”。

在华沙，瓦文萨受到“应有的”待遇，他被送进一座警卫森严的政府别墅。首先是副总理拉科夫斯基来看他，两个人言语不和，不欢而散。尔后乔塞克部长多次看望，同他交谈，做他的工作。主教团的代表奥尔舒利克大主教同他保持联系，传递信息。三天后瓦文萨的妻子来看望他，只见瓦文萨在收听“自由欧洲”和“美国之音”的广播，他对妻子说，“现在可以好好地休息了”。军管后的第一个圣诞之夜，他也不孤单，是在妻子和格但斯克主教扬科夫斯基的陪同下度过的。扬科夫斯基还向他转交了教皇保罗二世写给他的信和写给雅鲁泽尔斯基的信（副本）。直到1月26日，也就是军管六个星期之后，当局才把拘留证放在瓦文萨面前。瓦文萨被正式拘留了。但一段时间内，他仍被当作“政府客人”，乘坐直升飞机，从此地转移到彼地，成为多所位于深林深处、警卫森严的政府别墅来去匆匆的过客。

雅鲁泽尔斯基在“广播电视讲话”中说，要追究前任党政领导人使“国家陷入深刻危机”的个人责任。他说到做到，毫不留情。实施军管的夜里，前中央第一书记盖莱克、前总理雅罗谢维奇等人，在睡梦中刚刚惊醒，就被闯进家中的军警带走了。他们得到了同瓦文萨得到的大不相同的“应有的”待遇。

据盖莱克回忆说，12日深夜，一名军官率领警察闯入他家。用拳头敲门的声音惊醒了他。他刚穿好衣服，就把他带进汽车，送往市公安局。几分钟过后又有一些人也被送到这里。整个一个星期，把他们这些人从此处送到彼处，最后，先用直升飞机，后用一辆公共汽车，把他们送到了德拉夫斯科附近的深水湖旁的一幢破旧的房子。湖的对面是拘留团结工会活动家的地方，条件更好一些。他们一下汽车，至少有一个排的军人，牵着狗，端着枪，押送和驱赶着他们。盖莱克说，“显然是条令规定，要使我们蒙受耻辱，要向我们表明，你们是一堆垃圾，可以随意处置了。”在这幢破旧的房子里，塞进了36个人，其中有一位妇女，共用一个室内厕所。

盖莱克同另一位前任中央书记同住在一个小房间里。室外天寒地冻，室内也不供暖，他们只好穿着所有能穿的衣服和衣而睡。三天后盖莱克着凉了，老毛病腰痛发作，同室的只好摘下衣柜柜门，放在床垫下面。多亏这扇柜门，盖莱克才勉强忍痛躺在床上。在被拘留的第一个月，每天只能在荷枪实弹的士兵陪同下到室外散步15分钟。不管在哪一个角落，都明显地安装着窃听器，使人感到额外的恐怖。家人不知道他们的下落，几个星期过后才允许盖莱克夫人前来看望被拘留的盖莱克。盖莱克愤愤不平，说雅鲁泽尔斯基“像猫捉老鼠那样戏弄他们”。

12月13日，是一个恐怖的日子。在全国抓了5900余人。其中有的拘留几天或十几天就释放了。尽管如此，也留下了难于抚平的伤痕。整个战时状态时期，先后拘留的人数为10554人。雅鲁泽尔斯基承认，确实抓错了一些人。之所以如此，他认为，一是由于各地公安部门拟定抓人名单时，打了保险系数，宁可多抓几个，不可漏掉一人。二是由于一些地方官员利用机会，挟嫌报复，抓了一些他们认为不顺眼的人，清算各种旧账。

拉科夫斯基有一个看法，他认为波兰“相当一部分卓越的知识界人士都被拘留了，这恐怕比犯错误还更严重。”他说“我没有弄明白相当一部分知识分子精英遭拘留的原因。考虑到雅鲁泽尔斯基始终敬重文化科学界人士这一事实，我就更加无法理解了”。他怀疑“有人在故意败坏雅鲁泽尔斯基一班人的名声”，可能是“安全机构即政治警察所扮演的角色”。他说“我耳闻目睹的事实太多了，我无法完全排除这种可能性”。事实究竟如何，雅鲁泽尔斯基心里有数。雅鲁泽尔斯基也不推卸自己应负的责任。他一边说明，他自己没有审批地方上拟定的拘捕名单，他不知详情；一边承认，有过扩大化的错误。误伤了好人，实在是不应该的。

但雅鲁泽尔斯基从未回避，拘留前党政领导人则是他有意安排的。

画家笔下的战时状态

雅鲁泽尔斯基要向社会表明，第一，他公正。他所反对的，不仅是咄咄逼人的团结工会中的极端分子，而且是那些使国家陷入深刻危机的负有罪责的领导人。第二，他有决心。未来的波兰既不能走盖莱克的老路，也不能重蹈团结工会的覆辙。第三，他要以此为例，对各级官员，特别对那些钻营取巧、以权谋私的官员发出一种警告。但事实表明，雅鲁泽尔斯基的这招棋，并未获得他所预期的效果。在公众舆论中，人们始终认为军管的矛头是指向团结工会的，而被拘留的前任领导人也从未原谅过将军的这一决定。

雅鲁泽尔斯基希望“不流一滴血”，但他失望了。

军管的第三天，军队强行开进“乌耶克”煤矿，同正在坚持占领性罢工的工人发生了冲突。9名矿工中弹身亡。这是战时状态悲剧中的悲剧。雅鲁泽尔斯基认为，这也是伴随他终生的痛。

牺牲的9名矿工

十三、笑话也是武器

雅鲁泽尔斯基认为，使用战时状态这一概念，作为他采取“非常手段”的宪法根据，“这是极大的不幸”。1952年制定宪法时，总参谋部曾建议设紧急状态条款，但当时领导人信奉“社会主义国家人民在政治上和道义上高度一致”的教条，不相信在社会主义国家中有可能出现必须实施紧急状态的形势，甚至还认为这一概念有损社会主义的美好形象，就没采纳总参谋部的建议。所以在宪法中只有关于战时状态的条款。现在形势紧迫，雅鲁泽尔斯基能先修宪而后行动吗？回答是不能的。他实在无可奈何，也只能如是而已了。

雅鲁泽尔斯基指挥了军队、警察和民兵近百万人的武装力量，计划周密，行动迅速，几天之内就控制了局势。团结工会蚕食和夺取政权的攻势土崩瓦解，雅鲁泽尔斯基掌握了重建社会和经济秩序的主动权。朝野两大势力夺权和反夺权斗争的第一个回合落下了帷幕。

坦克占领了格但斯克造船厂门外广场

但雅鲁泽尔斯基并未因军事行动的成功而感到轻松。

在雅鲁泽尔斯基的记忆中，毕苏茨基曾经说过，“波兰人考虑问题，不看事实，而看标志。”战时状态这个名称自然也是一种标志。许多波兰人会问，没有战争，没有外敌入侵，国家的安全并未受到战争的威胁，怎么能援引宪法中的战时状态呢？是谁和谁作战啊？他们认为雅鲁泽尔斯基虽然用快刀斩断了一团乱麻，但终究有些名不正而言不顺。至于那些反对战时状态的人，则直截了当地说，这是雅鲁泽尔斯基对人民发动了“战争”。雅鲁泽尔斯基和他的班底都感到，“战时”这两个字对社会心理造成的负面影响之深，是很难估量的。

但如果说人人都憎恨战时状态，那也不符合事实。当时的波兰社会四分五裂，公众的态度千差万别，而且朝秦暮楚，变化不定。有强烈的谴责，也有热烈的支持。但雅鲁泽尔斯基心里明白，许多人表示支持，是支持社会的安定和秩序，这并不等于支持他所制定和执行的政策。

雅鲁泽尔斯基（右2）在街头视察

许多关于战时状态的政治笑话在社会各阶层中不胫而走。利用幽默做武器来反对执政当局，这本来就是波兰人的一大发明，由来已久，代代相传。今天，当明令禁止集会、结社、游行，公民的自由受到严格限制的时候，新的幽默也就应运而生，有了新的用武之地了。人们在讥讽和苦笑中表达了爱与憎，释放出胸中积淀的怨愤，获取了彼此间的慰藉和同情。这样的无形的武器，谁能禁止又谁能禁止得了哩！

曾有笑话说：

——有一位波兰人，在战时状态开始实施的时候，逃亡到维也纳。一群记者把他团团围住，想要从这位波兰人的口中，了解波兰事件的前因后果。记者们连珠炮似地问了三个问题：波兰市场供应情况好吗？物价怎么样？人们的生活境遇怎么样？波兰人的回答斩钉截铁，一口气说了三个："不能抱怨"。听了这样的回答，记者好像陷入云里雾中，干脆就直截了当地追问一句，"既然'不能抱怨'，那你为什么要逃亡呢？"波兰人回答说："理由很简单，在奥地利能够抱怨"。

——在塔特拉山波捷边界，两只可爱的狗隔着铁丝网对话。波兰这边的说，我真羡慕你，天天吃肉，吃得好，吃得饱，我真想到你那边去痛痛快快地吃几块肉。捷克这边的说，我真羡慕你，天天自由自在，要喊就喊，要叫就叫，我真想过到你那边去无法无天地狂叫几声。过了一阵子，波兰实施了战时状态，两只可爱的狗又见面了。波兰这边的说，还是你好啊，我现在又饿又不敢叫了。捷克这边的说，我也不想过到你那边去了，还是忍气吞声吧！

——战时状态的字典中说，5名波兰人在一起是"非法开会"，15名波兰人在一起是"非法集会"，1000万波兰人在一起是什么呢？是"一小撮极端分子"。有一天，只见一位波兰人，气喘吁吁，吃力地抱着电视机去了教堂。神父问他要干什么？他指着电视机荧屏说，"我把它捉住了。它不断地说谎。让它来好好地向上帝忏悔"。

——一位老先生走近停放在"莫斯科"电影院门前的坦克。他热情地同士兵们握手，还不断地说"谢谢你们！"士兵们感到十分意外，本来这些天来，从身边走过的行人多半是面孔冰冷，眼神中流露出一种迷茫和敌意，为什么这位老人是这么与众不同呢？一位士兵颇有内疚地问，"我们都把坦克开到市中心来了，你还感谢我们啊？"老先生拍拍这位士兵的肩膀说，"孩子们，你们是好样的！你们用坦克包围了'莫斯科'。你们的统帅是谁啦？我记得他好像是齐格蒙特国王手下的大将茹凯夫斯基将军，对吧?!"士兵们听了，面面相觑，哑口无言。他们弄不明白，这位老先生究竟是称赞他们，还是讥讽他们，还是发泄对俄国人的不满情绪？

"莫斯科"电影院门前

还有的笑话专门拿雅鲁泽尔斯基说事：

——雅鲁泽尔斯基在实施战时状态的前夕，心神恍惚，睡不好觉，常做噩梦。一天，朋友请来了一位走江湖的女巫师为他圆梦。他告诉来人，说夜里常常梦见大大小小的土豆，有时自己也变成了一个大土豆。这是什么意思啊？女巫师动作敏捷，伸手摘下雅鲁泽尔斯基的墨镜，举着它跳了个转身舞，然后一字一顿地说："兆头不好啊！或者在秋天把你揪出来，或者在春天把你关进去"。

——雅鲁泽尔斯基身着军装，正襟危坐，宣布实施战时状态。突然有人提了个问题，你们猜猜雅鲁泽尔斯基有多少套服装？周围的人摇摇头，谁能知道他那个级别的人物有多少服装，一定不会是短缺经济了。提问的人说，就是短缺经济，他只有两套服装，一套是军装，在波兰值勤时穿；另一套是便装，去莫斯科回家时穿。

有一些笑话也传到了雅鲁泽尔斯基耳边。因为他早就有了不怕骂名滚滚来的思想准备，所以听到后就当作耳边风，一笑了之。但有些笑话也引起他的重视，他从中窥见了社会情绪的一斑，使他更加感到争取民心的重要和紧迫。

十四、“中国猪肉”的故事

许多笑话，雅鲁泽尔斯基听了，忘了，脑海中没留下记忆的痕迹，但有一则关于中国猪肉的笑话，他不仅记住了，而且还写在书中。

雅鲁泽尔斯基在《为什么战时状态?》一书中说，“听起来，真吓人!”“我还记得，我们为了应急，从中国购得猪肉。运输这批猪肉，要走过大半个地球。华沙人编笑话说，‘中国猪腿特别长，赛马场上可称王’”。

说起这批猪肉，有一段长长的故事。雅鲁泽尔斯基说是“购得”，这可能是他坚持他处理此事的方针而留下的印象，实际上远非“购得”。看来，雅鲁泽尔斯基为了应付团结工会的攻势和苏联的压力，他哪里有时间去关注这个故事的细枝末节!

在中波关系史中，这个故事是值得了解和记忆的一个亮点：

话说近二三十年，波兰一再陷入危机，几乎都同市场上肉食品供应短缺有关。缺肉—提价—动乱，成为摆脱不了的怪圈。怎样才能增加市场的肉食品供应，已经成为执政当局稳定社会情绪、稳固政权不可或缺的手段。1980年波兰危机爆发以来，苏联等华约国家对波兰在实行军事威胁之外，还实行经济封锁，从而进一步加深了市场供应的紧张程度。对于陷入困境的波兰，中国在政治上主张“波兰的事情应由波兰人民自己解决”，“反对外来干涉”；在经济上则伸出援助之手。中国的言行，体现了改革开放的中国调整了对外政策，也体现了中国人民与波兰人民之间的传统友谊。

1981年9月初，中国最高领导层作出了援助波兰的决定，中国方面采取主动，通过外交途径向波方提出建议：中方拟以十年长期无息贷款的方式，向波方提供5万吨猪肉，以缓解波兰市场的燃眉之急。中国驻波兰大使馆临时代办奉命会见了波兰副外长，正式提出了中方的建议。波方的第一反应十分积极。副外长喜形于色，表示赞赏和感谢，应允向上报告，三天后即可正式答复。在北京，波兰驻华大使初听这一决定时，不敢相信自己的耳朵，一时语塞，半晌过后高兴地说，“啊，上帝，天上掉下来金苹果！”

中方的建议突如其来，有分析认为，雅鲁泽尔斯基及其左右从来也未想过会有这样的好事，他们感到又惊喜又疑虑。是否接受中方主动表示的善意，他们考虑再三。从市场实际供应情况来说，猪肉不能不要，但从中、波、苏三角关系来看，中苏尖锐对立，波兰可不能得罪苏联。特别在当苏联一再向波兰施压的时候，波兰的一举一动绝不能引起苏联的猜疑。他们要求有关部门必须寻找出一个既要中国的猪肉而又无损波苏关系的两全其美的办法。

智库们开始开动脑筋，用去了好几天宝贵的时间。中方感到有些意外，为什么波兰副外长允诺三天后正式答复，可三天过后不见动静，再过三天仍无动静，十天过后，中方才听到了来自波兰外贸部的声音。9月10日，波兰外贸部一位司长出面约见中国使馆商务参赞。该司长表示，对中方的建议，波方给予积极的评价，并愉快地接受。波方认为这是带有援助性质的贸易合作，条件对波有利，不必讨论，波方都同意。波方希望早发货，以满足圣诞节节日之需。波方倾向于由两国外贸公司直接洽谈和签订合同。中国使馆商务参赞则表示，中方建议由两国外贸部副部长签署政府间贷款协定，然后由外贸部门落实执行。对此，该司长也表示同意。

10月8日，波方派出以外贸部一位司长为副团长的政府代表团前往北京，商谈签订政府间贷款协定有关事宜。双方商谈进展顺利，但在签字问题上，即由谁签和怎样签，该司长却另有盘算。他一方面表示同意由两国外贸部副部长签署协定，一方面又以波方副部长工作繁忙为由，提出由两国外贸部司长代签，或由副部长“背靠背”签字的意见。中方表示退让，提出了如波方副部长因事不能来京，可由波兰驻华大使代表波兰政府签字。对此，波方不表示意见，但立即派出外贸部副部长，到北京，同中国外贸部副部长分别代表各自政府，在中国向波兰提供长期无息猪肉贷款协议上签了字。

说到这里，故事还没讲完。有趣的插曲是，波方的安排一反惯例。副部长离开华沙时不通知中国驻波兰大使馆，致使中国使馆无人为他送行。他抵达北京和签字后离开北京时，波兰驻华大使也不到北京机场迎送。波兰驻华大使有意不出席签字仪式，只参加签字仪式后中方举行的宴请。中方建议发表新闻公报，波方不同意。但在协定签字20天后，波方单方面发表了从中国进口猪肉的消息，说猪肉是波兰畜产公司向中国购买的，避而不提两国政府间的贷款协定。看得出来，波方有意划清外交和外贸的界限，极力冲淡事情的政治和外交色彩，把中方的援助纳入“贸易合作”的轨道，变政府间的协定为贸易公司间的业务往来。也就是变成雅鲁泽尔斯基所记忆的从中国“购得”猪肉了。

中方对波方的态度和做法始终表示了理解和谅解，充分地尊重波方的处境，既不干涉波兰的内部事务，也不在波苏关系中制造矛盾，体现了中方正以实际行动践行“三个尊重”的方针。中方用事实证明，向波兰提供长期无息猪肉贷款，中方的主动，是真诚的、友好的。

1981年12月，由中波轮船公司的中方货轮承运的第一批中国冷冻猪肉运抵波兰港口。恰在战时状态的第一个圣诞节时，中国猪肉进入了波兰人的厨房，端上了波兰人的餐桌，引起了波兰各界的强烈反应。有教授说，“无息贷款，期限十年，时间那么长，简直就是馈赠”。波外交部官员说，“在地理上中国离我们很远，但在感情上离我们很近”。

中国雪中送炭。波兰语中出现了一个新的专用名词——chinina（中国猪肉）一时在波兰广为流传，妇孺皆知。这情景同华沙人编织的中国猪腿特别长的笑话，自然而然地都传到了雅鲁泽尔斯基的耳朵。雅鲁泽尔斯基忙于同团结工会周旋，无暇去了解其中的细枝末节，但他十分明白，波兰没花半两纹银，就“购得”了中国猪肉，显然这是中国人民送给波兰人民的一份圣诞厚礼。在经历苏联事实上的经济封锁之后和面临美国等西方国家全面制裁之时，雅鲁泽尔斯基深深地感到“中国是世界上最理解波兰问题的国家之一”。

十五、库科林斯基的插曲

在波兰国内，战时状态的实施，立即改变了当局同团结工会之间的攻守态势。团结工会的夺权攻势被制止了，国内局势发展的主导权重又掌握在当局自己的手中。随风肆虐的野火已被熄灭，过火的林木不再喧闹，大地一片寂静，万马齐喑。但在波兰国外，战时状态却引起了强烈的反响。

雅鲁泽尔斯基意料之中的是，来自东方的压力减少了。苏联和华沙条约成员国松了一口气，立即表示欢迎和支持。特别是苏联达到了它的战略目的，不动用一兵一卒而稳住了它在波兰的阵地。苏联开始解除对波兰的事实上的经济封锁，兑现它援助波兰的诺言。雅鲁泽尔斯基在华约“大家庭”中的地位因之而得到改善。

但也要看到，即使是华沙条约成员国，他们对雅鲁泽尔斯基的做法也各有褒贬。譬如罗马尼亚的齐奥塞斯库，他表示，支持波兰在没有外来干涉的情况下自己解决问题。但他认为，解决政治冲突时怎能过分地突出军队哩，因此他不支持波兰采取的方式。他在听取波兰特使一位副总理的通报时，就直截了当地指出，战时状态没有解决多少问题，希望波兰设法缩短军管期限，否则就无法赢得工人阶级的信任。他还特别强调，不能把党置于军队的阴影之下，不能造成只有依靠军队这个党才有力量的印象。

雅鲁泽尔斯基估计不足的是，来自西方的压力怎么会那么强大和持久。

本来，早在战时状态开始的一个月之前，美国就一清二楚地了解波兰即将对团结工会“动外科手术”的动向。美国是通过它安插在波兰国防部的“超级谍星”库克林斯基上校，掌握了波兰当局的一举一动的。

雅鲁泽尔斯基一向认为军队是可靠的，是他手中的王牌。但总参谋部突然发生了库克林斯基事件，这使他大吃一惊。库克林斯基上校时任总参作战部副部长，国防部机关党委委员，深受上司领导的青睐。雅鲁泽尔斯基也认识库克林斯基，印象还不错。雅鲁泽尔斯基曾经指示库克林斯基为他起草过讲话稿。谁知道稿子写好后，尚未送到雅鲁泽尔斯基手中，却已摆在美国中情局局长的办公桌上。原来早在十多年前，库克林斯基参加越南停战委员会工作时，就被

站在雅鲁泽尔斯基身后的就是库克林斯基上校

美国中情局招募为间谍，并深深地潜伏在波军总参谋部中。十多年来，波军和华沙条约大量的高级军事机密，通过库克林斯基的手，源源不断地传到了美国中情局。现今，波兰国防部秘密谋划的战时状态行动计划，也因库克林斯基参与制定，美国早已了如指掌。11月初，库克林斯基敏感地觉察到他的行动露了马脚，他向美国中情局发出了“使命即将结束”的报告。美国中情局立即启动“应急计划”，神不知鬼不觉地把库克林斯基及其家属接出波兰。

11月7日，库克林斯基大摇大摆的出席了苏联大使馆举行的国庆招待会，此后在波兰就再也看不到他的踪影了。原来他利用招待会曲终人散、近千位客人纷纷离去这一混乱不堪的场合，在夜幕的掩护下，钻进了美国中情局事先安排好的小轿车，一阵风似的躲进了美国使馆的一栋别墅。在那里他同家人会合，然后又改乘美国使馆的大货车，藏身在货柜中，经柏林，逃往美国。

美国中情局的“超级谍星”，居然在雅鲁泽尔斯基的鼻子底下活动多年，这一事实终于真相大白了。雅鲁泽尔斯基感到脸上无光，感到这又进一步损害了盟国对波兰的信任。他不得不亲自出马，会

苏联驻波兰大使馆。离开这里，就看不到库克林斯基的踪影了。

见苏联驻波大使阿雷斯托夫，向苏联说明事情的原委。与此同时，雅鲁泽尔斯基又感到库克林斯基的逃亡，也为波兰获得一个深入了解美国态度的机会。他认为在政治上不仅要关注已经发生的事件，而且要关注本应发生却因某种原因而未发生的事件。他在琢磨，既然美国早已掌握了波兰当局的行动计划，为什么它却沉默不语呢？为什么它既不向波兰当局发出警告，打乱当局的部署，也不告诫它在团结工会中的朋友应有所收敛，与当局谋求某种妥协，或者预做准备呢？雅鲁泽尔斯基思前想后，得出的答案是，美国也认为波兰自己动手比苏联出兵更好一些，美国也是在大小两个坏事当中选择了小坏。

雅鲁泽尔斯基很欣赏布热津斯基的说法，即“华盛顿之所以未向波兰当局和团结工会提出告诫，是因为它担心一旦揭露实施战时计划的意图，就等于给了波兰社会进行武力反抗的准备时间。在这种情况下，必然要发生内战。一旦发生内战，苏联干涉将是事态发展的必然结果，只不过是或迟或早而已”。布热津斯基的说法几乎同雅鲁泽尔斯基的答案同出一辙，布热津斯基也用“选择了小坏”解释了华盛顿的沉默。特别是在实施战时状态的前几天，也就是12月9日，雅鲁泽尔斯基听取了副总理马代伊的访美报告后，更加确信他对美国态度的分析是符合实际的。马代伊副总理出席波美贸易混委会会议，布什副总统接见了他。对波方提出的如何偿还1982年到期的债款本金和利息的设想，以及波方提出的购买饲料的贷款要求，美方表示了将积极予以考虑的态度。这次谈话，是在库克林斯基逃离波兰一个月之后，也是在波兰党六中全会和拉多姆事件之后，美国表现出的那种平静，使雅鲁泽尔斯基更加确信美国也倾向于承认他一再阐述的关于“小坏”的道理。

12月13日，波兰进入了战时状态。美国最为关心的是，有没有苏军的参与？美国在密切观察苏联的动向。当时正在布鲁塞尔北大西洋公约总部的黑格将军，通过卫星电话，一再询问美国驻波兰大使馆，“街上有没有外国的坦克？”布热津斯基办公室早在一年前就为美国总统准备好了一份谴责苏联武装干涉的声明，现在一直等了10天也没派上用场。

美国不再等下去了，它先对波兰，尔后又对苏联宣布实施制裁。美国取消了给予波兰的最惠国待遇，在经济、贸易、金融、交通运输和科技文化等各个领域，对波兰实行了严厉的制裁。雅鲁泽尔斯基算了一笔账，仅以依赖美国技术和饲料的波兰家禽饲养业为例，由于美国中止每年对波出口200万吨饲料玉米，波兰的家禽肉产量将从每年50余万吨下降到17万吨，波兰每人平均肉类消费量将减少7公斤，13000人将失去工作岗位。雅鲁泽尔斯基气愤地说，“美国向波兰的鸡开战了”。与经济制裁的同时，美国还向波兰提出了难于接受的政治要价，要求波兰取消军管，释放被拘留人员，恢复团结工会的活动。继美国之后，一些西方国家也群起效尤，一时间从西方的地平线上涌起了偌大的一片乌云，笼罩在维斯瓦河畔华沙的上空。

雅鲁泽尔斯基本以为他做了一件“对所有各方都是小坏”的事，“各方都有所失和有所得”，但严峻的现实表明，美国和西方一些国家的反应，远非什么投桃报李。波兰陷入了空前的孤立，这是雅鲁泽尔斯基始料所不及的。

十六、未来怎么办？

雅鲁泽尔斯基下决心实施军管的时候，他也为波兰的未来绘制了一个蓝图。他设想通过军管，在两三年内取得一个牢固的立足点，然后再经过几年的努力，实现大乱之后的大治，把波兰建设成为一个社会安定、经济和政治井然有序、保证不再发生危机的社会主义国家。

雅鲁泽尔斯基深知，他走上了的这条道路，归根结底是走上了争取民心，争夺群众的艰苦而漫长的道路。他要消除多年的积弊，理顺受了伤害的民心和党心，弥合四分五裂的社会，引导国民经济走出危机，他还要摆脱西方制裁造成的孤立处境。一句话，他面对的问题太多太难了，要把这些事情一一做好，绝不是一朝一夕轻而易举的。

12月14日，雅鲁泽尔斯基以救国军事委员会主席的名义，组建了一个由他领导的、由党政军三方组成的、事实上的“最高决策机构”。成员有总参谋长希维茨基、内务部长基什查克、党员副总理拉科夫斯基等人，以及三位党中央书记巴尔齐科夫斯基、奥尔绍夫斯基和米莱夫斯基。这是军管期间实际上掌权的最高领导班子。雅鲁泽尔斯基组建这个班子的目的，是为了随时控制形势的发展和即时做出恰当的反应。这个班子中的成员并不都是雅鲁泽尔斯基的铁哥们，其中奥尔绍夫斯基是莫斯科眼中的“好同志”，是一位强硬派人物。这个班子，一直工作到1982年3月，才自生自灭。军管后几个重大的原则问题，特别是党和工会的前途问题，是这个班子开会时反反复复议论不休的话题。

在现实社会主义国家中，党的领导作用是天经地义不可动摇的。实行军管了，波兰统一工人党怎么办？人们议论纷纷。有人提出可供选择的方案，或者像工会那样中止活动，或者解散并重建新党。时任副总理的拉科夫斯基就主张解散党，重建新党，并多次劝说雅鲁泽尔斯基。拉科夫斯基的理由，一是有1956年卡达尔重建匈牙利新党的先例，二是“这个步骤能使关于战时状态的决定取信于民”。雅鲁泽尔斯基考虑再三，决定既不中止党的活动也不采纳解散党的意见。但雅鲁泽尔斯基不敢鲁莽，他亲自打电话向匈牙利的卡达尔请教，并请卡达尔派人来波兰介绍匈牙利1956年重新建党的经验。

卡达尔派出两位亲信来到波兰，雅鲁泽尔斯基同他们交谈良久，得出结论是：解散党不合时宜。

雅鲁泽尔斯基认为，成千上万的正直的党员，以及他自己和他的亲密的同事，他们每个人的生命和理想都是同波兰统一工人党联系在一起的，如果把党解散了，会给他们带来莫大的痛苦和失望，更会严重地损害已经采取的行动的效果。党是国家的主心骨。波兰的盟友一再指责“将军革命”削弱了党，在这种情况下，如果把党解散了，波兰的盟友可能感到不可思议，甚至为他们搞“兄弟般援助”又增添一个借口。特别是在当时的条件下，新建的党能比原来的党更好吗？雅鲁泽尔斯基心存疑问，他想“可能会更差”。雅鲁泽尔斯基曾对拉科夫斯基说，假设要走重建新党这条路，“那么谁来加入你的新党呢？还不是原来的那些人吗？如果是这样，又有什么用处呢？”拉科夫斯基觉得雅鲁泽尔斯基讲的道理不能说不对，但他猜想，雅鲁泽尔斯基之所以不同意解散党，是因为在雅鲁泽尔斯基内心深处还有一怕，他怕国内外人们指责他搞军人专政，指责他是独裁者。

雅鲁泽尔斯基主张，波兰统一工人党应沿用自己的原有名称，并以新的面貌活跃在政治舞台上。行不更名，坐不改姓。与此同时党要同前任领导集团的错误划清界限，要谴责和摈弃“对社会主义思想和道德原则的背离”，不能恢复1980年以前的“恶劣的执政方法”。雅鲁泽尔斯基还一再强调党的领导作用，极力避免给人以军管代替党的领导的印象。雅鲁泽尔斯基坚持，要继续举着波党九大路线“和解和社会主义革新”的旗帜，走改革之路，既继承党的优良传统，又改造和赋予党新的面貌。他提出了一个著名的口号是：“党还是原来的党，而非原样的党”。

战时状态是快刀斩乱麻，使一切工会组织都中止了活动，社会归于平静。但雅鲁泽尔斯基深知，战时状态不能从根子上清除团结工会藉以产生的土壤和肃清其思想和影响。未来的工会怎么办？这是一道难于破解的难题，令人伤透了脑筋。原有的被人们称之谓“御用”的旧工会早已名誉扫地，它怎样才能恢复活动呢？新兴的独立自治团结工会刚刚被打压下去，它怎样才能斩草除根呢？没有工人和工会支持的党又怎能称为统一工人党呢？

“最高决策机构”在讨论未来工会的面貌时，看法也不完全一致。主管工会事务的副总理拉科夫斯基的看法是，团结工会应作为纯粹的工会组织存在下去，并把它纳入现行的政治体制，可恢复团结工会和其他工会的活动。奥尔绍夫斯基的看法是，“不应匆忙取消对团结工会活动的禁令”。他认为，团结工会的“力量源泉”在于它有一个“坚硬的反共外壳”，里面集聚了“一切右翼势力”。因此他强调，要有“铁腕人物”进行统治，要从意识形态领域开始，对社会进行“再教育”，“战时状态的某些原则应该维持2年甚至更长时间，要让人们戒掉罢工瘾”。雅鲁泽尔斯基的看法是，团结工会“不仅依靠坚硬的反共外壳，而且还依靠关于社会正义的思想。这种思想被人民理解为与官僚主义的斗争”。“我们的理想应当是强有力的国家政权加上真正的社会主义民主。我们现在处于零的起点。当前最重要的问题是恢复当局的社会信誉”。雅鲁泽尔斯基的想法是对团结工会问题先不下结论，再等等看。但他认为，战时状态“不应维持太久”。

后来的事实表明，团结工会转入地下，当局同团结工会之间的斗争陷入僵持。1982年10月，当局提出了一项以“零点选择”为出发点的《工会法》，通过议会立法的途径，取缔了团结工会，解散了所有的工会组织，并规定了组建新工会的条件。雅鲁泽尔斯基一方面表示，要重建强有力的、自主和自治的工会运动，一方面强调，不管采用何种方案，工会运动应该无条件地尊重社会主义制度的原则，承认波党的领导作用。而对广大的团结工会会员，他则主张实行区别对待的政策，孤立和惩处极端分子，对“不是存心干坏事而上当受骗的”群众既往不咎，坚决摒弃报复和清算。他提出的口号是：“不问你从哪里来，只问你向哪里去”。

“党还是原来的党，而非原样的党”，“不问你从哪里来，只问你向哪里去”，这两句响亮的口号自然是雅鲁泽尔斯基的得意之作。但口号终究是口号。要说得好听，做得也好看，恐怕就不是那么容易的事了。

十七、两个“第一次”讲话

战时状态首战告捷，无政府主义状态已被制止，国家机制有了正常运转的起码条件。这时的雅鲁泽尔斯基，就好像一位成功完成了外科手术、走出手术室的大夫，他知道总要向麻醉中苏醒过来的患者，交待一番进一步疗养和调节的事项了。1982年1月25日，波兰议会举行了战时状态下的第一次会议，雅鲁泽尔斯基走上议会讲坛，发表了长篇的讲话。2月24日，波党召开了战时状态下的第一次中央全会即七中全会，雅鲁泽尔斯基代表政治局作了报告。

雅鲁泽尔斯基在这两个“第一次”会议上的讲话和报告，给人留下了几点深刻的印象，首先是他为实施战时状态的行动进行了第一次公开的辩护，其次是他向社会阐述了他的治国治党的理念和方法。

针对人们的种种疑问和诘难，雅鲁泽尔斯基不吝笔墨和口舌，反复地进行了解释和辩驳。

“战时状态合法吗?”无论是反对者还是支持者都从不同的角度提出这样的疑问。因为实际情况是救国军事委员会行动在先，国务委员会通过的决议在后呀！对此，雅鲁泽尔斯基援引议会历次会议的有关决议和宪法条文，一口断定成立救国军事委员会是合法的，是“国务委员会实施战时状态”的。他强调“议会、国务委员会体现了人民的意志，波兰军人宣誓忠于合法当局”，救国军事委员会“作为战时状态的执行机构，支持国家政权的宪法地位，并为其履行不可剥夺的职能创造必要的条件”。

“战时状态必要吗?”实施战时状态前，雅鲁泽尔斯基在内部和公开讲话中，对采取“非常手段”和“必要措施”反复地做过论述，现在他把讲过的老话做了新的概括。他说，“成立救国军事委员会和实施战时状态的原因，我们已经解释了多次。每一个熟悉波兰事态、能从政治上负责地进行思考的人都理解这一决策。控制政治和经济危机的一切其他手段都没有成功。是拉多姆和格但斯克咄咄逼人的独白，最终地中断了对话。为避免不堪设想的对抗性后果，实行战时状态是我们所能采取的最后一个主动的政治行动。”

“决定采取得太晚了!”有人这样说。雅鲁泽尔斯基知道这种看法来自何方，他回答说，“出主意是最容易的事情，最难的是在实践中保持政治上的谨慎。这也是一种勇气”。“我们肯定没有犯过专横的错误”，“我们始终不渝地伸出了和解的手”。“未来既不会原谅轻率的决定，也不会原谅软弱和投降。不能因为冲动或者失去耐心而采取如此特殊的步骤。只有在没有其他选择的情况下，才可以采取紧急措施”。可见选择的时间是恰到好处了。

“战时状态是在密室中策划的，是阴谋!”雅鲁泽尔斯基认为这是不值一驳的。他说，“我们并不是躲在暗地里行动的”，“我们不止一次地、公开地、大声疾呼地警告过会发生危险。政府宣布过将采取宪法规定的手段来保卫国家，如果这是不可避免的话。我们在谈判中，在议会的讲坛上，在四中全会和六中全会上已经讲过多次了”。但是我们的每一个建议，每一次呼吁，每一个克服危机的行动“都被认为是软弱的表现，都碰了壁，都受到了破坏。我们作过报道，我们不断地发出警报。这些事实大家都是知道的。任何人也无权说他不了解情况”。

“战时状态是别人强加给波兰的。”所谓的“别人”自然指的是苏联了。雅鲁泽尔斯基不讳言来自苏联的压力，但他一口咬定，实施战时状态不是强加，而是波兰“根据自己的权衡、由自己做出的、靠自己的力量实现的一项决定”。他强调，波兰是一个有千年历史和强大军队的主权国家，“不是别人挽着手走路的小孩子”。

在议会的讲坛上，雅鲁泽尔斯基说他说了“苦涩而严厉的话”：波兰是一个潜在的富裕的国家，为什么沦落到有伤体面的持久的危机深渊，这究竟是怎么回事？为什么在波兰民主迅速地变成无政府主义，部分权力机关轻易地变成官僚机构，这又如何解释？他呼吁，该是我们大家——政府和社会，一道来“算算良心账”的时候了。雅鲁泽尔斯基认为“领导集团的错误和罪过是不言而喻的，但这并不是全部真相”。在雅鲁泽尔斯基看来，这笔良心账的全部真相是：就政权而言，是层层有责；就社会而言，是人人有份。他说，“我们到处找别人的过失，就是不反躬自问。正如俗话所说的那样：很难遇到一个不感到自己受了委屈和上当受骗的波兰人”。雅鲁泽尔斯基如此这般的讲良心账，他想的是要体现出他的公正，从而有意无意地忽略了主次轻重之别。

“战时状态要持续多久？未来怎么办？”这是人人忧虑和思考的问题，更是雅鲁泽尔斯基在议会讲话和全会报告中不可回避的现实问题。对此，雅鲁泽尔斯基声称，战时状态“是一座特殊的渡过危机的桥梁”，“但愿尽快取消”。但“战时状态的长短不取决于我们的愿望，它仅仅取决于现实条件，取决于能否满足某些先决条件，即保证正常生活的进程和经济正常运转的持久与安全”。只要形势允许，对限制公民自由的那些措施，将很快地放宽或全部取消。但对改善和整顿经济，以及克服犯罪现象和防止破坏社会纪律的那些措施，则要相应地持续一段较长的时间。

雅鲁泽尔斯基不指名地指责盖莱克等1980年8月以前的领导人，说他们“歪曲和背离了社会主义思想和道德原则”，他们的“恶劣的执政方法”，导致国家陷入了深刻的危机。说他们在对外关系方面执行了“目光短浅的政策”，贷款、进口、专利等方面的政策都是“错误的”。他声言，战时状态“不是为走老路而采取一次整顿行动”，波兰“再也不能回到1980年8月以前去了”。

雅鲁泽尔斯基试图建立新的机制，用制度保证今后不走老路，不走向自己的反面。他倡议，在议会，设立一个由各职业界代表组成的社会经济委员会；在政府主席团，设立社会协商委员会；同时还要组建国家社会舆论调查中心。通过这些机制，实现国家政权机关工作的“有的放矢和民主化”，使国家政权“与社会保持紧密的工作联系，了解社会的各种观点，与社会共同协商和探讨”。他还倡议，设立国务法庭和宪法法庭，以保证“人人必须为自己的违法行为承担个人的责任，无私执法，毫无例外”。他要把一些在70年代“把国家引向危机的负责人”送上国务法庭。他认为，只有这样做，才能“恢复公民的法律感，恢复社会主义道德原则，恢复社会愿望与法律之间的和谐一致”。

雅鲁泽尔斯基深知，党的复兴必须始于争取民心的斗争。他十分明白，“获取工人阶级的信任不能靠颁布法令，也不能靠宣言本身”，“社会意识的危机不能借助民警部队来克服，需要的则是持久的、真正的政治解决办法。最严重的不是存在着敌人，而是为什么敌人可以蛊惑社会上的人”。“我们越是能够说服那些不是敌人的人，我们与敌人作斗争的效果就会越大”。“我们不会也永远不能忘记，工人阶级给予各种狂妄自大者的应有的教训”。雅鲁泽尔斯基指出，在当前的形势下，“我们活动的基本目的，就是重新获得党在群众心目中的信誉”。

针对实施战时状态后党内出现的新情况，雅鲁泽尔斯基讲了他认为必须坚持的原则和论点。

关于九大路线，他说，“尽管事态的发展会改变和修正某些具体的论点，但九大的路线仍然是有效的。我们不会背离九大纲领和决议中确定的党的生活准则”。他强调“不冻结改革”，“国家政权实施体制的改革和经济运转体制的改革不能中断，也从未中断”。

关于党的领导作用，他说，“党分析自己的错误，目的是纠正错误。党的领导作用是社会主义建设不可动摇的一条原则——没有一个马列主义政党，任何国家的人民都建设不成也捍卫不了社会主义。这个道理，不光我们知道，敌人也懂得。所以他们猛烈地攻击党，甚至使用‘没有党的社会主义’这一荒谬的口号”。什么叫“没有党的社会主义”？他指出“这不是社会主义，这是没有舵和帆的船。”

关于斗争的思想，他说，“实践表明，社会生活中不断滋生出邪恶、不平等、不公正。不能靠发布命令使邪恶一下子永远消失，而必须同它天天斗，处处斗，只要它还存在，就要一直斗下去”。他列举出的“邪恶”有：官僚主义的僵化、寄生生活、投机倒把、行贿受贿、不靠劳动致富、收入与劳动贡献不相称等，他说，这些邪恶以及其他不正常现象，“往往比生活中的困难更使人气愤。全体工人和劳动者就是根据与这些现象斗争的效果如何，来评价党和国家的”。

关于民族复兴爱国运动。雅鲁泽尔斯基希望为军管寻找更多的社会支持，提出了掀起一场民族复兴爱国运动的设想，以便把社会各界团结为一个整体，建立起一个新的民族统一阵线，“理智地支持政府”。他主张不要事先规定这一运动的组织形式，只要求它尊重宪法和法律，获得社会的拥护。

在两个“第一次”会议上，雅鲁泽尔斯基表现了他的自信，说的也不无道理，但在多大程度上，他能说得到也做得到，实现他的治党治国的理念呢？

十八、民族复兴爱国运动

雅鲁泽尔斯基手中握有极大的权力，但民心不顺，使他举步维艰。军管后的波兰社会不仅依旧四分五裂，而且骤然哑口无声。他发出的呼吁，当局出台的措施，听不到反响和回应，消失在一片可怕的沉默中。如果说军管前社会的喧嚣，使雅鲁泽尔斯基感到慌恐和紧张，那么军管后社会的死静，又何尝不使雅鲁泽尔斯基感到一种无可奈何的困惑？如果说在12月13日之前，他为何时实行军管和如何军管伤透了脑筋，那么在12月13日之后，他又何尝不为何时结束军管和如何结束军管而煞费苦心呢？俗话说“骑虎容易下虎难”，雅鲁泽尔斯基陷入了新的困境。

雅鲁泽尔斯基要争取民心，争取社会的最大支持，他和他的智库们想到的是，应建立某种社会团体或组织结构，来抵御国内外反对派散布的关于波兰当局极端孤立的看法。他们把目光锁在军管后各地自发成立的公民救国委员会上，试图以此为基础，组织民族复兴爱国运动。雅鲁泽尔斯基提出了倡议，波党政治局向全体党员发出了积极支持和积极参加运动的号召，波党中央书记奥热霍夫斯基担当起筹备工作的任务。在一次政治局会议上，奥热霍夫斯基宣读了临时委员会人选名单。对这种做法，拉科夫斯基有了不同的意见。他认为“那是根据旧的、久经考验的公式”拟就的名单，是“强加于人的”。会后他给雅鲁泽尔斯基打电话，指出这样做的结果“我们不会赢得广泛的社会支持”。拉科夫斯基认为，这样去创建民族复兴爱国运动，是穿新鞋走老路的典型，就是说“一方面想争取最大限度的社会支持，一方面又把眼睛盯着那些愿意承认波党领导作用的人”。雅鲁泽尔斯基考虑了拉科夫斯基的意见，为了避免操之过急，决定先成立一个“倡议小组”，并一定要争取作家多布拉钦斯基出山，作为运动的领导人。多布拉钦斯基是持右翼观点的天主教世俗组织“帕克斯”协会活动家，是一位在社会上在知识界颇有影响的人士。

1982年7月22日，也就是军管后第一个国庆节那一天，波兰统一工人党和农民党、民主党以及“帕克斯”等宗教世俗组织签署了民族复兴爱国运动宣言，号召波兰人“不分信教和不信教，不分党员和非党员”，“走社会主义复兴和发展的共同道路”；强调只有社会主义，才能保证波兰的发展，只有与苏联结盟，才能保证波兰的安全。同时，还呼吁当局取消战时状态，释放被拘留的人。宣言发表后，9月15日，倡议小组召开了第一次会议，由多布拉钦斯基主持，雅鲁泽尔斯基出席，鼓劲加油。11月22日，倡议小组应邀参加政府主席团会议，当时雅鲁泽尔斯基就运动和政府之间的关系，定位为，“民族复兴爱国运动是社会积极力量广泛参与国家生活的一种形式，是评价政府应该正确行使权力的民主方法”。此后，又经过一段努力，始于12月17日，也就是军管一周年后，召开了民族复兴爱国运动临时全国委员会第一次会议，选举了多布拉钦斯基为临时全国委员会主席。

雅鲁泽尔斯基和多布拉钦斯基（左1）

1983年5月7日，民族复兴爱国运动召开第一次全国代表大会。雅鲁泽尔斯基无比高兴，认为这是他争取民心的成功之举，正在掀开“波兰社会政治编年史上的重要一页”，从而实现并证实了党和人民政权即使在“国家因发烧而颤抖的时候”，“一刻也没有放弃民族和解的主张”。他春风得意，喜形于色，亲自出席大会，并发表了长篇讲话。

对民族复兴爱国运动，雅鲁泽尔斯基寄于莫大的希望。他期待民族复兴爱国运动能在过去和未来之间，亦即在“冲突、创伤和紧张的过去同美好、发展和安定的未来之间”架起“一座桥梁”，能为“永远不再使政权同劳动者失掉联系，防止危机卷土重来”构筑起“一座堤坝”。他期待通过民族复兴爱国运动，“扩大执政的社会基础”，为经济改革营造出“适当的建设性的社会气氛”。他声称“我们不想更多地树敌”，运动是“开放性的”，“对参加运动的人，我们不问其经历如何。对误入歧途和迷失方向的人，我们不轻率地分门别类。只要出于纯粹的、爱国的动机要求参加，我们都接受，包括那些过去曾经站在对立面的人”。他希望民族复兴爱国运动成为政治生活中的“一个持久的因素”，在活动中则要“避免两个极端”，第一要避免“家长作风、政权的特殊的延伸和受支配的社会代表”。第二要避免变成“已被历史抛弃的一些主张和行动的基地”，避免“诱发政治性神经官能症”。

雅鲁泽尔斯基在其讲话中再次重申，“1980年的工人抗议是有道理的。我们坚定地重申我们理解抗议的阶级意图，它体现在‘要社会主义，不要歪曲’这一口号之中”。雅鲁泽尔斯基认为，“在波兰，令人失望的不是社会主义，而是缺乏社会主义”。“波兰的缺陷不是社会主义的产物，而是几个世纪以来造成我们民族复杂命运的各种原因共同起作用的结果”。他再次提问：“为什么民主在波兰这么容易蜕化为无政府主义？为什么政权这么容易就被曲解？”他认为这是值得彻底反思的问题，希望民族复兴爱国运动能展开讨论，影响社会。

雅鲁泽尔斯基寄希望于青年。他认为“波兰社会很年轻，这是一笔巨大的财富”。他告诫说，“波兰是美丽的，但在美丽中却隐藏着威胁”。“被污染的河流，充满尘埃的大气，以及水的缺乏，这一切都是我们无法逃避的，也是不能束手待毙的问题”。他提问道：“我们能同意环境恶化，在世界性的竞赛中只占据第二流，甚至第三流的位置吗?”他回答说，“关于波兰的未来及其地位问题，必须在现在，在今天就着手解决。在竞争尖锐的世界里，只有强者、勤劳者、顽强者才能占有地位”。“我们不想成为失望者的国家，我们不能囿于忧愁和烦恼而失去魄力和想象力”。在当今世界“没有魄力和想象力，任何民族都寸步难行”。

1983年7月修订宪法，规定了民族复兴爱国运动的地位和作用。凡合法活动的政党和社团均成为民族复兴爱国运动的成员。

雅鲁泽尔斯基认为，民族复兴爱国运动的建立，是他在争取民心的斗争中打了一个胜仗，为他宣布结束战时状态创造了条件。他的这种看法，毫无疑问是有根据的。但这个胜仗究竟有多大，拉科夫斯基却有不同的议论。在拉科夫斯基看来，筹建民族复兴爱国运动的一些做法，是穿新鞋走老路，结果也只能是事倍功半了。拉科夫斯基认为，“为了赢得尽可能广泛的社会支持，我们采取的各种措施无疑是光明磊落的。但由于我们的行动与人们心目中普遍承认的民主观念背道而驰，各种措施在很大程度上都没有收效。我们想革新，可是从筹组民族复兴爱国运动这一事例中就能看到，旧的东西总会在适当的时候找上门来”。在这里，拉科夫斯基看到的是，民族复兴爱国运动“只是团结了支持政权的人”，而那些反对政权的人，特别是转入地下活动的“团结工会，正在利用西方的支持，着手组织了非常有力的抵抗阵地”。

十九、教皇第二次回国访问

波兰人民笃信罗马天主教。在波兰，教会组织严密，教堂遍于城乡，堪称“国中之国”。1978年克拉科夫红衣大主教卡罗尔·沃伊蒂瓦当选为教皇，社会上教会势力声威大振，一种扬眉吐气的自豪感在波兰人心中油然而生。拉科夫斯基认为，纵观波兰历史的光荣和屈辱，“梵蒂冈的这位波兰人开始横扫了”波兰社会因长期受制于他人而形成的“奴颜婢膝的综合症”。

1979年沃伊蒂瓦—教皇约翰·保罗二世第一次回祖国朝圣，燃起了波兰人前所未有的热情。翌年，即1980年团结工会运动应运兴起，教皇对波兰局势表示了特别的关注，显示出教皇在波兰变革中的举足轻重的作用。多少人为之赞叹不已，多少人欢欣鼓舞，弹冠相庆。而当团结工会同当局分庭抗礼尖锐对立之际，教会则乘势而上，特别是主教团，在波党同团结工会两大势力之间，左右逢源，扮演了调停人的角色。波兰政坛实际上呈现出三足鼎立之势。

雅鲁泽尔斯基一向不敢轻视教会的地位和作用，军管前他倡议举行了瓦文萨—格莱姆普—雅鲁泽尔斯基三方会谈，实行军管时他特派巴尔齐科夫斯基深夜向格莱姆普做了通报，军管后他又多次亲自会见格莱姆普，一再寻求教会方面的理解和帮助。这一切，自然全在教皇约翰·保罗二世的视野之中。

对于波兰同教皇的关系，雅鲁泽尔斯基十分重视。他尊重从波兰走上国际舞台的这位同胞，并对其关心祖国命运的真诚之心寄于厚望。他希望教皇理解波兰当局的处境和困难，并以其“崇高的威望”，帮助波兰在国内实现稳定，在国际摆脱孤立。

团结工会第一次代表大会后，雅鲁泽尔斯基立即派外交部长去梵蒂冈，向教皇通报了波兰国内形势及面临的外部威胁。据外长契莱克回忆，当时雅鲁泽尔斯基指示，要他向教皇全面通报，并请教皇帮助，第一要帮助波兰克服国内危机，推动对话与民族和解，避免相互对抗及其可能引起的最坏的后果；第二要支持波兰在国际舞台上的一切努力，支持波兰申请加入国际货币基金组织，获取西方的贷款，推迟偿还债务。教皇同波兰外长谈了两个小时，教皇强调了他对团结工会的积极态度，他认为团结工会是捍卫人的尊严和权利、捍卫民族本性的真正的社会运动。当局和团结工会应在这些价值的基础上解决波兰的问题，教会则应竭力促进对话与和解。

波兰实行军管的消息传到了梵蒂冈，教皇感到十分震惊，他立即写信给雅鲁泽尔斯基，表示了他对国家的命运、对被拘留的人和团结工会的未来的关心。雅鲁泽尔斯基回了信，教皇紧接着又写了第二封信，对战时状态将会延长表示忧虑，同时要求消除战时状态引起的后果，消除因拘留瓦文萨等活动家和镇压文化界人士而引起的"震惊"，并要求"重建信任"。雅鲁泽尔斯基重视同教皇之间的书信往来，他不信奉上帝，不是教徒，但他内心深处又何尝不祈求教皇——这位伟大的波兰人，能助他一臂之力呢！

1983年3月，波兰中止战时状态。6月，教皇第二次回国访问。这次访问距第一次访问（1979年6月）虽然仅仅4年，但波兰已经改朝换代，正在经历着历史的悲剧时刻。这时的波兰，战时状态中止了，但尚未取消；生活开始正常化，但尚未实现正常化。在这样一个微妙的时间节点安排教皇访问，宾主双方颇费一番周折。

最大的难点是梵蒂冈要求波方同意教皇会见瓦文萨。此时的瓦文萨，虽然恢复了人身自由，但由于团结工会已被取缔，他已不具有合法的团结工会主席的身份。在梵蒂冈看来，如果教皇只进行一次纯宗教性质的访问，只同雅鲁泽尔斯基会见，而不见瓦文萨，那几乎是等于教皇承认了战时状态的实施及其所造成的后果，等于教皇完全站在雅鲁泽尔斯基一边，这是绝对不可取的。而在波兰当局看来，如果同意教皇在明山朝圣时会见瓦文萨，那岂不是等于在广大群众面前同意教皇为瓦文萨恢复名誉，使已被熄灭了的团结工会这场熊熊烈火死灰复燃吗？这自然也是不可取的。

当局反对会见，梵蒂冈坚持会见，两种立场，难以协调。梵蒂冈派特使来华沙商谈，表示教皇不能拒绝会见任何一位天主教徒，这是不可动摇的神圣的信条和使命，并强调会见瓦文萨，只是“一般的私人性质的会见”，“不会通过会见来使团结工会起死回生”。梵蒂冈特使走后，当局内部仍然争吵不休。本来所谓的党内左派对邀请教皇访问就持批评态度，现在终于有人干脆建议雅鲁泽尔斯基，要他利用会见波兰首席红衣大主教格莱姆普的机会，告诉梵蒂冈，如果教皇一定要会见瓦文萨，那么他的访问将难于成行。对这样断然拒绝的建议，雅鲁泽尔斯基不以为然，他要求不必再讨论这件事了，他认为要尽可能把问题大事化小，小事化了，他说：“教皇本来就会见各种各样的人嘛，教皇会见了，瓦文萨又能怎么样呢？”雅鲁泽尔斯基开了绿灯，但他也要求要妥善安排。

1983年6月16日，教皇约翰·保罗二世莅临华沙，数十万群众前往欢迎。傍晚，有数千人在克拉科夫郊外大街聚集，并向党中央大楼方向行进，边走边呼“团结”、“世界在注视我们”、“教皇同我们在一起”的口号。在人群的喧闹声中，雅鲁泽尔斯基在贝尔维德尔宫（总统府）举行了欢迎仪式并发表欢迎讲话。他的情绪异常的激动，在场的拉科夫斯基回忆说，人们从未见到过如此这般的雅鲁泽尔斯基，“简直令人害怕”。

面向教皇，雅鲁泽尔斯基描绘了波兰民族的历史遭遇和当前的处境。他说：“我们所有的人都在波兰出生。她是我们的母亲。她有过非人间的可诅咒的历史。她不止一次地饱尝了‘瘟疫、饥馑、火与战争’的滋味。多少世纪以来，人们曾为躲避它们而祈祷。她经历了多次徒劳无功的奋起和失败的痛苦，她了解像‘抛向战壕的石头’一样走向死亡的几代人的命运。”雅鲁泽尔斯基强调，二战后的波兰“是作为独立的、主权国家建立的，是在新的、公正的疆界内复兴的”。而今“国际关系的紧张在时间上刚好同波兰国内问题的尖锐化相吻合。火灾源于星星之火。波兰对和平负有巨大的责任。”因此，“事态的发展促使我们做出了十分困难但却是必要的决定。我们是在生死关头，作为最后的抉择，做出了这一决定的”。

面向教皇，雅鲁泽尔斯基对实施战时状态做了自我辩护，他绵里藏针地说：“有人说，波兰在受苦。然而，又有谁测量过人们得以成功地避免了多少难以计量的痛苦、辛酸和泪水呢?！我们并不惧怕后人的评说，因为那将会是公正的，那肯定会比现在的许多评价更经得起推敲。”“我们并不寻求简单的方法来为自己开脱。我们空前坦率地批判自己的错误，尽管有错误的不仅仅是当局。不是当局把国家推向了灾难的边缘。”

雅鲁泽尔斯基同约翰·保罗二世互致敬意

面向教皇，雅鲁泽尔斯基表示要“向前看”，波兰“坚定地开始了改革事业”，“社会、国家和经济生活中的革新，正在成为法律上和事实上不可逆转的进程”。“民族和解是必要的。我们将继续沿着这条道路前进。世界观的差异并不构成障碍”。雅鲁泽尔斯基肯定国内的“正常化出现了新的阶段”，他向教皇表示了一种承诺，即取消战时状态的愿望“可能在不远的日子实现”。

雅鲁泽尔斯基称赞教皇对祖国命运表述的思想和发出的呼吁“充满着慈善精神和爱国主义的关怀”，称赞教皇的访问是“伟大的事件”，相信它“将在道义上扩大对和解意志的指导，并带来和平信息，必将在波兰历史史册中写下光明的一页”。雅鲁泽尔斯基希望教皇能帮助他促进国内和解的心情溢于言表。

雅鲁泽尔斯基精心挑选了两件礼物送给了教皇。一件是300年前波兰骠骑兵的胸甲。是年，也就是1683年，波兰国王扬·索别斯基率兵打赢了维也纳解围战，击溃了土耳其十万大军，使欧洲免除了土耳其的奴役，彰显了波兰的地位和作用，书写了波兰武装力量的辉煌。另一件是塔特拉山区风景画。该画出自波兰著名的历史画家马代伊科的弟子亚·姆罗其科夫斯基之手。雅鲁泽尔斯基用心良苦，他希望教皇勿忘祖国的荣誉，常忆家乡的美景。

教皇的答辞讲得巧妙。他掌握的分寸是既不能被人利用来反对当局，也不能被人利用来为当局增光添彩。他强调要增强波兰人的民族尊严，要相信“善”必将最终地战胜“恶”。至于什么是善，什么是恶，谁人是善，谁人是恶，那就人人都可以各取所需，自行诠释去了。

欢迎仪式后，雅鲁泽尔斯基和雅布翁斯基（国务委员会主席）同教皇进行小范围会谈，这既是梵蒂冈和波兰两个国家之间最高领导人的会谈，也是波兰人同波兰人同胞之间的对话。小范围会谈后雅鲁泽尔斯基告诉有关人士说，气氛“坦率得简直粗暴无礼”，“教皇把我们国家想象为‘一个巨大的集中营’”。

教皇访问的最后一程是在克拉科夫度过的。在当局看来，整个访问过程没发生任何严重的冒险事件，只是教皇在明山的布道演说，含有明显的煽动造反的调子，对此波方向梵蒂冈表示了不满和抗议。6月22日，即教皇结束访问的前一天，雅鲁泽尔斯基怀着恐惧和忐忑不安的心情，前往克拉科夫，在瓦维尔王宫，同教皇举行了第二次会谈。雅鲁泽尔斯基承认，是否去克拉科夫同教皇话别，是他当时面临的困难问题和困难时刻，他反复思考后决定“还是去”。他承认“我曾非常害怕”，怕自己营垒中的所谓左派“把我的克拉科夫之行，说成是‘前往卡诺萨’”。

卡诺萨是意大利的一座城市。在历史上这里曾发生过王权屈从教权的故事。1077年，时任德意志国王和神圣罗马帝国皇帝亨利四世，在卡诺萨向教皇忏悔，表示不再反对教权，并乞求宽恕。教皇以宽大为怀，放弃了罢黜皇帝之意。雅鲁泽尔斯基怕别人说他“前往卡诺萨”，就是怕别人说他屈服了，投降了。

雅鲁泽尔斯基
为教皇送行

波兰谚语说，“狼吃饱了，羊还健在”。教皇访问的结果，波兰教会获益最多，自不待言，但对当局和团结工会双方来说，可算是两全其美了。当局方面获得明确的信息是，梵蒂冈和波兰教会都认为，在目前阶段，雅鲁泽尔斯基是“国家的唯一选择”，因此要“帮助”雅鲁泽尔斯基。这当然有利于当局实现国家生活正常化的努力。团结工会方面，虽然已被明令取缔，不复存在，但实际上转入地下的团结工会的活动家们，人人都感到了欢欣鼓舞，犹如野火烧焦了的荒草，在寒冬中就已感到远处吹拂的一丝柔和的春风。上千万的人在华沙、在明山、在弗罗茨瓦夫、在卡托维兹和克拉科夫听到了教皇的布道，教皇关于“组织自由工会的权利，是人们生而有之的权利，而不是别人的恩赐”，以及“团结，是大家共同的福祉”的论述，深入人心。特别是教皇会见了瓦文萨，这可为波兰的未来，扶起了一面没有倒下去的旗帜。

二十、教皇会见瓦文萨

梵蒂冈要求在明山，在百万人朝圣时教皇会见瓦文萨，对此，波兰当局坚决反对。但当局不能禁止教皇会见瓦文萨，最后表示了退让，选择了一个各方都同意接受的办法，安排教皇在结束访问之前，在扎科帕内山区休息期间，会见瓦文萨。

大名鼎鼎的瓦文萨，在获得人身自由之后，名义上不担任任何公职，实际上私下里并未停止重整旗鼓的活动。在波兰国内外许多人的心目中，他的头上仍然戴着一顶团结工会主席的桂冠。

瓦文萨从拘留他的政府宾馆回到格但斯克家中，他面临多种选择。是金盆洗手，回造船厂当电工？还是周游全国搞活动？还是加入地下活动的团结工会？他回忆说，他自己思前想后，并同亲朋好友反复商量。结果是决定“在钢丝上跳舞”，形式上返回造船厂当了工人，实际上在家中招兵买马，组织了一个小班子，开始他重整旗鼓的活动。瓦文萨不甘寂寞，他说，他不愿成为团结工会“博物馆中的蜡像”。

瓦文萨同波兰教会保持着密切的联系，他知道教皇访问波兰的计划，并根据梵蒂冈的礼宾要求，于1983年5月14日写信给教皇，请求接见。有了瓦文萨的请求，也就有了圣父的慈爱，于是波兰当局是否同意会见，就成为教皇访问中的棘手问题。梵蒂冈说，教皇的会见是会见一位信徒，是“私人性质”。这只是各方接受的一种说法，实际上无论是教皇、波兰教会，还是波兰当局都一清二楚，瓦文萨绝不是一位普普通通的信徒。为了缩小会见可能引起的轰动效应，当局一方面加强掌控瓦文萨的举动，一方面煞费苦心地做了周密的安排。

瓦文萨焦急地等待觐见教皇的时刻。直到教皇抵达波兰的第二天，格但斯克省警察局局长安哲耶夫斯基将军才打电话通知他，当局同意他去见教皇。

瓦文萨放下话筒，松了一口气。但波兰主教团给他的信息，则是要他安静的在家中等待，这使他刚刚平静下来的心，又躁动不安了。什么时候见，没有确定的日子。在哪儿见，没有确定的地方。

瓦文萨密切关注教皇的行踪，他从电视的荧屏中看到了千百万人走上街头，聚集广场，向圣父欢呼，致敬，接受圣父的赐福，可他却独自一人坐在家中，忍受着焦急等候的折磨。一天过去了，两天过去了，三天过去了，访问开始进入尾声，直到第六天即6月21日下午，格但斯克教区大主教的一位助手，才来到瓦文萨家中，带来了一封信。信中说，圣父将于6月23日9时，在克拉科夫教区的住所“私人会见”瓦文萨和他的家属。瓦文萨一颗七上八下的心终于落地了。

第二天，6月22日，一位神父陪同瓦文萨夫妇和孩子乘坐一辆小面包车，在警车的引领下，到了格但斯克军用机场，然后登上一架军用直升机飞到了华沙。在华沙机场，保安官员交接班，瓦文萨看到了他早已熟悉的政府保安局的军官，并从他们那里接到了不去克拉科夫而去扎科帕内的口头通知。这突如其来的改变会见地点，使瓦文萨和陪同他的神父感到莫明其妙，难于接受。他们提了抗议也无济于事，只好听从保安局军官的摆布了。

直升飞机飞到塔特拉山区，送他们到扎科帕内附近的一个村落的一座别墅过夜。别墅内空荡荡的，除了他们和保安外，别无他人。第二天，是教皇约定会见的日子，早晨起来，艳阳高照，周围静悄悄的，听不到半点声响。瓦文萨一家赶快用过早餐，坐在门厅静等。钟表的指针快速地向9点钟前进，可就不见有人来。瓦文萨急得像热锅上的蚂蚁，保安军官请他少安毋躁。9点钟过去了，快到10点了，瓦文萨一家才坐上小面包车，向扎科帕内方向出发了。小面包车在山间小路转来转去，驶进了风景如画的霍霍沃夫斯卡山谷。只见山谷深处有一栋小楼，瓦文萨一家被安置在这栋小楼二层的房间

教皇约翰·保罗二世会见瓦文萨

里。保安军官又告诉他们要耐心的等候。小楼内也是空荡荡、静悄悄别无他人。

等啊，等啊，瓦文萨强忍着期待的“酷刑”，但关在小小房间里的孩子们可不耐烦了。陪同的神父只好同保安军官交涉，希望能允许孩子们到室外活动活动。瓦文萨同几位保安军官是老熟人，他们闲谈起他辗转政府宾馆当“政府贵宾”的趣事，还有人请他在教皇相片上签名留作纪念。11点45分，气氛徒然紧张起来，保安军官个个进入戒备状态，瓦文萨一家人又被送进小房间里。隔窗可以看到教皇的车队急速驶来。

听到了教皇上楼的脚步声，瓦文萨捧着准备好的礼品，急急忙忙冲出小房间，在楼梯的转弯处，在通向大餐厅的廊道上，他实现了渴望已久的梦想。教皇同他步入大餐厅，开始了“私人性质”的谈话。

“我们谈些什么呢?”教皇边说边做了个习惯的手势，双手向上，好像在说这里的天花板和墙壁将是我们这次谈话的见证人。聪明的瓦文萨立刻明白了教皇的用意，这是告诉他墙壁有耳啊!

瓦文萨和教皇坐在楼梯旁的长椅上，瓦文萨不断地说，教皇耐心地听。瓦文萨感到就好像在自己家里，想说什么就说什么，一点也不拘束。他说了船厂的事、家里的事、朋友的事，还问及圣父两年前遇刺的事。教皇语音平静，回答说，他现在身体状况不比过去差，只不过又老了两岁。瓦文萨知道教皇是为了消除旅途疲劳而来到扎科帕内的，他不敢多占用圣父的休息时间，他把带来的一件工艺品——保罗之舟，作为他一家的礼物献给了教皇。教皇则把念珠赐予瓦文萨一家，人手一份，同时还把他亲笔签名的照片赐予瓦文萨。教皇说:“如果他们不相信你见了教皇，就叫他们看看这个吧。”会见时间长达40分钟，瓦文萨觉得他还有许多没说完的话。

谈话结束后，圣父同瓦文萨的妻子和孩子们亲切地说了几句话，尔后又和瓦文萨一家在一起拍了合影，便一一握手道别。教皇在一位大主教的陪同下走进了另一个房间，准备更衣换靴去林间散步。

离开圣父后，瓦文萨一家在保安军官的陪同下，马不停蹄，立刻乘坐早已为他们准备好的直升飞机，飞离霍霍沃夫斯卡山谷。瓦文萨想回头看看青青高山和绿绿丛林中圣父的身影，但这只是他的愿望而已。保安军官没给他留下片刻的时间和星点的空间。回到格但斯克后，瓦文萨兴高采烈，亲友们欣喜若狂，大家都知道，最为重要的是教皇会见这一事实本身，而不是瓦文萨说了多少话和说了什么话。

二十一、结束“战对状态”

雅鲁泽尔斯基曾向教皇表示，他要争取尽快地取消战时状态，恢复国内生活的正常秩序。送走教皇后，雅鲁泽尔斯基加快了前进的步伐。他决心解散救国军事委员会，还政于党，还政于民。赶在1983年国庆节（7月22日）之前，7月20日，国务委员会根据救国军事委员会的建议，通过了取消战时状态的决议；7月21日，议会通过了大赦令，近1500人从中受益。

从1981年12月13日至1983年7月21日，战时状态持续了585天。在这漫长而艰难的日子里，波兰究竟发生了哪些变化呢？又应该怎样概括这些变化呢？波兰的未来会是什么样子呢？雅鲁泽尔斯基知道，这需要一个说法，需要有所交待。他想想过去，想想现在，他认为，他控制了局势，打了一场漂亮仗，但他明白，还远未获得全部的胜利。他不能把局部的胜利当作全部的胜利。尽管如此，他还是以胜利者的姿态，在7月21日走上了议会的讲坛，发表了关于取消战时状态的讲话。他胸有成竹，振振有词。

“田必先犁而后才有丰收。新生命的诞生总要伴随着叫喊和痛苦。”这是雅鲁泽尔斯基这次讲话中的开场白。雅鲁泽尔斯基期盼经过军管耕耘过的波兰大地会奉献出丰硕的果实，用形象的语言为军管的破与立，做了巧妙的肯定和辩护，进而引申出他的根本判断，战时状态“拯救”了国家，并“为国家复兴创造了条件”。

雅鲁泽尔斯基把战时状态称作一场“战役”，他打赢了这场战役，其战果是“严厉的教训”了两种人，并“筑起和加固了两道坚实的堤坝”。这两种人，一是“掌权者中那些利用工人对事业的忠诚而变得狂妄自大的人”，一是团结工会中“那些以民族和国家为代价，试图倒拨历史时针、推翻社会主义的人”。这两道堤坝，“第一道是反对社会主义敌人的堤坝，第二道是反对那些玷污社会主义理想的人的堤坝”。雅鲁泽尔斯基肯定，这两道堤坝“体现了复兴了的党的思想和行动”。

雅鲁泽尔斯基告诫自己的人，切不可“以轻率的乐观主义”面对未来。他指出：“实行战时状态不是医治我们所有疾病的灵丹妙药，取消战时状态也不会从明天开始就为我们带来什么奇迹。我们通过了危险的急转弯，并不意味我们前面的道路是笔直的、平坦的、安全的。”“对我们来说，最糟糕的时候已经过去。然而，稳定已经达到的水平和争取新的进步，还要求我们必须付出不小的努力。我们面临的仍然是复杂时期。”

雅鲁泽尔斯基告诫对立面的人，绝不允许无政府主义重返波兰。他放狠话说，当局“将坚决制止”那些敢于从事反国家活动的人，“其坚决程度将不亚于战时状态时期。反革命活动的组织者们不应抱有任何幻想”。

对于未来，雅鲁泽尔斯基强调，要走社会主义革新之路。要实现社会生活的民生化，加强各种咨询和协商活动。要复兴工会运动，发展阶级的、独立和自治的工会。要在经济领域进行深刻的改革。他说“这是一条持久的路线”，“改革没有回头路”。

对于波兰经济同外部世界的关系，雅鲁泽尔斯基肯定，“重心”将继续移向社会主义国家的联合行动，因为波兰可以从中获得“真正的，而首先是持久的好处”。雅鲁泽尔斯基谴责“美国现政府”带头反对波兰，说“现在波美关系不好，比历史上任何时候都糟”；说波兰“不感情用事。准备使相互关系正常化，但不能有任何先决条件”。雅鲁泽尔斯基强调，“波兰渴望重新成为国际分工中有充分权利的伙伴。波兰不需要施舍，也不需要奖赏，只需要在平等、互利、守约的原则基础上建立正常的伙伴关系”。

雅鲁泽尔斯基表示他不迷恋权力和职务，救国军事委员会已经完成了任务，他请求议会同意他在庆祝建军40周年节日后交出国防部的领导权。同时他还准备在适当的时候辞去部长会议主席的职务。

在讲话的最后部分，雅鲁泽尔斯基呼吁：“不要在那些需要架设桥梁的地方设置路障。现在我们必须把桥梁架设在持久的和解与复兴爱国运动的桥墩之上。”“在波兰，仇视的目光已经够多了。该是相互伸出手来，和睦生活，把社会主义祖国的繁荣看作是共同的、唯一的和最高的利益的时候了。”

“希望，正在返回波兰。”

雅鲁泽尔斯基结束了他的讲话，在掌声中走下议会讲台。

“希望，正在返回波兰。”听了这句话，人们不由地想起实施战时状态时雅鲁泽尔斯基发表的电视讲话。当时他是以波兰国歌中的“波兰不会灭亡”这句名言，结束讲话的。看来，在雅鲁泽尔斯基的历史意识中，战时状态是始于“波兰不会灭亡”而终于“希望，正在返回波兰”了。他把战时状态的实施和结束，开篇和尾声，前后呼应起来，书写了波兰历史的一个章节。希望！希望！雅鲁泽尔斯基对未来寄于莫大的希望。

雅鲁泽尔斯基走下议会的讲台，他的自我感觉相当良好。他听到的是热烈的掌声，而不是滚滚而来的骂名。他抱着审慎的乐观态度面向未来。然而他也十分清楚，波兰的未来将是十分复杂的。

雅鲁泽尔斯基回到驻地，当夜深人静时他陷入沉思。

他想起他作为救国军事委员会主席收到的拉科夫斯基的致军管当局的第一封信，就是要求释放知识界被拘留的一批知名人士。拉科夫斯基认为，拘留那么多的人，伤害了知识界的精英，这显然不是一般性的错误，而是战略性的错误。应拉科夫斯基的要求，军管当局释放了一部分人。但这在拉科夫斯基眼中，如同在破裂的伤口上贴了一层胶布，只能聊以自慰而已，岂能抚平创伤！后来，在筹组民族复兴爱国运动的过程中，有那么多的“行动自由的艺术家、作家和科学家都不愿意同我们合作”，这又能怪谁呢？

党内搞“横向结构”的一些活动家，还有前任盖莱克一班人马也被拘留了。这样做的目的是要向社会显示军管的公正，不偏不倚，镇压不是单向进行的。但是，这一步骤并未收到预期的效果。成立了国务法庭，也未进行审判。在公众的心目中，你说的是“严厉教训”两种人，你做的却是教训团结工会是真是实，教训其他人是假是虚，摆个样子给大家看看而已。言与行不能统一，本想赢得社会的赞同，反而招致社会的非议。这又能怪谁呢？

团结工会已转入地下。罢工和抗议不见了，社会归于平静，但民心向背的态势并无根本的变化。正像一座活火山，虽然停止了今日的喷发，但炽热的岩浆仍在地表深处翻滚着，积蓄着明日再喷发的力量。脚下还在微微地颤抖，这种感觉又在什么时候曾经消失过呢？

说实施战时状态是波兰自主的决定，结束战时状态也是波兰自主的选择。“真是自主吗？”在群众的心目中打上了问号。如果扪心自问，军管前来自东方的威胁，军管后来自西方的制裁，谁能说这对决策是毫无影响的呢？究竟是“自主”还是“被自主”的呢？

雅鲁泽尔斯基思前想后，反复衡量军管的得失，他得出一个结论：从军事角度看，军管胜利了。但从政治角度看，军管失败了。用枪杆子可以限制人们的行动，但征服不了人心。危险的趋势已经制止，但正常生活尚未恢复，危险的局势远未扭转。

雅鲁泽尔斯基不愿多想了，他知道由他驾驶的这艘波兰巨轮，虽然经过了一场暴风骤雨的洗礼，但前进的航道上仍然存在着数不清的暗礁和险滩。

第五章

剧变前风光平静的年代

（1983—1987）

一、转移了战场

战时状态结束了。波兰统一工人党和团结工会朝野两大势力夺权和反夺权斗争的第一个回合落下了帷幕。

回顾走过的路程，雅鲁泽尔斯基觉察到双方的攻防态势已经发生了阶段性的变化。从1980年8月到1981年12月，是团结工会运动迅猛发展时期。团结工会无视波党提出的和解主张，准备通过全国总罢工夺取政权。这一阶段的特点是“敌攻我防”。

从1981年12月实施战时状态开始，双方的斗争则进入了第二阶段。在这场“谁战胜谁”的生死角斗中，当局动了“外科手术”，赢得了胜利，团结工会被打得落花流水，双方的攻防态势转化为“我进敌退”。

1983年7月，当局宣布结束战时状态，这第二阶段也随之结束了。但团结工会退而不亡，它转入地下，蛰伏冬眠，准备东山再起。双方的攻守态势进入了第三阶段。

这时的波兰各地是相对的平静。再也听不到罢工者的呐喊，维斯瓦河上下，一片寂静无声。雅鲁泽尔斯基分析了这种“平静”，他的判断可归纳为三句话：危险的趋势已经制止，正常的生活尚未恢复，危险的局势远未扭转。他说：“斗争已经不在街道上进行，一般也不在生活的表面，而首先是在生活的深处，在社会意识形态层面中进行着。”也就是说，党同团结工会双方的较量已经转移了战场。

雅鲁泽尔斯基意识到，绝不能为这种表面的平静所迷惑，而要一鼓作气，乘胜追击，扩大战果。生活的经验告诉他，剪草必须除根，不除根必留后患。为了清除团结工会藉以产生的土壤，肃清其思想和影响，削弱其社会基础，雅鲁泽尔斯基认为他必须转移阵地，在争取民心的战场上开辟出两条战线，一要在政治思想领域打赢一场新的战斗；二要在经济领域坚持进行改革，来一个釜底抽薪。他本人要辞去国防部长职务，把主要精力放在政治而不是军事，治党而不是治军的方面，以便领导波兰走好民族和解和体制改革之路。

雅鲁泽尔斯基真想放弃军权激流勇退了吗？不。无论雅鲁泽尔斯基本人，也无论他身边那些手握实权的将军们，他们都认为指挥军队的大权，应该继续留在雅鲁泽尔斯基的手中。结束军管后，军队自然要退居二线，可雅鲁泽尔斯基本人则退中求进，形退实进。他既要继续高踞权力金字塔的尖顶，更要远离“军事独裁者”的骂名。

为了凝聚军心，提高士气，为了给雅鲁泽尔斯基辞去国防部长职务营造出有利的氛围，当局利用1983年维也纳解围战300周年和波军建军40周年的机会，也就是利用波兰军史曾经有过的辉煌，大张旗鼓地举行了各种各样的纪念活动。在这些活动中，雅鲁泽尔斯基处于舞台的中心，唱着主角，好不风光。他头上戴着闪耀荣誉的花环，在一片掌声和欢呼声中，辞去了担任15年（1968年到1983年）之久的国防部部长的职务。同时他被任命为国防委员会主席、战时武装力量最高统帅，继续牢牢地掌握着军权。而国防部长日常工作的职责，则落在他的继任者希维茨基上将的肩上。

在建军节活动中雅鲁泽尔斯基接受少年儿童献花

二、争取民心的努力

不当国防部长的雅鲁泽尔斯基，依然握有第一书记、政府总理、军队统帅的党政军实权。这时的雅鲁泽尔斯基，捍卫和发展社会主义波兰的决心更加坚定了。在他的想象中，被军管耕耘过的土地上必将绽放出灿烂的花朵。为了争取民心，他雄心勃勃，要在政治思想战线上，要在党、工会和统一战线的复兴过程中打几场漂亮的战斗。他认为，第一要务，必须把党建设好。

从实施军管的第一天开始，雅鲁泽尔斯基就考虑过波兰统一工人党的前途和命运，他提出了“党还是原来的党，而非原样的党”

的著名口号，他要在保留党的原有名称的前提下，使党复兴，脱胎换骨，获得新的面貌。

“在波兰，为什么工人阶级的政党会失去工人群众的信任？”他试图回答这个人人困惑和思考的问题，他请党内理论工作者组成了一个专门委员会进行深入研究并提出报告。他主持中央全会通过了党的思想纲领宣言草案《我们的奋斗目标和我们的前进方向》并组织全党展开讨论。他推动召开党的全国理论思想工作会议。他在历次讲话中多次表达了他的认识和看法。

他认为，党同工人阶级的血肉联系，决定着党的力量和地位，而“迄今在波兰发生的所有的社会经济冲突有一个共同的特点，那就是党同工人阶级的政治和思想道德的联系削弱了”。之所以削弱，不能只从客观方面寻找原因，也要从主观方面去寻找原因。在这里，问题的根子就是，党的领导人“在政治和经济方面的唯意志论”，随心所欲。领导人变得“蛮横无理”、“狂妄自大”，既“忽视社会主义建设的普遍规律”，“背离马列主义的普遍原则”，又不能“明智的、创造性的、负责的利用本民族特有的东西”。脱离实际和脱离群众。党的机关和干部“官僚主义僵化”，“只坐在办公桌旁”“自作聪明”地“发号施令”。还有党内纪律松弛，搞宗派活动。不执行党的决议或“断章取义”“有选择地”执行党的决议。党的宣传“肤浅地、口号式地引用马克思主义和经典”，言行不一。“理论与实践之间严重脱节”，“趋向于歌功颂德”。党内生活中“批评和自我批评的观念已经消失”。

雅鲁泽尔斯基要抛弃这一切坏的东面，建设一个仍然名为波兰统一工人党但“又不是原来那样的”党。雅鲁泽尔斯基对“党还是原来的党，而非原样的党”这一口号作出了权威的解释，他说，“‘还是原来的党’，就意味着它是马克思列宁主义的、同工人阶级密切联系的、深深扎根于波兰爱国主义进步传统的党。‘而非原样的党’就意味着它是对时代变化像晴雨表一样敏感的、确定新目标和新任务的、抵制颓废和停滞现象的、摈弃官僚主义的集中制和无政府主义的虚假民主的党。因此，它是按照列宁主义定义实现民主集中制的、对所承担的任务实行集体领导同个人负责相结合的党”。雅鲁泽尔斯基的决心很大，并不断地召开中央全会大力推动。雅鲁泽尔斯基深知，党的状态如何，将决定争取民心的成败。因此他要求，一要“重新阐明马列主义”，“在理论上武装党”，“恢复和增强对社会主义理想的信心”。二要“党的生活机制下移”，到基层中去，到群众中去，推动党的生活民主化。三要做实事，“每天都能创造出某种具体事例，使劳动者相信，这是他们的政权，是他们的制度”。

雅鲁泽尔斯基还对党的领导作用，作出了他的解析。他认为“党的领导，这是我们制度‘原则中的原则’”，必须始终如一的坚持。但如何实现党的领导，则可分解为三个层面，三大作用，即党在国家生活中起领导作用，在社会生活中起引导作用，对工人阶级和人民群众起服务作用。他强调“能赢得真正威信的人，不是那些站着不动高喊‘同志们，冲啊！’而是那些走在前面高喊‘同志们，跟我来！’的人。”各级领导干部要带头做实事，要以身作则，“从我做起”。

雅鲁泽尔斯基一再强调了理论、思想原则的重要作用。有人说“我们今天所缺乏的，与其说是理论、思想体系，莫如说是商品，比如是面包吧。”针对这样一种比较流行的说法，雅鲁泽尔斯基指出，“错了！这里不存在‘这个或那个’的选择。两者都需要”。但“面包不足的原因，其中就有唯意志论和无视思想原则”。在雅鲁泽尔斯基看来，精神对物质的反作用是不可忽视的。一旦失去了思想原则，领导的唯意志论就会造成经济灾难；群众就会受蛊惑煽动的影响而罢工闹事，灾难必将进一步雪上加霜。

雅鲁泽尔斯基认为，要争取民心，还必须有一个能联系和团结广大工人群众的、支持社会主义社会制度的、“阶级的独立自治的工会”。

从实施军管的第一天开始，他就对未来的工会伤透了脑筋。1982年10月颁布了工会法，取缔了团结工会，也解散了被人称之为“御用工会”的原有的工会。现在军管结束了，一个正常的国家怎能没有工会组织哩！要争取人心，不能没有工会。工会法公布后，当局利用手中的行政资源，在工矿企业中推动建设新的基层工会组织，推动建设各行业工会组织。取消军管刚过一个月，也就是1983年8月26日，雅鲁泽尔斯基前往卡托维兹“巴利顿”钢厂，会见了来自全国各地的200多个工矿企业中的工会活动家。雅鲁泽尔斯基称赞这次会见是实施战时状态以来的“第一次工会论坛”。他表示，“政治局和政府将深入分析这次会见的内容和结论”，他强调这次会见的意义，表现“在国家生活的现阶段，把此前所有的工会流派的代表都聚集在一起了，这是走向民族和解道路的象征性的例证”。

雅鲁泽尔斯基积极推动复兴的工会运动，他对工会问题有自己的主张。他认为，从过去“工会运动的扭曲”中，波兰取得了两个反面教训。一个是“限制工会权限，使其听从命令，不让其发表意见，这种做法的恶果，我们已经了解了”。另一个是“赋予工会反社会主义机器的特性，导致生活无政府化，经济瘫痪，国家机制解体，这类做法的恶果，我们也了解了”。他深信，复兴了的工会运动，将是自治的，“不应该是行政部门的延伸”；将是阶级的，“不能是反社会主义的政治集团”。复兴了的工会运动，应该成为“政权的真正伙伴”，成为“敢于讲真话，敢于批评，甚至抗议，但同时也承担责任”的伙伴。应该是“忠于‘要社会主义，不要社会主义的歪曲’这一口号的独立自治工会”。这样的工会，“是社会主义革新最可靠的代言人和保障者”，“是人民国家的不可或缺的稳定器”。

雅鲁泽尔斯基和苗多维奇（右）出席全波工协代表大会

1984年11月24日，波兰各行业工会的代表聚会一堂，成立了全波工会协议会（简称全波工协）。原卡托维兹列宁钢厂的工人阿·苗多维奇当选为全波工协主席。全波工协拥有会员700万人，是新的亲政府的工会组织。11月29日，雅鲁泽尔斯基会见全波工协领导成员，听取了苗多维奇的介绍。雅鲁泽尔斯基极为兴奋，他夙夜匪懈争取工人群众的努力，终于有了好的结果。其后，在一次政治局会议上，他洋洋得意，把苗多维奇同瓦文萨做了个比较，称赞苗多维奇像"喜马拉雅山一样高大"，瓦文萨只不过是一座小小的山包而已。

又两年，波兰复兴工会代表大会在华沙举行。雅鲁泽尔斯基亲临大会表示祝贺。他指出，"我们已经摆脱了深刻的动乱而开始向前迈进"，"有关工会运动模式和状态的基本问题已经得到解决"。复兴的工会运动是"在斗争中诞生的"。"是基于不同意见找到了共同点，是协商与合作极其宝贵的阵地"。"我们已经学会了将不同的意见视为正常的、同发展不可分割的现象，这是我们的巨大成就。这在实质上是新的、更高质量的社会生活和社会主义民主”。雅鲁泽尔斯基呼吁工会要“大力帮助”党“实实在在地克服官僚主义”，因此他建议任命全波工协领导班子的代表担任中央机构普查事务委员会副主席的职务，并表示“如果这位副主席有事要去找中央第一书记，我为他开‘绿灯’。我期待他提出应该如何改善、改革和精简机构的具体建议”。

雅鲁泽尔斯基早已认为，要争取民心，必须有一个能联系和团结各党派、各阶层、和各界人士的统一战线组织。为此，在军管初期，他就下力气推动民族复兴爱国运动，邀请非党人士、天主教右翼作家多布拉钦斯基出山，在军管一周年时，“在人们深受折磨、紧张和不稳定的条件下”，召开了民族复兴爱国运动的第一次代表大会。经过四年多的不懈努力，民族复兴爱国运动向前发展了，1987年5月举行了第二次代表大会。

全波工协会成立了，民族复兴爱国运动发展壮大了，雅鲁泽尔斯基的自我感觉也越来越好了。

三、波别乌什科事件

好不容易，雅鲁泽尔斯基办成了几件事，他本以为他已建立了稳定的前沿阵地，有了推行经济体制改革的较好、较安定的社会环境了，可是天有不测风云，1984年10月19日突然发生了一件震撼波兰的事件——一位年青的神甫波别乌什科被绑架了，失踪了。这一绑架神甫事件使雅鲁泽尔斯基大吃一惊，无比愤怒。他本能地意识到，这是一桩矛头指向他的非同小可的挑衅事件。

波别乌什科神甫，在华沙科斯特科教堂供职。他每月主持弥撒时都批评当局的政策，内务部四局视他为“团结工会的狂热的辩护士”，眼睛一直盯着他，刁难他。10月19日，波别乌什科神甫从外地返回华沙，途经托伦附近，遭到绑架，毒打致死，尸体被丢弃在伏沃茨瓦维克的湖水中。“绑匪”是谁？原来就是长期负责监控波别乌什科神甫的内务部四局的三名警官，其中起主要作用的是格·彼得罗夫斯基处长。

波别乌什科神甫

一石激起千层浪。貌似平静的波兰社会刹时间不再平静了。

雅鲁泽尔斯基反应迅速、果断，他找来内务部长基什查克将军，要求他彻底查清案情。雅鲁泽尔斯基十分担心，事件的不可预测的后果：一旦局势失控，不是引起新的动乱，就是导致波党的改朝换代。

10月26日，波党召开17中全会，基什查克就谋杀神甫事件作了报告。雅鲁泽尔斯基掌控会议，稳住了阵脚。会议公报强调，“社会主义的波兰只能是法治的波兰”，一定要查明事件的真相，严厉惩处肇事者。中央还授权政治局扩大对安全部门的监督。11月6日，政治局决定，由雅鲁泽尔斯基亲自掌管对内务部的监督权。1985年5月4日，原主管安全事务的政治局委员和中央书记米莱夫斯基被撤销职务。

雅鲁泽尔斯基、基什查克和拉科夫斯基等人都认为，这起谋杀神甫案是一次有预谋的挑衅行动，肇事者希望事态发展的进程导致推翻雅鲁泽尔斯基一班人马，进而改变其政治路线。基什查克告诉拉科夫斯基，他认为，在三名警官的背后，“肯定有人指使，谋杀只是一场戏的开端”。他描绘这场戏的脚本可能是：在中央全会上有几个人作强硬的发言，指责领导不能驾驭形势，然后某个人走上主席台要求休会，让大家考虑有无必要进行人事变动。基什查科还告诉说，彼得罗夫斯基供认，他们杀害神甫后，他从仓库中取出四副手铐，藏了起来。“怪事，那是为谁准备的呢?”基什查科自问自答说:“一副是给雅鲁泽尔斯基准备的，一副是给我的。此外还给谁准备了呢? 不知道。”拉科夫斯基认为，谋杀神甫是某种“腰斩”雅鲁泽尔斯基政策的阴谋，它表明了党内保守势力的能量。党内保守势力一直把雅鲁泽尔斯基坚持的政策“看作是会给现实社会主义体制带来危险的政策。在波兰这样一个天主教盛行的国家，难道还有比杀害一个神甫来拦腰斩断这一政策更好的办法吗?!”

如果说1983年，特别是1984年，大规模的抗议活动已经消失，处于地下的团结工会开始丧失了活力，那么谋杀神甫事件却为团结工会的复苏创造了一个大好的机会。

获悉神甫被绑架的消息后，瓦文萨于第二天就前往华沙，同他的顾问们商讨对策，安排好他同团结工会临时协调委员会会见的时间和地点。10月22日，会见在格但斯克附近如期举行。会见后，发表了团结工会主席和团结工会临时协调委员会共同声明。瓦文萨他们对发生绑架事件表示震惊，希望波别乌什科神甫能“幸运地回来”。他们认为，自军管以来“这不是孤立的事件”，而是把“对个人的恐怖和讹诈作为政治斗争的手段”，“当局应对因之而产生的一切后果负责”。

两天后，波别乌什科的下落仍不明朗，在格但斯克圣·布里吉达教堂，一位神甫将瓦文萨请上讲坛发表讲话。在这次讲话中，瓦文萨主张“我们要走渐进的道路，安全的、和平的渐进道路”，“要找到安全的、基督教式的、对我们没有任何损失的解决办法”。他要求大家“在一周之内，不要受挑唆。以后怎么办，走着瞧”。这是瓦文萨第一次在教堂手持麦克风发表的讲话。看来他似乎胸有成竹，似乎此前他已同教会方面进行了沟通，他的背后不乏高人的指点。

当得知波别乌什科已惨遭杀害后，瓦文萨于10月30日，以个人的名义发表了声明。这份声明是由科诺布卡为他起草的。瓦文萨认为，社会在期待他的声音，他应在关键时刻指明“思考和行动的方向”。在这份声明中，瓦文萨指出，杀害的不仅是一个人，而是杀害了“波兰政治生活中可以避免暴力的希望”。瓦文萨提出了两大呼吁，首先他呼吁当局、团结工会活动家及团结工会临时协调委员会展开有波兰主教团参加的对话。他请求教皇设法推动对话。他希望波别乌什科的墓地不仅成为埋葬彼此指控的场所，而且成为开始对话的场所。其次他呼吁波兰社会、劳动者和青年要证明自己的良好意愿，让整个波兰笼罩在治丧的安静之中，让这种安静为开始对话创造条件，让我们所有人在葬礼时相逢。瓦文萨最后说“对话一定会战胜暴力，善良一定会战胜邪恶。对话比任何人的雄心壮志包括我个人的都更重要”，因此，他“不计较个人的进退得失”。

瓦文萨的这一声明，高高举起了对话的旗帜，受到主教团的重视和称赞。当瓦文萨准备参加神甫的葬礼赶到华沙后，主教团新闻办主任向他表示祝贺，夸奖他发表的声明，说他“非常英明，政治上非常成熟了”。

波别乌什科神甫的葬礼，由教会策划、组织，安排在11月3日。当天，来自波兰全国各地的代表团人山人海，挤满了教堂内外以及附近的街道。多少人爬到了树上，多少人登上了屋顶。数不尽的团结工会的旗帜像浪潮一样此起彼伏。这情景使瓦文萨感受到了信仰的巨大力量。

参加波别乌什科葬礼的群众

首席大主教格莱姆普请瓦文萨以团结工会的名义发表讲话。瓦文萨回忆说，他走到麦克风前，仿佛看到了被军管狂风大浪淹没了的波兰重新浮出了海面，这是他心目中的真正的波兰，是信奉上帝、渴望自由和民族本性的波兰。他激动万分，讲了些原本拟好的讲话稿中没有的话。

瓦文萨的讲话一再被掌声打断。瓦文萨表示，“我们任何时候也不屈服于暴力。我们要用真相回答谎言，用善良回答邪恶”。波别乌什科神甫“为之献出生命的团结工会，还活在世上”。

参加葬礼后，瓦文萨信心十足。他相信，“团结，必将给波兰带来希望，带来面包和自由的希望”。

被谋杀的波别乌什科神甫，在紧张而平和的气氛中安息在华沙市内科斯特科教堂的庭院。杀人弃尸的“绑匪”被严厉地绳之以法。在处理这一事件中，雅鲁泽尔斯基态度明确，行动迅速，主教团老谋深算，没火上浇油，瓦文萨也没借题发挥。一场新的动乱得以避免。但谁都知道，神甫的葬礼显示出团结工会不可否定的存在和力量。三年来雅鲁泽尔斯基争取民心的努力险些前功尽弃，丧失殆尽。雅鲁泽尔斯基衡量得失，他痛楚地感到“这是一场大灾难”，“我们失分95%，得分只有5%”。

四、重返国际舞台（1）

军管期间，波兰国际环境严重恶化，在国际舞台上的活动空间几乎是只限于华约和经互会国家之间。为了冲破西方制裁的栅栏，恢复波兰在国际社会中的地位和形象，雅鲁泽尔斯基和他的谋士们煞费苦心，捕捉时机，寻求突破。雅鲁泽尔斯基走了两步棋。第一步，做好苏联和“大家庭”各国的工作，第二步，进而改善同西方国家的关系。

军管初期，1982年3月1日，雅鲁泽尔斯基匆匆忙忙前往莫斯科。如果说前几个月雅鲁泽尔斯基总感到去莫斯科是“听训斥”，那么这一次他却有了与前不同的另一种感觉了。在莫斯科机场，他受到了苏共总书记勃列日涅夫的亲自欢迎。

在会谈桌上，他听到了苏共领导对波兰实施战时状态的赞许。苏共领导表示，理解他的决定，声明支持他的行动，并将“不遗余

勃列日涅夫（右2）迎接雅鲁泽尔斯基（左1）

力地巩固和发展苏联和波兰、苏共和波党、苏联人民和波兰人民之间的兄弟友好合作”。勃列日涅夫比以往任何时候都更慷慨，愿意帮助雅鲁泽尔斯基渡过难关。是年6月16日，雅鲁泽尔斯基又前往克里米亚，同勃列日涅夫会见。此后不到半年，勃列日涅夫11月10日逝世。雅鲁泽尔斯基于11月15日参加了勃列日涅夫的葬礼。

雅鲁泽尔斯基同新任苏共中央总书记安德罗波夫，曾有过多次接触。在彼得哥什事件后，他同卡尼亚一起前往布列斯特秘密会晤安德罗波夫的情景，记忆犹新。安德罗波夫是所谓的“波兰俱乐部”的成员，他的态度比较温和，比较理解波兰问题的特殊性，给雅鲁泽尔斯基留下了很深的印象。安德罗波夫担任总书记后，1982年12月，他会见了前来访问的雅鲁泽尔斯基。正式会谈后他同雅鲁泽尔斯基两个人在一起交谈。安德罗波夫说，“在苏联有些人不理解波兰现象。贝鲁特照搬苏联模式。看来，是我们苏联把你们弄成今天这个样子啊！”安德罗波夫的坦诚，使雅鲁泽尔斯基十分感动。他心中暗暗庆幸，但愿苏共领导能改变对波兰的看法。

这次交谈后不久，1983年1月10日雅鲁泽尔斯基收到了安德罗波夫签署的苏共来信。信的篇幅很长，表述了苏共对波兰形势的看

安德罗波夫会见雅鲁泽尔斯基

法，提出了一大堆的意见。除了批评波兰的政策外，还谈到了波兰的人事问题，说“某些同志”如何如何。看了这样的信，雅鲁泽尔斯基意识到苏共领导层对波兰的态度并未因安德罗波夫上台而有一丝一毫的变化。

安德罗波夫执政只一年零两个月就因病逝世。他的继任者契尔年科上任后，于1984年12月13日，也就是波兰实施军管三周年的日子，写信给雅鲁泽尔斯基，对波兰形势和政策“开诚布公地”说了他的意见。这封信同一年前安德罗波夫的信真是青出于蓝而胜于蓝，苏共领导层对波兰的忧虑和不满跃然纸上。

契尔年科指出，波兰局势“稳定进程的势头已被削弱。争取一部分工人阶级信任的工作拖延了；教会的地位增强了，它参与政治生活的野心越来越大；反革命分子活跃起来；青年和知识界的消极情绪有增无减。你们努力争取形势好转，可是至今不见转机。”

契尔年科批评波党的政策缺少“阶级的眼光”，他说，“让我们以你们的‘斗争与和解’的口号为例吧，这个口号本身并不令人反感，然而令人遗憾的是，你们把重点放在这个口号的第二部分，偏重于和解。这就产生了问题：应该同谁和解？同追逐私利的那些人吗？同小资产阶级分子吗？同试图使社会全盘教权化的教会吗？同那些把资产阶级复辟视为国家前途的亲西方的知识分子吗？你们说不会同反社会主义的人和解，可事实是反对社会主义的不是个别人。建立以社会主义为基础的和解，这是不可能的，这就意味着你们必定要向那些试图削弱波兰现行制度的人做出让步。”

契尔年科对波兰教会的活跃表示不安和气愤。他认为，波兰教会势力在加强，“对一切敌对势力都给予支持和帮助”，“没有遇到任何认真的抵制”。波兰教会“公开地向社会主义的国家挑战，组织骚乱活动，实实在在地扶植反革命大军，为颠覆现行制度准备政治和精神土壤”。

契尔年科呼吁波兰，要抵制重新抬头的反社会主义势力和日益活跃的教会势力。

契尔年科希望波兰，要“依靠”“好同志”，反对“党内的修正主义倾向及其代表人物”。

契尔年科的这些话，勾起了雅鲁泽尔斯基的回忆。波兰的历史已经跨过了军管阶段，可契尔年科讲的话同三年前勃列日涅夫讲的话又多么相似！至于所谓的好同志，是谁？修正主义的代表人物，是谁？雅鲁泽尔斯基心中不仅有数，而且有自己的想法和看法。真正的好同志可不是契尔年科眼中的那些人啊！

1985年3月，苏联又改朝换代。契尔年科病故，戈尔巴乔夫继任苏共中央总书记。戈尔巴乔夫会见了出席契尔年科葬礼的雅鲁泽尔斯基。

1985年4月26日，是华沙条约成立30周年。华约国家党政最高领导人云集华沙，雅鲁泽尔斯基把这次高层会晤，视为提高波兰在华约中的地位和作用的良好时机，他要尽地主之谊，安排周到得体，但他感到力不从心的是，他无力营造出30年前那种社会上热烈支持的氛围。

30年前，雅鲁泽尔斯基还是年轻的上校军官的时候，他感受过华约成立时群众的喜悦。成千上万的群众拥向胜利广场，举行庆祝集会，欢呼的口号声此起彼伏，响遏行云，表达了社会上对波苏同盟和成立华约的热烈支持。可今天，当华约各国领导人莅临华沙的时候，街头的景象又是什么样子呢？听不见群众的欢呼，看见的则是军警林立，戒备森严。

这次华约各国领导人高层会晤的重要成果是，他们一致同意把华沙条约的有效期延长30年，会议的目的达到了，可波兰社会上的反应却今非昔比。尽管如此，雅鲁泽尔斯基也另有收获。苏共新领导人戈尔巴乔夫在高层会晤后特地在华沙停留一天，雅鲁泽尔斯基同他举行会晤。两个人谈得比较深，涉及双边关系中一些敏感问题。他们决定要加强全面友好与合作，密切领导人之间的接触，发展社会、科学和文化各方面的联系。戈尔巴乔夫理解和支持雅鲁泽

出席华沙会议的华约各国领导人合影。从左向右：齐奥塞斯库（罗）、卡达尔（匈）、戈尔巴乔夫（苏）、雅鲁泽尔斯基（波）、日夫科夫（保）、昂纳克（民德）和胡萨克（捷）。

尔斯基。雅鲁泽尔斯基感到戈尔巴乔夫对波兰的态度有别于他的几位前任。

五、重返国际舞台（2）

实施军管的最初日子，雅鲁泽尔斯基派出了几位副总理，分赴华沙条约成员国首都，向兄弟国家通报波兰形势和政策，争取理解和支持。他环顾周边各国，在华约成员国中，只有匈牙利的卡达尔曾明确表示理解他，支持他。其余的捷克和民主德国，保加利亚和罗马尼亚，他们对波兰实施战时状态虽然都表示赞同，但他们对波兰当局执行的政策都有这样或那样的保留。他们认为波兰当局的政策过分追求和解，太软弱无力了，是机会主义的表现。雅鲁泽尔斯基认为，只要国内形势允许，他必须亲自出马，同华约各国的领导人深入沟通。在首先访问苏联会见勃列日涅夫之后，1982年3月至5月，他先后访问了民主德国、捷克斯洛伐克、匈牙利、罗马尼亚、保加利亚等国。此后几年，雅鲁泽尔斯基又多次访问这些国家。

雅鲁泽尔斯基曾派副总理拉科夫斯基赴古巴通报情况。拉科夫斯基从哈瓦那带回来的信息使雅鲁泽尔斯基无比兴奋。拉科夫斯基汇报说，菲德尔·卡斯特罗同他谈了七个小时，这位传奇式的古巴领导人讲的最后的一句话是："请你转告雅鲁泽尔斯基，是他使世界避免了第三次世界大战"。听了拉科夫斯基的汇报，雅鲁泽尔斯基感慨万分，他常讲波兰军管对欧洲和平的贡献，现在卡斯特罗把波兰军管的作用又拔高了一大截，雅鲁泽尔斯基觉得，他在遥远的加勒比海那里找到了知音。

1985年9月20日，雅鲁泽尔斯基开始正式访问古巴，菲德尔·卡斯特罗亲自到机场欢迎。两位政治家一身戎装，威风凛凛。俩人热烈握手拥抱，犹如久别重逢的同一战壕的战友。雅鲁泽尔斯

雅鲁泽尔斯基和卡斯特罗在哈瓦那国际机场

基在古巴逗留了4天，为他前往纽约出席联合国大会作好了准备。雅鲁泽尔斯基十分高兴，他走到了那个动不动就挥舞着制裁大棒的美国门前，他同卡斯特罗共同决定，将密切波兰和古巴在国际舞台上的合作。

六、重返国际舞台（3）

结束军管后，在波兰国内形势略有好转之时，波兰同西方国家关系也出现了松动的迹象。为摆脱波兰在国际舞台上的孤立状态，雅鲁泽尔斯基和他的班底努力工作，不遗余力。

1985年3月，联邦德国外长根舍，从芬兰前往保加利亚，特地路过华沙，停留了几个小时。期间，波兰外长同他会谈，雅鲁泽尔斯基同他会见。副总理出席在部长会议大厦为他举行的晚宴。

说起根舍的顺路停留，雅鲁泽尔斯基自然而然地想起年前有关根舍正式访问事，那是波兰与联邦德国之间的一场外交接触。根舍原定于1984年正式访波，但因他提出了波方难于接受的安排而未能成行。当时联邦德国方面，提出了两个要求，第一，在联邦德国驻波大使举行的宴会上，安排根舍同瓦文萨等人会见。波方坚决不同意这种做法，并表示，如果德方这样做，波方政府官员将退席以示抗议。第二，安排根舍向二战“德国国防军”墓献花圈。这引起双方的争议，雅鲁泽尔斯基坚决反对这一要求。

1985年5月，意大利总理克拉克西前往莫斯科路过华沙。也是利用顺路停留的机会，雅鲁泽尔斯基同克拉克西会谈了两个小时。两个人围绕波兰当局重又逮捕米赫尼克一事，反反复复地谈了差不多一个小时。

在这些会谈、会见和礼宾安排中，波方反对干涉内政，坚持了原则。雅鲁泽尔斯基常常把有关会谈的情况趁热打铁地告诉了拉科夫斯基，后者从中得出一个看法，“只要国内矛盾之症结还未解开，尤其是团结工会的合法性不予恢复和反对派未被看成是国内政治生活中的一个持久因素，那么即使奉行最好的外交政策，也没有可能获得巨大的成功”。拉科夫斯基的看法虽然有一定的道理，但波兰在西方政治家的要求下能做出让步吗？又怎样去让步呢？如果不让步，波兰又能坚持多久呢？

1985年11月，波兰顺利地进行了议会的换届大选。11月6日，雅鲁泽尔斯基辞去了部长会议主席（即政府总理）的职务，当选为国务委员会主席（即国家元首）。作为国务委员会主席，他的第一个重大的外交活动就是从侧门走进了法国。

1985年11月和12月之交，雅鲁泽尔斯基正式访问利比亚、阿尔及利亚和突尼斯非洲三国。期间，12月4日，途经法国，在巴黎停留，会见了法国总统密特朗。这次会见，虽然是“从侧门进入法国总统府”，可毕竟是波兰外交的一件大事，是波兰摆脱国际孤立的成功之举。会见时，雅鲁泽尔斯基首先向密特朗介绍了波兰形势，他强调，最重要之点就是波兰自己找到了自己的、自主的解决办法。

密特朗（右1）会见雅鲁泽尔斯基（左1）

密特朗对雅鲁泽尔斯基的分析和看法表示理解，他承认波兰已开始平静下来，希望波兰采取几个象征性步骤来显示诚意，譬如搞活同教会的对话，想办法使工会活动自由。密特朗表示，“我们愿意行动起来，请告诉我们，怎样做才能帮助你们”。听到密特朗说的这些话，雅鲁泽尔斯基很感动。在西方国家元首中，密特朗是第一位对雅鲁泽尔斯基表示理解和帮助的人。

1985年12月7日，联邦德国社民党主席、社会党国际三大支柱之一、联邦德国前总理勃兰特来到了华沙。

15年前这一天，也就是1970年12月7日，勃兰特作为联邦德国总理访问波兰，书写了波兰和联邦德国关系史的新篇章。当时他在华沙做了两件事，一是同波兰总理西伦凯维兹签订了《波兰和联邦德国关系正常化基础条约》，二是向犹太人起义英雄纪念碑献花圈，并出人意外地跪拜谢罪。

勃兰特，1970年12月7日。碑前一跪泯千仇！

如果说这第一件事，勃兰特代表联邦德国从法律层面上承认了波兰西部边界，从而平息和解决了两国争吵25年之久的领土争端，那么这第二件事，则从道义层面上抚平了波兰人被德国法西斯暴行伤害了的心灵。碑前一跪泯千仇！勃兰特代表联邦德国真诚而勇敢的举动，化解了仇恨的坚冰，感动了波兰人民，轰动了欧洲和世界。在如何正确对待本国本民族对外侵略罪行的历史问题上，勃兰特为世界各国政要，特别是为二战战败国政要，树立了一个榜样。

对这样一位为波德友好做出了历史性贡献、在欧洲政坛有着巨大影响的政治家前来华沙，出席波兰联邦德国条约签订15周年的纪念活动，雅鲁泽尔斯基十分重视，他亲自出面接待，两个人围绕欧洲和波兰局势等话题进行了亲切的交谈。

1986年后，波兰同西方国家关系开始逐步缓和，但西方国家并未完全放弃向波兰当局施压的做法。为了实现关系正常化，波兰忍气吞声，不得不做出让步，不得不容忍西方国家一些领导人访波时干涉内政的行动。这些来访者，在正式日程外，还特地安排所谓的非正式活动。这些非正式活动的政治倾向十分明显，包括（一）会见瓦文萨，（二）邀请团结工会领导人和反对派人士出席使馆举行的正式招待会，（三）向被害神甫波别乌什科墓献花圈。这三项活动几乎成为西方来访者的必修课，成为西方国家压波兰当局向团结工会让步的新方式。波兰虽然表示反对，但也无可奈何。雅鲁泽尔斯基反复衡量利弊得失，也只好吞下这颗酸涩的苦果。

七、跨过了两个门槛

生活正常化的脚步蹒跚地行进着，尽管不像设想得那般快，那般稳健，但还是不断地向前，登上了一个又一个具有坐标意义的制高点。特别是如期地举行了议会大选和党的第十次代表大会，办好了这两件大事，标志着党和国家生活中异常困难的时期已经结束了。

1985年11月，波兰议会顺利地进行了换届选举，参加投票的人数占有权投票的选民78%。这样的结果使雅鲁泽尔斯基感到高兴和满意，他认为几年来争取民心的努力没有白费，终于有了一个好的结果。他认为，选举运动表明，国内形势有了明显的好转，军管后的过渡阶段已经过去，政治生活正常化已经开始；党的活力不断增强，民族复兴爱国运动的作用得到显现，极端派“尽管一时甚嚣尘上，但它的力量越来越弱了”。他庆幸“我们又跨过了一个门槛”。

雅鲁泽尔斯基辞去国防部长职务的时候，就曾设想在条件成熟时再辞去政府总理的职务。新的一届议会诞生了，他认为这正是他辞去总理职务的最好时机。1985年11月6日，雅鲁泽尔斯基当选为国务委员会主席（即国家元首），辞去了政府总理职务。他最终结束了舆论一再指责的所谓的“将军执政”。他要把国家领导工作的重点，从政府转移到党，把总理的担子压在梅斯内尔教授的肩膀上。

梅斯内尔教授原本是克拉科夫经济学院院长，1980年12月任波党卡托维兹省委第一书记。波党九大时当选为政治局委员。1983年出任副总理，起过第一副总理的作用。

怎样搭好新的政府班子，雅鲁泽尔斯基费了一番心思。

想当初他出任总理时，他曾邀请拉科夫斯基担任副总理，现在他不再担任总理了，拉科夫斯基怎样安排？他知道拉科夫斯基的秉性高傲，很难同梅斯内尔共事，他也知道拉科夫斯基主张激进的改革，招来了国内外众多的非议，他决定利用新政府搭班子的机会，调动拉科夫斯基的工作，让拉科夫斯基让出副总理的职务，去担任议会副议长。他找拉科夫斯基谈话，讲了他的考虑，强调这样的安排无损他们之间的稳固的友谊，他们俩是同进共退了。拉科夫斯基有些恋栈，但经过一天的考虑后，还是接受了雅鲁泽尔斯基的建议，同意由波党议员团提名推荐他出任副议长。

拉科夫斯基未进入梅斯内尔政府，这件事引起政界的轰动。有人说，雅鲁泽尔斯基用尽了拉科夫斯基的才能，“拉科夫斯基已经做了他该做的事，可以走人了”。飞鸟尽，良弓藏，狡兔死，走狗烹。还有人说这是保守势力的抬头。各种说法，莫衷一是。其实，古往今来人事的沉浮，皆事出有因，本是常见的事，又何须大惊小怪哩！但拉科夫斯基内心深处，确有些出师未捷身先死的丝丝的悲凉，特别是他认为，梅斯内尔“不会促进经济改革和国家政治体制改革。梅斯内尔领导的政府虽然宣称重视改革，但政府组成人员中保守势力比改革势力更强大”。“梅斯内尔政府肯定不是体制改革的火车头”。拉科夫斯基叹息，在改革本应“加速前进”的时候，他本人反而英雄无用武之地了，国家反而“进入了一个白白浪费岁月的时期”。但一些日子过后，拉科夫斯基又振作起精神，他要在副议长的岗位上发挥他的作用。他领导的议会社会经济委员会，常对政府提出的立法草案提出“强烈的批评性的意见”，他和一些议员在一起，决心“不当政府的温顺的小绵羊”。

继议会大选之后，1986年6月，波兰统一工人党举行了第十次代表大会。这次代表大会的成功，标志着波兰政治生活的正常化已经实现，社会的相对稳定达到了顶点。雅鲁泽尔斯基代表党中央在大会上作了题为《党在波兰人民共和国社会主义的发展和加强方面的任务》的纲领性的报告。

雅鲁泽尔斯基走上了代表大会的讲台，环顾全场，感慨万分。从1981年党的特别第九次代表大会到今天，整整过去了五年。这五年，是无比漫长的岁月，他做出了人生最为痛苦的选择，殚精竭虑，从黑夜走到了黎明。这5年，他和全党有着“紧张的经历”，付出了“巨大的努力”，才取得今天的“业绩”。他不能停下脚步，他要继续前进，他坚信“只有社会主义才能指明前进的道路”。

雅鲁泽尔斯基的报告洋洋洒洒，长达六万言。他继续高举九大的协商和斗争、社会主义革新路线的旗帜，全面阐述了为了发展和加强社会主义，党在政治、经济、社会生活各个领域的方针政策和将要采取的重大措施。

团结工会兴起之前，波兰统一工人党拥有300多万党员。团结工会兴起后，近100万党员参加了团结工会，还有成千上万的党员退党。党员人数不断减少，这种趋势直到第十次代表大会前夕才告终止。召开第十次代表大会时，党已拥有党员212.6万人。雅鲁泽尔斯基赞叹，多少新人走上了党政各级领导的岗位！

雅鲁泽尔斯基要建设好“原来的，而非原样的党”，在历次中央全会他都强调党风的重要性，在这次代表大会的讲台上，他再次要求从中央到地方党的各级领导干部，提高党性修养，以身作则。他总结历史的经验教训，告诫说，曾经犯过的错误，就是因为有一部分干部“被权力冲昏了头脑”，“狂妄自大，为所欲为”。他说，新人不能走老路。“新人并不意味着会自然而然地按新的办法办事，在新人身上也能发现老的做法”。“美好不会自动地排除邪恶。对根深蒂固的陋习，批判不等于克服”。他提出“职位越高，越要严格要求”。上梁正下梁直，上梁不正下梁歪，这是千真万确的道理。他说，“有什么样的上级，就会有什么样的下级。水平低的人，不会提拔水平高的人。不敢冒风险的人，不会请来勇敢者。对陈规旧习津津乐道的人，不会去鼓励革新者”。他曾多次反复阐明民主与纪律的关系，他认为，不能“对自己讲民主，对他人讲纪律”，“没有民主的纪律是专制独裁，没有纪律的民主则是无政府主义。无论前者与后者，都是严重背离社会主义原则的，是社会生活的退化”。领导者要学会正确地发扬民主，不能一意孤行；被领导者要学会正确地运用民主，不能搞无政府主义。在代表大会上，他大声疾呼，“大家都必须学习民主”。

雅鲁泽尔斯基讲了许多道理，听到了不少的热烈掌声，他为第十次代表大会留下了鲜明的雅鲁泽尔斯基烙印。在人事安排上，他平衡左右，固本扶正，削弱两翼。原政治局中表现极端保守和极端自由的政治局委员，未再进入新选的政治局。与此同时，有三位将军由原政治局候补委员晋升为政治局委员。其中一位将军分工掌管组织工作，成为党内实际上的第二号人物。军管后新成立的工会组织——全波工协主席跃升为政治局委员。

通过这次代表大会，雅鲁泽尔斯基巩固了他在党内的地位。他庆幸，在生活正常化的征途上，又跨过了一个门槛。

八、有了共同语言

波兰国内局势一步步地实现了正常化。雅鲁泽尔斯基在“大家庭”中的地位也悄然发生了变化。在结束了“老年政治”的苏共领导尤其是戈尔巴乔夫的心目中，波兰是社会主义进入普遍危机时期的第一个国家，而雅鲁泽尔斯基则成为社会主义改革的先行者。戈尔巴乔夫认为，他作为苏共总书记所面临的困窘，同雅鲁泽尔斯基一心要破解的难题，几乎是一模一样，只是在深度和广度上因两个国家大小不同而不同。戈尔巴乔夫主张新思维，他和雅鲁泽尔斯基两人有共同语言，他们对改革的看法在原则上是相似的。两个人在一起无所不谈，无拘无束，戈尔巴乔夫高兴地说，“他们俩每见面一次，彼此就靠近了一步”。

1986年2月24日，雅鲁泽尔斯基率代表团出席苏共第27次代表大会，戈尔巴乔夫的报告使他深受鼓舞，他同戈尔巴乔夫单独会见，他们俩商定，要相互支持各自国内的民主化进程。

1986年6月28日，戈尔巴乔夫率苏共代表团出席波党第十次代表大会，表示了对雅鲁泽尔斯基和波党改革派的支持。

戈尔巴乔夫（左2）向波党十大赠送礼品

雅鲁泽尔斯基在波党十大的报告中，明确地把“波党九大制定的、正在贯彻执行的社会主义革新路线”同戈尔巴乔夫“大胆开辟的道路”联系在一起。戈尔巴乔夫认为，当时波苏所面临的形势，基本上大同小异，相差不多，但从改革的角度去看，“波兰明显地走到了苏联的前面”，波兰的做法有助于他推广他的“新思维”。在他的授意下，苏共决定翻译出版雅鲁泽尔斯基的报告，一次印30万册，在苏联发行。在大会期间，雅鲁泽尔斯基多次同戈尔巴乔夫交谈，涉及波苏之间存在的恩恩怨怨，雅鲁泽尔斯基主动地提出，波苏应签署一项思想、科学、文化领域合作宣言的倡议，以彻底消除两国关系中的“历史空白点”。戈尔巴乔夫表示了赞同。

1987年4月21日，雅鲁泽尔斯基赴苏，他同戈尔巴乔夫签署了《波苏在意识形态、科学和文化领域合作宣言》（简称《宣言》），表明了双方解决“历史空白点”的决心和意愿。

雅鲁泽尔斯基和戈尔巴乔夫两人都在思考一个问题，为什么波兰每当发生危机之时，社会上就掀起一波又一波的反苏浪潮？他们在一起回顾历史的经验教训，达成了共识，强调说“历史不应成为意识形态投机的对象和煽动民族主义狂热的口实”。他们认为“在两国关系的历史中，所有的事件，包括悲剧事件在内，都应得到……客观准确的解释，而不能存在任何‘空白点’，不能给子孙后代留下悬而未决的问题”。为了落实《宣言》，他们决定成立波苏历史学家联合委员会，着手研究和解决卡廷事件等疑难问题。

雅鲁泽尔斯基这次访苏富有成果，他终于撬开了波苏关系历史禁区的闸门。多少年来，为了澄清卡廷悲剧的真相，波兰人经历了多少坎坷，付出了多少努力，现在终于看到了一线的曙光。雅鲁泽尔斯基感到前所未有的欣慰，也相当乐观地回到了波兰。

然而，客观现实和主观愿望之间总是存在着不可预知的距离。《宣言》签署了，委员会成立了，但委员会的工作却踟蹰不前。波方委员急似星火，苏方委员若无其事。波方努力攻坚，苏方疲于应付。显然，戈尔巴乔夫虽然表示了良好的意愿，但苏方并未准备好妥善处理卡廷事件的方案。

1988年7月11日至14日，戈尔巴乔夫访问波兰。波兰人期待他在议会发表讲话时能对卡廷事件表明态度，但波兰人失望了。戈尔巴乔夫讲了许多动听的话，对卡廷悲剧则讳莫如深，避而不提。戈尔巴乔夫在华沙王宫会见了波兰知识界人士，波兰人直截了当地提出了问题：勃列日涅夫主义是否还适用，波兰有多少主权？对此戈尔巴乔夫笑而不答。尽管如此，戈尔巴乔夫的访问还是受到了波兰人的欢迎。他支持了雅鲁泽尔斯基和波党内改革派，表示他愿同雅鲁泽尔斯基一道寻求改革的道路，强调说“我们必须共同探索对社会主义观念全新的、更开阔的、更现代的解释”。

雅鲁泽尔斯基（中）同戈尔巴乔夫及其夫人赖莎在一起

1989年4月17日和27日，雅鲁泽尔斯基接连两次去莫斯科会见戈尔巴乔夫，通报波兰局势，谋求理解和支持。这时的波兰，刚刚举行过圆桌会议，团结工会重新登记合法，波兰统一工人党和团结工会两大势力的攻守态势正在发生新的变化，雅鲁泽尔斯基的治国理念和实践正在面临着严峻的挑战。人们可以预感到，一场狂风暴雨就要来临了。这时的雅鲁泽尔斯基多么希望在卡廷问题上有所突破，争取为波党手中多掌握一张可以压倒竞争对手——团结工会的王牌。他同戈尔巴乔夫会谈时一再抱怨，澄清“空白点”问题“至今还不见眉目”。他催促戈尔巴乔夫再加一把劲，时不我待啊！从言谈话语中，戈尔巴乔夫感到了雅鲁泽尔斯基的伤心和急切。戈尔巴乔夫允诺，他要推动有关部门去办理此事。

戈尔巴乔夫想了解为什么召开圆桌会议，同反对派进行谈判的情景究竟如何？雅鲁泽尔斯基告诉说，之所以同反对派谈判，一是从策略上考量，“要回应社会舆论的要求，让团结工会登记，以达到停止罢工的目的”。二是从战略上考量，“要保持我们制度的稳定性，加强党作为改革的发动机和民族和解的带头人的地位”。而“要落实政治多元化思想，就必须以党的革新为前提，这样才能在新条件下发挥领导作用”。雅鲁泽尔斯基说，之所以能够同反对派进行谈判，是因为“团结工会也不是从前那个样子了。现在团结工会的核心是以瓦文萨为首的多数派。这就有可能达成协议，共同与极端分子进行斗争”。雅鲁泽尔斯基认为，“并不是人人都是社会主义的敌人。许多人反对过去所使用的方法，但赞成发展模式的改变”。“我们主要的教训是：违背人民的情绪和意志，只能够得逞于一时”而不能久远，“某个时期使用军事方法，自有其道理，但长此以往是不行的”。

雅鲁泽尔斯基和戈尔巴乔夫有许多的共同语言，相互交流也比较深入。戈尔巴乔夫说，“苏共还没有做好在民主条件下工作的准备”。雅鲁泽尔斯基说，“可惜，波党内多数党务工作者都缺乏主动精神。战时状态拯救了国家是必要的，但它对党也有副作用，它成了一种特殊的保护伞，有的同志干脆在伞下心安理得地打起盹来”。

雅鲁泽尔斯基认为，在社会主义大家庭中，波兰的探索可以定位为“改革的试验场”、“实验田”。戈尔巴乔夫赞同雅鲁泽尔斯基的看法，并表示乐观其成。

九、“条条大道通北京”

“黑猫白猫，捉到老鼠的就是好猫。”邓小平的名言不仅在中国妇孺皆知，而且在波兰广为流传。中波之间在改革问题上有许多共同语言，许多看法不谋而合。中国改革开放的巨大成就，引起了雅鲁泽尔斯基的注意。当20世纪80年代波兰陷入政治经济危机时，中国人民对波兰人民表示了同情和支持。中国主张波兰的事情应由波兰人民自己和平解决，反对外部的干涉，同时还主动地提供了力所能及的援助。中国的主张和行动，有助于波兰维护国家主权，缓解经济困难和维持社会的稳定，给处境困难的雅鲁泽尔斯基留下了深刻的印象。正是在这样的背景下，雅鲁泽尔斯基于1986年9月底，借出访朝鲜和蒙古之机，对中国进行了工作访问。

这是雅鲁泽尔斯基第一次访问中国，虽说是工作访问，实质上与正式访问相差无几，除了没安排正式欢迎仪式和鸣礼炮之外，他受到最高规格的礼遇，邓小平、李先念、胡耀邦等中国党政最高领导人都出面与他会见或会谈。这次访问，成为30年来波兰统一工人党中央第一书记的首次访问，其重要的历史意义是恢复了中波两党和两国最高领导人之间的接触，恢复了多年没有来往的党际关系，使长期曲折起伏的中波关系实现了全面的正常化。

访问前夕，雅鲁泽尔斯基做足了功课。他重温了中波两国关系的历史，回顾了近年来两国的交往，比较了两国改革的异同，并期待同邓小平的会见。

雅鲁泽尔斯基虽说是第一次来到中国，但他同邓小平一见如故。他握着邓小平的手，快人快语，说出他事先准备好的话：

“人们说‘条条大道通北京’，所以我就来了。”“我知道，你是杰出的政治家，是一位世界性的领袖，也是中国发展和现代化纲领的总设计师。”

邓小平欢迎雅鲁泽尔斯基访问中国。他用欢快的四川语调说，自己年岁比较大，一般见客人比较少。“但是，波兰同志远道而来，不见面总不礼貌嘛！特别是我理解你们的处境，你们是从困难的环境中走出来的。”

两位领导人这样亲切的开场白，脍炙人口，令在场的中外人士久久难忘。

多年来中波双方中断了高级接触，缺少沟通。现在不难发现，彼此间有许多共同语言。邓小平提出了一个切中时弊的问题，他自问自答地说新中国成立30多年来，取得了一些搞社会主义正反两方面的经验。但是，“究竟什么叫社会主义，究竟有没有穷的社会主义？这个问题过去我们解决得不好。‘文化大革命’中甚至讲什么穷的共产主义。要是很穷，拿什么东西分配啊!?”“如果我们把建设搞好了，就能体现出社会主义制度比资本主义制度优越，否则我们就没有资格这样讲，更谈不上我们的理想——进入共产主义社会了”。

“不到长城非好汉”，雅鲁泽尔斯基和女儿莫尼卡登上长城

邓小平的话言简意赅，雅鲁泽尔斯基认真地听着，感慨良多。过去一段时间，波兰接受了“建设发达的社会主义”的理论，现在看来还是中国概括的“初级阶段”的提法正确；过去认为社会主义社会完美无缺，现在看来社会主义社会还必须进一步改革和自我完善。雅鲁泽尔斯基根据波兰的实践，回顾了波兰在社会主义建设中存在的问题和失误，扼要地向邓小平介绍了波兰改革的设想和做法。

邓小平肯定双方对许多问题的看法是一致的。他强调说，特别在改革方面，都有一些积极的设想。但是，由于两国的具体情况不同，实行改革的具体方法也不同。两国原来的政治体制都是从苏联模式来的。看来这个模式在苏联也不是很成功。邓小平归纳说，“总的目标是一致的。无非是三条，第一巩固社会主义制度，第二发展社会主义生产力，第三发扬社会主义民主，调动广大人民群众的积极性。而调动人民积极性的最中心的环节还是发展生产力，提高人民的生活水平。生产力发展了，人民积极性调动起来了，社会主义国家的力量就增强了，社会主义制度就巩固了。”“在政治改革方面，可能有许多方法，中国和波兰不一样。这正好说明你们是根据自己的条件来决定的，我们是根据我们的条件来决定的。”

邓小平高屋建瓴地指出，“一切伟大的试验，不可能一次完毕。也可能出差错。出了差错不要紧，只要我们勇于探索，又细心谨慎，错误就可以随时纠正。小错不可避免，大错如能避免最好。只要这样，就不可怕”。邓小平还强调说，“中国目前的任务是摆脱落后状态。现在，国际上许多朋友说中国的情况不错，但我们不能陶醉在现有的成绩上面，这只是一个起步”。“我们制定了一个战略目标，准备在下一个世纪再用30—50年的时间，接近发达国家的水平。到那个时候，我们才能说，人口众多的中国对人类做出了贡献”。

邓小平的谈话，深入浅出地说明了当代社会主义建设应走的道路和前进的方向，充满了对波兰问题的理解和对波兰处境的同情。

雅鲁泽尔斯基感到受益匪浅。他表示："同你会晤，大大增加了我此次访问的意义。""我将永远记住这次会见。它有利于我们同你们伟大的人民永久的友好感情。""我预祝你们伟大的人民在伟大的改革中获得成功！祝你身体健康、长命百岁，因为中国人民需要你！"

中波两国之间没有根本利害冲突，中波两国和两国人民之间存在传统友谊，每当波兰发生政治经济危机之时，中国都伸出同情和支援之手。雅鲁泽尔斯基身居高层，深知内情，言谈话语中对中国的善意和友好充满了感激之意。他对邓小平说："在我们最困难的时期，你们对我们采取的措施表示理解，认为它是我们的内部问题。另外，你们还向我们提供了援助——贷款、外汇存款、商品。波兰人很珍惜这一切。波兰人的说法是'患难见知己'啊！""波兰人民将永远牢记中国人民的深情厚意。"

在欢迎宴会上，雅鲁泽尔斯基发表了热情洋溢的讲话。他向"伟大的中国人民表示由衷的敬意和祝贺"，他赞扬"波中友好合作有着悠久而丰富的传统，两国相互敬重和相互同情的纽带从未中断过"。他表示"我们非常重视同中国的关系，我们以极大的兴趣关注着中国同志所进行的改革，关注着宏伟的、适合具体条件的、社会主义建设的现代化纲领"。他深情地说，"我们牢记中国同志在我们历次困难时期所给予的同情和支持，包括最近几年友好地满足了我们的某些经济需要"。对两国关系的未来，他满怀信心，他说，"我们一贯重视相互尊重和相互理解的愿望。双方都愿意加强我们共同的、把我们联结起来的东西。历史是很好的老师，它教育我们忘却次要的、不值得提及的东西，牢记重要的、有益和美好的东西。""我相信，波中最高级对话的恢复，对卓有成效地发展各个领域的双边关系，对两国在国际舞台上为了和平、进步、社会主义的利益而进行的共同行动，将具有重要的意义。"

雅鲁泽尔斯基的访问获得圆满成功。中波关系的发展实现了全

女儿莫尼卡（前排左1）、雅鲁泽尔斯基（前排左2）、王荩卿大使（前排左3），1986年9月30日。

面的正常化。

雅鲁泽尔斯基返波后更加重视中国改革开放的经验，1988年，波兰翻译出版了邓小平文集《走向社会主义的中国道路》。雅鲁泽尔斯基认为邓小平关于走中国特色社会主义道路的思想，对波兰共产党人是一种启迪。他肯定“过去说‘波兰进入建设发达的社会主义阶段’，这种说法是有害的。实际上波兰还处于过渡时期，还需要回答什么是社会主义问题”。他强调“中国改革开放的成功，将是对波党的支持，也是对他本人的支持”。波兰新任驻华大使沃希尼亚克赴任时，雅鲁泽尔斯基指示说“研究中国改革的经验是新大使的重要工作内容”。

雅鲁泽尔斯基第一次来华访问，来去匆匆。他希望再次来华，进行正式访问，中方也向他发出了邀请。后因波兰社会制度发生剧变而未能成行，留下了不可弥补的历史的遗憾。

十、走上联合国大会的讲台

在国际舞台上，为了摆脱波兰的孤立处境，提高波兰的国际声誉，恢复波兰的国际形象，雅鲁泽尔斯基选择时机，主动地就和平、裁军、国际债务等问题提出了波兰的倡议，增强了波兰的声音，使一些国家“迫使波兰沉默的企图落空了”。

1985年9月27日，雅鲁泽尔斯基前往纽约，出席联合国第40届大会。他迈着矫健的步伐，走上联合国大会的讲台，发表了一篇铿锵有力的讲话，引起了各方的关注。

雅鲁泽尔斯基没有指名谴责带头对波兰实行经济制裁的美国，为波美改善关系留下了余地，但他的发言绵里藏针，鲜明地表明了波兰在国际事务中的爱与憎，表明了波兰支持什么，反对什么，和为什么支持或反对。

雅鲁泽尔斯基用简短的几句话，回顾了波兰作为联合国创始会员国的历史故事。他说，“在签署《联合国宪章》时，一些形式上的障碍不能使我国的代表出席这一仪式。在唯一的一张空椅子前面放着写有‘波兰’的牌子”。尽管如此，“当时我们也出席了”，是伟大的音乐大师、波兰的阿·鲁宾斯坦应邀在大会上展示了他的天才，演奏了波兰国歌：“只要我们还活在世上，波兰就不会灭亡”。雅鲁泽尔斯基着力地说，从这一刻开始，“我们国家从来没有玷污过《联合国宪章》的宗旨和原则”。与会者看到了雅鲁泽尔斯基眼中闪射出的激动的光芒。

雅鲁泽尔斯基之所以提到这个故事，自有其内在的含意。40年前，在国际舞台上并存着两个波兰政府，因而波兰虽然是战胜国却不能派出一位代表签署《联合国宪章》。后经英美苏三大国的促成，

1945年6月波兰在伦敦的流亡政府和波兰在国内的临时政府达成了成立民族团结临时政府的协议，并得到了苏、法、美、中、英五大国的正式承认。之后，同年10月，民族团结临时政府外长补签了《联合国宪章》，波兰成为联合国第51个创始会员国。了解了这段历史故事，也就了解了雅鲁泽尔斯基的心情。40年前，波兰人因和解而在国际舞台上争得了应有的地位，40年后的今天，如果没有国内的安宁，波兰国家领导人岂能如此满怀信心地现身在联合国大会的讲台上！

雅鲁泽尔斯基在联合国大会上发言（1965年）

在简短的发言中，雅鲁泽尔斯基对国际社会面临的重大问题表明了波兰的看法和提出了相应的倡议。听话听音。雅鲁泽尔斯基没指名道姓，但人人清楚他的矛头指向了哪一个国家。他说，“人类面临着军备竞赛转向宇宙空间的威胁”，就在本届大会前夕，“有人着手利用宇宙空间的目标，进行反卫星武器的试验。这就是言行不一的令人不安的事例——嘴上讲和平，行动却威胁和平”。谁有能力进行这样的试验，这是不言自明的。他说，有人挥舞经济武器，有人排斥波兰。有人想在本国维持安宁和秩序，而指望在波兰出现无政府状态和混乱。“这样的人没有任何道义上的权利说三道四教训别人”。“非法的经济制裁，加深了波兰的经济困难，造成了巨大的损失，其数额相当于波兰外债总额的一半以上”。谁对波兰进行制裁和制造混乱，也是众所周知的。

债务问题，波兰有切肤之痛。雅鲁泽尔斯基在发言中指出，“国际债务问题今天已经是特别尖锐的问题”，一些债务国“已经成为新殖民主义的特殊掠夺对象”。因此，他倡议“在联合国秘书长主持下成立一个国际债务和发展研究中心”，并建议中心的组建会议可以在波兰古都克拉科夫举行。他说，“就在那里，在欧洲最古老的一所大学里，五个世纪之前，哥白尼曾经学习过。他不仅是现代天文学的先驱，而且也是鲜为人知的近代第一篇货币论的作者”。

在发言中，雅鲁泽尔斯基提及“波兰是令人难忘的拉帕茨基计划的倡导者”，他说，波兰这个国家“始终积极地寻求现实主义的对话渠道，将在适当的时候提出符合欧洲各国人民和平利益的建议”。他为日后波兰提出雅鲁泽尔斯基计划埋下了伏笔。

雅鲁泽尔斯基在联合国大会的发言掷地有声，久久地在会议大厅中回荡。

1987年5月8日，民族复兴爱国运动举行第二次代表大会。这次代表大会是在议会大选和波党十大之后举行的，是军管后波兰国内生活正常化的又一标志。雅鲁泽尔斯基出席大会并发表了长篇讲话。

他给大会鼓劲，要增强代表们的自信心。他向大会提出一个选择题，“我们是陷于‘客观困难’的圈子里、沉湎于无能为力的情绪中而不能奋起自拔呢？还是加快前进的步伐、加强我们的国家、为美好的未来而开辟道路呢？”他的回答简单明了，强调说“这一切都取决于我们自己”。波兰要奋起自拔，不仅要搞好国内的事，而且要大踏步地走向世界。借助民族复兴爱国运动的讲台，雅鲁泽尔斯基郑重地提出了一项中欧裁军计划。这项计划通过外交途径递交给欧安会所有成员国，赢得了各方的重视，被称为“雅鲁泽尔斯基计划”。

计划要求，华约和北约两大政治军事集团在中欧地区逐步削减核力量和常规部队，以达到减少中欧地区军备，降低中欧地区军事对立状态，扩大中欧地区信任的目的。计划涉及中欧地区9个国家，其中华约4个国家（波、捷、匈、民主德国）和北约5个国家（联邦德国、比、荷、卢、丹）。

雅鲁泽尔斯基之所以这样做，一是藉此突出近年来当局的工作成果，提高民族复兴爱国运动代表大会的士气，使代表们感受到当局的雄心壮志，波兰正大踏步地走向国际舞台。二是要在国际舞台上重塑波兰的形象，为波兰赢得新的声誉。就中欧裁军与和平问题，波兰曾经先后在20世纪50年代和60年代提出过建立中欧无原子武器区的“拉帕茨基计划”和冻结中欧核武器的“哥穆尔卡计划”，现在提出的“雅鲁泽尔斯基计划”，正是这一历史传统的延续和发展。

雅鲁泽尔斯基一向坚持，战时状态不仅使波兰避免了流血冲突，而且也为欧洲和平做出了贡献。因此他认为，在加强欧洲安全问题上，波兰有资格，“有历史性的资格”，发出自己的声音，呼吁和建议。他一再强调说，“谁也不能独揽要求和平的权利。但是，有些民族由于悲惨的历史赋予它特别的道义上的权利和不可推卸的责任，来提醒、警告和呼吁人们保持警觉。我国人民就是这样的民族之一”。

十一、全民公投的失败

一组又一组令人不寒而栗的冰冷的统计数字，摆在雅鲁泽尔斯基的案头。

雅鲁泽尔斯基不愿意相信，但又不能不信。这些数字说，1980年—1981年的经济危机使波兰经济大倒退。1983年后虽然开始逐渐走出低谷，但回升速度极其缓慢，多年过后并未出现根本的好转，始终存在着三个老大难问题。

首先，经济陷于停滞和倒退，缺乏发展的活力和动力。创造性的国民收入，1981年仅及1978年的80%，1982年进一步下降为76.5%，平均年负增长8.8%。从1982年至1986年，创造性的国民收入虽有了15%的增长，但仍低于危机前1978年的水平。到1988年，创造性的国民收入只接近危机前1978年的99.3%。其次，长期形成的总需求大于总供给的短缺局面始终扭转不过来。市场商品匮乏，物价连年上涨，通货膨胀率居高不下。1987年的通胀率为26%，1988年上升为60%。再次，难以忍受的债务负担压得波兰喘不过气来。从1971年到1987年，波兰总共借入自由外汇债务475亿美元，同一时期归还债务本金和利息506亿美元，债务余额仍有392亿美元。1981年底，由于西方的经济制裁，波兰不能借入新债，但负债额却因利息转入本金、美元贬值和利率提升而年年增加，从1985年到1987年，每年以33亿美元的速度自行增殖。

这些数字像幽灵一样困扰着雅鲁泽尔斯基。他痛楚地说，波兰经济酷似一位久病卧床的患者，“需要的是输血，而不是抽血。”但偿还外债本息正像是抽掉病人身上的血液一样。

关于经济问题，近十年来在大会小会上雅鲁泽尔斯基讲过了多少话，鼓过了多少劲，实在是数不胜数。他本希望一旦制止了罢工浪潮，就会带来经济形势的迅速好转，但生活表明，事实远非如此。雅鲁泽尔斯基担心的是，没有经济形势的好转，一切争取民心的努力，都必将化为乌有、付诸东流。

早在1980年9月，在卡尼亚—雅鲁泽尔斯基开始联手执政的时候，中央政治局和政府主席团就通过了关于设立经济改革委员会的决议。雅鲁泽尔斯基出任总理后，大力推动委员会的工作，制定出了经济改革方案。1982年1月1日，与实施战时状态的同时，开始正式实行了经济体制的改革。为了进一步推行改革，1986年6月波党十大时宣布，改革将进入第二阶段。

回顾改革走过的路程，真是举步维艰！雅鲁泽尔斯基心里明白，改革起步时国内外的条件和环境是十分不利的。没有群众的热情，没有社会的支持。有的则是工人群众的消极，保守势力的抵制，西方大国的制裁。不仅如此，在改革的口号下，官僚主义不断地浮出水面。一些部门的领导人，部长和局长们，他们迷恋中央集权的经济领导体制，总想让改革去服从旧的“久经考验的”方法。社会对改革也没有信心，甚至认为改革是“骗人的把戏”。无怪乎敏感的拉科夫斯基抱怨“经济改革搞得半真半假，没有成效”了。拉科夫斯基把自己的看法告诉给雅鲁泽尔斯基，雅鲁泽尔斯基颇有同感。

其实，雅鲁泽尔斯基早就发现了改革的阻力。党的机构从上到下都表现出对于按照“久经考验的模式”来治理国家的怀念。特别在中央，被苏共称之谓“好同志”的那些人，构成一股保守势力，他们有恃无恐。面对他们，雅鲁泽尔斯基也不能不有所顾忌。有时雅鲁泽尔斯基也在保守派和改革派之间走钢丝，左右摇晃，说几句言不由衷的话，迎合一下保守派。但他的出发点并不是放弃改革，而是要努力扩大改革的支持面，避免在自己的队伍中引起对抗状态。

雅鲁泽尔斯基本以为以经济学家梅斯内尔为总理的专家政府会推进改革，想不到两年来社会上对梅斯内尔政府的批评越来越多，越来越尖锐。波党十大后，政府为落实“改革的第二阶段”着手积极制定价格体制改革的方案。消息一经传出，社会上反对之声迭起。有人说政府无能，庸庸碌碌，只会提高物价，政府实行的经济改革，就是以提高物价开始，并以提高物价告终。甚至刚建立不久的亲当局的工会——全波工协，竟同主教团不谋而合，发表声明坚决抵制政府计划中的提价。两股不同的势力针对政府的提价问题竟然采取了相同的立场，真也是咄咄怪事！但现实生活就是这样地捉弄着人。

雅鲁泽尔斯基知道，提高物价不得人心，但经济改革能绕过价格体制改革这个门槛吗？他听到的答案就是两个字“不能”。专家学者们普遍认为，要在经济上有所突破，就要求人民群众做出必要的牺牲。他考虑再三，提出了一个大胆的建议：就改革的速度和深度问题举行一次全民公投。他想起了40多年前，党曾就波兰未来的根本问题——走社会主义道路，成功地举行过全民公投，党的行动纲领获得了人民群众的赞成。他设想，今天党领导的社会主义革新正处于关键的“改革的第二阶段”，如果通过全民公投把党的主张变成全民的意志，改革就可以顺利地闯过难关而大踏步地向前行进。

雅鲁泽尔斯基主持政治局会议，反复地就是否举行和如何举行全民公投问题进行讨论。讨论是热烈的，结果是批准了全民公投的建议。在雅鲁泽尔斯基看来，这是社会主义民主的大胆尝试，虽然是走了一步险棋，但其结果无论成功或失败，都足以证明波党是尊重民意的，是服从大多数人的意志的。雅鲁泽尔斯基同意提高公投结果的计算标准，设立了一个高高的门槛，这就是赞成票必须超过有权投票人的半数，而不是实际投票人的半数。

1987年11月20日举行了全民公投。公投的关键性问题是“你是否赞成完全实施向议会提出的使经济健康化的激进纲领，以便明显改善社会的生活条件，同时你也知道这将要求社会群众经受2—3年的迅速变革时期？”不管问题表述的如何四平八稳，但大家心里明白，这里所说的“激进纲领”就是半年以来政府酝酿的价格体制的“一年到位”的“彻底改造”和“根本改革”。公投的结果是：参加投票的人数1700多万，占有权投票的人数（2700万）的67%，超过了半数。投赞成票的人数是1160万，也超过了参加投票的人数的半数。但这1160万赞成票只占有权投票的人数的43%，未超过半数，因而未达到法定的标准。公投以不赞成“激进纲领”而告终。

公投的结果表明，事先设定的“高门槛”是一个错误。

公投失败了。究其原因，是波党领导错估了形势。

他们原以为他们在1985年顺利地完成了议会的换届选举，在1986年成功地召开了党的代表大会，与此同时民族复兴爱国运动和全波工协都有了较大的发展，他们争取民心的努力已经取得了显著的成果。

1987年教皇会见雅鲁泽尔斯基纪念邮票

他们原以为1987年6月罗马教皇约翰·保罗二世第三次回到波兰访问，虽然再次掀起群众的宗教狂热，为瓦文萨和团结工会显示其存在提供了机会，但访问也有助于推动社会的和解和对话，有助于提高和巩固雅鲁泽尔斯基的威信和地位。

一句话，他们高估了自己掌控局势的能力，低估了团结工会和政治反对派地下活动的影响。团结工会和反对派号召群众抵制公投。教皇的访问也没有帮忙多少。

公投失败了。局势相对稳定时期也随之画上了句号。

第六章

昙花一现的历史性大妥协

（1987—1989）

一、4—5月罢工浪潮

随着公投的失利，军管后的相对稳定时期（1983年到1987年）迅速地成为过去。

以公投失利为标志，朝野两大势力之间的攻守态势发生了新的变化。为了争取群众、理顺民心、摆脱经济改革面临的困境，波党试图从政治改革中寻找出路，采取了退守的姿态。团结工会则乘势东山再起，展开了积极的进攻。波党和团结工会两大势力的较量，夺权和反夺权的斗争又有了一个新的开始。

“改革的第二阶段”因公投失利，陷入了尴尬的两难境地，前行有险阻，后退无出路。当局只好硬着头皮进行小修小补。梅斯内尔政府决定延长提价的时间，降低提价的幅度，把“一步到位”改为“三年到位”，在1988年2月出台了所谓的新的价格改革方案。根据新方案，物价第一年平均上涨36%，其中基本食品上涨40%（全民公投时原计划上涨110%），房租上涨50%，水、电、煤气上涨100%，取暖煤上涨200%。此次调整物价，是军管后第七次提价，社会的最初反应几乎同前几次相似，逆来顺受，并不强烈。谁知道未过多久，在4—5月之交，引发出多年销声匿迹的席卷整个波兰的春季罢工浪潮。一些罢工是秘密活动的团结工会组织的，亲当局的全波工协也反对提价，也参与和组织了罢工。

这次工潮一开始就显示出鲜明的政治色彩，罢工工人不仅提出增加工资的经济要求，而且提出工会多元化、恢复团结工会、释放政治犯等政治要求。这次工潮打破了军管以来持续7年之久的相对的社会平静，打乱了波党“第二阶段改革”的部署，并对波党革新、改革与和解的路线提出了新的挑战。

瓦文萨参加和领导了格但斯克造船厂的工人罢工。他走在游行队伍的前面，但他说他参加此次罢工不是出于自己的本意，而是因为没有其他的选择。

这些年来，瓦文萨重建了自己的声望。不管政府发言人如何嘲笑他、挖苦他、贬低他，说他只是一个“不代表任何人的个人”，是“一只妄想变成雄鹰的麻雀”，但他仍然呼啸着重又走上了政治舞台。有分析认为，实际上瓦文萨并不是孤军一人，他拥有地下和地上两支大军。转入地下活动的团结工会的骨干们，这是一支反对当局的地下大军，他们虽然在一些问题上并不完全同意瓦文萨的看法，但还是把瓦文萨当作他们的领军人物。一些知名的社会人士，他们貌似逍遥，甚至是当局筹组的各类磋商委员会的成员，但他们同当局三心两意，这是一支支持瓦文萨的地上大军，他们嘲笑和不满当局的各种举措，并把瓦文萨当作“群众的代表人物”。瓦文萨本人更是不甘寂寞，他乘教皇接见之势，借神甫被害之机，抛头露面，发表讲话，会见名流，提出建议，影响社会。他把他的紧张的活动比喻为一双手同时弹奏几架钢琴，虽然有时难于弹出美妙的合声，但它的作用是打破了政治舞台的死静，唤醒了正在沉睡的人。

人人皆知，波兰教会帮助和扶植瓦文萨，西方政要公然支持瓦文萨。瓦文萨成为诺贝尔和平奖得主。西方政要访波时，他们或亲自会见瓦文萨，或邀请团结工会和反对派主要人物出席他们在大使馆举行的招待会，肆无忌惮地向当局施压。

1987年9月，美国副总统乔治·布什访波时，他在他下榻的政府宾馆公开地会见了团结工会和反对派的头面人物，他还在瓦文萨的陪同下前往科斯特卡教堂凭吊被害神甫波别乌什科墓，他同瓦文萨肩并肩地站在教堂的阳台上发表了讲话。他本来是当局的客人，可他却把无限的热情和关怀送给了当局的对立面。

英国的铁娘子撒切尔夫人访问波兰的情景，雅鲁泽尔斯基更难忘却。将军和铁娘子两强相遇，将军只好礼让三分。撒切尔夫人到达华沙的当天晚上，就在英国大使馆同反对派活动家会见。两国总理正式会谈后，雅鲁泽尔斯基出面，陪同撒切尔前往格但斯克向维斯特尔布拉特二战英雄纪念碑献花圈。隆重的仪式过后，雅鲁泽尔斯基就向铁娘子说了一句“失陪了”，悻悻然返回华沙。

铁娘子留在格但斯克，她干了些什么事？雅鲁泽尔斯基虽未亲历目睹，但一切了如指掌。撒切尔夫人成为瓦文萨及其最亲密的同伴的客人，开始她的“非正式”活动。她听取了瓦文萨等人对波兰问题的看法，参观了圣·布里吉达教堂，并在教堂会见了近400余名团结工会各级活动家。她提醒反对派要讲策略，她出主意说，“不应当要求当局给予超过可能给予的东西，应当现实主义一些”。

西方政要访波时这些“非正式活动”，大长了反对派的志气。显而易见，在瓦文萨周围，一个有组织的反对派运动重新聚集和形成了。他们内有教会为后盾，外有西方世界的声援，有恃而无恐。他们活跃的身影，留在教堂的庄严圣坛的前前后后，留在西方驻波

维斯特尔布拉特英雄纪念碑

使馆灯火阑珊的外交沙龙。

新的动荡不安和复杂多变的局势，促使雅鲁泽尔斯基深入地反复思考军管以来的成败得失。他要回答一个绕也绕不开、不能不回答的问题：今后怎么办？能再次实行军管吗？他摇摇头。实践证明，军管不但不是包治百病的灵丹妙药，反而对社会对人们心理造成了难于医治的创伤，这硬的一手不能再玩了。能同反对派妥协吗？他反复地问自己，这软的一手是退却还是进攻？是战略还是策略？能达到预期的目的吗？他本能地用军事术语来描绘这场政治斗争两军对峙的态势。他环顾左右，有关妥协的呼声来自四面八方，不绝于耳。

雅鲁泽尔斯基想起了还在公投之前，1987年6月，就收到过拉科夫斯基写的一份《关于80年代后半期政治、经济形势若干问题的意见书》。这份《意见书》洋洋洒洒，长达五万余言。可以说这是在戈尔巴乔夫《新思维》影响下，拉科夫斯基对现实社会主义现状和未来的新的思考。

拉科夫斯基认为，尽管波兰危机有其特殊性，“但从根本上讲，所有的社会主义国家都程度不同地存在着危机的表现。迄今为止，社会主义所采用的建立经济秩序和建立社会关系的办法，已经失效了”。“社会主义制度已处于历史性转折关头，要么它从自身中焕发出足够的生气、勇气和想象力，从不再适用的陈旧过时的概念中解放出来；要么它注定要慢慢地自生自灭”。而在波兰，拉科夫斯基认为，波兰国内的反对派，80年代比70年代更强大，反对派的战略目标是“削弱波党的影响，并为改变制度准备土壤”。在这种形势下，拉科夫斯基提出了一个要害问题，“是使当前的形势继续下去吗？还是应当实行工会多元化?”对一支有组织的反对派运动，“是否赞同它的存在，并容许它参加大选?”

雅鲁泽尔斯基仔细地阅读过《意见书》，总的说来他同意拉科夫斯基提出的看法。当年10月，雅鲁泽尔斯基就指示把《意见书》印发给政治局委员和中央书记，准备讨论。雅鲁泽尔斯基知道，党内的改革派对梅斯内尔政府执行的政策是不满的。梅斯内尔政府还能存在多久，雅鲁泽尔斯基不能不预做准备。雅鲁泽尔斯基不想裹足不前，而要把改革推向前进，给改革派的英雄们留下用武之地，他决心再伸手拉一把拉科夫斯基。1987年12月在波党六中全会上，他推荐拉科夫斯基当选为政治局委员。拉科夫斯基的晋升，表明了党内改革势力重新得势。有评论说，这是雅鲁泽尔斯基公开地表示了他的意向，他要坚定地站在改革派一边。

无独有偶，党内有了一份拉科夫斯基的《意见书》，党外又来了一份《呼吁书》。1988年1月底，一份由30位社会名流签名的《致波兰人民共和国当局的呼吁书》摆上了雅鲁泽尔斯基的案头。《呼吁书》的作者要求当局“尊重人们在不违背法律的情况下渴望组织起来的意志”，他们认为波兰需要真正的社会和解，这种和解的参加者不仅应包括赞同现制度的力量，而且应包括那些主张对现制度进行深刻改革、使社会群众真正当家作主的力量。雅鲁泽尔斯基看了看《呼吁书》，觉得它同《意见书》颇有异曲同工之处。党内和党外有识之士都认为，要解决波兰问题，必须大力寻求新的办法同反对派达成和解。正像拉科夫斯基所说的那样，必须把权力分一部分给别人，因为新的力量已经成长起来了，再也不会赞同什么人用垄断方式来行使政权了。“真是良药苦口啊！但能讳疾忌医吗？”雅鲁泽尔斯基暗自思忖。

面对汹涌的春季工潮，雅鲁泽尔斯基反复琢磨，深入思索，比较得失。他感到了形势的紧迫，决心改变军管以来的高压政策。在一次政治局会议上，他说，“汽油已经浇上了。我们可以不厌其烦地重复‘改革仍在继续’，但社会群众再也不会相信我们了”。春季罢工浪潮过后，他立即释放出善意的试探气球，打响了政策调整变化的前哨战。1988年5月底，他同意由中央书记乔塞克出面，利用民族复兴爱国运动的平台，同主教团的几位大主教进行接触，探讨团结工会合法化以及反对派人士参加建立联合政府问题。乔塞克行动是一个重要的信号，它标志着波党同团结工会在内部开始进行了秘密的新的讨价还价。

雅鲁泽尔斯基要以退求进，他决心已定。他想起访问蒙古时看到的牧马人如何圈套野马的情景。难道团结工会不就像一匹桀骜不驯的野马吗？假如能给它配上鞍辔，那可是一骏难求啊！早已反复酝酿多次的有关召开圆桌会议的思想，终于在雅鲁泽尔斯基脑海中开始牢固地形成了。但他知道，要实现妥协，要召开圆桌会议，要突破军管以来党内形成的思维框框，可不是一件容易的事。第一他需要对手的善意的互动，第二他要克服党内存在的各种阻力。

二、七中和八中全会

1988年6月13–14日，波兰统一工人党召开了七中全会。这是在春季工潮冲击下召开的中央全会。雅鲁泽尔斯基代表政治局作了纲领报告，提出了一些新的看法。

雅鲁泽尔斯基的报告和全会的决议，给人留下了三点突出的印象。

第一，七中全会把梅斯内尔政府当作了公投失败和改革失利的替罪羊。雅鲁泽尔斯基毫不掩饰他对形势的不安。他强调国内出现了新的紧张和困难，改革没能取得预期的效果，“社会气氛比去年恶化”了。会议决议指出，2月出台的所谓的“三年到位”的价格改革方案及其指导思想，是“硬性方案”，是“集中于短期内完成的跳跃式的提价办法”，是不可取的。波党将“坚决摈弃”这种办法，而应将物价改革变为“细水长流的价格运动”。显而易见，全会把政府政策的失误说成是形势恶化的原因了。

第二，雅鲁泽尔斯基第一次公开地提出了召开圆桌会议的主张。他在报告中阐述了对反对派的新的看法，并提出要修改陈旧的观念。他说，春季罢工情况表明，“许多不赞成我们各项政策的人，其中包括那些视自己为反对派的人，他们所持的立场是有公民责任感的，是爱国的。这说明，修改对反对派特性的陈旧观念是正确的”。他承认社会上存在“多元化思潮”，说一些人是“公民多元化思潮的代表”。他说，波党要建立“最广泛的联合阵地”，“将同尚未参加民族复兴爱国运动、但准备参加改革与和解事业的集团一道，协同行动”，因此“同现有的和正在创建的各个协会的代表举行圆桌会议是合理的”。

全会接受了雅鲁泽尔斯基的报告。但全会决议并未使用“圆桌会议”一词，只是明确地指出“波兰需要有一个广泛的全民改革联盟，一切积极的公民和社会—职业集团，只要理解改革的必要性，不奉行‘波兰越坏越好’的口号，都在这个联盟中有自己的位置”。

第三，对中央领导班子进行了人事大调整。这次大调整涉及政治局和书记处10位成员职务的调动与升降。其中最引人注目的是拉科夫斯基地位上升和权力扩大，他进入中央书记处，成为主管宣传工作的中央书记。这次大调整的目的显而易见，是为了在中央领导机构内加强改革派的中坚力量，为贯彻圆桌会议的主张进行了排兵布阵。

七中全会过后不久，8月中旬，一场新的罢工运动又开始了。它始于南方的煤矿工人，迅速地向华沙和北方沿海地区蔓延。参加罢工的人数虽然不太多，但罢工的政治色彩比春季罢工时更加鲜明。各地罢工工人众口同声地要求恢复团结工会，建立“各种世界观的政党”，从宪法中撤销波党的领导作用，修改议会选举法。

在来势汹汹的罢工声浪中，雅鲁泽尔斯基认为，有必要提前召开八中全会，正式地向社会抛出圆桌会议的主张，争取主动，以阻止形势的进一步的恶化。为此目的，他于8月24日委托政治局委员、中央书记巴尔齐科夫斯基会见奥尔苏利克大主教，试探团结工会反对派对圆桌会议问题的反应，了解瓦文萨的看法和要价。瓦文萨的初步反应有三条，第一，准备开始进行无条件的、不限题目的会谈；第二，冲突双方都应对教会代表参加会谈感兴趣；第三，团结工会合法化是今后一切政治行动的关键。教会则强烈要求当局“必须放弃恫吓和武力，必须把对话作为解决一切社会冲突的基础”，允许建立独立的工会。巴尔齐科夫斯基和奥尔苏利克这次秘密会见，实际上是为了争取反对派、争取瓦文萨对波党倡议能做出善意的回应，事先在内部预做了工作。

雅鲁泽尔斯基对对手的态度已有所了解，现在重要的问题是如何克服自己队伍中的阻力。八中全会的前一天，8月26日，雅鲁泽尔斯基主持政治局会议。再次讨论同反对派进行公开会谈问题。会上有人提议发表一份关于召开圆桌会议的声明，强调波党愿意同不附加任何先决条件的各方，坐下来共商国是，只排除那些破坏现行法律秩序的人。雅鲁泽尔斯基同意发表声明，并决定由政治局委员、内务部长基什查克出面来办理此事。这也是后来为什么有人有时把“圆桌会议之父”的桂冠戴在基什查克头上的缘由。

政治局会议结束后，当天下午，雅鲁泽尔斯基立即会见中央委员，向他们通报政治局的决定，解释为什么波党要采取主动的姿态，发表基什查克声明。不出所料，雅鲁泽尔斯基听到了中央委员们一片怀疑和反对的声音。有人直言不讳地批评说，这是“对反对派做了毫无理由的让步”。雅鲁泽尔斯基不得不多次插话，反复解释。拉科夫斯基，人们普遍认为他是新主张的出谋划策人，也在会上争取发了言，帮助雅鲁泽尔斯基说服与会的中央委员。拉科夫斯基根据社会舆论调查的结果，特别强调了社会情绪对党是不利的，“至少社会上有一半人支持这场罢工”，并据此论证了改变政策的必要性。

8月27—28日，八中全会如期举行。与七中全会不同，八中全会是在罢工的声浪中举行的。

在这次全会上，为了说服持反对意见的中央委员，雅鲁泽尔斯基苦口婆心讲了些大的道理，强调必须转变态度，坚定地走和解之路。他说，“现在需要的是勇敢地转变态度，要有勇气打破陈规旧律，打破限制和障碍。要有勇气利用非常规的但多半是有效的方法”。他说，“我们始终赞成通过耐心和对话，来解决那些甚至是最棘手的问题。……我们的问题既不能通过罢工的武器，也不能通过高压的手段去解决。……在波兰历史上，兄弟之间相互斗争的现象出现过不止一次，但随着时间的推移，他们渐渐地肩并肩地站在一起了。现在大概是该走这条路的时候了”。雅鲁泽尔斯基强调，在进行政治体制改革时，“只有一条界限是不可逾越的，这就是波兰发展的社会主义性质”。

尽管一些中央委员有不同的意见，有抵制情绪和言论，八中全会还是发展了七中全会的思想，把政策变化和调整又向前推进了一步。它一方面“严厉地批评”政府在经济改革中的政策失误，宣称2月实行的价格—收入行动“破坏了”改革的基本原则，“以失败而告终”。一方面进一步明确了准备举行的圆桌会议将不排除瓦文萨参加的可能性，并授权基什查克同瓦文萨会晤，商谈圆桌会议有关筹备事宜。

对八中全会的反应出现了新的两极化。一方面在党内，正如拉科夫斯基所说“引起了一片失望情绪”，人们难于想象，那位瓦文萨，昔日被贬为“妄想成为雄鹰的麻雀”，今天却翱翔在高空，变成了一位重要的谈判对手。另一方面在团结工会和反对派那里，则得到了善意的回应。八中全会刚刚结束，瓦文萨就发表声明说，全会向“好的方向跨进了一步”。

八中全会的直接结果，一是拉开了基什查克同瓦文萨正式会谈的大幕。瓦文萨审时度势，做出了一个大的姿态，呼吁在全国停止大罢工。二是梅斯内尔政府提出辞呈，议会同意由拉科夫斯基组织新政府。

三、基什查克担起重任

闯过了八中全会这一关，雅鲁泽尔斯基略感轻松。形势的发展似乎已在掌控之中了。官方主导的大众传媒，根据雅鲁泽尔斯在七中和八中全会报告的精神，大力纠正对反对派的“陈旧观念”，反复地向社会灌输一个崭新的政治概念——“建设性的反对派”。《人民论坛》报的权威解释说，所谓的建设性的反对派，就是“制度内部的反对派”,“他们反对政府或政府在某一问题上的政策，但他们同时又赞成社会主义”。对待建设性的反对派，波党的政策是把他们“纳入”社会主义制度的轨道，为此目的，波党将主动“放弃”对权力的垄断。与建设性反对派不同，还有一种“具有反制度倾向”的“极端主义反对派”，波党对待他们的政策就另当别论了。

道理似乎是清楚的，但如何付诸实践，雅鲁泽尔斯基把担子压在基什查克和拉科夫斯基两员大将的肩上。

1988年8月31日，基什查克和瓦文萨会晤开始了。地点在马格达连科政府别墅。事先瓦文萨已经获得了团结工会地下领导机构的授权。参加会晤的还有董布罗夫斯基大主教和波党政治局委员乔塞克。

基什查克是会晤的倡议人，他首先向瓦文萨介绍了当局提出召开圆桌会议的原因和期待，同时指出，如果罢工再持续下去，势必

基什查克—瓦文萨第一轮会晤后合影,(自左向右)乔塞克、瓦文萨、基什查克、董布罗夫斯基

无法进行严肃的会谈。机警的瓦文萨立即做出了结束罢工的保证。于是，第一次会晤就顺利地进行了。会晤后波通社发表公报说，会晤“讨论了组织一次圆桌会议的前提和方式”。教会发表公报说，“与会者宣布，凡会晤涉及的关于工会运动问题，都将在圆桌会议上予以讨论，不存在任何禁忌”。圆桌会议的筹备工作从此就正式开始了。

八年前的8月31日，瓦文萨同政府代表签订了格但斯克协议，罢工工人获得了创建团结工会的权利，瓦文萨走到了政治舞台的中心。军管后，瓦文萨被拘留了。1982年11月，当他获得自由，离开拘留他的“乡间别墅”时，基什查克将军曾同他见面，谈话。时隔六年，瓦文萨又回到了政治舞台的中心，他同基什查克将军又坐在一起讨论国家大是，这使他唏嘘不已，感慨万分。会晤后，他向沿街欢呼他的名字的群众，做了个英文V字形手势，表达了他那激动和喜悦的心情。随后，他就马不停蹄地奔赴卡托维兹和格但斯克，劝说两地的工人结束罢工，兑现他在会晤开始时的承诺。他呼吁工人“不用这种罢工的方式”来解决波兰的问题。他要求工人相信他，他说，“有人说我瓦文萨背叛了团结工会，这不对。我可以告诉你们，教会的第二号负责人是我对当局采取了何种态度的见证人”。罢工工人响应了瓦文萨的呼吁，工潮逐渐平息下来。

此后，基什查克同瓦文萨又进行了三轮会晤。参加会晤的人数也有所增加。在谈判桌上瓦文萨显得底气十足，他坚持什么都可以谈，但在团结工会合法化问题上，他寸步不让。他甚至威胁说，如果不允许团结工会合法化，他就准备号召举行新的罢工。经过四轮会晤反反复复地讨价还价之后，双方就召开圆桌会议问题基本上达成了共识。

9月26日，波党举行九中全会，听取了基什查克关于同瓦文萨会晤情况的介绍。但什么时候召开圆桌会议，始终还不能确定。原因之一，是波党内部对团结工会合法化问题还存在着严重的分歧和对立。军管后成立的亲当局的全波工协坚决反对团结工会合法化。之二，是“什么人不能参加圆桌会议”？换言之，波党坚持“极端主义反对派”是不能参加圆桌会议的，但究竟谁是“极端主义反对派”，基什查克和瓦文萨双方的看法像针尖对麦芒一样，针锋相对，争执不下。

库龙（右）和米赫尼克

瓦文萨方面提出了一个“75人名单”，当局方面基本接受了，但从中勾掉了两个人，一是库龙，一是米赫尼克。这引起双方的口水战。瓦文萨坚持库龙和米赫尼克是团结工会方面的代表，当局无权干涉团结工会方面推荐什么人参加圆桌会议，他在名单问题上，决不让步。

很显然，在这场新的博弈中，不可能有什么波党领导一厢情愿的事。有关的筹备工作一时搁浅。原拟在10月中旬举行圆桌会议的设想随之落空。很多人都知道，在雅布翁宫已经做好了的一张偌大的圆桌，也秘密地被拆成部件送进了仓库。

四、拉科夫斯基打错算盘

9月19日，梅斯内尔总理向议会提出政府辞职。这本是雅鲁泽尔斯基早已预见了的事。八中全会前夕，雅鲁泽尔斯基在同拉科夫斯基交谈中就暗示过，他想请拉科夫斯基取代梅斯内尔。后来，当全波工协通过了一项要求政府辞职的决议后，雅鲁泽尔斯基希望拉科夫斯基组成一届与新形势新政策相适应的新的政府，他对拉科夫斯基说，“你是我的最后一块救生的木板”。

9月27日，雅鲁泽尔斯基走上议会讲台，他向议会推荐拉科夫斯基出任总理。他在讲话中强调说，随着民族和解取得不断的进展，其中包括圆桌会议即将取得的成果，在新政府的组成中也将有其他阶层和集团的代表。雅鲁泽尔斯基的讲话，为拉科夫斯基扩大政府的人员组成开了绿灯。

梅斯内尔的离去虽然是不可避免的，但雅鲁泽尔斯基的内心深处还隐隐地有些愧疚。三年前，是他选择了梅斯内尔。他满怀信心把总理的接力棒交给了梅斯内尔。三年来，梅斯内尔致力于经济体制的改革，努力领会党的方针政策。政府采取的各项重大的行动，有哪一项没有经过政治局的同意和雅鲁泽尔斯基的首肯呢！说政府工作“失误”，能完全怪罪梅斯内尔吗？说政府工作“失误”，又“误”在哪里呢？雅鲁泽尔斯基思前想后，考虑了好久，也同拉科夫斯基议论了好久。拉科夫斯基认为，梅斯内尔的问题就在于“他是用传统的方式来理解改革的。在灵魂深处并不准备把缰绳从手中放松”。

雅鲁泽尔斯基相信拉科夫斯基，对拉科夫斯基寄于厚望。就未来政府地位和职权问题，他们俩有了一个共识，就是必须重新定位政治局和政府的关系，要显示出政府的独立自主性。拉科夫斯基主张“政府和党应当明确分开，要同总理从属于政治局的做法相决裂”，“今后有关经济政策问题，政府将不再提交政治局讨论，只是每季度或每半年向政治局通报”。同时，未来政府的组成也要吸收执政党和同盟党之外的其他人士参加，要让出一部分权力。雅鲁泽尔斯基接受了并支持拉科夫斯基的主张，鼓励他大胆去做，但提醒

米·弗·拉科夫斯基总理

他不要过激，在人事安排问题上要听听内务部的意见，在处理党政关系问题上要多通报、多沟通。雅鲁泽尔斯基对拉科夫斯基说："这样做对你有什么不好，一点损失也不会有嘛！"

拉科夫斯基开始走马上任。他要表现出他的雄心和气魄，"打破迄今为止的传统"，"放弃对权力的垄断"。他决定吸收反对派人士参加政府，给"建设性的反对派"让出四位部长（其中一位任副总理兼部长）的位置。为此目的，拉科夫斯基亲自出马，专门赶赴波兰大主教官邸，会见格莱姆普大主教，通报他关于组织联合政府的主张，争取大主教的支持。格莱姆普对拉科夫斯基的通报表示"满意和完全赞同"，说"我们要支持总理先生的这些努力。我们把它看成是有划时代意义的"。

离开大主教官邸，拉科夫斯基感到一丝的快意。他成为战后波兰历史上"第一位自己主动认为应当向天主教会首脑通报组阁过程和工作方针的总理"。回到总理办公室，拉科夫斯基洋洋自得，有些飘飘然，眼前出现了部长会议开会的幻影，他承认"在我脑子里已经勾画出开会的景象，在座的除了有波兰统一工人党、统一农民党和民主党的代表外，还有反对派的代表。我自言自语地说，'好啊，我是从政坛变化的图景中，得出结论的第一人'"。

但事与愿违，拉科夫斯基想做"第一人"的美好愿望很快就落空了。他向4位反对派人士发出了入阁的邀请，得到的答复令他大失所望。反对派拒绝参加拉科夫斯基政府，格莱姆普大主教也爱莫能助。拉科夫斯基无可奈何，只好为反对派留下了4个部长的空位，以表示他的“诚意”。

拉科夫斯基空打了如意算盘，成为波兰政坛热议的话题，也使雅鲁泽尔斯基惊讶不已。联想起基什查克和瓦文萨会谈的一时搁浅，雅鲁泽尔斯基感到了在通往圆桌会议的路上，还有一座座需要攻克的难关。一种紧迫感，在他的内心深处油然而生。他意识到形势在千变万化，扑朔迷离，团结工会的攻势不断，环环相扣，留给他和改革派的时间实在不多了。八中全会后雅鲁泽尔斯基身上的那一点点的轻松感也已荡然无存了。

五、瓦文萨发动了攻势

来自团结工会方面的压力一天比一天大。瓦文萨平息了8—9月罢工浪潮，声望大振。1988年9月11日，就在圆桌会议开始秘密筹备的时候，瓦文萨主持召开了团结工会领导层会议，有40余人参加。这是团结工会遭到取缔后举行的首次公开会议。会议公报说，“如果允许团结工会合法化，团结工会将帮助政府实施其经济改革计划。我们等待当局公开明确表示是否愿意为团结工会合法化创造条件”。这次会议的意义非同小可。它表明，军管以来，转入地下活动的团结工会第一次公开亮相了。瓦文萨把原本分散在地下的力量联合在一起，攥起了一个拳头。

政坛上的各种势力正在加速分化和重组。明显地出现了两种趋势。团结工会方面气势上升，构筑起牢固的阵地，向心力在加强。而波党方面则内部分歧加重，纪律松弛，离心力在发展。在波党高层领导中，甚至出现了各自为政、自作主张的事。

身为政治局委员的全波工协主席苗多维奇，坚决反对团结工会合法化。他不同政治局商量，也不听政治局委员们的劝阻，独出心裁地挑战瓦文萨，公开提出了他同瓦文萨举行电视辩论的建议。11月30日，苗多维奇和瓦文萨在聚光灯下展开辩论。苗多维奇一再宣扬他的“在一个工厂只有一个工会”的主张，瓦文萨说：“您有一个大工会，为什么您不肯同意团结工会的存在呢？波兰之大，可以容纳下我们俩嘛！”辩论的结果伯仲难分，但瓦文萨借辩论之机，现身于千家万户的电视荧屏，展示了他的成熟和辩才，这本身就表明他是这场辩论的赢家。拉科夫斯基总理看了电视辩论，他认为“瓦文萨已经大模大样地进入了政治生活”。他问雅鲁泽尔斯基是否事先知道苗多维奇的安排，雅鲁泽尔斯基回答说“不知道”。难道党的最高领导真不知道吗？为什么苗多维奇敢于自作主张呢？对苗多维奇的行为，拉科夫斯基心存疑问，雅鲁泽尔斯基也颇为气恼。

经过这场辩论，瓦文萨信心倍增。他一再强调，波兰正“朝着良好的方向前进，只是速度太慢”，他要努力加速这一进程。12月18日，政坛上又发生了一件大事，瓦文萨宣布成立公民委员会。这是一个由瓦文萨领导的、有119名专家学者和工会活动家参加的公民社会团体。它根据社会政治经济生活的不同领域和问题，组成了15个小组委员会，由反对派的知名人士牵头。如原团结工会主席首席顾问马佐维耶茨基领导工会多元化问题委员会，历史学家盖莱梅克领导政治改革问题委员会，著名的电影导演瓦依达领导文化委员会，等等。在公民委员会成立大会上，瓦文萨讲话说，除非当局表示愿意正式承认团结工会，否则他不同政府会谈。公民委员会异军突起，是团结工会压当局让步的惊人之举。公民委员会被视为潜在的“影子内阁”，表明了瓦文萨方面已经做好了参加圆桌会议的准备，西方记者评论说，它使“当局乱了手脚”。

瓦文萨宣布成立公民委员会的时间，恰巧选在波党十中全会开会的前两天。雅鲁泽尔斯基获悉此事后，不断地摇头感叹：瓦文萨背后不乏高人的指点，又让他抢占了先机，团结工会的声音势必会进入十中全会的会场。但令雅鲁泽尔斯基略感欣慰的是，近期以来尽管瓦文萨开展了攻势，不断地施压，但瓦文萨讲话的调子还是比较温和的。

六、十中全会第一阶段会议

1988年12月20—21日，波党举行了十中全会第一阶段会议。

全会前夕，雅鲁泽尔斯基作好了破釜沉舟的准备。他对拉科夫斯基说，中央委员会当前的人事结构令人担忧，许多困难和棘手的问题都难于解决好。在这次全会上必须重新排兵布阵，对政治局和书记处进行人事变动。他估计全会的气氛不会是平静的，希望拉科夫斯基有所思想准备。雅鲁泽尔斯基说，“在全会上，如果因为我对反对派实行的政策而受到攻击，我将辞去第一书记的职务。而军人的荣誉感，也将不容许我继续当国务委员会主席。在这样的形势下，你就当第一书记”。听到了这样的话，拉科夫斯基的心怦地一跳，但他立即表示，他将坚定地同雅鲁泽尔斯基在一起。拉科夫斯基说，“假如有人对你进行恶毒的批评，或者有人暗示撤换第一书记，我将和基什查克、希维茨基一同起立，宣布我们同雅鲁泽尔斯基一起辞职。我要对大家说，‘你们自己想办法去吧！’”

带着拼死一搏的心情，雅鲁泽尔斯基走上了十中全会的讲台，他情绪激动地发表了一篇开幕讲话。

雅鲁泽尔斯基首先就挑明了问题，他指出：“有人说，党投降了，正在同敌人谈判，搞机会主义，缺乏原则性。也有人指责说，党妨碍改革的进展，抱着过时的公式和教条，推行‘新斯大林主义的残余’。”“还有人指责我，既有今日——倡议圆桌会议，何必当初——实施战时状态。”

对这些指责，雅鲁泽尔斯基一一予以拒绝，他自我辩护说：“我要在这里明确地表示，我们绝不拿制度的原则来换取取消派的无聊的‘饰物’。我们将坚决摈弃一切过时的东西，继续进行改革。……我们将铲除斯大林主义的残余。……促进正处在十分重要、可以说正处于转折阶段的民族和解事业。……有人指责我，说我‘实施战时状态’，也有人说我‘倡议召开圆桌会议’，我最近在议会说过，如果12月13日（1981年）不实施战时状态，如果这些年不搞革新的话，那么在今天就不会有意义深远的求实的对话。在危急形势下，通过采取非常手段来拯救国家，同今天，通过谋求和解来巩固国家，两者不仅不矛盾，而且有利于波兰的安定和发展，两者是彼此和谐的、符合逻辑的思想和行动。”

随后，雅鲁泽尔斯基尖锐地指出，“党内出现了反常的而且是危险的矛盾”。这种矛盾表现为“党的臃肿的机构、过时的工作方法、不够大胆创新的理论队伍”同“党的作用——作为积极变革的鼓舞者和组织者的作用”之间的矛盾。他说，十中全会的目的，“正是为了解决这些矛盾”。

听了雅鲁泽尔斯基的开场白，中央委员们的心就像15个吊桶打水七上八下。自七中全会雅鲁泽尔斯基提出召开圆桌会议的倡议以来，党内上上下下，思想一片混乱。从政治局到中央委员会，从中央机关到地方省、市委，到城乡基层组织，出现了严重的分歧，有人支持，有人反对，还有人不知如何是好。全党对政策的急转弯缺乏足够的准备。这种情形，雅鲁泽尔斯基看在眼中，急在心里。在十中全会上，他要统一思想认识，统一前进的步伐。他打响的第一炮就是进一步加强改革派在领导层中的力量。继七中全会之后，他在组织上又做了一次大手术，使已经辞去总理职务的梅斯内尔等五位政治局委员和四位中央书记离去，吸收了富有改革精神的青年精英进入中央领导机构，如莱·米莱尔（此人后来成为社民党总书记、政府总理、社民盟主席）。尽管中央委员们对这样的人事变动有各种不同的看法，但这项议程总算是比较容易地完成了。接下来，雅鲁泽尔斯基要做的，就是说服中央全会接受政治局关于党的改革的理论观点、方法和步骤，这可就不那么容易了。

政治局委员、中央书记马·奥热霍夫斯基代表政治局在全会上作了题为《党的改革是革新和改革战略取得成功的条件》的报告。他阐述了政治局事先提交给全会的题为《变革中的党，党在变革中》关于党对改革问题的提纲。《报告》和《提纲》几经政治局讨论和雅鲁泽尔斯基修改，集中地反映了七中全会以来波党领导对社会主义、改革、形势和任务的认识。主要是：

（一）关于社会主义，波党认为，建设社会主义是许多代人的历史性事业。建设社会主义没有现成的和具体说明的模式作依据，而是要无拘束地探索最适当的解决方案。有人说社会主义作为一种制度正在经历危机，这种说法是不正确的。我们需要社会主义革新理论和思想，重新审议社会主义在人类文明发展中的地位及其现代的理想形式、实施途径和手段。人类将通过生活社会化和人道主义化进入自由的境界。走向社会主义的道路应该是多种多样的。

（二）关于危机的根源，波党认为，波兰发生的危机比想象的范围更广，根源更深。其根源在于波兰40年代和50年代交替时期形成的、仍然没有摈弃的政权体制和社会经济组织的残余。波党认为所谓的“斯大林主义”在政治上的表现，一是背离社会主义的道德原则，滥用权力、限制民主；二是社会主义国家之间和党与党之间的不平等关系。

（三）关于改革，波党认为，实行彻底的改革是必要的。不允许中断改革，不允许拖延改革和敷衍了事，否则只能以更快的速度降低党的威信和限制党的影响。

（四）关于党和教会的关系，波党认为，波兰是世俗国家，但不是反宗教国家。社会主义的目标不是使波兰社会无神论化。社会主义不是宗教信仰和无神论两种世界观之间的抉择，决定人们态度的是政治观而不是世界观。没有广大信教群众的参加，波兰的社会主义革新是不可思议的。

（五）关于反对派，波党认为，不同利益和社会愿望的表达及其协调机制的发展，要求承认制度内部存在着反对意见和反对派。相信建设性的反对派会同极端的政治势力保持距离。未来工会的形式，由职工自己决定。但波党反对利用工会运动进行政治投机、把工厂变成战场的企图。

波党认为，改革的探索没有禁区，改革的界限只有一条。奥热霍夫斯基在报告中庄严宣布，“在人民共和国的政治制度和经济制度中，除了社会主义的基本社会目标和波兰国家利益的基本目标之外，其他任何东西今天都不是最终的和不可触动的”。从奥热霍夫斯基的《报告》和政治局的《提纲》中，人们可以清楚地看到雅鲁泽尔斯基和波党领导的思想脉络：为了寻找社会主义在现代的理想形式、实施途径和手段，他们决心走改革之路，决心扩大民族和解面，同教会和反对派谋求“历史性的大妥协”。当务之急就是召开圆桌会议。

全会的讨论是激烈的。雅鲁泽尔斯基坐在主席台上，一边听着发言，一边观察会场的动静。不难发现有不少的中央委员，对召开圆桌会议的建议持保留态度，并且怀疑党的领导在“社会主义的基本目标”的大帽子下开小差，用原则性的提法来掩护其对团结工会的承认。但也有令雅鲁泽尔斯基满意的发言。一位工人中央委员讲述了厂矿形势的严重，然后提问说：“难道再次宣布战时状态吗？”“许多同志认为，只要我们手中握有武力，一切问题就会迎刃而解。”但他认为这种想法并不正确，他的答案是：“我们更应该相信理智而不是武力。”

第一天会议后，晚上拉科夫斯基找雅鲁泽尔斯基交流看法，他们俩商定，第二天拉科夫斯基将以总理的身份发表讲话，尽可能说服更多的中央委员相信召开圆桌会议的必要性和紧迫性。拉科夫斯基的讲话不代表政治局，因此他的讲话稿也无须事先征求政治局的意见。拉科夫斯基星夜起草了讲话稿，在走上讲台前一个小时，他把讲话稿交给了雅鲁泽尔斯基。雅鲁泽尔斯基看了一遍，作了些许的改动，就表示了同意。拉科夫斯基在讲话中向全会，并通过全会向全党提出了10大问题，启发和诱导人们进行深入的思考。拉科夫斯基的基本论点是：反对派势力在不断地壮大，我们不能视而不见；同建设性反对派达成总的谅解的时机已经到来。拉科夫斯基说，“瓦文萨建议同政府达成妥协，并希望就妥协的条件和形式进行会谈。我作为总理，应当怎么办？是装作聋子吗？装聋作哑的做法，能使政府赢得社会的持久支持吗？”拉科夫斯基主张，应“扩大温和的反对派在政治生活和国家生活中的自由和地位”，“设法使他们承担责任”。

听了拉科夫斯基的讲话，前中央第一书记卡尼亚评价说，“拉科夫斯基提出的问题，是关乎波兰民族和人民波兰命运的最重要的症结”，“其核心是使团结工会合法化，并相信团结工会对全国问题、对解决经济问题会发挥出建设性的影响”。

拉科夫斯基走下讲台时，他沾沾自喜，“浑身感到轻松”。他觉得他实现了“我很想使我的名字同党在政策上开创新阶段连在一起”的抱负。他自我解释说，“哪一位政治家会不重视这一点呢？”就在当天，他授意下属把自己的讲话稿送交给主教团。他认为，在人民波兰历史上，他是第一位对大主教进行过上任拜会的总理，他现在采取的递送文件这样的行动，是要继续争取教会的理解和支持。他想，就是雅鲁泽尔斯基知道了也不会反对。

十中全会的第一阶段会议草草收兵。雅鲁泽尔斯基敦促改组后的中央政治局和书记处成员，分赴各省、市出席地方党组织的总结选举代表会议，指导省市各级党组织领会政治局《提纲》的精神，统一全党的思想和行动，同时对省市各级领导班子进行一次大改组，藉以增强改革派在全党的力量和地位。

七、十中全会第二阶段会议

1989年1月16日，波党十中全会第二阶段会议拉开了帷幕。

奥热霍夫斯基作了《关于就政治局提纲进行协商的情况》的报告。他说有近50万党员以及5万多非党人士参加了协商讨论。广大党员干部的看法在下列一些问题上易于接近或一致，如：关于清算斯大林主义的残余，关于放弃党对经济和行政的直接管理，关于加强议会的作用，关于加强三党联盟（波兰统一工人党、统一农民党、民主党），使其成为团结左派力量的广泛战线的强大中心，等等。但在关键问题上，即关于团结工会合法化问题，看法分歧，没有共识。奥热霍夫斯基说："人们普遍担心的是，一旦取消工会法中的一些限制，会不会导致1981年局势的重演？会不会又把工厂变成政治斗争的舞台？"

在关键问题上党内没有共识，尽管如此，奥热霍夫斯基仍然强调说，从协商讨论中得出的结论是，"解决工会多元化问题的时机已经成熟了"。

在奥热霍夫斯基报告之前，雅鲁泽尔斯基首先讲话，他恳切地呼吁"妥协"与"和解"。他说，"必须通过大家共同的努力和彼此的妥协，才能克服令人不安的和无法回避的困难"。他希望团结工会"对过去的所作所为进行反思，并从中吸取应有的教训，用自己的行动来证明自己是关心国家的命运的"。他强调指出，和解"不应理解为谁输谁赢，和解是一个机会，对于波兰来说，是一个大好的机会，大家都应珍惜这个机会"。

奥热霍夫斯基报告完毕，全会开始发言讨论，几乎每篇发言都强烈地批评了党的领导。党内的保守势力又发起了进攻，全会气氛骤然升温。雅鲁泽尔斯基对坐在他右侧的拉科夫斯基轻声地说，“决议草案中关于多元化问题的立场，如果被全会推翻了，那么我就辞职”。拉科夫斯基对雅鲁泽尔斯基的担忧，心领神会，于是他又挺身而出，走上讲台，同保守势力论战。拉科夫斯基比喻说，波兰的命运，社会主义的前途，就好像一辆处于急转弯的汽车，能否避免翻车，这取决于我们这些开车的人能否控制好油门、刹车和方向盘。我们正处于过渡时期。这个时期将如何告终，取决于我们是走上新的道路还是失败。拉科夫斯基批驳说，有人认为“只要进行一些小修小补和改进，就能保障波兰沿着社会主义道路发展下去，持这种观点的人是大错特错了”，要知道“任何神奇的力量都不能保证波兰统一工人党在波兰的未来发展中维持自己的领导地位”。拉科夫斯基的结论是，党能否维持领导地位“将取决于党在最近几个月和几年内，通过实际行动而不是意向性宣言，成为一支体制改革的进攻性力量”。

全会的讨论不断升温。会议的第二天，1月17日，围绕团结工会合法化问题，批评党领导准备采取“多元化主张”的声音，仍在发言中占主导地位。有人把矛头直指雅鲁泽尔斯基，说什么“党的领导人感到对实施战时状态负有责任，现在提出了工会多元化的主张，想以此来博取反对派的欢心”。这样的发言刺痛了雅鲁泽尔斯基的心，他觉得大家应“理智”和“珍惜大好时机”，可为什么又有这么多的“狂热”？他坐在主席台上，面无表情，不动声色，可内心深处却波涛起伏，五味杂陈。为了扩大民族和解，捍卫国家的社会主义前途，他废寝忘食，殚精竭虑，可为什么又换不来党内同志的理解和支持呢？

十中全会原定的议事日程，因这场意外激烈的争论被打乱了。

到了下午，会议非但不能准时结束，反而改为秘密进行。雅鲁泽尔斯基认为，已经到了同党内保守势力进行摊牌的时刻了。

在第二次休息时，雅鲁泽尔斯基请政治局委员内务部长基什查克将军和政治局委员国防部长希维茨基将军一同去了一间密室，商谈良久。当雅鲁泽尔斯基回到政治局委员休息室时，他看到拉科夫斯基一个人坐在那里，他就告诉拉科夫斯基，说他们三人"已达成一致意见，准备向中央委员会发表辞职声明。因为没有中央委员会的信任，就不能再领导党和国家"。拉科夫斯基早就知道辞职是雅鲁泽尔斯基手中的杀手锏，早就有了思想准备，他立即回应说，他要同将军在一起，同将军一道辞职，同党内的保守势力背水一战。

雅鲁泽尔斯基先是主持召开政治局会议，通报了他同总理、内务部长、国防部长四人的辞职决定。然后主持召开全会秘密会议，在会上他宣布了四人辞去党政职务的决定。一石激起千重浪，中央委员们震惊不已。一片窃窃私语过后，有20位委员先后走上讲台，他们异口同声说服雅鲁泽尔斯基不应辞职。全会暂时休息，政治局再次开会。一位政治局委员提议在全会上对整个政治局进行信任表决，藉以表明政治局支持雅鲁泽尔斯基的路线，并承担共同的责任。雅鲁泽尔斯基接受了这一提议。全会复会后，对政治局信任案进行表决，只有四位中央委员投了弃权票，其余所有的与会委员都投了信任票。一场可能爆发的政治危机化险为夷。记者评论说，通过信任投票"雅鲁泽尔斯基今天击败了中央委员会内部的一次造反"。

通过信任投票，十中全会两天来炽烈的争论冷却下来了。经表决，全会一致通过了事先准备好的《十中全会决议》，并以多数票通过了《波党关于政治多元化和工会多元化的立场》。这两份影响波兰历史进程的文件得以在全会上通过，是雅鲁泽尔斯基使尽了浑身解数艰难地取得的结果。他长长地呼了口气，宣布全会结束。是时已是18日凌晨3点钟了。

《十中全会决议》勾画出波党对政治和经济体制进一步改革以及波党自身改革的蓝图。《决议》强调指出，波党致力于创建社会主义现代化形式，（一）将坚决清除斯大林主义时期形成的官僚主义——中央集权的政治和经济管理体制的残余；（二）将建立以社会主义议会民主和公民社会为基础的社会政治制度，实现立法、行政和司法的三权制衡；（三）将发展波党、统一农民党、民主党三党联盟，扩大民族和解，建立广泛的赞成改革的联盟；（四）将有意识地放弃由波党取代国家政权机构的做法，为那些承认宪法秩序并在宪法范围内从事活动的反对派提供相应的职位；（五）将改进党内工作体制和形式，将把全党公投、选举和竞争，以及横向联系等机制引进党内生活。

《波党关于政治多元化和工会多元化的立场》共10条，其核心部分是：（一）同建设性反对派进行对话和寻求和解的形式。波党认为“有必要确定政治多元化的新模式”，“把建设性反对派纳入政治体制之中是必要的和可能的……在未来的议会中成立的议员团或议员小组，将会成为建设性反对派在议会中的相应的机构”。（二）团结工会恢复活动的条件。波党主张在民族和解的情况下，取消对成立新工会的限制，其前提是新成立的工会，第一要遵守宪法和法律秩序以及工会章程；第二要根据波兰的现行法律和根据忠于自己国家的原则来利用财政资助；第三要制止破坏社会安宁和国家稳定的行动。（三）圆桌会议的任务。第一为即将举行的议会大选做好准备，确定议会的选举原则，修改选举法，制定未来议会中各种政治势力代表席位的分配原则；第二确定以广泛的民族和解为基础的国家机构的组织形式；第三商定实现工会多元化的条件、方法和时间表，为成立新工会包括团结工会的合法化开辟道路。

十中全会《决议》和《立场》两份历史性文件的通过，反映出波党从1988年5月以来同反对派在内部讨价还价的结果，标志着波党完成了从七中全会开始的政策调正和变化。波党为取缔七年之久的团结工会恢复活动开了绿灯，扫清了通往圆桌会议道路上的障碍。

十中全会终于闭幕了。雅鲁泽尔斯基回到驻地，洗漱完毕，准备就寝。他躺在床上，但并无睡意。眼前好像还有批评者指指点点的影子，耳畔好像还有“你们要博取反对派欢心”的余音。他辗转反侧，好不容易摆脱了全会争论不休的场景，脑子里又出现了他给未来波兰绘制的“理想的”社会主义蓝图。前景多美啊！这可是他同他的朋友共同的探索和创造啊！这样的模式，不仅在波党的历史上就是在国际共运的历史上也是前所没有的。然而，这种勇敢的探索，大胆的创造，毕竟还是纸上的东西啊！能付诸实现吗？又怎样去实现呢？他仿佛看到了一线光明，转瞬间又坠入五里云雾，茫茫然不知所向。他似睡非睡，似醒非醒，昏昏沉沉，天已破晓。

八、角色的转换

谈判桌上是对手，餐饮桌上是朋友。

瓦文萨知道了十中全会的结果，他和他的顾问们欣喜欲狂。当内务部长基什查克邀请他共进晚餐时，他在米赫尼克的陪同下前去赴宴。他们同这位警察头子对饮闲聊，天南地北，海阔天空，恩怨情仇早已置于脑后。他们得意洋洋，无所顾忌，开怀畅饮，喧宾夺主。他们频频举杯，为波兰的未来祝福。

米赫尼克高高地举起了酒杯：“为瓦文萨—基什查克政府干杯！”“为美好的未来干杯！”

可波兰的未来是什么样子呢？宾主双方各有各的蓝图，各有各的描绘。不说是人人妙笔生花，也应说是张张美景如画了。这样的前景，这样的时刻，这样的一杯诱人的美酒，怎能不一饮而尽呢！

基什查克（右）、瓦文萨（左）和米赫尼克（中）碰杯

瓦文萨（左）和米赫尼克（右）举杯祝酒

“好，干杯！”波兰人骨子里从不缺少豪爽的基因。在美酒面前谁也不会退让三分，他们真的是酒逢知己了，豪情不惧千盅酒！

1月20日，也就是波党十中全会后的第三天，瓦文萨在格但斯克主持召开了团结工会全国委员会会议。会后，1月22日，在圣·布里吉达教堂举行了群众集会，有2000余人参加。团结工会发言人宣读了“五点声明”，表明了团结工会全国委员会对波党十中全会的看法和立场。团结工会全国委员会认为，波党关于工会多元化和团结工会合法化的决定是迈向社会对话的重大步骤。团结工会希望当局尊重工会自由的原则；团结工会愿意按照法律、工会章程、国家的根本利益来从事活动；团结工会欢迎实行政治多元化，并认为“必须尽快地开始谈判。谈判应求实而具体，还应详尽地进行报道”。瓦文萨对记者说，“对方伸出了手，我们也应伸出手来回答。我们注定要达成谅解。和睦促进建设，不和导致破坏。我们必须仍然是自由和自治的，我们必须有自己的组织。如果这一切是可能的话，那么妥协当然也是可能的了。”瓦文萨还特别强调“政治多元化业已出现在地平线上了，我们希望1989年的波兰人将更聪明，将很好地利用这一机会”。

人们还记得，在十中全会第二阶段会议上，雅鲁泽尔斯基恳切地指出，和解是一个机会，大好的机会，大家要珍惜这个机会。雅鲁泽尔斯基的话，是说给会场内中央委员们听的，也是说给会场外团结工会听的。会场内有些中央委员听而不闻，会场外的瓦文萨则异口同声地也说了“将很好地利用这一机会”。瓦文萨迅速而积极地回答了雅鲁泽尔斯基的呼吁。山鸣谷应，这使雅鲁泽尔斯基又增加了几分对瓦文萨的好感和期望。

多年来，雅鲁泽尔斯基坚持以压力求和解，其结果事与愿违，没能达到预期的目的。现在，用对话取代了压力，党的政策实现了大转弯，几乎是收到了立竿见影的效果。雅鲁泽尔斯基感到欣慰和高兴，他看到了希望的曙光，看到了团结工会和反对派即将坐在圆桌前面，同当局认真地共商国是的前景。但生活的辩证法还告诉雅鲁泽尔斯基，凡事有所得也会有所失。活生生的现实表明，团结工会准备和解之时，恰恰是全波工协趋于强硬之日。这使雅鲁泽尔斯基揪心不已。难道真的是有了新朋友就要甩掉老朋友吗？“不能这样啊！”雅鲁泽尔斯基想到了，但他很难做到了。

全波工协是军管后响应雅鲁泽尔斯基的号召而创建起来的亲当局的新的工会组织。当团结工会遭到取缔转入地下的时候，全波工协开始创建，活跃在工厂矿山，从事合法的活动，成为波党联系工人群众的纽带。雅鲁泽尔斯基曾称赞全波工协主席苗多维奇像一座耸立的高山。当波党政策开始调整变化的时候，全波工协支持改革，支持雅鲁泽尔斯基的领导地位，但反对团结工合合法化，反对拉科夫斯基政府制定的政策。波党十中全会后，全波工协一反常态，也拿起了罢工的武器。

全波工协的策略是，把斗争的矛头指向政府。他们认为，是政府与团结工会正在做一笔生意。政府承诺团结工会重新合法化，并在政治上给予各种好处，用以换取团结工会允许政府实行勒紧裤带的政策。他们指出，政府要提高物价，实行私有化，降低工人生活水平，压缩社会福利事业。他们甚至说，药品提价，就是政府玩弄“人吃人的把戏”。他们断定，全波工协正面临一场“更加艰苦而必要的”战斗，就是“同政府的斗争”。

1月20日，全波工协执委会公开声明，他们对“拉科夫斯基政府所采取的措施，表示愤慨和坚决反对”。1月26日，全波工协召开了理事会。理事会公开地对十中全会《关于政治多元化和工会多元化的立场》表示了不满。理事会发表声明说，“在波兰现在的条件下，实现政治和工会多元化的方式要求特别慎重和十分负责，这首先要求听取工人阶级、劳动人民和包括工会在内的整个社会的意见。波兰统一工人党十中全会置工会于既成事实面前，这在工会基层组织中引起了可以理解的不满”。他们宣布“我们对这一决定引起的后果将不承担责任”。苗多维奇对记者说，他反对工会多元化，他自己感到“好像干了一件不光彩的事，现在人家对我说，你可以走人了”。一位工厂管理人员说，“几年来官方一再告诉我们团结工会完蛋了。看，我们受骗了”。

痛苦的失落感不期而至，逆反的情绪油然而生。在政治局和中央全会上，苗多维奇同拉科夫斯基对立，两个人唇枪舌剑地辩论，而在基层，全波工协明里暗里鼓动工人抗议、示威、罢工，不断地提出增加工资的要求。拉科夫斯基政府为防止发生大罢工，采取了“纸票子灭火”的办法，1989年7月工业部门平均月工资较上一年同比提高了162%，结果是满足了增加工资的要求，却进一步加剧了通货膨胀和市场供应的紧张。

政坛格局变幻莫测。昔日的阶下囚，变成为今天的座上宾。而本应步调一致的同一战壕的战友，却日甚一日地貌合而神离了。十中全会后的波兰，风向变了，有人欢乐有人忧。

九、圆桌会议（一）

波党掌握的宣传工具，大肆渲染民族和解的乐观情绪，大造舆论，提高了调门，强调十中全会“创造了和解的气氛和选择的机会”，为社会主义寻找到了“新的形式和内容”。说“新的政治风光”已经展现在波兰面前，圆桌会议的召开指日可待，成功的希望无庸置疑。说地平线上已经出现了议会选举的标识，反对派建立合法组织和参加竞选，必将成为社会政治生活中的一道新的风景线。

圆桌会议筹备工作中的争议问题一一迎刃而解，瓦文萨提出的参加会议的条件得到了满足：波党承诺团结工会合法化，承认瓦文萨不是以个人的名义而是以团结工会主席的名义出席圆桌会议，不再拒绝库龙和米赫尼克作为团结工会方的代表出席圆桌会议。有人问雅鲁泽尔斯基为什么在这些问题上对瓦文萨一让再让，雅鲁泽尔斯基回答说，“我不是向瓦文萨让步，我是向现实做出了让步”。

1989年2月6日，由雅鲁泽尔斯基积极倡导和大力推动的圆桌会议终于拉开了帷幕。

圆桌会议：瓦文萨（左4，1990年当选总统）步入会场

在雅鲁泽尔斯基的想象中，社会主义不是一成不变的，而是不断革新和发展的。雅鲁泽尔斯基认为，“从历史意义上讲，社会主义是不可逆转的，但是，建设社会主义的道路与方法是需要更新和改革的。其目的是为了使社会主义能够更好地为劳动人民服务，更好地满足劳动人民的需要，使人人都有平等的机会，一生都受到公正的对待”。“当今这个时代，是恢复社会主义与民主之间划等号的时代”。但迄今的社会主义的实现，即所谓的现实社会主义并不成功。

雅鲁泽尔斯基的雄心壮志是，他要通过圆桌会议，扩大民族和解面，把建设性的反对派纳入社会主义的框架，寻找和构筑符合波兰国情和适应时代要求的社会主义新模式。在雅鲁泽尔斯基看来，圆桌会议是方法，是手段，而不是目的。他要通过圆桌会议，达到

圆桌会议：克瓦希涅夫斯基（1995年当选总统）在寻找座位

他所追求的目的，既摈弃现实社会主义的弊端，又捍卫迄今的社会主义的成果，并在此基础上，建立朝野两大势力的妥协和联合，为进行彻底的经济和政治体制改革创造条件，以便把波兰建设成为富裕、民主、公正、和谐的社会主义的现代国家。雅鲁泽尔斯基知道，他正在做前人没有做过的事，为波兰的社会主义未来而另辟蹊径。他有成功的希望，也有失败的可能。他期待圆桌会议会能够像他预想的那样结出丰硕的果实来。

作为波党中央第一书记和国务委员会主席，雅鲁泽尔斯基没有出席圆桌会议。同实施战时状态时相比，看起来他张弛有别，判若两人，实际上他心情紧张，依然如故。实施战时状态时，他守在电话机旁，寝食不安。今天，他坐镇中央，也不敢有些许怠慢。他密切关注圆桌会议的进程和掌握圆桌会议的方向，多次召开政治局会议，研究和解决圆桌会议中出现的新情况和新问题。

圆桌会议第一次全体会议还是顺利的。朝野两大势力的精英济

圆桌会议：朝野精英，济济一堂

济一堂。56位代表，坐在庞大的圆桌周围，共商国是。

团结工会和反对派方面的代表20人，占总数35%，其中重量级人物，除了瓦文萨之外，还有马佐维耶茨基、盖莱梅克、库龙、米赫尼克等。当局方面的代表也是20人，主要是基什查克、雷伊科夫斯基、巴卡、克瓦希涅夫斯基等。无党派人士14人，名义上不参与政治的罗马天主教会也派出自己的代表——大主教社会会议成员两人与会。

在全体会议上，基什查克首先讲话，他指出了圆桌会议的任务就是要达成一项新的协议，其基本点应包括：第一，勾画出波兰国家和政治生活的模式、结构和职能。举行非对抗性的议会选举，使新议会具有更深刻的多元化性质。建立一种新的制度，它既规定通过协商达成妥协，又保证国家的社会主义基础不受损害。

第二，寻找出一种能有效地保证实现改革的经济秩序模式。

第三，实行工会多元化。

圆桌会议：政府方面代表，基什查克（左3）、乔塞克（左2）、克瓦希涅夫斯基（右1）

基什查克建议，成立三个工作组，即政治改革工作组、经济和社会政策工作组、工会多元化问题工作组，深入进行讨论，并提出具体问题的解决方案。

基什查克指出，当今在社会主义国家中一个“革新的趋势”已经形成，由于波兰进行改革的“‘工龄’相对比较长，以及大胆的进展”，这“使波兰客观上成了‘试验田’，成了席卷社会主义国家的深刻改革的实际的验证地”。正因为如此，基什查克说，波兰肩负着“加倍的责任”，“我们可能以和解的成就，来支持社会主义国家中的革新趋势。反之，我们的不成功，也会削弱这一趋势，会证明社会主义中的多元化只能意味着打斗，甚至是灾难”。究竟波兰这块“试验田”会结出什么样的果实，是“成功”还是“灾难”？基什查克把问题尖锐地摆在大家面前，并希望大家能相向而行通力合作地进行耕耘。

圆桌会议：团结工会方面代表，瓦文萨（右5）、马佐维耶茨基（右6）、盖莱梅克（右2）、米赫尼克（右3）

瓦文萨也讲了话。他首先表示团结工会方面“接受基什查克提出的计划和组织方面的所有建议”。但他坚持一切“必须从恢复团结工会开始”，只有这样才能“使波兰摆脱瘫痪状态，把波兰人从绝望中拯救出来”。关于经济和政治改革问题，瓦文萨指出，国家改革的方向只有一个，即必须导致民主制度、法治、民族主权和公民自由。

随后，各界代表相继讲话，有长有短。统一农民党的米·科萨凯维奇对党的领导作用的理论和实践问题，讲了自己的看法，他认为这一理论妨碍了党同友党之间建立真正的伙伴关系。

第一次全体会议后，圆桌会议即转入分组会议。

政治改革工作组，由波党政治局委员、中央书记雷伊科夫斯基和团结工会高级顾问盖莱梅克共同主持，有各界代表36人参加，先后举行了九次会议。经济和社会政策工作组，由波党政治局委员巴卡和大主教社会会议成员切恰科夫斯基共同主持，有各界代表和专家40人参加，先后举行了13次会议。工会多元化问题工作组，由全波工协成员索斯诺夫斯基、团结工会高级顾问马佐维耶茨基和政府青年事务部长克瓦希涅夫斯基共同主持，有各界代表和专家33人参加，先后举行了10次会议。在三个工作组下面又设10个问题小组，总共参加圆桌会议工作组会议成员为109人。

从2月6日开始到4月5日为止，一场圆桌会议居然开了两个月，实出于雅鲁泽尔斯基的意料之外。大大小小一连串会议的会议简报，雪片般飞落在他的案头。他一边批阅一边想，波兰政坛终于围绕着他的倡议，围绕着圆桌会议，台前幕后，明里暗里，旋转起来了。他似乎掌握了形势的主动权，感到了一丝丝的欣慰。他不断地主持召开政治局会议，听取汇报，研究形势，调整对策。他一再要求，在团结工会和反对派方面的代表表现出强盛的活力和猛烈的攻势面前，当局方面的代表绝不可甘拜下风。他认为，这样的圆桌会议，是波党执政40余年以来的第一次，历史上前所未有，朝野双方代表立场、观点不同，发生激烈的交锋是不可避免的，就是在自己营垒内部出现了分歧也是可以理解的。

但人人都有烦心事，雅鲁泽尔斯基也不例外。只是他用军人特有的镇定、乐观和自信，掩饰了他内心深处的烦恼和忧虑。在圆桌会议上出现的几个典型事例，使雅鲁泽尔斯基有所警觉，但又无可奈何。

全波工协仍然不听劝阻，我行我素，同政府唱反调，越走越远。他们宣称，“我们在满足劳动者基本要求方面负有道义和社会责任”，因此，“不管谁提出什么市场化、自负盈亏、企业精神以及其他什么方案，只要不能保证劳动者的需要，我们都将予以拒绝”。他们把政府同反对派的妥协，说成是唱双簧，说“给人的印象是，政府和部分反对派之间的分歧收到了表演的效果，看起来很激烈，实际上却像家庭内部的争吵”。当圆桌会议快要结束的时候，全波工协发表声明，说政府和团结工会双方达成的涨价补贴办法“将会进一步扩大不合理的工资差距和贫困化范围”，“无助于平息不安，反之，可能加剧不安”，因此，全波工协不同意只补贴涨价的80%，而要求补贴100%；尤其是不同意以工厂的支付能力作为这种补贴的保证。全波工协拒绝在《关于社会和经济政策及体制改革问题的立场》协议文件上签字，并把全波工协立场写成附件，作为整个协议的组成部分。全波工协的立场遭到政府方面和团结工会方面代表的同声责难。政府方面发表声明，批评全波工协不懂经济规律，强调“要维护劳动人民的真正利益”，“不应违背经济规律”。团结工会也发表声明，指责全波工协“企图破坏圆桌会议的进程，毁掉正在出现的救国的机会”，并要求把全波工协主席苗多维奇开除出圆桌会议。基什查克不得不出面表态，他一方面肯定团结工会的声明，一方面反对开除苗多维奇。是啊，他也不能因为有了新伙伴而丢掉老朋友，喜新厌旧啊！

参加圆桌会议的党的领导干部，在重大问题上的发言，本应协调一致，而不应自作主张，但克瓦希涅夫斯基事先不同任何人商量，也不请示报告雅鲁泽尔斯基和拉科夫斯基，突然提出“参议院自由竞选”的建议。这个建议，使与会的波党其他领导干部感到意外，左右为难，但受到了瓦文萨的赞赏。唉，党的集中统一早已遭到削弱，出现了这种事，能怪罪克瓦希涅夫斯基吗？

波党同统一农民党和民主党的三党执政联盟，正面临新的考验。在圆桌会议上，他们是同一战壕的战友，采取了联合行动，但随着会议的进展，当团结工会即将以合法身份重新走上舞台的时候，农民党和民主党感到了他们的地位受到冲击，他们开始更多地考虑自身的利益，强调自己的特殊性和自主性。雅鲁泽尔斯基似乎察觉到了一种离心离德的苗头，但他和他的朋友们都把注意力聚焦在团结工会身上，认为只要套住团结工会这匹野马，实现了民族的和解，就能换来万马奔腾的局面。难道几十年来久经风吹雨打的三党联盟，会因民族和解的实现而动摇吗？

"智者千虑，必有一失"。常言道格言是智慧的结晶，它所昭示的生活真理，对于勤于思考的雅鲁泽尔斯基来说，恐怕也不会是例外。

十、圆桌会议（二）

1989年4月5日，圆桌会议举行了最后一次全体会议。

圆桌会议顺利地闭幕了。基什查克和瓦文萨签署了联合公报，宣称"圆桌会议参与者通过了协议的条款，并且表示他们愿为执行协议条款而共同努力"。朝野两大势力实现了历史性的大妥协，基什查克和瓦文萨紧紧握手，相互祝贺。

圆桌会议通过了三个改变波兰现状的文件，它们是:（一）关于工会多元化的立场,（二）关于政治体制改革问题的立场,（三）关于社会和经济政策及体制改革问题的立场。根据这三个文件，团结工会将通过重新登记注册而获得合法地位；国家政体将实行议会民主制，增设参议院，由总统制取代国务委员会制；将继续进行经济体制改革，建立新的经济秩序，实行市场化。

对圆桌会议及其结果，政府方面和团结工会方面均感到满意。

在圆桌会议闭幕式上，基什查克讲话说，"我们从事的事业，是一项真正的共同的事业。我们取得的成果，是共同的成果。从中产生的欣慰也是共同的欣慰"。"胜利者只有一个，即我们的人民，我们的祖国"。

基什查克预言，"我们有一种感觉，即一个历史篇章正在结束，我国历史又一个篇章正在开始，正出现一个新的历史机会"。"我们

圆桌会议结束，基什查克（左）同瓦文萨紧紧握手

圆桌会议：米赫尼克（左1）同瓦文萨耳语

共同绘制了即将形成的社会—政治体制的蓝图，这一体制的基础是公民社会和社会主义议会民主”。基什查克还特别强调了波兰的变革在现实社会主义国家改革中的地位和意义，他说，“由圆桌会议进一步推动的变革，是一项大胆的史无先例的事业。虽然它汇入重建社会主义的国际洪流之中，但它是独创的，在内容和形式上深深地打上了波兰的印记。它是从波兰的民族传统和经验、切身需要和抱负中生长起来的”。基什查克的讲话充满了乐观情绪，但他也告诫说，圆桌会议虽然“具有历史性的意义，但它本身还不是转折。它只是指出了转折的出路。在这里大家讲了许多话，然而检验它们的

是如何实施所达成的协议”。

瓦文萨也讲了话，他对圆桌会议的结果“还是满意的”。他喜形于色，坐在圆桌前留下了一幅历史性的照片。周围的人早已起身离去，他似乎还有些恋恋不舍。

在记者招待会上瓦文萨一再表示，在圆桌会议上“没有进行接管政权的斗争”，“在这里谁也没有战胜谁，而且也没人想取胜”，同时，他还信誓旦旦地说，“我们以后也不会使工会成为一个政治组织”。

瓦文萨照片和题词“1989年4月5日，星期三，圆桌会议结束。莱赫·瓦文萨。还是满意的。”

为了落实圆桌会议达成的协议，波党和政府方面迅速地采取了行动。雅鲁泽尔斯基主持召开了十一中全会。全会对圆桌会议在主要问题上达成的一致意见表示赞成，并再次强调，波党的“目标，就是建设公民社会和实行社会主义议会民主的国家”。4月7日，波兰议会在圆桌会议后的第三天，即通过了6项法案，使圆桌会议的协议法律化。这6项法案是:（一）宪法修正案，决定实行总统制和增设参议院;（二）工会法修正案，允许团结工会重新登记注册后进行合法活动;（三）议会选举法，允许团结工会参与按比例分配的议会部分席位的自由竞选;（四）参议院选举法，允许团结工会参与参议院全部席位的自由竞选;（五）结社法和（六）农会法，允许反对派社团和团结农会从事合法的活动。4月17日，华沙法院完成了团结工会重新登记注册的手续，团结工会重新以合法的身份登上了政治舞台。瓦文萨高兴地说，“我们又回到民主和自由的道路上了”。

波兰形势正在发生天翻地覆的变化。雅鲁泽尔斯基和拉科夫斯基都认为，这种变化是积极的，是在沿着他们所设计的轨道前进的，是波党十中全会播下的种籽正在发芽、开花、结果。而在社会主义大家庭中，这种变化是空前的、独特的，甚至是一种“离经叛道”，假如没有戈尔巴乔夫的理解和支持，也是不可想象的。在团结工会重新合法化这一关键时刻，雅鲁泽尔斯基首先想到的是，他必须前往莫斯科，亲自会见戈尔巴乔夫，通报形势，交流看法，协调立场。4月17日，雅鲁泽尔斯基闪电般地去了莫斯科，他同戈尔巴乔夫商谈良久，甚至谈到了波党未来的接班人。雅鲁泽尔斯基考虑在不久的将来他将把中央第一书记的接力棒交给拉科夫斯基，戈尔巴乔夫对雅鲁泽尔斯基的想法表示了赞赏和肯定。会见后，雅鲁泽尔斯基立即返回华沙。他来去匆匆，不辞辛苦。

雅鲁泽尔斯基风尘仆仆，但胸有成竹。回到华沙后第二天，4月18日，他会见了圆桌会议主要的谈判对手基什查克和瓦文萨以及圆桌会议决定成立的协商委员会成员。参加这次会见的有团结工会人士马佐维耶茨基和盖莱梅克，大主教戈茨沃夫斯基，以及总理拉科夫斯基。他们像久别重逢的朋友一样，肩并肩地坐在一起，无拘无束地进行交谈。

雅鲁泽尔斯基欢迎瓦文萨，他用了一句波兰谚语，打开了他的话匣子。他说：“山与山，不会面；人与人，常相逢”。

机智的瓦文萨立即回应说：“我希望今后我们再也不分离了”。

左起：马佐维耶茨基、基什查克、瓦文萨、雅鲁泽尔斯基、盖莱梅克、拉科夫斯基和戈茨沃夫斯基大主教

雅鲁泽尔斯基说："我想，这将符合波兰国家利益……我很高兴，我们现在常常意见一致。这说明不同的道路通向同一的目的，通向波兰国家的繁荣。"

瓦文萨说："和解导致建设……现在急待解决的问题很多，但只要大家和解，问题是可以逐一解决的。"

雅鲁泽尔斯基说："我们正处在艰难而漫长的道路的中途，我们有可能走到终点。社会上大多数人理解和支持圆桌会议达成的协议，这是重要的。"

瓦文萨说："是的，让我们一起拔掉杂草，我们愿意也有信心做好工作，以便实现我们的和社会的愿望。"

雅鲁泽尔斯基同瓦文萨的会见，气氛平和，热忱友好，双方都在寻找共同的语言，把圆桌会议形成的民族和解、历史性的大妥协推向了高潮。拉科夫斯基评论说，"这是圆桌会议的结果，也是和解的结果。如果伙伴们都承担义务，放弃暴力行动，放弃毫无根据的不现实的要求，那么我们将共同谱写人民波兰的新篇章”。

雅鲁泽尔斯基同意拉科夫斯基的评论。他是多么渴望成功，渴望在“人民波兰的新篇章”中留下自己的名字。但圆桌会议协议毕竟还是纸上的东西，如何把纸上的东西变成现实，现在只走出了第一步，即团结工会实现了合法化。这是当局一方言行一致，说到做到，表现出自己的诚意，兑现了自己的承诺。接下来，如何走第二步，第三步，即如何进行议会选举、建立社会主义议会民主国家和进行经济体制的改革，还是一个未知数。难道前进的道路能像华沙市元帅大街那样平坦和笔直吗？难道能顺利地走到心目中的终点而不会发生中途而废的风险吗？雅鲁泽尔斯基心里嘀咕着，可拉科夫斯基却显得更为乐观。

十一、议会选举

圆桌会议后，第十届议会选举运动立即拉开了大幕。波兰政坛显得十分活跃，由波党领导的执政联盟和重新合法化的团结工会两大势力都全力以赴地投入了选战。

波党希望在选举运动中两大势力可以联合行动，可以进行文明的竞争而不发生恶意的对抗；希望通过此次大选在波兰“建立起社会主义的议会民主制度”，从而实现体制的“更新与改革，达到维护而不是反对社会主义的目的”。波党召开了第二次全国代表会议，通过了党的《竞选宣言》和《关于清除斯大林主义在波兰的残余和后果问题的立场》，为选举运动中的宣传鼓动定了调。波党的立场是：对过去，要采取批判的态度，但不能否定一切；对未来，要采取深化改革的态度，但不能否定社会主义。

在这次会议上，大家议论纷纷，埋怨一切，对什么都不满意。

雅鲁泽尔斯基也很着急，他两次讲话，要求全党遵守纪律，团结一致，锐意进取。他指出，这次选举是“我党历史上最为艰险的一次政治较量”，全党要行动起来，“以战斗和竞争的姿态参加竞选”。同时他也向团结工会喊话，强调“圆桌会议达成的政治协议必须兑现，必须遵守”，并宣称“我们主张在发扬求实精神基础上的彼此竞争。我们主张批评，但反对蛊惑宣传；主张讨论，但反对小题大作”。

雅鲁泽尔斯基发现他的同事彼此间的看法并不完全一致，有人很乐观，有人心存疑虑。乐观的根据是，第一，圆桌会议深得人心，提高了党和政府的威望；第二，有关未来议会席位分配和选举办法达成的协议，事先保证了执政联盟在议会中占有绝对多数的席位。在政治局和书记处的讨论中，乐观的看法常常占据着上风。拉科夫斯基还以米赫尼克为例，说明反对派的态度已经发生了有利的变化。米赫尼克开始参加圆桌会议时，他全盘否定雅鲁泽尔斯基，公开声明说，“将军不离去，就不会有民族和解”。过后不久，在圆桌会议还在进行时，他在克拉科夫会见大学生，他说“将军是一位富有想象力的政治家和爱国者”。当与会的大学生指出他前后说法不一致时，他承认说，过去对雅鲁泽尔斯基“评论错了”，并对此表示“道歉”。听了拉科夫斯基讲的米赫尼克的故事，雅鲁泽尔斯基一笑了之，未予回应。

在乐观情绪的笼罩下，政治局通过了在政治和组织方面筹备选举运动的行动计划，其中指出“反对派参加选举不具有对抗性质”，“党的战略任务是：根据圆桌会议的结果，把建设性反对派纳入联合选举运动，在选举中合作。选举运动不具有对抗性，就是说党的地方组织，应在共同利益的基础上，同反对派的机构达成谅解，联合起来进行选举活动。可以共同组织活动，互相支持候选人，以及在纲领问题上采取共同立场等”。这项行动计划下达到地方组织，很快就得到了反馈：反对派为了自己的利益，他们不愿意参加任何联合行动。拉科夫斯基敏锐地觉察到，这类信息使雅鲁泽尔斯基一天比一天焦躁不安。

在讨论和确定全国候选人名单时，令人意外的情况发生了。本来党中央第一书记一直在候选人名单中居于第一名，可这次一反惯例，雅鲁泽尔斯基横下一条心，不参加议员的竞选，他坚持名单中不要列入他的名字。他解释说，他已被推选为总统候选人，总统不一定是议员。为了这件事，拉科夫斯基特地去见雅鲁泽尔斯基。“你真的不想加入这一名单作候选人吗？名单上没有你，可能被全党理解为一种退却。”拉科夫斯基问。雅鲁泽尔斯基回答说：“这不是逃脱。我想慢慢地退下来……希望你做好担任第一书记的准备。”雅鲁泽尔斯基萌生了退意，似乎他预感到了什么，但拉科夫斯基一时还摸不清雅鲁泽尔斯基的心思。就这样，在全国候选人名单中总理拉科夫斯基位居榜首，成为执政联盟候选人中的领头羊。

雅鲁泽尔斯基感到，圆桌会议有关议会选举问题获得的“保证”，“越来越显得苍白无力。尽管如此，它还在散发着一股乐观主义的清香”。在一次会议上雅鲁泽尔斯基对选战形势说了他的忧虑。显然，他把形势看得更严重些，可那些迷恋于同反对派“联合”和“不对抗”的人，虽然听了，但仍然沉醉在那股“清香”的氛围中。

俗话说“光脚的不怕穿鞋的”，在激烈的选战中，团结工会一方就是“光脚的”，它没有执政党背上的那种沉重的历史包袱，轻装上阵，无所顾忌。它一反地下活动时抵制历次选举的态度，以空前的热情和积极精神投入了这次选举运动。它不理睬波党的愿望，拒绝联合行动，决心另立门户，同执政联盟分庭抗礼。

4月8日，瓦文萨把他领导的公民委员会更名为团结公民委员会，作为团结工会和反对派筹备、协调、领导选举运动的机构。两周后，团结公民委员会通过和发表了竞选纲领，摆出了同执政党唱对台戏的架势。团结工会的竞选纲领共26条，内容广泛，涉及方方面面。它宣布，团结工会的目的是争取“民族主权和国家独立，整顿共和国”；手段是“利用议会斗争的合法活动”，“通过演变和利用议会，来改变现行的国家管理体制”。这一纲领的要害，是把矛头直接指向波兰统一工人党的领导地位，要求修改宪法，从宪法中删除任何政党的“主导和领导作用”的条款。又过两周，由米赫尼克任主编的《选举报》问世，成为团结工会左右舆论、影响社会、争取群会的喉舌。在此期间，团结工会利用五一劳动节的机会，在华沙组织了有20万人参加的聚会和游行，这既是团结工会合法化后力量的大显示，也是团结工会参加选战的总动员。“我们要莱赫（瓦文萨的名字），不要沃伊切赫（雅鲁泽尔斯基的名字）!”的口号声，响彻街区，也传到雅鲁泽尔斯基的耳朵里。

进入5月后，选战迅速地升温，狂风暴雨似地席卷城乡。一切有关非对抗性竞选的美丽词藻，在事实面前早已黯然失色。瓦文萨成为团结工会方面的竞选名片，他同每一位候选人合影，做成海报，贴在街头巷尾，并广加散发，声势逼人。

团结工会的竞选海报，候选人别莱茨基和瓦文萨（右）合影

团结工会方面的候选人猛烈地攻击整个制度，否定一切，把人民波兰说得一无是处，说过去的40年是“失掉了的40年”。同时，他们把矛头直指全国候选人，要求选民抹掉全国候选人名单上的所有人。教会完全站在团结工会和反对派一边，公然支持团结工会的竞选。在布道的讲坛上神甫们批评当局，也发出了抹掉全国候选人

名单所有人的号召。圆桌会议达成的有关选举是竞争而非对抗的君子协议实际上成为一纸空文。

历史性大妥协的高潮戛然而止，蜜月刚刚开始，蜜月就已结束。

当局代表在协商委员会上强烈地谴责了团结工会破坏圆桌会议协议。但，不管当局代表的声调多高，态度多硬，团结工会方面的代表均不以为然。雅鲁泽尔斯基授意拉科夫斯基给主教团写信，拉科夫斯基以总理的名义写了信，对教会干预选举表示遗憾，希望教会信守承诺，公平公正。信发了出去，犹如石沉大海，主教团根本不予置理，连一个回条都未给。

瓦文萨为团结工会议员候选人助选

拉科夫斯基发表竞选谈话，他说：“选举应该是非对抗性的！我们说，必须选出最优秀的人；反对派说，凡不是我们这一派的都划掉。可见，出现了两种不同的对选举的态度。哪一种更道德？”

拉科夫斯基的头上戴着一顶全国候选人名单第一人的耀眼花环，

他愤愤然提出了所谓的道德问题，但也于事无补。

越是接近投票的日子，执政联盟的竞选活动越显得软弱无力。党政机关中笼罩着一种日益浓厚的焦躁不安的气氛。拉科夫斯基预感到以他为第一人的执政联盟全国候选人有落选的危险。他开始意识到“编制这样一个名单是个错误”。拿名人当赌注，有可能一输全输。在投票前一周的政治局会议上，再也听不到“乐观”和“必胜”的声音了，与会者一个个悲观失望地发言，在拉科夫斯基看来“确实是一片悲泣声”。雅鲁泽尔斯基要求大家在“生与死的搏斗”面前，鼓起勇气，提起神来。他呼吁大家要保持冷静和克制，但他心里明白，党没有做好斗争的准备，失去了斗争的能力，一切都为时已晚了。

6月2日晚，雅鲁泽尔斯基作为国家元首——国务委员会主席发表电视讲话，为竞选活动画上了句号。他不是任何一方的候选人，他超脱于竞选之外，但字里行间流露出他讲话的倾向性。他号召选民保持理智，不要为狂热所迷惑。他希望为执政联盟多争取一些选票，做了最后一次努力。在镜头前，他显得镇静，但他内心深处，却是15个吊桶打水，七上八下，忐忑不安。

十二、决定命运的时刻

6月4日，是投票的日子。是执政联盟和团结工会朝野两大势力的候选人接受选民自由选择的日子。两大势力之间决定命运的较量打响了，小小的选票箱，成为生死搏斗的疆场。这在人民波兰的历史上是绝无仅有的第一次。

雅鲁泽尔斯基焦急地等待投票的结果。6月5日清晨，一份战报令他大惊失色：执政联盟的参议院议员候选人全部落选。“全军覆灭！为什么输得如此惨烈?”雅鲁泽尔斯基感到一阵心痛。下午，他紧急召开了中央书记处扩大会议。会上有人说，我们寄希望于选举，可结果出乎预料，这是“我们的大灾难”，是“人民不要我们”。雅鲁泽尔斯基认为选举的结果“非常糟糕”，但他仍然像战场上的指挥官那样不断地下达指令，还像往常那样表面上显得很克制。拉科夫斯基善于察颜观色，他觉得雅鲁泽尔斯基的这种克制，是一种“强作的平静”，其背后隐藏着莫大的“苦涩和忧愁”。

坏消息接踵而至。全国候选人35人，只有排名最后的2人当选，其他33人落选。这无疑又是一个全军覆灭！波党寄希望于名人的赌注全盘输光。在落选的行列中有波党政治局委员、政府总理拉科夫斯基，政治局委员、内务部长基什查克，政治局委员、国防部长希维茨基，政治局委员、中央书记巴尔齐科夫斯基，巴卡，乔塞克，契莱克，政治局委员、全波工协主席苗多维奇，还有统一农民党主席马利诺夫斯基，民主党主席尤季维亚克等。这些大名鼎鼎的人物，多是雅鲁泽尔斯基的左膀右臂，原以为他们叱咤波兰政坛，呼风唤雨，当选是天经地义的事，没想到在投票箱前一个个碰得头破血流。无情的沉重打击，落在这些人的身上，痛在雅鲁泽尔斯基的心里。圆桌会议商定好的议会内的力量对比，因全国候选人竞选失利而被打乱了，执政联盟陷入了困境。雅鲁泽尔斯基召开政治局会议，他认为当前最重要的任务就是要争取重新获得全国候选人名单上的所有席位。

很快，6月4日的投票结果公布于世。允许团结工会参与竞选的众议院的部分席位（161个，占总数35%）和参议院的全部席位（100个），团结工会一举夺得众议院160个席位，参议院92个席位。团结工会大获全胜。而全国候选人名单之外执政联盟的其他众、参议员候选人，基本上都未获得半数票，也纷纷落选。这种形势表明，选举必须进行第二轮投票。第二轮投票时间定于6月18日。

全国名单中落选的33人能否继续作为候选人参加第二轮竞选？

当局面临着从未考虑过的，也不能自行决定的新问题。恰于此时，在选战中全力支持团结工会而不理睬总理信函的主教团，主动地释放出善意，请求当局继续提名拉科夫斯基、基什查克、乔塞克和巴尔齐科夫斯基再次参加选举。教会保证就此事向团结工会施加影响，教会将竭尽全力支持拉科夫斯基等人当选。获悉教会的建议后，拉科夫斯基满腔怨恨，哭笑不得。他对基什查克说，“他们先帮助反对派取胜，现在又发慈悲要来帮助我们。我根本不喜欢借助教堂而当选”。在商讨补缺选举候选人名单的会议上，雅鲁泽尔斯基倾向于接受教会方面的建议，工作人员宣读的名单中也包括了拉科夫斯基，但拉科夫斯基态度坚决，他表示“我不打算因教会的恩赐而成为议员。无论如何我都不第二次作候选人”。听了拉科夫斯基的发言，雅鲁泽尔斯基也未坚持他的主张。在这次会议上，统一农民党和民主党两党的主席也表示了不再作候选人的愿望。

团结工会方面采取了开明的态度，他们同意落选的33人可以参加第二次竞选。他们认为，根据宪法和选举法的有关规定，议会必须为460个席位，如果空缺33人，可能造成权力和责任的失衡。他们同意由国务委员会研究选举这33名候选人的方式。尽管团结工会有这样的表示，那落选的33人出于威望、荣誉等各种原因和理由，均宣布不再竞选。最后执政联盟推荐了66人列入全国候选人名单，取代拉科夫斯基等33人。为了补足这33个席位，改等额选举为差额选举，同时还加上了百分之百的保险，谁得票多，谁胜出。

第二轮投票具有补缺性质，竞选是低调的。而且主要是执政联盟候选人之间的竞争。对此，团结工会采取的策略是（一）补足允许它参与竞选的全部席位，它还可以在众议院竞选1个席位，在参议院竞选8个席位；（二）支持执政联盟中具有亲团结工会倾向的候选人，物色在未来议会中的同盟者。

6月18日，第二轮投票如期举行。结果是在众议院，执政联盟补足了294席，团结工会又夺得1席；在参议院，团结工会又轻取7席，另1席为一位无党派人士所得。

第十届议会选举终于落下了帷幕。议会内的力量对比发生了天翻地覆的质的变化。在众议院，团结工会拥有161席，占35%；执政联盟从总体上看占据多数，但其中波兰统一工人党只拥有175席，占38%。这两家基本上旗鼓相当，分庭抗礼。在参议院，团结工会拥有99席，波党则一无所有，形成了团结工会一家独揽的局面。

这样的选举结果远远地超出圆桌会议的倡议者和设计师的想象力，无疑是波党在一场生死较量中的惨败。在今后的议会斗争中，波党面临着前所未有的艰难和危险。从理论上说，波党只有加强内部的团结和密切与统一农民党和民主党的联盟关系，才有可能维系议会多数的地位。但在实践中，想到和说到的事能做到吗？包括雅鲁泽尔斯基和拉科夫斯基在内，波党领导人都感到了难、难、难。

雅鲁泽尔斯基陷入困境。曾几何时，他眼睁睁地看到了团结工会这匹野马挣脱了圆桌会议的缰绳，波兰政局的走向开始脱离圆桌会议铺设的轨道，他为未来波兰绘制的发展蓝图开始模糊不清了。历史性的大妥协成了一现即逝的美丽的昙花。

第七章

“你们的总统，我们的总理”

（1989—1990）

一、总统选举的风波

天晓得，选票箱虽小却有了扭转乾坤的千钧之力。雅鲁泽尔斯基做梦也未想到，波兰政坛朝野两大势力的力量对比在议会选举后会发生如此剧烈的根本变化。波兰统一工人党迅速衰败，团结工会如日中天。社会制度剧变的大门已经大敞四开，执政党只好拱手和平地让出政权了。

按照宪法修正案的规定，新选出的众、参两院应在一个月内举行联席会议，称之为国民大会，其任务是选举总统。

由谁来当总统？这是议会选举后面临的第一个难题。在圆桌会议期间，华沙纷纷传说雅鲁泽尔斯基将军是唯一一位总统候选人，说反对派也接受这一人选。在当时看来，这是顺其自然和合乎情理的。因为正是由于雅鲁泽尔斯基的决心和坚持，波党十中会会才得以通过国家政治体制改革、走议会民主道路的决议，才得以召开圆桌会议，承认了团结工会和反对派的合法地位。但议会选举后，情况变了，总统人选问题也变了。反对派人士以雅鲁泽尔斯基实施战时状态、镇压团结工会为由，公开反对雅鲁泽尔斯基当总统；他们以圆桌会议并无明文规定为由，否认各方在总统人选问题上达成过默契。一时间问题复杂化了。波党领导层伤透了脑筋，反对派和教会紧急磋商于密室。

议会选举结果公布后，雅鲁泽尔斯基情绪低落，心烦意乱。他从来也未想到事情会变得如此复杂。他头脑里翻江倒海，像一团乱麻，一会儿想想过去，一会儿想想未来，理不出一个头绪来。他觉察到大众传媒发起了对他的攻击，波党领导层内部又出现了裂痕，几员干将貌合神离，甚至还有人同团结工会眉来眼去，挑拨他同拉科夫斯基的关系。

雅鲁泽尔斯基召开中央书记处会议，讨论总统候选人问题。大家支持雅鲁泽尔斯基当总统候选人。但雅鲁泽尔斯基显得犹豫不决，他指示一位中央书记就总统候选人问题同反对派对话。而当讨论未来政府的总理人选问题时，拉科夫斯基发言说，他知道自己竞选议员失败了，命中注定他必须辞去总理的职务，但他认为总理一职还必须由波党党员来担任，“应该是我们的人”。听了拉科夫斯基的表态，与会者面面相觑，谁都不抢先发言。一阵沉默过后，巴卡讲了不同的看法，他说总理也“可以是团结工会的人”。这使拉科夫斯基吃惊不已，“这位巴卡同志是站在什么人的立场上说话啊!?”

会后，雅鲁泽尔斯基和拉科夫斯基交换意见，拉科夫斯基表示，在任何情况下他都不会卷入反对雅鲁泽尔斯基的阴谋。雅鲁泽尔斯基告诉拉科夫斯基，“如果我放弃了，就让基什查克做总统候选人”。雅鲁泽尔斯基还十分痛苦地说，有一位同志“说我想牺牲党的利益去当总统，这从心理上把我搞垮了”。

在政治局会议上，雅鲁泽尔斯基讲了他的苦恼。他开始有了一种负罪感。他说，人们“把全部罪过压在我们身上，说我们不民主。从议会选举一开始，我们就显得漫不经心，简直达到了无以复加的程度，而且政治上显得笨拙”。雅鲁泽尔斯基强调“对发生了的一切，首先由我来承担责任”。但他知道，生米已经煮成熟饭，他承担了责任，也无济于事了。他成为战时状态的“商标”，一切怨恨都对准了他。他认为，在国民大会上有推翻他总统资格的现实危险，因此他建议由基什查克做总统候选人。

6月29日，波党召开十三中全会。会议开始后，雅鲁泽尔斯基宣读了他不想当总统候选人的声明。他说，“我清楚地知道，舆论更多的是把我同战时状态联系在一起，而很少把我同改革路线、同十中全会如此重要的决议联系在一起”，但“在目前形势下，社会的理解与支持是必不可少的”，因此他推荐基什查克做总统候选人。波党议员团列席全会，也参与了讨论。大家仍然希望雅鲁泽尔斯基出任总统。会后，波党议员团发表声明，表示将继续支持雅鲁泽尔斯基竞选，并请雅鲁泽尔斯基重新考虑自己的决定。

团结工会方面反应迅速。先是对雅鲁泽尔斯基不参加竞选的决定表示理解，并接受雅鲁泽尔斯基提出的人选建议，紧接着就是团结工会议员团——公民议员团发表声明，说他们受选民的委托，要求瓦文萨顺应民意出来竞选总统。执政联盟中的民主党也半路杀出个程咬金，提出了自己的总统候选人。本来十分明朗的总统人选问题，刹时间变得扑朔迷离、模糊不清了。候选人由一人变为四人——雅鲁泽尔斯基、基什查克、瓦文萨和一位民主党人。人们不由地想起瓦文萨在议会选举后说过的话，他说“反对派不提出自己的总统候选人，也不参加政府，不想向政权伸手”。可现在，曾几何时，他们公然伸手要权了。波党原本设想，把国家权力结构建筑在总统和总理均由波党推荐人选的基础之上，可现在，团结工会方面的说法和要求发生了变化，他们得陇望蜀，这使雅鲁泽尔斯基本能地感觉到，团结工会和反对派要撼动国家权力结构的基础了。

7月3日，团结工会高级顾问、《选举报》主编米赫尼克在《选举报》上发表文章，用了一个醒目的大字标题：“你们的总统，我们的总理”。米赫尼克提出了一个惊人的妥协方案，他的论点和主张是：当前波兰需要创建一种新的政治格局，即由波兰统一工人党人士担任总统，由团结工会人士担任总理。“你们的总统”，可以保证政权的连续性，保证国际条约和军事同盟的连续性；“我们的总理”，享有大多数波兰人的信任，可以保证经济和政治体制的彻底改革。只有这样的政权格局，才能实现真正的“大联合”，才能获取相应的国际援助，实现国家经济的重建。

米赫尼克的方案，是一个响亮的口号，引起各方的注意。看起来它似乎平分秋色，各有所得，公平合理，但它来得突然，出人意料。团结工会内部看法不一致，存在争议。有人公开说“不赞成”，担心这一步走得过快，过猛。瓦文萨的态度也不明朗，执政当局更是难于接受。因为它同原来设想的方案背道而驰，也背弃了圆桌会议各方达成的默契。在执政党绘制的蓝图中，应当是雅鲁泽尔斯基当总统，尔后再由雅鲁泽尔斯基推荐执政党人士为总理，建立一个由波党领导的、有反对派参加的联合政府，藉以保证国家的社会主义性质和发展方向。读了米赫尼克的文章，雅鲁泽尔斯基感到了难以应对的新的压力，无论如何他不能为换取入主总统府，而牺牲党的执政地位和权力。这样的妥协实在是他难于办到的事。

米赫尼克文章出笼的第二天，即1989年7月4日，新选出的众、参两院举行了开幕式，议员们宣誓就职。统一农民党议员科扎凯维奇教授当选为众议长。拉科夫斯基总理代表政府提出了辞呈。团结工会方面的议员在会上发言，指责政府政策，言词强烈。拉科夫斯基率领部长们愤然离席，拂袖而去。这在人民波兰的历史上也是前

gazeta WYBORCZA

Nie ma wolności bez Solidarności

Potrzebny jest układ nowy, możliwy do zaakceptowania przez wszystkie główne siły polityczne

WASZ PREZYDENT NASZ PREMIER

Mówi prezydent Bush

1989年7月3日《选举报》:“你们的总统，我们的总理”

所未有的第一次，预示了本届议会绝不可能风平浪静。作为国务委员会主席的雅鲁泽尔斯基，他坐在议会大厅的荣誉席上，看在眼里，痛在心头，这哪里是他所期望的民族和解啊！

众、参两院已开始运转，但总统人选问题仍然陷于僵局，什么时候举行国民大会选举总统也难于确定。激烈的明争暗斗，讨价还价，使得执政党和反对派各方忧心忡忡，耐心殆尽。

恰于此时，军方按捺不住了。

国防部军事委员会举行特别会议，发表公报，声称，武装部队总司令（实即国家总统）必须由“具备相应的军事资格”并能“对国家发展的安全给予宪法保障”的人担任。军方的声明虽未指名道姓，实际上再明确不过了。除了雅鲁泽尔斯基和基什查克两位将军之外，其他任何人包括瓦文萨在内都不为军方所接受。虎视眈眈的军方卷入了总统人选之争，突然在混乱和紧张的气氛中又增加了些许的火药味。

也恰于此时，美国总统布什来到了波兰。

美国总统布什是应波兰国务委员会主席雅鲁泽尔斯基的邀请前来波兰进行正式访问的。有关访问的准备工作早已就绪，但具体日期始终未确定下来，美方想给自己留下选择时机的余地。圆桌会议以来，特别在议会选举后，美方密切注视波兰政局的变化和走向。当总统人选问题陷入僵局，波兰民主化进程面临夭折的危险时刻，美方认为美国总统访波的时机成熟了，于是布什选定了7月9—11日访波。

两年前，布什任副总统时曾访问波兰。当时他的使命是力促波兰当局同反对派对话，实行“民主改革”，并公开做出了支持瓦文萨的姿态。今天，他抵达华沙后，则高调赞扬了雅鲁泽尔斯基的“智慧和勇气”，说雅鲁泽尔斯基是“站在改革者前列的政治家，在东欧国家的改革中也占有重要的地位”。说“波兰采取的行动超出了所有的预料”，而走上了“民主变革之路”的波兰，正在经历“伟大的日子”，“诱人的时刻”。同时他还示意瓦文萨应该支持雅鲁泽尔斯基竞选总统，希望瓦文萨发表一份“有可能促使雅鲁泽尔斯基参加竞选”的声明。显而易见，布什此访对波兰总统选举施加了强有力的影响，他向波兰社会发出了明确的信号：为了稳定改革的“和平进程”，必须支持雅鲁泽尔斯基。而反对派，则应自我抑制急于夺权的欲望。

布什走后，波兰总统人选问题峰回路转，柳暗花明。第三天，也就是7月14日，瓦文萨发表了一份简短的声明，他认为，总统选举问题“绝不能再拖延了”，总统“只能由执政联盟中的人担任。这是波兰国内外形势决定的”。他还告诫说，“拖延会引起宪法危机，这对波兰是危险的”。瓦文萨的声明好像一把神奇的钥匙，立刻打

雅鲁泽尔斯基（右）会见布什（左）

开了雅鲁泽尔斯基心灵郁闷之锁。雅鲁泽尔斯基不再犹豫不决了。7月18日，雅鲁泽尔斯基发表声明，说他在会见各党派议员团后，决定“接受所有联盟集团的建议，同意做总统候选人”。雅鲁泽尔斯基终于改变了不参加竞选的决定。

7月19日，召开了选举总统的国民大会。雅鲁泽尔斯基是唯一的候选人。波党议员团主席就推荐雅鲁泽尔斯基发表声明，称颂雅鲁泽尔斯基是“英勇的战士”，是“人道主义和民主社会主义的热情拥护者”，当选后一定会成为“超越党派和政治团体利益的所有波兰人的总统”。团结工会的公民议员团主席盖莱梅克发言，表明了反对派参加选举的看法和态度，他对执政联盟只推荐一名候选人“表示遗憾”。他强调国民大会的选举不具备全民自由选举的性质，不能充分反映人民的意志。他还强调他们“不能忘记”1981年12月实行的战时状态。尽管如此，公民议员团不拒绝投票选举。

结果，国民大会选举了雅鲁泽尔斯基为波兰人民共和国总统。在537张有效票中，雅鲁泽尔斯基获得270张赞成票（233张反对票，

众议长科扎凯雅奇主持总统宣誓仪式，雅鲁泽尔斯基（右）宣誓就职

34张弃权票），虽然超过了半数，但仅以1票之多险胜。

雅鲁泽尔斯基闯过了国民大会票选的关卡，勉强地当选为总统。他不但没有胜利的喜悦，反而有一种蒙羞和负疚的痛苦。这痛苦藏在他内心的深处，难于名状。宣誓就职后，他忍辱负重，走上国民大会的讲台，表示了他的感谢和心愿。他说：“我将竭尽全力，完成艰难的职责。我渴望成为和解的总统，成为所有波兰人的代表。”

二、争夺政权的决战

在其位，谋其政。雅鲁泽尔斯基强忍内心的伤痛，重又抖擞精神，走上了新的战斗岗位。他要运用宪法赋予总统的职权，站在国家权力的制高点上，校正国家发展的方向，尽可能沿着圆桌会议达成的民族和解的道路前进。

首先，雅鲁泽尔斯基要践行他竞选时许下的诺言，他要做一位代表全民的、而非代表一党一派的总统。他在7月28日波党举行的十三中全会续会上，辞去了党内的一切职务，把波兰统一工人党中央第一书记的接力棒传递给了拉科夫斯基。这件事，他比较容易地做到了。

接下来，雅鲁泽尔斯基要闯过推荐总理人选的难关。雅鲁泽尔斯基深知，总理人选问题，关乎波党乃至国家的前途和命运，他必须竭尽全力，坚守圆桌会议构筑的阵地，从波党人士中物色一位总理，扭转因议会选举失利而出现的颓势。他想起了战场上“进攻是最好的防御”这一作战原则，决心采取进攻的姿态，再打一次基什查克将军这张牌。在他看来，基什查克曾经同瓦文萨共同主持圆桌会议，不久前瓦文萨还支持基什查克当总统候选人，可见团结工会方面对基什查克的青睐。雅鲁泽尔斯基知道党内有人对“将军推选将军”持有不同的看法和想法，但他还是做到了要政治局认可他的选择，十三中全会续会也赞同了他的选择。推荐总理人选问题，在党内顺利地过了关。

雅鲁泽尔斯基希望执政联盟各党派的议员团支持他的选择，帮助他和基什查克闯过议会投票表决的难关。他召开会议，他会见盟党领导人，费了不少的心思，然而，在他的耳畔，却越来越频繁地响起了米赫尼克文章的回声：“你们的总统，我们的总理”，而且分贝一阵高过了一阵。

是时，波兰上上下下一片混乱。拉科夫斯基政府在卸任前决定，从8月1日开始实行“食品经济市场化”，食品价格可自由涨落，国家既不定价，也不给补贴。这项决定立即引起物价飞涨，社会上怨声载道，罢工彼伏此起，也给上层正在争夺总理大权的各种势力间的角斗增添了新的变数。

一场争夺政权的决战在8月2日打响了。

是日，议会接受了拉科夫斯基政府的辞呈。之后，在雅鲁泽尔斯基的积极推动下，议会以超过半数的多数票通过了基什查克的总理任命，授权基什查克组织新的政府。这是执政联盟在议会斗争中，凭借其多数席位，取得的第一个积极的成果。首战成功，雅鲁泽尔斯基略感欣慰。殊不知过后不久，这第一个成果竟然成为最后一个了。

各方对基什查克出任总理的反应十分强烈。团结工会的公民议员团，旗帜鲜明，一马当先，表示了坚决的反对。公民议员团主席盖莱梅克在众议院发言中说，他们反对此项任命不是反对基什查克本人，而是反对一党垄断的人事更迭方式，他们要打破一党执政的政治垄断。同时盖莱梅克高调宣布，他们已经做好了准备，他们能建立一个与当前国家任务与需要相适应的“救国政府”。瓦文萨也明确表示，“过去我曾经赞成基什查克将军当总统候选人，现在我反对他当总理候选人”。8月7日，瓦文萨发表声明，第一，他坚决反对由基什查克组织新政府，第二，他建议成立一个以团结工会、农民党和民主党联盟为基础的政府。他坚信这是“唯一的解决办法”。

争夺急剧升温，口水战炮火连天。波党方面谴责瓦文萨违反圆桌会议协议，践踏议会民主原则，急于夺取政权。团结工会方面攻击波党企图维护一党执政的政治垄断，声称“一定要摈弃和打破”这种制度。一时间执政联盟中的统一农民党和民主党显示出“四两拨千斤”的作用，波党和团结工会双方都把目光聚焦在争夺这两个党的身上。团结工会方面分化瓦解执政联盟的计划和行动从暗里走向明处，而且来势凶猛，犹如不及掩耳的迅雷。瓦文萨以封官许愿为手段极尽分化和瓦解之能事。议会内脆弱的力量平衡转瞬间开始动摇了。

在统一农民党议员团和民主党议员团中，也不乏反对基什查克的声音。他们有人认为基什查克不懂经济，而且作为内政部长与战时状态牵扯太多。还有人明里暗中同团结工会建立了联系，赞同团结工会方面的主张，改变了同波党联盟的立场。

波党新任中央第一书记拉科夫斯基“意识到反对派无论如何也不会同意由两位将军来领导国家”，但他后悔他自己和另外几位领导成员，在前些日子党内讨论总理候选人时，未能把不同的看法摆在桌面上来，而在政治局会议上默认了雅鲁泽尔斯基的坚持。

衔命组阁的基什查克陷入了困境，他提出的组建“大联合政府”的建议遭到了团结工会方面的断然拒绝。原本动荡不已的政坛，动荡得更加剧烈了。

总统雅鲁泽尔斯基吃惊不已，如坐针毡。“瓦文萨要挖墙脚了，怎么办?”他急急忙忙请来了拉科夫斯基和基什查克商量对策。三个人都有一个共同的感受，时至今日才真正理解了那两个一直被视为小伙伴的盟友的重要性，特别是在议会民主制度中的重要性。这两个党一旦脱离执政联盟，波党在议会中必将茕茕孑立，孤掌难鸣，陷入无依无助的少数地位，政权也必将旁落他人。他们想来想去，没有别的办法，只好临时抱佛脚，同意“把总理的位置让给农民党主席马利诺夫斯基”，试图以此来拯救摇摇欲坠的执政联盟。8月14日，基什查克宣布放弃组阁的努力。他说，瓦文萨的建议使组阁工作复杂化了，他建议把组阁的任务交给农民党主席马利诺夫斯基。

基什查克未能闯过组阁的难关。雅鲁泽尔斯基无可奈何地放弃了“进攻姿态”，向后退了一步。为了争取达到前进的目的，他现在只能采取迂回作战的办法，求救于马利诺夫斯基了。但他，这位圆桌会议的倡导者，也乱了方寸，失去了必胜的信心。拉科夫斯基也觉得，走出这一步“可能为时已晚了”。

雅鲁泽尔斯基要做团结工会的工作，他把盖莱梅克请到总统办公室，交流看法。雅鲁泽尔斯基担心，如果由团结工会方面组织政府，那将是华沙条约国家中独一无二的政府，可能跨过了俄国人允许的底线，可能引起各方的强烈反应。因此，必须从国家利益的高度考虑总理人选问题。在交谈中，虽然雅鲁泽尔斯基没提马利诺夫斯基的名字，但给盖莱梅克的印象是，雅鲁泽尔斯基是一位对国家命运“承担重大责任”和对国家未来“忧心忡忡”的人，他认为由马利诺夫斯基组阁可能是摆脱困境的“唯一出路”。

然而马利诺夫斯基对基什查克的建议，却不置一词，保持了沉默。为什么？谜底很快就揭晓了。原来统一农民党和民主党正背着波党同团结工会紧锣密鼓地商谈联合执政问题，并迅速地达成了共识。8月16日，公民议员团发表声明，建议由团结工会、农民党、民主党联合组成“民族负责政府”，由瓦文萨任总理。同日，农民党和民主党议员团也分别发表声明表示支持公民议员团的建议。8月17日，团结工会主席瓦文萨、农民党主席马利诺夫斯基、民主党主席尤兹维亚克三人，在瓦金基公园的梅希利维茨基宫举行了高峰会谈，三方结成了议会联盟。

刚刚坐在波党中央第一书记办公室的拉科夫斯基，在获悉瓦文萨等三人高峰会谈的信息后，一种被盟友抛弃、被边缘化了的感觉油然而生。不愉快，不舒适，难于名状的气愤，多年后还流露于笔端。在他的笔下，当时的情景是“三位先生走出了梅希利维茨基宫，摆好了照相的姿势。第二天所有的报刊上都出现一幅载入史册的照片，瓦文萨、马利诺夫斯基和尤兹维亚克三个人高高地举起紧握在一起的手，表示了团结一致。在拍完这张照片之后，三位英雄向贝尔维德尔宫（总统府）走去，以便把他们通过的决定告诉总统。波兰统一工人党内，把马利诺夫斯基、尤兹维亚克同瓦文萨结成同盟看作是一种背叛”。

8月17日，雅鲁泽尔斯基总统在贝尔维德尔宫会见了这“三位英雄”，听取了他们的声明。他面无表情，他那幅墨镜掩饰了他强忍着的内心的痛楚，他听到他们说，“出于对波兰摆脱经济危机的

瓦文萨（中）、马利诺夫斯基（左）、尤兹维亚克（右）会谈后合影

责任感，他们准备按照瓦文萨的建议，组建对人民负责的联合政府。这个政府向议会中占有席位的、并主张改革的所有的政治力量开放。”雅鲁泽尔斯基知道大势已去，他还能说什么呢？他建议请放弃组阁但尚未辞职的总理基什查克也前来参加会议。基什查克来了。瓦文萨鼓起三寸不烂之舌，煞有介事地对雅鲁泽尔斯基说，“将军你主张议会民主，我们这样做就是实现议会民主的原则。将军你主张大联合，我们正在践行大联合的思想。我们的行动符合圆桌会议的精神”。瓦文萨讲了大道理，雅鲁泽尔斯基只好听了下去。就这样，会后发表了官方公报，说总统将立即考虑瓦文萨的建议。瓦文萨则对媒体表示，他没有接受要他组阁的建议，他本人不当总理，但他要帮助组阁，并说“政府将在我的领导下组成”。

“无可奈何花落去”，农民党和民主党倒戈，原有的执政联盟土崩瓦解。波党指责马利诺夫斯基和尤兹维亚克“背叛”，说他们撕毁了合作协议，破坏了原有的联盟关系，走上了同波党对抗的道路。马利诺夫斯基不仅坚决拒绝这种指责，而且高声回应说，正是他们“拯救了大联合思想”。

从8月初打响的争夺政权的决战，在短短的两周内，波党就丢失了它试图固守的阵地，败下阵来。基什查克总理向总统递交了辞呈。这时刻，雅鲁泽尔斯基总统似乎感到什么叫力不从心了，什么叫事与愿违了。在这场争夺战中，他编织的圆桌会议之茧，缚住了他自己的手脚。他也是一鼓作气，二鼓衰，三鼓竭了。现在他怎能不同意由团结工会方面来推荐总理人选呢？他怎能公然放弃圆桌会议民族和解的口号呢？他同拉科夫斯基等人考虑再三，实在没有其他的选择余地，只能自圆其说了。说什么尽管这不是他们原来设想的那种民族和解，但毕竟还是一种和解啊！

8月19日，雅鲁泽尔斯基总统根据团结工会方面的推荐，提名马佐维耶茨基出任新总理。24日议会以压倒多数票通过了此项任命。9月12日马佐维耶茨基总理组阁成功。米赫尼克的主张“你们的总统，我们的总理”终于变成了现实。

三、马佐维耶茨基政府

马佐维耶茨基——团结工会主席的首席顾问，要当总理了，波兰统一工人党怎么办？就在雅鲁泽尔斯基总统提名新任总理的同一天，也就是8月19日，波党召开了十四中全会，讨论和确定波党对即将成立的团结工会政府的立场，和波党参加团结工会政府的条件。雅鲁泽尔斯基总统虽然辞去了党内的一切职务，但此时的中央第一书记拉科夫斯基还是事事同总统协商，十四中全会的召开及其决定则反映出雅鲁泽尔斯基的思想和主张：同团结工会进行“伙伴式的合作”。

俗话说“叛徒比敌人更可恨”，在十四中全会上，能听到一片抱怨和谴责统一农民党和民主党的声音。最后，十四中全会决定，波党将有条件地参加团结工会为主体的新政府，其条件是，第一，波党在新政府中的地位必须同它在国家中的“政治实力和行政实力相符合”；第二，新政府的纲领和政治结构必须同波党“共同商定”。

十四中全会的决定立即招来瓦文萨的驳斥。瓦文萨指责波党奉行“威胁和讹诈政策”，要求波党放弃十四中全会所确定的立场。统一农民党和民主党完全站在团结工会一边，分别发表声明，指责波党还在沿袭陈腐的思维和行动方式，还想剥夺民主党派在政治和组织上的独立和自由。但无比聪明的马佐维耶茨基则表现出政治家的冷静、智慧和务实。他一再声明，他不愿把波党推向反对派的地位。

经过反复的艰难的讨价还价，马佐维耶茨基终于在9月12日组成了一个以团结工会为主体的，以团结工会、统一农民党、民主党三方议会联盟为基础的，有波兰统一工人党参加的“广泛联合政府”。在这个政府中，共有成员24人，除总理外，部长职位的分配是团结工会、统一农民党、民主党三方议会联盟19人（12∶4∶3），波兰统一工人党4人。尽管波党继续执掌国防部和内务部，同时获得外贸部和交通运输部，但实际上已大权旁落。与其说波党还拥有十四中全会所说的不可小看的“实力”，莫如说波党已衰变为强弩之末了，沦落为小伙伴了。

面对冷酷的现实，雅鲁泽尔斯基冷静地履行着总统的职责，他竭力地让政治上的理智去战胜个人情绪的起伏。在议会通过马佐维耶茨基政府组成名单后，他在总统府接见了全体政府成员，他对新政府的组成表示了肯定的态度。他希望在未来的日子里，为了国家的利益和社会的安定，总统府同政府之间能进行真诚的合作。

雅鲁泽尔斯基想起了马佐维耶茨基总理走上议会讲台的情景，只见这位新任总理高举双手做出了胜利者的姿态，讲话说，他希望他能成为“所有波兰人的总理”。他针对新政府面临的两大难题，一是国家的政治改造，二是如何摆脱经济灾难，阐述了他的施政方针和理念。他强调各党派之间合作的重要性，他要以“伙伴原则”取代“旨在消灭对手的斗争原则”。

雅鲁泽尔斯基总统（前排左3）同马佐维耶茨基（前排左4）政府全体成员在总统府门前合影

马佐维耶茨基总理以胜利者的姿态走上议会讲台

那时刻，雅鲁泽尔斯基在议会大厅新设的总统席位上正襟危坐，他环顾左右，形孤影单。议员们鸦雀无声地倾听马佐维耶茨基总理的讲话，可他却打开了记忆的闸门，一连串的往事蜂拥而来。从波党十中全会到圆桌会议，从议会选举到总统选举，从基什查克组阁失败到马佐维耶茨基出任总理，在短短的不到十个月的过程中，波兰发生了天翻地覆的变化，他同拉科夫斯基等人精心设计的政治体制改革的蓝图，一次又一次在严酷的现实前面碰壁了，这究竟是怎么回事呢？一步错，百步歪，栋折榱崩，又是谁的过错呢？拉科夫斯基还在煞有介事地说什么马佐维耶茨基的“广泛联合政府”的诞生，是“建立大联合政府的愿望正在开始实现”。这种说法对吗？能这样说吗？这是自圆其说还是自欺欺人呢？一大堆的问号在雅鲁泽尔斯基的脑海中跳跃，他心乱如麻，一时找不到满意的答案。突然间一阵热烈的掌声打断了他的思绪，他看到马佐维耶茨基微笑着走下了讲台。

“但愿拉科夫斯基没有说错！”雅鲁泽尔斯基希冀着，也对马佐维耶茨基寄于了厚望。

雅鲁泽尔斯基总统出席议会会议

在许多波兰人的眼中，马佐维耶茨基是一位有抱负的政治家。他宣誓就职时曾说，他绝不做“傀儡总理”。这话是针对谁说的呢？马佐维耶茨基心里有数。

雅鲁泽尔斯基理解马佐维耶茨基的处境和心情，他恪守总统的职责，到位而不越位，支持而不干预政府的工作。他撤换了三大军区司令等八位高级将领的职务，迎合了政府的工作需要。在他的影响下，内务部长基什查克和国防部长希维茨基两位将军也分别发表声明，表示对政府的“顺从”，强调军警“不会发动政变”。雅鲁泽尔斯基偕同总理一道率团出访苏、法等国，显示了总统和总理“用一个声音”一致对外。即使有些难于同意的事，雅鲁泽尔斯基也采取了低调处理的态度，或沉默不语，或说个“不”字了事，他不坚持，更不使用总统的否决权。与雅鲁泽尔斯基不同，政坛上另一位强人，团结工会主席瓦文萨，则常常是雷人雷语。他支持马佐维耶茨基自不待言，但他总觉得马佐维耶茨基当了总理之后就不那么“顺从和听话”了，总觉得波兰的变化还不够快。他不断地向马佐维耶茨基政府施加压力，一再要求政府“必须在半年到一年的时间里证明自己的能力”，他摆出了一副居高临下当婆婆的架势。

在总理岗位上，马佐维耶茨基不遗余力地工作着。他一面说不把波党推向反对派的地位，一面大刀阔斧地“整顿共和国”，贯彻团结工会的竞选纲领。他凭借团结工会、统一农民党、民主党三方议会联盟在议会中占有绝对多数的有力地位，通过立法的途径，迅速地改变了国家的政治经济制度和法律体系，只用了几个月的时间，就从中央到地方全面地接管了波党的权力。

通过对宪法的修改，国家名称由“波兰人民共和国”更名为“波兰共和国”；国徽由“红色天幕下的白鹰”改为“头戴金色王冠的白鹰”；国庆节由“7月22日”改定“5月3日”。雅鲁泽尔斯基曾经写信给议会，表明他赞成将历史上《五·三宪法》日定为国庆节，但反对取消7月22日复兴节。他认为取消复兴节是不公平的，是一笔抹煞了多少波兰人在二战炮火中创建波兰国家的牺牲和贡献。雅鲁泽尔斯基表明了自己的态度，他发给议会的信也就泥牛入海无消息了。

通过对宪法的修改，国家的性质定为“实行社会公正原则的法治国家”。原宪法中“社会主义国家”、“波兰统一工人党的领导作用”，以及涉及波苏关系的有关条文，全部删除，消除了波兰社会主义的一切特征。通过新的政党法，规定在工矿企业、国家机关、军警部门中取消政党组织和禁止政党活动，并据此改组国防部、内务部和国防委员会，实行军队和警察的“国家化”和“非政治化”，使波党失去了手中握有的军警大权。同时，改组司法机构，确保司法独立。进行地方选举，使原波党地方官员和积极分子纷纷落马。

马佐维耶茨基“整顿共和国”的计划一一落实并初见成效。波党十四中全会所宣称的“实力”已化为泡影。波党全线撤退，和平让权。总统雅鲁泽尔斯基随波逐流，不想也无力阻挠这一进程。但在客观上，他的“无为”却变成了“有为”。剧变过程中可能发生的冲突和流血，因雅鲁泽尔斯基的“克制和顺从”而得以缓和和避免。历史学家阿尔贝特评论说，雅鲁泽尔斯基“没阻挠逐步瓦解共产主义政权的进程，甚至在某种程度上还缓解了前统治阶层的反抗，并掩护他们转换了角色，成为合法的经营者”。

四、社民党的诞生

波兰统一工人党丧失了政权。面对如此剧烈和迅速、远远超过了预想的变化，全党争论不休，上上下下陷入一片混乱。高层领导四分五裂，议会中的波党议员团向中央闹独立，跨地区的“横向结构”应运而生，基层组织迷失了方向，党员纷纷退党。拉科夫斯基指责和抱怨党员群众“懒惰”和“涣散”，党员群众批评中央政策失误，说“圆桌会议给党编织了一个送葬的花圈”。

马佐维耶茨基的“整顿共和国”不断地深入，波党的处境一天比一天困难。拉科夫斯基感到，这样的党是不能继续存在下去了，他呼吁建设新的、具有更广泛的政治和社会基础的波兰的左派政党。拉科夫斯基的呼吁进一步加强了党内出现的关于建立新党的呼声。

一段时间以来，特别是议会选举失利后，党内“横向结构”活跃，出现了一个“七·八倡议”派（1989年7月8日，华沙和克拉科夫高校的党组织代表在华沙大学会晤，发表了关于党的改革倡议，由此而得名），他们主张尽快召开波党第十一次代表大会，成立一个在多党制和议会民主的政治体制内进行活动的新党。随着时间的推移，“七·八倡议”越来越显示出它的现实意义来。

1990年1月27日，波兰统一工人党召开了第十一次代表大会。约1600余名代表出席。在大会上，中央第一书记拉科夫斯基作政治报告说，波党的存在已经终结。他建议组建新党，建议新党的名称为波兰社会民主党。

“十一大”通过了关于波党停止活动的决议。决议指出，二战后的波兰主权有限，斯大林主义影响深入，在这样条件下建立起来的社会经济制度，未能满足人民和社会的需要，未能实现社会主义本应实现的价值，失去了人民和社会的信任。因此，决定结束活动。决议强调，在人民波兰存在的45年期间，波党为战后波兰国家的复兴作出的历史性贡献是不容否定和抹煞的。特别是重建被战火焚毁的家园，经营和开发收复的土地，保证奥得—尼斯河边界安全，是举世公认，有目共睹的。

“十一大”随即转为新党成立大会。“十一大”代表中的绝大多数，约1500余人出席了新党成立大会。以费什巴赫为首的约100人离席而去，他们商议要另立山头。在“十一大”开幕前夕，费什巴赫得到了瓦文萨的公开支持，瓦文萨对报界说费什巴赫是“理解社会需要的人”，应成为“波兰新左派政党的领导人”。

在成立大会上，大家同意成立新党，但新党名称究竟叫什么，是“社会民主党”，还是“社会党”，“劳动党”？新党的性质和宗旨是什么？代表们展开了热烈的辩论，最后投票表决，定名为“波兰共和国社会民主党”。之所以突出“共和国”，其含义一是承认现实，即承认国家性质的改变，二是突出新党的一切活动不是反对共和国，而是为了共和国。

成立大会通过了波兰共和国社会民主党宣言。宣言称，该党将努力使波兰成为自由、平等、团结的人们的祖国，成为其前途与社会主义密切相联的社会公正的国家。该党主张议会民主和多党制，该党的理想与波兰的社会主义传统、与波兰左派的现代探索、与社会党国际的成就密切地联系在一起。

为了团结大多数，避免分裂，拉科夫斯基主动放弃了竞选新党主席。在1500余名代表中，约1200人在成立大会上签名参加了波兰

克瓦希涅夫斯基（右）和米莱尔（左）欢呼社民党成立

共和国社会民主党（简称社民党）。与此同时，未参加社民党成立大会的由费什巴赫率领的那些人成立了波兰社会民主联盟（简称社民盟）。

在社民党成立大会上，年轻的亚·克瓦希涅夫斯基当选为该党最高委员会主席，时年36岁。莱·米莱尔当选为中央执委会总书记，时年44岁。

雅鲁泽尔斯基作为“全民总统”未参加社会党，政府中前波党的4位部长也未参加社民党。议会中前波党原有171位议员，其中22位参加了社民党，30位参加了社民盟，余下的一百多位成为独立的无党派议员。

波兰统一工人党走进了历史，在其基础上新生的社民党沦为反对党。社民党在议会中尽管处于少数，力量还很弱小，处境还很艰难，但她高高举起波兰左派政党的旗帜，开始驰骋于政坛，左右政局的走向。

雅鲁泽尔斯基虽然未参加社民党，但他对社民党寄予厚望。他感到十分欣慰的是，克瓦希涅夫斯基这批年轻人，生于人民波兰，长于人民波兰，是波党一手培育起来的一代青年的精英。他不由得想起了提拔克瓦希涅夫斯基当部长的故事，就好像发生在昨天一样。那是6年前，1985年，波兰政治经济生活正处于军管后的恢复时期，为了争取广大青年的支持，他急欲物色一位年轻人来主管政府青年事务部。经过反复挑选，他把目标锁定在克瓦希涅夫斯基身上。当时克瓦希涅夫斯基任《青年旗帜报》主编，一心想办报，不愿当部长。总理办公厅主任找克瓦希涅夫斯基谈话，克瓦希涅夫斯基百般推托，讲了许多理由，最后指着自己的衣着说，“你看，我这个样子像部长吗!?”办公厅主任笑了，“如果部长们都像你这个样子，那一切事情都好办了”。就这样，时年30岁的克瓦希涅夫斯基成为雅鲁泽尔斯基政府中最年轻的部长，置身于80年代后期朝野两大势力激烈斗争的政治旋涡之中。就这样，克瓦希涅夫斯基再也没离开雅鲁泽尔斯基的视野。

雅鲁泽尔斯基发现和提拔了克瓦希涅夫斯基，尔后梅斯内尔总理和拉科夫斯基总理也十分器重克瓦希涅夫斯基，常常委以重任。圆桌会议期间，克瓦希涅夫斯基担任工会问题小组委员会政府方主席，同马佐维耶茨基共同主持小组委员会会议，他的理想、信念和主张也体现在圆桌会议的结果中。圆桌会议后，克瓦希涅夫斯基积极参与竞选参议员，但他也未能避免落选的厄运。面对议会选举的失利，克瓦希涅夫斯基非但没有消沉下去，反而能够正视现实而奋起。他认为摆在他面前的只有两条路，或者退出政坛，迅速消失在政治迷雾之中；或者是组织起来，争取在新的政治框架中获得应有的地位，他只能选择后者，也选择了后者。

雅鲁泽尔斯基了解克瓦希涅夫斯基的政治才干和组织能力，赞赏克瓦希涅夫斯基在逆境中表现出来的勇敢和坚毅，他相信克瓦希涅夫斯基一定能顶住巨大的压力，克服种种困难，领导社民党，团结广大的左派，一步一步地跨过坎坷与崎岖，赢得大多数人民群众的信任。雅鲁泽尔斯基不是社民党党员，但他的心始终是同社民党在一起的。

五、在总统任上——力求民族和解

雅鲁泽尔斯基常说自己是一名为国家服役的战士，而今总统府就是他服役的阵地和岗位。他望着室内悬挂的白鹰国徽，想起了在炮火纷飞的战场上写信给母亲时曾说过的话：“不管这个波兰将是什么样子，也不管这个波兰将要求我们做出什么样的牺牲”，他都“理解为波兰工作和服役的职责”，他效忠祖国，效忠波兰的决心是永远不会改变的。他觉得这些话就好像预言一样，今天居然应验了。

工作中的雅鲁泽尔斯基总统

今天的波兰已经变了模样，同他40余年为之奋斗的波兰大相径庭，但波兰依然是他的国家，他的祖国，他依然要竭尽全力，不能放过任何一个机会，为祖国波兰服役到最后。

作为总统，在国内政坛上，他要努力化解各派政治势力之间的矛盾，维护那处于剧烈变化中的社会的安定。在国际舞台上，他要争取各国对波兰剧变的理解，调整与华约国家特别是与苏联和邻国的关系，捍卫国家的领土完整与人民的和平生活。

他就任总统后，立即参加了人民波兰国庆45周年纪念活动。按照他的想法，他要把各党派领导人团结起来，向社会显示出波兰政坛的新面貌。在7月22日那一天，在胜利广场无名战士墓前，举行了盛大的活动。新当选的众、参两院议长登上了观礼台，站在雅鲁泽尔斯基两侧，给人耳目一新的感觉。然而团结工会主席瓦文萨并未出席，瓦文萨要藉此表明他坚持否定人民波兰的态度。出现这种情形自然在雅鲁泽尔斯基预料之中，但雅鲁泽尔斯基并没想到这次活动，竟成为人民波兰国庆庆祝活动的最后一次了。

1989年7月22日，人民波兰国庆45周年。
雅鲁泽尔斯基总统（左4）和众议长科扎凯维奇（左3）、参议长斯太尔马霍夫斯基（左5）、总理拉科夫斯基（左2）在观礼台上

为组织一个能体现圆桌会议精神的新的“大联合”政府，雅鲁泽尔斯基绞尽了脑汁，费尽了口舌。在总理人选问题上，他步步为营，步步退让。他先是寄希望于基什查克，继则求救于马利诺夫斯基，最后不得不推荐马佐维耶夫茨基。由马佐维耶茨基来组织以团结工会为主体的新的政府，固然也是某种形式的“大联合”，但此“大联合”，非彼“大联合”，它同圆桌会议的精神必然是南辕北辙了。雅鲁泽尔斯基深明个中的因果，但他作为总统，决不能放弃在纷繁复杂的政坛中寻找最大公约数的努力，他要利用各种机会，把对立的双方捏合在一起，营造民族和解的氛围。在他任命马佐维耶茨基为总理之后，恰逢第二次世界大战爆发50周年，他认为这该是一次天赐良机了。

50年前，1939年9月1日凌晨，希特勒德国停靠在格但斯克港

纪念二战爆发50周年，在华沙阅兵式的观台上。

前排由左向右依次为：参议长斯太尔马霍夫斯基、团结工会主席瓦文萨、总统雅鲁泽尔斯基、总理马佐维耶茨基、波兰统一工人党中央第一书记拉科夫斯基、统一农民党主席马利诺夫斯基、民主党主席尤兹维亚克

口的战舰，突然炮轰波兰驻扎在维斯特尔布拉特半岛的守军，打响了二战的第一枪。希特勒发动了战争。对于波兰在二战中遭受的史无前例的浩劫，对于波兰军民奋起抗战可歌可泣的壮举，波兰人不分党派，有着高度的共识。在这一天，雅鲁泽尔斯基总统偕马佐维耶茨基总理一道前往维斯特尔布拉特向英雄纪念碑敬献了花圈。同时他还动员各党各派领导人出席了在华沙举行的纪念活动。

在阅兵式的观礼台上，在庄严的白鹰国徽后边，团结工会主席瓦文萨和新任总理马佐维耶茨基站在雅鲁泽尔斯基的左右，波兰统一工人党中央第一书记拉科夫斯基、统一农民党主席马利诺夫斯基和民主党主席尤兹维亚克也肩并肩站在一起。雅鲁泽尔斯基环顾左右，有一种悲喜交加的感觉。喜的是这景象看起来很动人，争斗十年的左右两大势力的头头们肩并肩的同台观礼，展示出他所提倡的

民族和解的精神。悲的是他心里明白，这耀眼的风光可能只是昙花一现。一场争夺政权的斗争正如火如荼，站在台上的人有哪一位没卷入这场争夺？有哪一位不是各行各的是，各怀各的胎呢？

尽管如此，雅鲁泽尔斯基也不放弃促进民族和解的信念和努力，但他并未想到，能动员政坛上各路英雅好汉同他一起，在人民波兰白鹰国徽的标志下，在全国人民面前同台亮相，这是第一次也是最后一次了。

六、在总统任上——确保边界安全

波兰的“实验田”居然结出这样的果实，这出乎雅鲁泽尔斯基的意料，更出乎那位积极支持雅鲁泽尔斯基进行革新的苏共总书记戈尔巴乔夫的意料。人们知道，在勃列日涅夫时期，苏共对波党迟迟不对团结工会动“外科手术”深表不满，并一再施加各种各样的压力，可到了戈尔巴乔夫时期，情况就大不一样了。戈尔巴乔夫结束了苏共的“老年政治”，提出了“新思维”，对西方大搞“缓和”，对东欧实行“松绑”。他一方面承认社会主义国家各党独自探索建设社会主义道路的必要性，声言不再控制东欧国家，一方面强调社会主义各国改革的紧迫性，意在推动和营造“大家庭”进行整体改革的氛围。他把雅鲁泽尔斯基倡导的圆桌会议，视为社会主义改革的“实验田”，不仅给予支持，而且大加赞扬。在马佐维耶茨基受命组阁时，罗马尼亚共产党给波党中央和苏共中央及华约国家各党中央写信，建议动用武力干预波兰。对齐奥塞斯库的这一建议，戈尔巴乔夫根本不予置理，使它自生自灭。与此同时，苏共中央宣传部长布什林对西方记者说，波兰的团结工会“不是异端”，“如今要去发挥更为重要的作用”，“苏共正密切关注波兰形势，但是作为学生，而不是先生”。

雅鲁泽尔斯基（右）同戈尔巴乔夫热烈拥抱

戈尔巴乔夫根本不想动用武力干涉波兰，他不仅认可波兰的变化，甚至还自觉不自觉地把波兰当作样板，加紧推动“大家庭”其他国家来进行改革。在戈尔巴乔夫看来，尽管波兰“实验田”结出的果实并不十分理想，但在马佐维耶茨基政府中，国防部和内务部的部长仍由波党人士担任，雅鲁泽尔斯基总统仍是三军统帅握有军权，波兰仍是华沙条约的成员国，形势仍然是可控的。戈尔巴乔夫的如意算盘是：希望东欧国家能与苏联同步进行改革，配合苏联的改革，创造出一个“大家庭”相互配合、一起改革的局面。

1989年10月7日，民主德国举行国庆40周年庆典，雅鲁泽尔斯基应邀率代表团前往柏林。在庆祝大会的观礼台上他看到了一个不能忘记的历史情景。游行的群众看到了同昂纳克并肩而立的戈尔巴乔夫，他们放缓脚步，自发地高呼“改革，改革！”“戈尔比，戈尔比帮忙啊！”当时德国统一社会党中央政治局委员、中央书记克伦茨站在雅鲁泽尔斯基的身边，他悄悄地对雅鲁泽尔斯基说：“人们在期待改革，求变于未来啊!”在柏林，戈尔巴乔夫放了一把火，在庆祝大会上他给昂纳克留下了两句重话。戈尔巴乔夫说，他“不怀疑”民主德国“一定能够同所有的社会力量在一起找到”国家发展和人民关心的各种问题的答案。还说“社会主义需要振奋精神”，“迟到者将会受到生活的惩罚”。何谓“所有的社会力量”？谁是“迟到者”？戈尔巴乔夫的话发人深思。在柏林，雅鲁泽尔斯基会见了戈尔巴乔夫，雅鲁泽尔斯基担心民主德国的前途和两德关系的变化，戈尔巴乔夫直言不讳地断言，“昂纳克的时代正在终结”，但坚信“两个德国的存在将持久延续下去”，不会统一。

听了戈尔巴乔夫的话，雅鲁泽尔斯基半信半疑。信的是他也认为昂纳克可能失去控制局势的能力，他在观礼台上也感受到了一段时间以来德国人的躁动不安。疑的是他对民主德国的前途仍然忧心忡忡，担心德国统一可能危及波兰西部边界的安全。返回华沙后，雅鲁泽尔斯基比过去更加关注民主德国的动向，很快，一幕幕触目惊心的事就映入了他的眼帘。

戈尔巴乔夫的“断言”变成了事实。民主德国国庆刚过10天，执政18年之久的昂纳克就被迫辞职，尔后又被开除党籍，立案审查。民主德国党政领导人开始大换班，克伦茨当选为德国统一社会党总书记，莫德罗出任政府总理。昂纳克时代彻底结束。新的历史一页将如何书写，成为人们普遍关心的问题。

与此同时，戈尔巴乔夫的“坚信”却开始化为泡影。1989年11月9日，成千上万的群众集聚在柏林墙下，一阵高过一阵的“把门打开，我们要过去”呼喊声响彻云霄，民主德国当局迫不得已，只好开放了柏林墙。这成为拆除柏林墙的前奏，标志着构筑28年的、象征德国分裂的柏林墙崩塌了。柏林墙的崩塌就好像打开了一个潘朵拉盒子一样，尘封多年的德国统一问题突然提上了议事的日程。两个德国的存在还能像戈尔巴乔夫所说的那样“持久延续”吗？对这个问题的回答必然是否定的。如何确保波兰西部边界安全和领土完整这个事关波兰国家安危的重大问题已经摆在雅鲁泽尔斯基的面前（见附件2：“奥得—尼斯边界问题的始末”）。雅鲁泽尔斯基比以往任何时候都更加担忧和不安了。

不出所料，两德关系的变化和两德统一问题，迅速地进入了快车道。民主德国新总理莫德罗建议两德建立“条约共同体”，试图密切两德之间的关系，但维持两个德国现状。联邦德国总理科尔立即于11月28日宣布了他的德国统一方略，抛出了建立联邦结构的“十点计划”。这“十点计划”的实质，就是改变民主德国现状，根据联邦德国的《基本法》把民主德国并入联邦德国。

科尔的“十点计划”引起世界各国尤其是欧洲国家的强烈反应，更引起波兰的不安和恐惧。雅鲁泽尔斯基观察和分析各国的态度，他认为西方国的态度是表里不一的，官方正式声明不反对德国统一，说什么统一是德国的民族权力；但事实上他们都十分担心统一的后果，特别是英、法、意和卢、比、荷等西欧国家。雅鲁泽尔斯基说，早在柏林墙崩塌之前，1989年6月11日他访英时就有过亲身的感受。英国首相撒切尔夫人在同他举行大组会谈时，讲了许多外交辞令，随后在进行“四只眼睛”小范围会谈时，讲话不再遮遮掩掩。她直截了当，毫不含混，强调和鼓动波兰应反对正在发展的德国统一的倾向，并说波兰在这个问题上拥有特殊的资格。这情景别人不知，在场的译员古尔尼茨基是一清二楚的。可是现在，德国统一已经是大势所趋，雅鲁泽尔斯基心里明白，波兰是无力阻止德国统一的，西方更无一个国家会公开反对德国统一，更何况西方国家的态度也是随着德国统一进程的深入而不断调整和变化的，在这种情况下，他应该做和能够做的事，只能是借助他的总统地位和影响，抓住时机多做各方的工作，在德国统一过程中确保波兰国家利益不受损害，确保领土和主权的完整，确保波德奥得—尼斯边界是波德之间不可改变的最终边界。

雅鲁泽尔斯基不遗余力地履行总统职责，对内他积极地协调总统府、政府在对德问题上的立场，保持总统和总理之间的密切沟通和协作。1990年3月初，他组织和主持总统府与政府的有关部长联席会议，讨论和商定对德国统一问题的方针政策。出席联席会议的有政府总理马佐维耶茨基、外交部长斯库比舍夫斯基、总统府部长契莱克、库查等人。令他高兴和满意的是，虽然大家在波兰国内问题上立场严重对立，缺少共同语言，但在对德问题上则彼此看法相同和相似，都主张“用一个声音说话”。大家一致认为波兰必须参加关于德国统一问题的国际谈判，波兰的安全问题不能由代理人来解决。会议确定了所谓的“无我休言我”（没有我们在场，休想讨论我们的事）的根本方针，并根据这一方针安排了有关工作的先后顺序。

对外，雅鲁泽尔斯基积极主动，绝不放弃任何一个机会。1989年11月12日，雅鲁泽尔斯基在华沙会见联邦德国总理科尔，他批评了联邦德国在波德边界问题上“含糊不清”的态度。他言语严厉，使在座的波兰总理马佐维耶茨基都感到吃惊，会见后马佐维耶茨基甚至对雅鲁泽尔斯基说，“总统先生的某些评论是否太尖锐了？”

1989年11月底，雅鲁泽尔斯基接到了戈尔巴乔夫的通报，说苏美两国元首将于12月初在马耳他会晤，讨论裁军、东欧形势、两德关系等问题。雅鲁泽尔斯基发现，通报中只字未提波德边界问题，他立即打电话给戈尔巴乔夫，讲了波兰方面的意见和要求，戈尔巴乔夫表示同意和支持波兰的立场。苏美元首马耳他会晤后，12月4日，华约国家领导人在莫斯科举行会议，听取戈尔巴乔夫通报情况。雅鲁泽尔斯基率总理马佐维耶茨基和外长斯库比舍夫斯基以及波兰统一工人党中央第一书记拉科夫斯基出席。在这次会议上，雅鲁泽尔斯基再次阐述了波兰关于波德边界问题的立场和主张。

1990年2月，雅鲁泽尔斯基在达沃斯会见了民主德国新任总理莫德罗，谈了波兰对德国统一的看法，他特别强调波兰绝不接受把波德边界问题留到对德和约去解决。

1990年2月中旬，华约和北约外长在渥太华开会，美国先同英、法、联邦德国外长协调立场，随后向苏联提出解决德国统一问题的“2+4”方案。苏联提出了一些修改意见后予以同意。所谓的“2+4”，就是先由两个德国，在民主德国3月18日大选后，谈判有关德国统一的政治、经济、法律等“内部问题”，然后由两个德国和战后对德拥有占领权的美、英、法、苏四大国谈判解决包括邻国安全、边界等有关“外部问题”。“2+4”方案使波兰面临着在没有波兰参加的情况下由其他国家决定波德边界问题的现实危险，这引起波兰的恐惧不安和强烈反应。2月14日和15日马佐维耶茨基总理和雅鲁泽尔斯基总统先后发表谈话，一致强调波兰“必须参加”有关德国统一的谈判。雅鲁泽尔斯基和马佐维耶茨基决定两人保持联系，协调攻关。雅鲁泽尔斯基打电话给戈尔巴乔夫，马佐维耶茨基写信给四大国政府首脑，陈述波兰的立场，一是要求参加“2+4”会议，强调事关波兰安全，波兰有道义和法律权利。二是要求在德国统一之前波兰先同两个德国分别草签波德边界条约，然后再同统一的德国正式签署。

联邦德国总理科尔对波兰的要求先是予以拒绝，尔后又提出先决条件，表示签约问题将取决于波兰能否重申放弃战争赔偿的要求和保障德裔波兰人的权利。科尔的态度，增加了波兰人的疑虑，招致欧洲国家的批评，也在联邦德国引起一片反对声。美、英、法、苏四大国领导人纷纷表态，布什声明美国“正式承认目前的波德边界”，撒切尔夫人强调“统一后的德国不得谋求战后划归波兰的领土”，密特朗主张签订国际条约来确定波德边界的“不可更改性”，戈尔巴乔夫指出任何改变波德边界现状的企图都是“危险的”。而在联邦德国，参政的自民党和在野的社民党则批评科尔的言论“危及德国统一进程”，是“冒险主义和不负责任的”。科尔在内外压力下，于3月6日公开承认“也犯了错误”。一场所谓的“科尔风波”平息下来了，但波兰不敢掉以轻心，绝不放弃自己在外交方面的努力。

3月9日，雅鲁泽尔斯基率总理马佐维耶茨基和外长斯库比舍夫斯基前往巴黎，会见法国总统密特朗。雅鲁泽尔斯基说，此行的目的，一是争取法国支持波兰参加“2+4”会议，二是争取法国支持波兰关于最终解决波德边界问题的立场。雅鲁泽尔斯基认为，他同密特朗的会见取得了“圆满成功”，密特朗“让科尔尝到了苦辣的滋味”，密特朗说的话，科尔不得不听，不会当作耳边风。

经过总统、总理和外长协调一致的不懈努力，有了美、英、法、苏四大国的理解和支持，波兰终于争得了参加解决德国统一“外部问题”的国际会议的权利。7月17日，在巴黎举行第三轮“2+4”外长会议，波兰外长斯库比舍夫斯基应邀参加，各方就解决波德边界问题的原则、时间和方式达成全面协议。波方同意两德统一后再正式签订波德边界条约。9月12日，第四轮“2+4”外长会议在莫斯科举行，签署了《关于最终解决德国问题的条约》，确定了德国现有边界的最终性质，并据此缔结波德边界条约。11月14日，波德两国外长斯库比舍夫斯基和根舍在华沙签署了《关于确认两国现有边界条约》，终于在两德统一过程中为长达40多年的有关奥得—尼斯边界的争端画上了一个句号。

奥得—尼斯边界的“最终性质”在条约的序言中得到了肯定，雅鲁泽尔斯基的一颗悬着的心落地了。他认为，“从历史上看，为解决国家制度的变化、分裂与合并、国与国的边界争端，常常进行多年流血战争的事例屡见不鲜。而这一次一切问题都是以和平方式解决的。在这一过程中，波兰是重要的环节，有着重要的贡献”。当时的波兰，“恐惧和希望”交织在一起，但由于战略上的坚定和策略上的灵活，获得了“完全满意”的结果，政坛上的“那一代人，为波兰争取到巨大的利益，经受了历史的考验”。

七、在总统任上——澄清卡廷谜案

雅鲁泽尔斯基盘点他就任总统以来的所思所想，所作所为，一种时不我待的紧迫感在他内心深处油然而生。早在1987年，他同戈尔巴乔夫就曾达成协议，要彻底澄清困扰波苏关系中的历史“空白点”，解开波苏关系中的死结——卡廷惨案之谜，可时至今日，时间过去了三年，问题仍然悬挂在那里，没有实质性的突破。他担心在东欧剧烈变化和戈尔巴乔夫处境微妙的时刻，一旦发生什么对波兰不利的事件，就可能推迟解决问题的时间，增加解决问题的难度。他下决心要争取在他的总统任内，有所突破，以免夜长梦多，发生不测，拖延扯皮，有花无果。

说起卡廷事件，雅鲁泽尔斯基心里是有数的。过去他也曾相信过是纳粹德国在卡廷那个地方，残忍地杀害了数以万计的波兰军官，后来他也知道并确信这是苏联一手制造的惨案。但战后40多年来，苏联历代领导人，从斯大林开始一直掩盖和歪曲事实真相，不仅不认罪，反而倒打一耙。他们手里拿着一顶“反苏”的帽子，不论什么人，谁敢要求或说明真相，他们就把这顶“反苏”帽子扣在谁的头上。波兰官方奉行与苏联“友好同盟”的方针政策，他们慑于苏联的权威，长期以来沿袭苏联的说法，也是有苦难言，只能把问题束之高阁，列入不可触动的“禁区”。

但纸里包不住火，谎言腿短走不远。卡廷惨案如针似芒深深地刺在波兰人的心上，社会各界要求澄清真相、追究责任的呼声一年比一年高。波兰官方宣传同社会认知之间形成了水火不相容之势，历史问题变成了政治问题。多年以来，每当发生社会动荡和危机之时，持不同政见的人们就常常搬出卡廷事件说事。这时，苏联就指责波兰有人“煽动民族主义的狂热”，“反苏情绪”高涨，波兰当局就不能不采取强制手段来压服社会舆论和群众。很明显，波兰当局如果不压服，苏联就不满意，但压服的结果很坏，只能增加社会的反感，扩大执政者同群众之间的隔阂与鸿沟，领导人的形象和威望因之而一落千丈，失去了社会与群众的信任。

雅鲁泽尔斯基的几位前任，也曾在不同程度上做了些努力，要求苏联揭开卡廷事件的盖子，但他们在冥顽不化的苏共领导面前一而再地碰壁了。盖莱克任第一书记时就有过这样的例子。他先后当面向勃列日涅夫和葛罗米柯提出了“为了友谊，苏联同志应当解释清楚”的请求，可这两位苏共领导人当面假装糊涂，哼哼哈哈，说是调查调查，过后说完了事。盖莱克第三次又向苏联新任驻波兰大使提出，这位大使太认真负责了，他向上转达了波方的立场，结果他上任不足两个月，就被顶头上司葛罗米柯摘掉了他的乌纱帽。

雅鲁泽尔斯基有着敏感的政治嗅觉，他知道选择时机的重要性。戈尔巴乔夫上台后，雅鲁泽尔斯基感到从莫斯科吹来了一股新鲜的风。戈尔巴乔夫要缓和两大军事集团在欧洲紧张对峙的形势，要调整“大家庭”内部苏联同小兄弟的关系，对波党同反对派实行和解的进程不仅不干扰反而乐观其成，一句话：戈尔巴乔夫同勃列日涅夫是不同的，解决波苏关系中疑难问题的主客观条件逐渐趋于成熟。1985年后，雅鲁泽尔斯基同戈尔巴乔夫每年多次见面，常常谈及卡廷事件，终于在1987年，他们把解决历史“空白点”问题提到议事日程上来。时至今日，东欧各国相继发生了剧变，雅鲁泽尔斯基地位日益虚弱，岌岌可危；苏联政局动荡不稳，戈尔巴乔夫正在失去驾驭形势的能力。雅鲁泽尔斯基意识到，无论是对他自己，还是对戈尔巴乔夫来说，怎样解决卡廷事件问题，已经到了最后的时刻了。

1990年4月13日，雅鲁泽尔斯基以波兰共和国总统身份正式访问苏联。

雅鲁泽尔斯基和戈尔巴乔夫两人虽然是老同志、老朋友、老熟人，可这次见面却与以往大不相同。这一次，他们各自代表的波苏两个国家的相互关系，已经发生了实质性的变化，戈尔巴乔夫免不了扼腕叹息。可如今的戈尔巴乔夫，又有什么可多说的哩，他在苏共二月全会（1990年）之后，不是正在迎着由波兰开启的多党制和议会民主的潮流，推进苏联的政治体制的改革嘛！会谈期间，戈尔巴乔夫向雅鲁泽尔斯基讨教经验教训，他问雅鲁泽尔斯基波党为什么在议会选举中失利了？雅鲁泽尔斯基的回答刻骨铭心。他说，波兰在80年代初实施军管“从军事角度讲，是一个胜利，但从政治角度看，则是一次失败”。“现在，我们不得不付出高昂的代价，因为当时我们对局势的评估太肤浅了。我们过分地安于乐观地评估了。我们被欺骗了。确切地说，是我们自己让雷鸣般的掌声给欺骗了，被各种大小会议发出的清一色的‘热烈支持’的赞美声给蒙蔽了。实际情况是，大部分人民群众对局势的看法和想法跟我们不一样”。从雅鲁泽尔斯基的语音中，戈尔巴乔夫听到了“痛苦和悲伤”。

雅鲁泽尔斯基此访的目的是什么，戈尔巴乔夫不仅十分明了，而且做好了相应的准备。4月13日是卡廷事件爆料的日子，1990年恰是卡廷事件发生50周年。雅鲁泽尔斯基选择了这么一个时机来到了莫斯科，能让他满怀希望的来了，一身失望的走吗？戈尔巴乔夫早就表示过他赞同雅鲁泽尔斯基关于历史“空白点”的看法，他们两个人应该为增进波苏两个民族之间的信任做些好事，澄清前人结下来的历史恩怨，不再给子孙后代留下隐患。戈尔巴乔夫也知道，对于雅鲁泽尔斯基来说，这恐怕是在国家元首的岗位上为波兰服务的最后一个机会了，他应该准备一份“厚礼”送给即将退出历史舞台的一个时代的代表雅鲁泽尔斯基。

在会谈中，当雅鲁泽尔斯基一提到卡廷时，戈尔巴乔夫立即打断了雅鲁泽尔斯基的话。戈尔巴乔夫插话说，“从看押部门的档案中找到了有关卡廷案件的文件，苏方将把这些文件转交给波方”，“这些文件将一劳永逸地填补这个‘空白点’”。戈尔巴乔夫端出了他给雅鲁泽尔斯基准备的“厚礼”。

戈尔巴乔夫向雅鲁泽尔斯基说明了档案的内容，其中包括1939—1940年关押在内务人民委员会的三大集中营中的波兰公民的名单。戈尔巴乔夫对卡廷事件的发生表示了“深深的遗憾”，他解释说，苏联历史学家为了弄清事实真相做了大量的工作，即使陷入绝境时，他们也从未放弃过探索的努力。许多文件已被销毁。找到的材料只能“间接地证明”是当时的内务人民委员会所为，贝利亚和米尔库洛夫“对暴行负有直接的责任”。

雅鲁泽尔斯基手捧这些档案材料，心情十分矛盾。他一方面感到苏联承认了罪行，这标志着解开卡廷谜案问题取得了突破性的进展，一方面又觉得戈尔巴乔夫的解释还可能有很大的保留。近年来在两国历史学家委员会中，假如没有波方的穷追猛打，苏方能走到这一步吗？说贝利亚负有直接的责任，那么，什么人应该对这一滔天罪行负有决策的责任呢？雅鲁泽尔斯基的心中还有不少的问号。

戈尔巴乔夫（右2）把卡廷惨案的部分档案交给雅鲁泽尔斯基

尽管这样，他还是满意的。在4月13日塔斯社声明的结论中，凝结了他此次访苏的重大的历史性的成果：苏联公开地在波兰面前、在全世界面前承认了“卡廷悲剧是斯大林主义的严重罪行”。

历时50载，苏联始认罪。

雅鲁泽尔斯基在他担任波党中央第一书记时向戈尔巴乔夫提出了问题，终于在他担任波兰共和国总统的任内取得了这样的成果。只可惜，它来得太晚了。此时的波党已丧失政权。它未能帮助雅鲁泽尔斯基及时地摆脱压在波党身上的沉重的历史负担。只可惜，它来得太不彻底了。克里姆林宫的执政集团还在扭扭捏捏，“千呼万唤始出来，犹抱琵琶半掩面”，并未把全部真相暴露在雅鲁泽尔斯基面前。

1992年10月15日《华沙生活报》，皮霍亚（左）向瓦文萨（右）转交俄总统密档第一卷副本

1992年10月15日《共和国报》，斯大林等人签署的决定

直到1992年10月14日，叶利钦总统派出的特使皮霍亚在华沙把尘封50多年的俄国总统密档第一卷的副本转交给波方。是时，雅鲁泽尔斯基早已卸任，他的继任者早已是瓦文萨了。

卡廷事件的真相大白于天下。

杀害波兰军官的决定，是1940年3月5日，由斯大林等联共领导人作出的。他们在贝利亚上呈的报告上签字划圈，同意“消灭”关押在战俘营和监狱中的2.57万“苏维埃政权的敌人”。

八、脱下军装，走下政坛

波兰的剧变像一团野火，随着戈尔巴乔夫“新思维”的一阵狂风，迅速地燃遍了整个东欧。东欧各国江山变色，城头易帜，其来势之猛，速度之快，出乎一切预言家的想象。如果说波兰的执政党同团结工会两大势力之间的较量历经十年风雨之后方见分晓，时间是以年为单位计算的，那么紧随其后的东欧其他国家的变化时间几乎就是以月、周、天和小时为单位来计算了。

匈牙利的执政党，因重新评价1956年事件和争论多党制问题而分裂，而更名改姓，失去了政权，为时则不过十个月有余。其后的：民主德国，从柏林墙倒塌到执政党更名，到两个德国走向统一，其进程更快了。保加利亚，反对派夺得政权几乎是易如反掌。捷克斯洛伐克，1989年11月17日在布拉格爆发了大规模的游行示威，仅用十天的功夫，就迫使执政当局全线退却，公开为1968年“布拉格之春”平反，改组政府，进而组成民族谅解政府。罗马尼亚，1989年12月16日爆发了蒂米什瓦尔事件，12月22日，布加勒斯特举行了支持当局的群众大会，谁知会场一角的一声枪响，立即唤起数以万计的群众把“热烈”支持当局的口号变为坚决反对当局的行动。执政16年的齐奥塞斯库仓皇失措，偕夫人乘直升机逃离首都，数小时后即在一小县城被拘留，成为阶下囚。三天后，12月25日，军事法庭判处齐奥塞斯库夫妇两人死刑，就地枪决。

雅鲁泽尔斯基环顾东欧政坛，在同时代的领导人中只剩下他孤独一人，茕茕孑立，形影相吊了。他的好朋友匈牙利的卡达尔，虽然早在剧变前的半年撒手人寰，可是隆重葬礼的哀乐余音未了，批判和谴责的声浪就呼啸而来。民主德国的昂纳克，保加利亚的日夫科夫，捷克斯洛伐克的雅克什，都没有逃脱阶下囚的厄运。他们一个个在剧变之始被开除出党，接着又一个个顶着不同的罪名被拘留、审查。其中的昂纳克狱中罹病，得以保释，先是就医苏联，尔后流亡智利，最终葬身异国他乡。至于罗马尼亚的齐奥塞斯库，其结局之惨，世界为之震惊，更使雅鲁泽尔斯基唏嘘不已。

在东欧的政坛上，左翼势力在退却，在溃败。右翼势力在进攻，在膨胀。雅鲁泽尔斯基明显地感到，这股始于波兰的不可阻挡的潮流正在反过来影响波兰，这使他的孤独感和危急感一天比一天更甚。波兰统一工人党自生自灭了，新兴的波兰共和国社会民主党又沦为在野党，特别是1990年7月的政府改组，副总理兼内务部长基什查克和国防部长希维茨基两位将军被解除了职务，这无疑是一刀斩断了他的左膀右臂，剥夺了他的军警大权。议会中没有了支持总统的党派，政府中不见了生死与共的铁哥们，被架空了的雅鲁泽尔斯基，形同无本之木，无源之水，失去了生机和活力。高高在上的总统宝座开始摇摇欲坠了。雅鲁泽尔斯基成为右翼肆意攻击的对象。“你们的总统，我们的总理”这样的格局还能维持下去吗？雅鲁泽尔斯基叹息一声，“难啊！”

波兰政坛的动荡远未终止。团结工会内部派系林立，分裂成为“主席派”和“总理派”的对立和争权。

瓦文萨和马佐维耶茨基两人，原本是一家人，一位是团结工会主席，一位是团结工会主席的首席顾问，多年来两个人风雨同舟，患难与共。马佐维耶茨基就任总理后，瓦文萨抱怨说，他“说话没人听了”，他“成为一个木偶，被置于愚蠢的境地”。瓦文萨同马佐维耶茨基的关系一天比一天紧张起来，终于从造反的伙伴变成了争权的对手。1990年4月，瓦文萨提出“向政府宣战”的口号，打响了所谓的“波兰对波兰的上层战争”。他断定国家“最高领导层的人事和结构已经完成了任务，发展的可能性已经枯竭”，现在要“创造一种秩序，掀起一场风暴”，“加速”抛弃马佐维耶茨基政府执行的那种“安于现状，过分求稳，拖延改革”的政策。对瓦文萨的宣战，马佐维耶茨基先是挂出免战牌，后来也公开批评了瓦文萨“不应把矛盾暴露在光天化日之下，并加以大肆宣扬”。但问题并未就此了结，1990年5月，拥护瓦文萨的主席派成立了一个新的党——“中间派协议会”。7月，支持马佐维耶茨基的总理派立即跟进，成立了“公民运动民主促进会”，两派唱起了对台戏。虽然本是同根生，可打起口水战来，谁都不退让分毫，教会从中调解也无济于事。教会希望主席和总理见面谈谈，瓦文萨和马佐维耶茨基两人互换信件，在会见的时间和地点问题上互不退让。主席瓦文萨坚决不来政府所在地华沙“拜会”总理，总理马佐维耶茨基坚决不去团结工会发祥地格但斯克“觐见”主席。几经教会方面的斡旋，两个人才同意把会面的地点安排在距离格但斯克和距离华沙远近相差无几的一个教堂。你不靠拢我，我不迁就你，谁都不愿多走一步路，谁也没多走一步路。团结工会派生的政党之间，瓦文萨和马佐维耶茨基之间的争斗愈演愈烈。

瓦文萨不喜欢马佐维耶茨基同雅鲁泽尔斯基之间的“合作”，要求同过去的时代彻底决裂，抹掉过去时代的痕迹，强调“圆桌会议遗留的双重政权妨碍了波兰的变化，必须坚决抛弃这个旧了的秩序结构，提前改选总统”，“现在我必须当总统”。瓦文萨视雅鲁泽尔斯基为过去时代残留的符号，是实现他政治抱负的绊脚石。

要求雅鲁泽尔斯基下台的呼声越叫越响。雅鲁泽尔斯基知道，他作为一名战士，在总统的岗位上为祖国服务的时间已经所剩无几了。他决心摘下总统的桂冠，退出政坛，但他不愿在一片混乱中移交大权，他要尽可能地保证这一切能在法制的程序中有条不紊地进行。多年来，雅鲁泽尔斯基常常萌生过激流勇退的想法，也曾在极端困难的时刻以辞职来要挟对手，但那都是一闪之念和虚晃一枪而已，可现在他不能不动真格的了，不能再恋栈了，也没有条件再恋栈了。他于9月19日致信众议长科扎凯维奇，向议会提出了缩短总统任期和提前进行全民普选总统的法案。这项法案适应形势的要求，在议会中得以顺利通过，10月1日由雅鲁泽尔斯基签署生效。雅鲁泽尔斯基本人决定不谋求续任，不参加总统竞选，同时公开表示，他支持马佐维耶茨基当总统，说“马佐维耶茨基具有总统必备的一切特点”。

波兰剧变后第一次全民普选总统运动开始了。瓦文萨和马佐维耶茨基两人各不相让，展开了激烈的竞选活动。有历史学家评论说，竞选辩论不谈实质问题而是人身攻击和蛊惑人心，特别是团结工会分裂成为主席阵营和总理阵营的对峙，这使社会迷失方向，困惑不已，在这次选举中暴露出“波兰政治生活中的所有的弱点”。11月25日进行了第一轮投票。结果出人意料，瓦文萨虽然得票最多，但未达到法定的半数以上；一位名不见经传的、侨居加拿大刚刚回国的蒂明斯基却位居第二，这使马佐维耶茨基失去了参加第二轮竞选的机会。看到了这样的结果，雅鲁泽尔斯基叹息不已，却也无可奈何。

12月9日，进行第二轮投票，参加投票的选民不多。瓦文萨以多数票当选。从此之后，昙花一现的蒂明斯基也就销声匿迹了。1990年12月22日，瓦文萨宣誓就任波兰共和国总统。

雅鲁泽尔斯基静悄悄地离开了贝尔维德尔宫。同时他作为波兰

雅鲁泽尔斯基跪吻军旗，告别军旅

军队最高统帅，跪吻军旗，告别军队，脱下了他一生最喜爱的军装。

这些天来，雅鲁泽尔斯基的心情十分复杂和沉重。他回顾自己走过的道路，辉煌与苦难，希望和失望，成功与失败，酸甜苦辣，五味俱全。他于1990年12月11日，通过电视和广播电台，发表了离职讲话，向全国人民告别，说了他作为总统的最后几句话。这是他对自己走过的路，对自己在总统任内的所作所为，做了一个简短概括和自我鉴定。他说：

我为国家服务已接近尾声。波兰共和国新任总统即将接受崇高的总统职责。我怀着热爱我们共同的祖国的情思，向莱赫·瓦文萨先生致意，并再次向这次选举表示我的祝贺，祝愿他将硕果累累地完成这一重要而负责的使命。

人是会犯错误的，我也犯过错误。但是，我没有陷入迷途。有一个信念始终是照耀我前进的光明，这就是国家的利益和威望，边界的稳定和不可侵犯，以及如何使波兰及其人民避免灾难和熬煎。

我沿着这条道路努力地向前行进。但我认为人的命运不能用静态的尺度去衡量。各种冤屈，痛苦和不公，无不冤有头债有主。它们是那么得多，我不仅意识到了，而且如芒似刺地扎在我的心上。

作为一个战士，我知道指挥员，也就是领导人，应该对一切的人与事负责。很可能“对不起”这个词说起来也已陈旧，但我尚未寻找到另外一个字。如果时间的流逝还不能消除谁人的愤怒和怨恨，那么就请把矛头首先指向我吧，不要去怪罪那些在现实的条件内为我们祖国的复兴与建设而怀着最美好的信念、勤勤恳恳、年年岁岁不遗余力的人！这是我唯一的一个请求。

我认为，我的总统职责，只是连结波兰新旧年代、连结昨天的波兰同跨向21世纪的波兰，两者之间的一座桥梁的一个桥墩。我怀着最好的愿望，在力所能及的范围内，诚恳而不张扬地履行了自己的职责，庄严而有效地代表了国家，顺从地同议会和政府进行了合作，在国内和国外，在各种公开活动和同外国领导人会谈中，我努力地争取人们理解和支持波兰正在进行的变革。

至于成败得失，任由他人评说。

在电视的屏幕上，在人们的视野中，雅鲁泽尔斯基的身影渐渐地远去了，但他那有些凄凉、有些悲壮、敢于承担、掷地有声的几句话，还余音袅袅，不绝于耳。

第八章

黄昏时节的云起云落

（1991—2014）

一、人生的新阶段

雅鲁泽尔斯基退休了。时年67岁。

雅鲁泽尔斯基回到了他在华沙莫科托夫区位于伊卡拉街的自己的家。这幢外观简朴独门独院的三层小楼，是他在国防部任职期间，根据当时国家有关的国有资产处置办法的法规，用自己积累的薪水购买的。在房屋所有权登记中，他和他的妻子是这幢小楼的所有人。他保存了购买时所有的文书和收据，足以证明他一生廉洁奉公，从未动用公款，中饱私囊，从未侵占公产，化公为私，也从未巧取豪夺。

作为退休总统，雅鲁泽尔斯基享受法律规定的退休待遇，包括由政府保安局为他安排的终身警卫，公费医疗，设办事处和领取总统退休金。但在待遇问题上，他非但不伸手，反而向后退了一步，

华沙，伊卡拉街，雅鲁泽斯基的家

坚持不领取最高等级的总统退休金。他始终认为自己一生是军人，是军人队列中的一员，他应领取低于总统退休金的军人退休金，保持他作为“一名战士”的军人本色。

他退休了。他不知道他未来的路还有多长，他还要走多久，但他意识到这条路并未铺满鲜花，这条路必然荆棘丛生，坎坷不平。他脱下了将军身着的军装，放下了“战士”手中的钢枪，退役了。但他知道，他手中还握有一支笔，他还可以用笔墨来书写他那一代人的足迹，还原历史的真相，为他所追求的理想——民族的和解，经济的繁荣，国家的强盛而摇旗呐喊。

他卸下了总统肩负的重担，但他仍然处于政治斗争的漩涡中。他远未甩掉压在他身上的沉重的历史包袱，在他内心深处似乎有一种负疚感和罪责感。他敢于直面历史，承担自己应承担的领导责任和决策责任，利用各种机会，对实施战时状态一事向全国人民多次表示了“遗憾”，向受到伤害的人一再表示了“道歉”。他也敢于面对现实，接受各种各样的挑战，为人民波兰、为他所代表的一代人、为他自己的行与思进行辩护和抗争。他荣辱不惊，既不妄自尊大，

雅鲁泽尔斯基（右）和拉科夫斯基（左）出席社民党会议，社民党副主席奥莱克塞（中）为雅鲁泽尔斯基倒咖啡。

也不妄自菲薄。

如果说他任总统时他要在各党各派之间做到不偏不倚，那么退休后他则旗帜鲜明地站在左派一边。他出席社民党代表大会，参加社民党举行的各种活动，支持年青的社民党的活动家，寄希望于社民党的未来。他得到了众多人的普遍的尊重。

在右派群体中，雅鲁泽尔斯基也有自己的朋友。他们对雅鲁泽尔斯基的态度由敌对而转为友善，理解和尊重。但也有始终耿耿于怀，绝不饶恕雅鲁泽尔斯基的人，更有觊觎权力，专门拿雅鲁泽尔斯基说事指桑骂槐的人。

雅鲁泽尔斯基的前半生结束了。在人生的旅途中，一个新的阶段开始了。他不知道，他未来处境和命运将是什么样子，但他明白，这绝不会以他个人的希冀为转移，这必然同波兰社会的转轨进程，必然同政坛上各种势力的较量联系在一起。又有谁能预测，人生的深秋季节过后，未来的冬天会是艳阳白雪，还是寒风刺骨呢？

雅鲁泽尔斯基的后半生开始了。他何尝不是一位幸存者？在二战的炮火中，他的年轻的战友有多少人血洒疆场，而今天，在东欧各国同时代的领导人中，他又是唯一的健在者。想想这些，一种难于名状的责任感，一个退伍老兵的责任感油然而生。他虽然退役了，但他作为“一名战士”，绝不能离开为祖国服务的行列。他习惯地举起了右手，二指并拢，向生活，向生命致以崇高的军礼：“为了祖国，为了荣誉”，他做好了踏上新征程的准备。

在公园里，是休闲？还是静思？

二、著述与答辩

雅鲁泽尔斯基时刻关心和密切观察正在波兰发生的一切事情。

1990年的波兰是什么样子呢？一位漫画家用他的画笔勾画出波兰政坛和波兰周边环境的图景，成为1991年元旦波兰人茶余饭后的谈资。

只见众议长科扎凯维奇和参议长斯泰尔马霍夫斯基两位弱不禁风的老人站在底层努力地支撑那歪歪扭扭的共和国的“多元主义”的大厦。总统瓦文萨春风得意，坐在大厦中间，紧紧地把总统

《共和国报》漫画，祝大家1991年幸福多多

府抱在怀中，准备上任的新总理做出了V字形手势，庆贺胜利。总理马佐维耶茨基一副疲惫不堪的样子，拿着皮包，准备走路。前任总统雅鲁泽尔斯基悠闲地坐在太阳下面，开始构思他的回忆录。教会首席大主教格莱姆普肃立于瓦文萨和雅鲁泽尔斯基之间，神色自若，神气十足。副总理巴尔采罗维奇手捧着他那闻名于世的“休克疗法”，正在医治波兰经济的痼疾。波兰西邻站着一个高大的巨人，是联邦德国总理科尔。他左肩挎着一个篮子，里边盛放着已经消亡了的民主德国。他得意洋洋，正在注视波兰外交部长斯库比舍

夫斯基手中的喷壶，和被浇灌了的波德边界上的界桩：让界桩开放出睦邻友好之花吧！波兰南邻捷克总统哈维尔，右手高举一杯白沫外溢的啤酒杯，左手拿着一束鲜花，祝贺他的老同行瓦文萨当选总统。波兰东邻是苏联总统戈尔巴乔夫和俄罗斯最高苏维埃主席叶利钦。那里已经出现了中央和地方的争斗，波兰的外交既要同作为整体的苏联周旋，也要同正在闹独立的俄罗斯眉来眼去。在波兰的上空，则飞翔着一位哈哈笑的天使，他把这片土地上发生的一切人与事，尽收眼底。他不是别人，正是美国总统布什。

看到了这幅漫画，雅鲁泽尔斯基淡然一笑。不能说画得不精彩。1990年扑朔迷离的波兰政局变化，错综复杂的国际关系和人际关系，凝固在一纸画图之中，这确实表现了画家的敏锐的政治嗅觉和高超的艺术才能，但总觉得这只是一个瞬间的静止的景色，总有些似是而非的印象。难道未来的波兰能如此之平静安宁吗？特别是他本人，能如此悠闲地享受温暖的阳光吗？

直面剧烈变化着的波兰，雅鲁泽尔斯基不把自己当作“前朝遗老”，他没有那种“越坏越好”幸灾乐祸的阴暗的心理。他认为，波兰走上了议会民主和市场经济的道路。这是一条不平坦、没有回头路的道路。他希望波兰能走得好，走得远，改革能取得成功，他的同胞能永远沐浴着阳光。他说“我为其成就而高兴，为其失利而忧伤”。不仅如此，雅鲁泽尔斯基还始终相信自己不是局外人，他说“我作为推动制度变化的人，我感到在某种意义上，我也是对改革的方向、进程、特别是社会经济和政治结果，负有共同责任的人”。

圣诞节和新年过后，政坛上的反共风越吹越烈。1991年3月，中间派协议会向议会提出了“非共化”立法建议，雅鲁泽尔斯基担心社会的稳定会因此而受到破坏，曾以前任总统的身份去会见瓦文萨总统，表达了自己的看法。

雅鲁泽尔斯基迫切地感到，面对朋友、盟友和当时的对手，他有必要，有义务回答争论不休的关于战时状态的问题：为什么会走到这一步？必然要走到这一步吗？难道没有另外的办法了吗？他拿起了手中的笔，开始叙述他经历的人与事。他撰写了他退休后第一部深受读者欢迎的书《为什么战时状态？》。与此同时，法文版《镣铐和避难所·同米赫尼克谈话》也相继问世。尔后又出版了《聪明人和聪明人不相同》、《直面法庭》、《暗流》等书。

他写书，他不想去捍卫那些没经得起历史考验的做法和说法，他要捍卫的，是那些使他和他的朋友为之献身的价值和动机。他知道历史的复杂性，有许多事是他不知、知之不深和知之不确的。但他要竭力写出自己的所思所想，所作所为，尽可能深入地剖析自己的言行，从决策者的角度，还原历史的本来面目。他希望千百万共同关心国家命运、努力独立思考的波兰人，能看到他的书，能成为审判他的最崇高的道德法庭。他表示，他将以应有的敬畏去接受他们的审视和判断。

雅鲁泽尔斯基意识到，或迟或早，他必将坐在被告席上，接受司法调查和审讯。他认为在民主和法治国家，发生这类司法案件并不是什么新鲜事。他应采取的态度，一是逆来顺受，听从传唤和调查，二是顺水推舟，利用审讯的平台，进行辩护。但他没想到，各种各样的调查和审讯，名目繁多，交叉进行，没完没了，使他一年复一年受尽了折磨。

说起调查和审讯，也是一言难尽。最先是议会宪法责任委员会于1991年年底提出法案，要求国务法庭对雅鲁泽尔斯基等救国军事委员会成员进行听证调查。这项调查持续到1996年。随后是司法部长于1992年4月就1989年波党政治局会议记录销毁案，把雅鲁泽尔斯基和基什查克送上国务法庭。此后是检察院1995年3月就1970年十二月事件案，向法院提出控告，追究时任国防部长雅鲁泽尔斯基的刑事责任，2001年10月法院开庭审判，2006年9月再次开庭审判。

在此期间，人民记忆院于2004年10月开始调查国务委员会实施战时状态责任案，继而于2006年3月31日指控雅鲁泽尔斯基犯下了两个大罪，第一，领导“有组织的犯罪团伙”从事犯罪活动罪；第二，煽动国务委员会成员在议会开会期间越权和违宪通过战时状态法令罪，并于2007年4月17日结束她此项调查后，即向华沙中心区法院提出了正式控告。华沙中心区法院随即进入审判程序，雅鲁泽尔斯基成为进出法院的常客。

调查和审讯时紧时松，雅鲁泽尔斯基感受到的压力也时大时小，这同政坛上各种势力的较量和沉浮，同左派和右派轮流当政有着密切的关联。1991年至1995年，瓦文萨总统时期，五年内换了6位总理，基本上保持着右派总统和中左派总理的格局。这期间议会宪法责任委员会把雅鲁泽尔斯基告上国务法庭，开始了司法调查。1996年至2005年，克瓦希涅夫斯基总统在位十年，基本上是左派总统和左派总理当政。议会宪法责任委员会宣布对雅鲁泽尔斯基结束调查，未再进一步追究。雅鲁泽尔斯基的处境较之前五年宽松多了。2006年至2010年，莱赫·卡钦斯基总统时期，一度出现了哥哥莱赫当总统和弟弟雅罗斯瓦夫当总理，卡钦斯基兄弟两人的家天下。由他们领导的法律公正党提出了建设“第四共和国”的口号，要彻底清算过去，不仅对雅鲁泽尔斯基穷追不舍，而且给瓦文萨戴上了“叛徒”“特务”的帽子揪住不放。雅鲁泽尔斯基坐在华沙法院的被告席上，处境险恶。2010年4月莱赫·卡钦斯基总统在斯摩棱斯克空难中不幸身亡。尔后公民论坛党科莫罗夫斯基出任共和国第五任总统，雅鲁泽尔斯基的处境又有所好转。

雅鲁泽尔斯基把反反复复、重重叠叠的调查和审讯，看作是一场又一场的战斗。他挖掘好战壕，固守阵地。他施展辩论家的本领，摆出事实，引经据典，据理力争。在答辩中他守中有攻，攻中有守。他疲惫了，病倒了，也不退却，拒不承认控方加在他头上的罪名。

雅鲁泽尔斯基（后排右4）接受司法调查

有关1970年十二月事件案。雅鲁泽尔斯基始终坚称，对他的“指控是毫无根据的。其中存在着根本的漏洞，明显的错误，玩弄和回避事实真相”。他承认，面对第一书记哥穆尔卡的决定，他没提出辞职以示反对，这是事实。因为他认为“辞职会是一种毫无意义的姿态”，如果他这样做了，“科尔钦斯基将军会立即成为国防部长，绝对地执行哥穆尔卡的决定”。他坚持三个“没有”，声明说：“在沿海地区1970年悲惨的十二月事件中，我的行动没有违反宪法；我没有下达使用武器的命令；我没有犯罪。”

巴比尤赫（时任波党政治局委员、副总理、总理）2008年3月作证说：“雅鲁泽尔斯基将军反对动用军队。第一书记哥穆尔卡关于使用武力的决定，是绕过雅鲁泽尔斯基将军、下达给当时在沿海地区指挥军队的科尔钦斯基将军的。”

瓦文萨（前团结工会主席、总统）2008年7月作证说：“从整体情况来说，雅鲁泽尔斯基总还有一些罪过，但当时是讲政治的，他没有多少决定权。”

有关1981年实施战时状态案。雅鲁泽尔斯基对人民记忆院对他的指控说了许多话。他“相信，在法治国家起决定作用的是法。如果在调查阶段中没体现出来，也会在审判阶段中体现出来。独立的司法有能力去判断痛苦的真相。”他强调，“随着时间的流逝和生活经验的积累，进一步坚定了我的信念，实施战时状态的决定，是正确的决定”。这个决定对波兰国家“虽有伤害，但更是拯救”。他始终肯定战时状态的作用，是波兰人自己解决了波兰的问题，从而避免了苏联的军事干预，避免了一场可能发生的流血冲突。不仅如此，他还说“我感到骄傲的是，正因为有了战时状态，使我们大家——波兰人和白俄罗斯人，乌克兰人和俄国人避免了一场更大的不幸。如果我不实施战时状态，俄国军队就开进来了。”

2007年4月人民记忆院把雅鲁泽尔斯基告上法院，在波兰国内外引起很大的反响。

瓦文萨4月20日声明说，“大家知道，我一贯是雅鲁泽尔斯基的反对者，但我必须说雅鲁泽尔斯基虽然没有义务同团结工会签署协议，但他签署了。”“正是因为有了雅鲁泽尔斯基，团结工会才同当局谈到一起了，而没发生流血的革命。”“有一半波兰人始终认为，实施战时状态，将军做得正确。”“对波兰人来说，苏联人肯定比雅鲁泽尔斯基更坏。我们必须公正。雅鲁泽尔斯基家族曾经为了与我们同样的事业、为了自由的波兰而斗争。假如在另外一个历史环境中，将军会成为伟大的人物。”现今的当局“不应允许对将军进行审判”。

同一天，诺贝尔和平奖得主戈尔巴乔夫写信给波兰议会，声援雅鲁泽尔斯基。7月4日，参加世界政治论坛的各国的前政要，指责审判是“不公正的攻击和政治复仇”，他们发表了声援雅鲁泽尔斯基的联名信。

雅鲁泽尔斯基早已年过80，他身心交瘁，2008年2月，住进了医院。《论坛报》著文说，80多年来，病痛、战争和流亡，在前线和在战后艰苦的服役，都没能使他倒下。只是到了最近，由于右派当局的迫害，使他失去了同病魔斗争、恢复健康的信心和动力。10月12日，前任总统克瓦希涅夫斯基发出了保卫雅鲁泽尔斯基的呼吁。他大声疾呼，“我保卫雅鲁泽尔斯基！”他说，使雅鲁泽尔斯基“感到痛心的，与其说是一些小人的攻击，莫如说是我们的寂静。我们不能沉默了！”

2008年10月27日，雅鲁泽尔斯基结束了他在华沙地区法院持续5天的辩护。审判还将继续下去。

三、羞辱与荣耀

雅鲁泽尔斯基每有新书问世，他都出席新书的发行仪式，为读者签名。这是他退休后最快乐的时刻。那么多的人买他的书，那么多的人排队等他签名，那么多的人亲切问候“将军你好！”这使他感到一种温暖，一种价值，也使他忘却了退休后许多令人不愉快的烦心事。

但有一次，1994年10月，在弗罗茨瓦夫为读者签名时发生了意外。突然闯过来一名男子，用石块击打雅鲁泽尔斯基的头部。雅鲁泽尔斯基受了伤，很重，但无生命危险。后来法院判处这名男子二年徒刑，并罚款200兹罗提。雅鲁泽尔斯基曾先后三次致信法院，请求法院不要判刑，并公开声明他原谅这位男子的袭击。雅鲁泽尔斯基认为，从事件本身看，他本人是受害者，但从作案人的动机看，他本人是复仇的对象。这名男子在战时状态时，曾因从事反对派活动而坐牢，现在“他袭击我”，事出有因，其动机是可以理解的，其行为是应该予以原谅的。雅鲁泽尔斯基想起了他离任时说过的话：“如果时间的流逝还不能消除谁人的愤怒和怨恨，那么就请把矛头首先指向我吧！”

雅鲁泽尔斯基原谅了袭击者，但有些令雅鲁泽尔斯基感到气愤的事，他也果断地反击，但他说话有分寸，绵里藏针，不饶人。

1996年是华沙建都400周年。是年8月，将军俱乐部在华沙市政厅举行活动，华沙市副市长把“华沙建都400年”纪念章授予雅鲁泽尔斯基等人。4个月过后，雅鲁泽尔斯基看到了一则新闻，说什么华沙市长不知道这件事，如果事先知道的话，他是不会支持这项决定的。雅鲁泽尔斯基生气了，他立即写信给华沙市长，随信退回“华沙建都400年”纪念章。在信中雅鲁泽尔斯基说：“我认真地接受了你不会授予我这枚纪念章的说法。从中我得出合乎逻辑的结论就是把它退还给你。1945年我获得华沙解放纪念章，获得维利图尔·米利塔里大勋章、两枚十字军功勋章和三枚银质奖章，在这些褒奖中包括了对我走过的战士之路华沙阶段的承认。”

无独有偶，十年后，即2006年，又发生了一桩纪念章事件。2006年2月23日，波兰总统莱赫·卡钦斯基签署了授予雅鲁泽尔斯基“西伯利亚流亡者”十字纪念章的决定，3月24日由老战士局局长转交。3月28日，总统府一位部长在回答记者的询问时说，“很可能是哪一位办事员弄差了。总统错误地在决定上签了字”。3月29日，总统办公厅主任出面解释说，“总统办公厅一些资深工作人员，违背总统的意志，在干部和奖赏局局长不知情和不同意的情况下，把将军的名字列入受奖者名单，并送呈总统签字了”。3月30日，雅鲁泽尔斯基立即把该纪念章退还给莱·卡钦斯基总统，并于3月31日在《选举报》上公布了他写给总统的信。雅鲁泽尔斯基说，“授予我‘西伯利亚流亡者’十字纪念章这一事实引起了媒体议论纷纷，特别是引出了总统办公厅主任安·乌尔班斯基先生的正式谈话。为了尊重由他代表的机关，我特别注意地听取了他的声明。我知道了，原来没有总统先生的认知和意愿，那个签字就出现在授予我的那份证书上面了。‘责任的链条’已被指明，严重的后果也已预告。这种情况可能给总统先生造成个人的困窘。我接受了的，竟然是一个把某种环境可允许超越历史分歧和宿怨视之为错误的授予。我深感遗憾。”

雅鲁泽尔斯基原以为总统的授予是“超越历史的分歧和宿怨”，所以他高兴地接受了。现在他明白了，对方把正确“视之为错误”，所以他断然退回了纪念章。雅鲁泽尔斯基的信，得到了好评。格但斯克大主教果茨沃夫斯基发表广播谈话说：“我不相信莱·卡钦斯基总统不知道他签署的是授予雅鲁泽尔斯基的决定。虽然我不喜欢雅鲁泽尔斯基将军，但我认为他做得漂亮，有尊严。我祝贺他退回了纪念章。”

这两枚纪念章，给雅鲁泽尔斯基带来的不是荣耀，而是羞辱，他毅然决然地把一枚退还华沙市长，一枚退还总统。他好像抖掉了落在身上灰尘，感到了些许的轻松。难道他的对手用这样的手段就能改变历史事实，就能把他青年时遭受的苦难和走过的战斗历程一笔勾销吗？

雅鲁泽尔斯基不是虚无主义者，他重视荣誉，珍惜荣誉，而且常常把他个人获得的荣誉同军队和国家联系在一起。

2005年是二战胜利60周年，5月9日，莫斯科举行了隆重的纪念活动。雅鲁泽尔斯基应邀参加了由克瓦希涅夫斯基总统率领的国家代表团，出席庆典，并接受了俄罗斯总统普京授予他的“胜利60年勋章”。

雅鲁泽尔斯基（右）接受普京授予的勋章

雅鲁泽尔斯基对媒体说，“几个星期以来，对我去莫斯科这件事，是一片批评声。我认为，我应该去。今天我更加相信，

雅鲁泽尔斯基父亲之墓

我做的正确。作为波军最年长的老战士，我在授勋的克里姆林宫讲了话，假如我不去莫斯科，那么在老战士的行列中，就会只有塞浦路斯、克罗地亚、阿尔巴尼亚等前国家元首和罗马尼亚前国王而缺少一个波兰人。我认为，我通过这样的途径，强调了波军应有的贡献。”

雅鲁泽尔斯基告诉记者，他之所以应该去莫斯科，还因为俄罗斯同意他前往阿尔泰地区为他父亲扫墓。5月10日至12日，雅鲁泽尔斯基在西伯利亚地区进行访问，受到了当地领导和群众的热情欢迎和友好接待。他参观了他在比斯克居住过的房舍和劳动过的工厂，会见了波兰侨民，会见了老战士，并实现了为父亲扫墓的宿愿。

安葬父亲时，雅鲁泽尔斯基他们只在墓前竖起一个简单的木头做的十字架，可现在他父亲的墓完全是另一个样子了。他知道这是戈尔巴乔夫授意当地政府重修了父亲墓。他看到了整洁端正的石质墓牌，上面刻有天主教十字架和父亲的姓名与生卒年月，他感到十分的宽慰。

雅鲁泽尔斯基注意到，在他父亲墓旁竖立着一块更高大一些的石碑，一个象征性的坟墓，上刻“1939年至1946年逝于西伯利亚的波兰人之墓”。这景象使雅鲁泽尔斯基感到无比的惊喜，他佩服戈尔巴乔夫做得聪明，讲求策略。戈尔巴乔夫似乎在说：“请你们看，我尊敬所有的在那苦难的年代在西伯利亚逝世的波兰人，而不是只为了雅鲁泽尔斯基才做出个姿态”。

在西伯利亚逗留的日子，雅鲁泽尔斯基的心情是愉快的。他以感激的心情在当地报刊上著文说，“我非常高兴在你们感到神圣的日子里来到了俄罗斯。战争开始时我才18岁。那是一个令人可怕的时期。但直到今天我都记得西伯利亚的人心温暖，这片土地正是用这种温暖接纳了我们”。

2010年是二战胜利65周年。雅鲁泽尔斯基又接到了邀请他出席莫斯科庆典的请柬。波兰新任总统科莫罗夫斯基对他以礼相待，请他一道搭乘总统专机前往莫斯科。在莫斯科，雅鲁泽尔斯基除参加庆典活动外，还会见了时任总统的梅德韦杰夫，还前往斯摩棱斯克和卡廷凭吊死难者。

雅鲁泽尔斯基十分珍视他在二战时的军旅生涯，也十分珍视80年代后他一直倡导的民族和解。2009年2月5日，他应邀出席在议会圆柱大厅举行的圆桌会议20周年纪念会，见到了当年参加圆桌会议的各路英雄好汉。人们没有忘记雅鲁泽尔斯基是圆桌会议的倡导者，他们在讲话中赞扬了雅鲁泽尔斯基的作用。特别是前团结工会领导人、圆桌会议参加者弗拉希纽克还提出了为雅鲁泽尔斯基建立纪念碑的倡议，弗拉希纽克认为，为了表彰雅鲁泽尔斯基对国家民主化做出的功绩，应该为雅鲁泽尔斯基建立一座纪念碑。

圆桌会议15周年，雅鲁泽尔斯基在历史图片前留影

昔日的对手成为今日的朋友，弗拉希纽克的话温暖了雅鲁泽尔斯基的心。但雅鲁泽尔斯基并不赞成建碑的倡议，他诚恳地回应说，“我高度评价和尊重弗拉希纽克先生，尽管过去我们曾经站在政治街垒的对面。我尊重他是弗罗茨瓦夫工人的领袖，是更广范围的工人的领袖。我非常高兴，他承认我这样或那样地参与了过去在波兰发生的积极变革。”“他对我的评价打动了我的心”，但是“我不要，我不想要任何纪念碑。”“对于我来说，纪念碑是毫无用处的。”雅鲁泽尔斯基认为，对弗拉希纽克的话，不应机械地去理解，而应看到它的象征意义。不能把它简化为修建什么材质的碑，“而应该这样的诠释，即弗拉希纽克能够客观地公正地看待我——昔日的对手，并承认我在已经完成了的那些过程中的作用。”

四、仇恨与和解

12月13日是雅鲁泽尔斯基实施军管的一个日子。从1993年开始，每到这一天，就会有“受过迫害的人”聚集在雅鲁泽尔斯基住所前，举行游行示威，为军管死难者祈祷。这对波兰人来说，对雅鲁泽尔斯基来说，早已是司空见惯，习以为常了。

2010年12月13日，又发生了这样的示威活动。与以往不同，这次示威的性质有了一些变化，鼓动者和组织者直言不讳地说，他们来到雅鲁泽尔斯基家门前，目的是向科莫罗夫斯基总统提出抗议。既表示反对雅鲁泽尔斯基，又表示反对科莫罗夫斯基。

为什么要把现任总统科莫罗夫斯基同雅鲁泽尔斯基联系在一起呢？这同科莫罗夫斯基总统主持召开的一次国家安全会议有关。

俄罗斯总统梅德韦杰夫访波前夕，2010年11月，科莫罗夫斯基总统为了做好各项准备工作，他专门邀请共和国历任总统和历任总理出席国家安全会议，广泛听取了他们对波俄关系的看法和意见。

雅鲁泽尔斯基作为退休总统和雅·卡钦斯基作为卸任总理两个人都在邀请的范围之内。但两人的反应截然不同，前者接受邀请，出席了会议；后者拒绝邀请，表示坚决抵制。

科莫罗卡斯基总统（右1）欢迎与会的元老，同雅鲁泽尔斯基握手

国家安全会议准时召开了。记者捕捉到了科莫罗夫斯基总统和雅鲁泽尔斯基握手的镜头。

国家安全会议准时召开了，30年来共和国政坛上来去匆匆的风云人物，其中既有昔日合作的伙伴，又有握手言欢的盟友，还有怒目相视的对手，他们捐弃前嫌，拥挤着，肩并肩地坐在总统会客室一张椭圆形桌前，各抒己见，共商国是。真可谓群贤毕至，盛况空前了。这景象是和解的象征。但这景象显然不是政坛上另一位枭雄、大名鼎鼎的前总理、法律公正党主席雅·卡钦斯基所愿意看见的。

国家安全会议结束了，梅德韦杰夫的访问也过去了，雅·卡钦斯基开始算账了。他举行记者招待会，指责科莫罗夫斯基总统邀请雅鲁泽尔斯基，是向司法机关发出了一个“不审判这些人的十分明

从右向左：总理奥莱克塞（社民盟）、总理马佐维耶茨基（团结工会）、总统瓦文萨（团结工会）、总统克瓦希涅夫斯基（社民盟）、总统雅鲁泽尔斯基（前统一工人党）、总理米莱尔（民左盟）、总理齐莫谢维奇（社民盟）、总理布泽克（团结工会）

确的信号”。他暗示，其中必有缘故，可能是一些人有什么把柄落在雅鲁泽尔斯基的手中。而雅鲁泽尔斯基曾经说过什么，“你们要想过分地迫害我，我就叫你们头上的光环纷纷落地”。雅·卡钦斯基这些话的潜台词是什么，明眼人一听便明白。在人们的印象中，他是查奸细、揪叛徒的行家里手。

科莫罗夫斯基总统不再沉默了，他进行了公开的回击。他说，指责“我邀请雅鲁泽尔斯基将军”，“我既不后悔，也不改变我对将军的评价”。“将军是这样的人物之一，他们不仅同军管的坏的回忆联系在一起，同时他们也是标志出波兰社会分界线的人物”。“我在总统选举时提出过‘和睦兴邦’，我的对手也说要‘停止波—波战争’”，“既然如此，为什么还要横加指责呢！为了国家的利益，总统可以同任何人谋面，对话，更何况这只是邀请雅鲁泽尔斯基出席一次会议，并未邀请雅鲁泽尔斯基作为国家安全会议的成员”。

正是在这样的背景下，2010年12月13日的反对雅鲁泽尔斯基的示威拉开了帷幕。并把科莫罗夫斯基总统和雅鲁泽尔斯基捆绑在一起。示威的组织者事先在《共和国报》上发表呼吁书，指责科莫罗夫斯基的“邀请”是为雅鲁泽尔斯基“正名和奖赏”，号召“前往雅鲁泽尔斯基住处，向科莫罗夫斯基表示抗议”。还有人说这是“为科莫罗夫斯基修建一座通往雅鲁泽尔斯基的桥梁”。

游行示威的前一天，雅鲁泽尔斯基再次住进了医院。这更激起示威者的愤愤不平。

从2008年2月开始，雅鲁泽尔斯基病了。他多次住进了医院。他的健康状况不断地恶化，在社会上引起了普遍的关注。安静的病房，使雅鲁泽尔斯基避开了游行示威者的喧闹，也使雅鲁泽尔斯基不断地品味着人世的炎凉。而当他的老对手瓦文萨前来看望，两个人紧紧握手的时候，他感到了莫大的宽慰。这是和解的象征，也是和解的果实。

离开医院后瓦文萨对记者说，雅鲁泽尔斯基的“记忆力非常好，说笑话，讲故事，很有趣”。瓦文萨说，他曾鼓吹雅鲁泽尔斯基，说许多事情波兰人不知道，“我们俩可以在一起来讲述我们所知道的当时的一切”，雅鲁泽尔斯基摇了摇头，未采纳瓦文萨的想法。

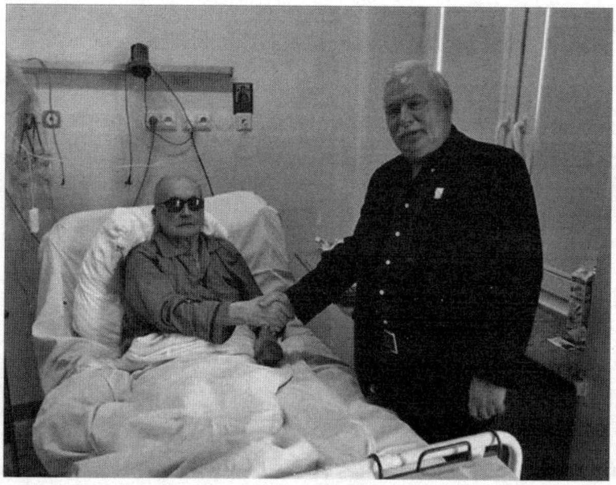

瓦文萨到医院看望雅鲁泽尔斯基

2012年夏，瓦文萨来到华沙雅鲁泽尔斯基的家。两位退休总统在一起喝咖啡，吃点心，话家常，他们之间有说不完也说不清的许多话。

瓦文萨和雅鲁泽尔斯基，本来是同室操戈的冤家对头。在现代波兰的历史中，这两位“英雄”的名字频频出现，而他们在政治舞台上的角色换位，则构成了这段历史的戏剧性的内容。

从20世纪80年代开始，雅鲁泽尔斯基为了维护执政地位，集党、政、军三权于一身，煞费苦心地使用软硬两手，同瓦文萨周旋了十年。这期间瓦文萨的沉浮起落，同雅鲁泽尔斯基的一举一动密切地联系在一起。雅鲁泽尔斯基实施军管，瓦文萨沦为阶下囚。雅鲁泽尔斯基倡导圆桌会议，瓦文萨成为座上客，成为合作伙伴和竞争对手。1990年12月，瓦文萨就任共和国第一位民选总统，雅鲁泽尔斯基则沦为司法调查和法院审讯的对象。

从右至左：雅鲁泽尔斯基、雅鲁泽尔斯基夫人、瓦文萨

不管一些人如何攻击和仇恨雅鲁泽尔斯基，但瓦文萨心里有数，他知道在波兰共和国最新的历史中，什么是雅鲁泽尔斯基的功，什么是雅鲁泽尔斯基的过。瓦文萨何尝不深夜里扪心自问，假如没有雅鲁泽尔斯基倡导的圆桌会议，他瓦文萨后半生的人生道路又会是什么样子呢?

正因为有了这样的情结和理性，多年过后，瓦文萨终于来到了雅鲁泽尔斯基的家。如果说圆桌会议闭幕时瓦文萨说“再也不分离了”，含有不少的虚心假意，那么他今天的造访，的确可以说是“不打不相识”的两位老冤家，像老朋友一样坐在一起了。

这是一个弥足珍贵的瞬间。自然，这也是祈求民族和解和社会和睦的波兰人所喜闻乐见的瞬间。

五、将军的90大寿

7月6日是雅鲁泽尔斯基的生日。

1993年，雅鲁泽尔斯基70岁。朋友们在将军俱乐部聚会，向雅鲁泽尔斯基表达了生日的祝福。

2003年，雅鲁泽尔斯基80岁生日是在一片喜庆声中度过的。克瓦希涅夫斯基总统为他举行了隆重晚宴。总理、副总理、外长等重要人物应邀出席。参议长在贺信中热情洋溢地说，“无论在战士的行列中，还是在总统的岗位上，您的人生的果实，值得最崇高的尊重和赞扬。您一贯地把正直和勇敢，把对社会问题的知识和感悟，把军人和非军人的责任感，同深刻的人道主义联系在一起。在波兰社会中，您获得了伟大的尊重。”

2008年，雅鲁泽尔斯基85岁。是时，莱赫·卡钦斯基任总统。华沙法院已受理人民记忆院控告雅鲁泽尔斯基案。生日这一天，社民党等左派社团组织了支持雅鲁泽尔斯基的会见。社民党主席纳别拉尔斯基强调，雅鲁泽尔斯基“在波兰历史的关键时刻，一贯地为祖国服务。他现在是将来仍然是国务活动家”，纳别拉尔斯基保证，雅鲁泽尔斯基在捍卫他为之献身的“历史的合理性”时，“永远可以指望左派的支持”。

2013年，雅鲁泽尔斯基的90大寿则是在纪念活动的喜悦和反纪念活动的抗议声中度过的。

将军走过了90年的人生道路，他的盛衰荣辱同他前半生做的两件大事——军管和圆桌会议密切相关。

这两件大事究竟是雅鲁泽尔斯基的功，还是雅鲁泽尔斯基的过？波兰人争论不休。在不同的党派、不同的阶层、不同的利益集团的心目中，雅鲁泽尔斯基的形象截然不同，有人捧他“美似天使”，有人骂他“丑如妖魔”。在雅鲁泽尔斯基90岁生日的日子里，人们再次看到了两种态度，两种观点的对立和争论。反对雅鲁泽尔斯基的人，打着标语，在街头游行。支持雅鲁泽尔斯基的人，在华沙一家酒店，举行了祝寿聚会。

前总统克瓦希涅夫斯基是祝寿聚会的倡议人和组织者。

为庆祝雅鲁泽尔斯基90岁生日，波兰左派专门编写和出版了纪念文集。民左盟主席米莱尔公开为军管辩护，他特别强调军管是雅鲁泽尔斯基的功。说正是因为有了军管，才避免了外来的武装干涉，从而“避免了20万人”可能因反抗外来干涉而流血牺牲。民左盟副主席奥莱克塞和著名学者伊文斯基教授也都一再公开表明，雅鲁泽尔斯基是战后波兰历史的杰出人物，他坎坷的人生之路反映出波兰历史的崎岖曲折。他实行军管，防止了可能发生的苏军的干预和波军的反干预；他倡导圆桌会议，是具有历史意义的重大事件。

左派肯定和赞扬雅鲁泽尔斯基，这是可以理解的，不足为奇的。令人瞩目的则是右派营垒中的著名人物也加入了祝寿的行列，这对肯定雅鲁泽尔斯基的历史地位和作用，绝不是毫无意义的事。

克瓦希涅夫斯基在电梯口迎接雅鲁泽尔斯基夫妇

《选举报》主编米赫尼克，老牌反对派，他在“将军是什么样的人”一文中肯定雅鲁泽尔斯基是爱国主义者。他不仅向雅鲁泽尔斯基表示了生日的祝福，而且表达了“感激之情”。他说，军管时，“我是当局的敌人和囚犯，而今天却成为感激将军的人”。他一要“感谢将军决定性地参与了波兰专制制度和平解体的进程”，二要“感谢将军在1989年为波兰所做的具有决定意义的一切”，三要“感谢将军作为国家总统曾经是波兰改革阵营的顺从的盟友”。米赫尼克承认军管的作用，他说，“我曾经是战时状态的死敌。然而甚至在那个时候，我透过监狱的高墙分析现实世界，我就意识到战时状态保护了波兰免遭苏联干涉的灾难，雅鲁泽尔斯基将军执行了‘自我束缚反革命’的政策”。米赫尼克称赞雅鲁泽尔斯基倡导圆桌会议，说“将军追求妥协的圆桌会议政策使我肃然起敬”。米赫尼克还认为，当团结工会取得政权后，雅鲁泽尔斯基作为总统起到了“马佐维耶茨基政府的保险阀”的作用。雅鲁泽尔斯基离开总统府后，则

“对国家表现出顺从的态度”，“表现出高风亮节”。米赫尼克的结论是：“将军的生平就是波兰爱国主义者的生平”，“在奇迹般的年代里，将军是正面人物之一”。

雅鲁泽尔斯基和夫人巴尔巴拉行使公民权利，参加选举投票。

一位著名的民主反对派活动家、团结工会第一届政府部长库钦斯基应邀出席了雅鲁泽尔斯基生日聚会，他在网上发表感想说，在聚会中人们谈论团结工会，“有些可以同意，有些不能同意”，但对人们谈论的“karkonosze行动”却“没有理由不相信”。所谓的“karkonosze行动”，是苏联伙同捷克和东德制定的军事干预波兰的计划。根据这一计划，整个波兰被划分为苏、捷、德（东德）三个占领区。1980年12月波兰当局了解到这一计划。库钦斯基认为，当时苏联帝国正处于鼎盛时期，它必然要扑灭波兰这场“觉醒了的人民为追求自由而燃起的熊熊烈火”。“没有理由不相信”正是军管防止了外来的武装干预。

在雅鲁泽尔斯基90岁生日的聚会上，人们不能不谈政治，也不能全谈政治。人们关心雅鲁泽尔斯基的健康，也关心他对波兰，对自己的看法。

雅鲁泽尔斯基90岁生日同夫人巴尔巴拉合影

雅鲁泽尔斯基消瘦了，但他尽管行动不便，仍然腰身挺拔；尽管忍受折磨，仍然不乏幽默。朋友搀扶他走到台上，他讲了有关苏联勃列日涅夫老人政治的笑话。他说，某一次节日过后，苏联传播出一条消息，说在莫斯科红场上发生了一场力量大比斗，结果是那位衰老的领导人继续获胜，因为他终于自主的、在无人搀扶的情况下，走上了主席台。雅鲁泽尔斯基笑着说："今天嘛，我可做不到了！"

多年来，雅鲁泽尔斯基对自己有着清醒的认识，他不认为自己是完人，也不认为自己是罪人。他在自己的网页上写了这样一段话："历史不只是黑，也不只是白。这是我的看法。我也是在自己的人生道路上这样地看到了自己的足迹。我做得好，我高兴；我做得坏，我痛心。我就是这样的人。”

六、能否，入土为安？

2014年5月25日，雅鲁泽尔斯基的心脏停止了跳动。他与世长辞了，享年91岁。

围绕雅鲁泽尔斯基的葬礼问题波兰社会掀起了一场小小的波澜。总统办公厅在征得家属意见后，决定举行国家荣誉葬礼，将雅鲁泽尔斯基的骨灰，安葬在华沙军人公墓波军第一军战士墓区。华沙市长同意总统府的决定，并免费提供墓地。雅鲁泽尔斯基的女儿莫尼卡说，这符合他父亲的遗愿，“父亲一生都强调他首先是一名战士。作为军人，他愿意同他最亲密的战友们长眠在一起”。对总统府的决定，人民记忆院院长公开表示异议，社会上也出现了一片反对声。

2014年5月30日，为雅鲁泽尔斯基举行葬礼。首先，在华沙古城附近的波军教堂，由神父主持，作追悼弥撒。神坛上未安放骨灰盒。总统科莫罗夫斯基、前总统瓦文萨和克瓦希涅夫斯基等政要，以及各界人士、俄罗斯大使和美国大使出席。总统科莫罗夫斯基致悼辞，并向雅鲁泽尔斯基夫人巴尔巴拉和女儿莫尼卡表示哀悼和慰问。

科莫罗夫斯基总统致悼辞说：

“对逝者尊严的尊重，不应该由于政治评价而有所限制和缩减。正是在政治分歧特别巨大的时候，民主和独立的波兰的尊严，更应该通过向逝世总统表示尊重而得到进一步提升。我正是这样看待自己的总统职责。”“作为武装力量最高统帅，我送别一位功勋赫赫的前线战士，他在反

从右向左：科莫罗夫斯基、克瓦希涅夫斯基、瓦文萨

对希特勒侵略者的战场上，为了祖国，表现出战士的勇敢和献身精神。”“作为团结工会一代人，我送别一位象征战后一代人困难和悲惨命运的人，一位政治家，一位战士，一位对波兰战后历史中最为困难也最为悲剧性的决定敢于肩负起责任重担的人。”“我相信，正是在这个地方，会唱起战时的军歌：

“睡吧，同伴呀！
在黑暗的墓室里，
但愿啊，在梦中，
波兰同你相逢！”

科莫罗夫斯基总统向雅鲁泽尔斯基夫人、女儿和外孙表示慰问

同日下午，在华沙军人墓举行了骨灰安葬仪式。送葬的队伍从公墓礼堂行进到墓地，礼兵捧着雅鲁泽尔斯基的骨灰盒，走在队伍的中间。

前总统克瓦希涅夫斯基致辞。他说："我们送别雅鲁泽尔斯基，他是20世纪下半叶，波兰最杰出的政治家之一。是一位俭朴和献身波兰事业的人。是一位经受了最严厉考验的爱国主义者。"克瓦希涅夫斯基历数了雅鲁泽尔斯基的经历，强调说，从丧失家园到西伯利亚的繁重劳动，从前线的血与泪到政治家的责任，经历了风险、失败、无礼、攻击、审讯、疾病和折磨。甚至雅鲁泽尔斯基今天还听到了那些"没有上帝的爱怜之心，只是把上帝挂在嘴上的人们的呼喊"。

前总统克瓦希涅夫斯基致辞

米赫尼克出席葬礼

社民党主席米莱尔（左2）出席葬礼

前内务部长基什查克（右2）出席葬礼

随后，克瓦希涅夫斯基说，“今天我们前来送别，战士啊，你为祖国建功立业了。你安息吧，你的服役业已结束。我们向你敬礼!”最后，克瓦希涅夫斯基表示了一种信念，结束了他的致辞。他说：“为雅鲁泽尔斯基的美好名声而进行的斗争仍在继续!”

《选举报》主编米赫尼克出席葬礼。米赫尼克说，自从圆桌会议后，他同雅鲁泽尔斯基友好相处25年，“如果我不来参加葬礼，这对我来说会是一件遗憾终生的事”。他认为，说战后全体波兰人都反对共产主义，这种看法“不真实”，因为社会是分裂的。雅鲁泽尔斯基这个人“既为波兰套上了枷锁，也为波兰解脱了枷锁”。有人常常比较雅鲁泽尔斯基和库科林斯基“谁是英雄，谁是叛徒”，米赫尼克认为，“为了摆脱专制主义，雅鲁泽尔斯基和库科林斯基他们二人选择了不同的方式方法。哪种选择更好？波兰人将不断地讨论下去。但我认为，对波兰来说，雅鲁泽尔斯基做的事，是库科林斯基无法与之相比拟的。”

多少鲜花，覆盖在雅鲁泽尔斯基的墓上。雅鲁泽尔斯基长眠在波兰的鲜花和泥土的芬芳中。

雅鲁泽尔斯基的名字已经写入波兰历史，但时至今日，波兰人对雅鲁泽尔斯基的功与过仍然争论不休。没有历史的共识，只有一个不成文的一致，无论是朋友还是敌人，伙伴还是对手，都口口声声称他为将军。在当代波兰语中“将军”几乎成为雅鲁泽尔斯基的专有代名词了。他的命运，似乎可以说，就是盛与衰、荣与辱的交替，盛极而衰至，荣尽而辱来。但许多人相信，随着时间的推移，客观的理智的评价会越来越多。

千秋功过，留与后人评说。

一个秋风飒飒的傍晚，病后初愈的雅鲁泽尔斯基站在华沙市区他住所附近的高岗上，翘首眺望远方，萦绕在他心头的思绪依然是：波兰，波兰的未来，波兰向何处去？

附录1

波苏关系的死结“卡廷之谜”的澄清

人民波兰时期的最后一代领导人、尔后成为波兰共和国首任总统的雅鲁泽尔斯基，在他离开总统岗位时曾向世人剖析自己的心迹。说他“怀着最好的愿望，在力所能及的范围内，诚恳而不张扬地履行自己的各种职责，庄严而有效地代表国家，在国内外，在公开活动和与外国领导人会谈中，努力争取人们对波兰正在进行的变革的理解和支持。”“至于成败得失，任凭他人评说。”

自然，历史是公正和无情的，不同的人对雅鲁泽尔斯基会有不同的看法和评价。但不能不说，至少有一件事，在雅鲁泽尔斯基以其总统名义从事的诸多活动中，他画了一个近乎圆满的句号。这件事就是确定了卡廷事件的真正的祸首是苏联。

一

什么是卡廷事件，话要从1939年说起。

这一年，一场巨大的灾难降临在波兰人民的头上。当时在欧洲的战争策源地业已形成，欧洲各国错综复杂的矛盾交织在一起。纳粹德国在准备战争，1939年初又提出“但泽走廊”问题，秘密制定了入侵波兰的“白色计划”，将矛头指向波兰。波兰盲目自大，轻信英法的承诺，标榜在纳粹德国和红色苏俄之间奉行等距离外交，企图在夹缝中求生存。英法两国口是心非，无意同苏联携手，企图祸水东引。苏联开始贯彻联共（布）18大确定的新的外交方针，“不让那些惯于从中渔利的战争挑拨者把我国卷入冲突中去”，迅速地从力争建立集体安全体系转为中立自保。

欧洲的外交舞台尔虞我诈，形势瞬息万变。在英法和苏联、英法和德国、德国和苏联之间，三场讨价还价的秘密谈判在紧锣密鼓中进行。当英法苏三国政治和军事谈判先后失败之后，苏联立即同德国于8月23日签署互不侵犯条约，划分苏德两国的势力范围，秘密瓜分波兰。这项称之谓“莫洛托夫—里宾特罗甫条约”的签订，排除了德国最为担心的东西两线作战的危险，使德国完成了入侵波兰、发动世界大战的外交准备。9月1日，德国对波兰发动侵略战争。9月17日，苏联以波兰国家业已崩溃、苏联有权保护西乌克兰和西白俄罗斯人民的生命财产为由，出兵波兰。就这样，德国由西向东，苏联由东向西，迅速占领波兰全境。9月28日，原本并无共同边界的苏德两国，竟然签订了“友好和边界条约”，划定了各自利益的边界线。

也就是在9月17日苏军进入波兰之后，驻守波兰东部地区的波兰军人、警察及其他人员被苏军俘虏或逮捕，共约25万之众。据当时了解的情况，波兰被俘军人的命运极其不同，有的被编入苏军队伍，有的被释放，有的被送到劳动营强制劳动，余下的约15000名军官和军士及其他人员被关押在苏联西部三个大战俘营里（其中450多人后又转移他处）。1940年春，三大战俘营中的波兰军人同他们家属中断通讯联系，下落不明。

1941年6月22日，希特勒德国撕毁苏德条约，向苏联发动进攻。苏德战争的爆发使世界战局和国际政局发生根本变化。为了扩大反法西斯同盟，1941年7月30日苏联同波兰流亡政府签订“苏波互助协定”，苏联承认1939年苏德关于变更波兰领土的条约失效，苏波恢复外交关系。苏联同意波兰流亡政府在苏组建波兰军队，同意释放所有波兰战俘和在押的波兰公民。为了组建军队，波兰流亡政府驻苏大使科特和总理西科尔斯基先后会见斯大林，向苏方索要失踪的波兰军官。斯大林王顾左右而言他，不愿多谈波兰军官的事，还说“有些人已逃到中国满洲去了”。波兰人不相信苏方的自相矛盾的解释，缠着苏方不放，不断交涉要人，从1941年7月到1943年4月先后向苏方递交照会多达20次。

1943年2月2日，斯大林格勒大捷，苏德战场形势发生根本转折。苏军进入反攻，德军开始败退。恰好在这关键时刻，4月13日，德国宣布在斯摩棱斯克附近的卡廷森林发现了波兰军官的集体坟墓，并断定杀害波兰军官的凶手是苏联。为确定苏联的罪责，德国组织国际专家组进行了现场调查。德国精心策划的这则新闻引起苏波双方的强烈反响。苏联表现得怒不可遏，矢口否认，当即声明死者是德国法西斯手中的牺牲品，德国捏造材料，污蔑苏联，企图嫁祸他人，挑拨离间。波兰流亡政府半信半疑，要求弄清真相，请求国际红十字会派人实地调查。苏联进而迁怒波兰，斥责波兰流亡政府轻信谎言，与纳粹德国沆瀣一气，同流合污，陷害和敌视盟友，并以此为借口，愤然于4月25日同波兰流亡政府断绝刚刚恢复不到两年的外交关系。

究竟凶手是苏联还是德国？究竟在卡廷森林屠杀了多少波兰军官？一时间成为难解的历史之谜。

苏联在苏军收复斯摩棱斯克地区后，为了确定屠杀系德国之所为，于1944年1月特地组织了由苏联人布尔坚科主持的委员会，进行了一次现场反调查。据该委员会说法，集体坟墓中共有尸体11000具，是1941年9月至12月被枪毙的。也就是说，是德军在发动侵苏战争并占领苏联西部地区后屠杀了这些波兰军官。1946年7月，审判德国战争罪犯的纽伦堡法庭曾提出卡廷事件问题，纳粹头目戈林和里宾特罗甫一口咬定是苏联屠杀了波军俘虏，最后，纽伦堡法庭并没有把卡廷事件列入战犯的判决书。也就是说，纽伦堡法庭并未断定究竟是谁犯下了屠杀波兰军官的罪行。

波兰人不相信苏联人的调查结果。纽伦堡法庭也没有解开卡廷之谜。自此之后卡廷事件被尘封起来，足足半个世纪，成为波苏关系中严禁涉猎的历史禁区，也成为困扰波苏关系的一个死结，被双方称为波苏关系中的"历史空白点"。

二

历史是实实在在的客观存在，它既无断裂，也无真空。所谓的空白点，并非真正的空白，只是尚未澄清的存在。卡廷事件之所以被称为空白点，说穿了就是第二次世界大战后，苏联以胜利者的姿态，在波苏关系中奉行"胜利者不受审判"和"强权就是真理"的逻辑，长期歪曲和隐瞒真相，坚持错误的结果，也是苏联大国沙文主义突出的典型表现。

苏联当权者居高临下，将一切有关卡廷事件的言论和呼声均斥之为"戈贝尔版本"的反苏宣传。自斯大林后，历届领导人都将错就错，不同程度地参与了歪曲和隐瞒。在赫鲁晓夫当政时期，1959年苏联国家安全委员会主席谢列平曾向赫鲁晓夫报告说：卡廷事件中被枪杀者总人数是21857人（三大战俘营—14552人，其他战俘营和监狱—7305人），档案馆保留这21857份人事档案，对苏联"没有任何使用价值和历史价值"，对"波兰朋友恐怕也没什么真正的价值”，“一旦不慎而失密，必将危害国家”。因此他建议销毁卡廷事件遇难者21857人的人事档案。在勃列日涅夫当政时期，1976年苏联国家安全委员会主席安德罗波夫等三人，在卡廷事件35周年前夕向苏共中央政治局报告说：“随着德国法西斯分子制造的卡廷森林罪行35周年的临近，挑衅性的反苏宣传会进一步强化”，因此，可“积极考虑波兰朋友的愿望”，举行苏波磋商，以便“制定共同的反击措施”。苏联当权者越是遮遮掩掩，强词夺理，不准许人们触动卡廷事件，这个是非曲直本来一目了然的惨案，越像一根针刺深深地扎在波兰人民的心头，刺伤了波兰人民的民族感情，给波苏关系造成严重的不良影响。

波兰官方不敢面对事实，在加强同苏联“友好和同盟”的政策下，慑于苏联的权威，长期沿袭苏联的说法，并把卡廷事件束之高阁，回避矛盾捂盖子，甚至自己不说也不准别人说。1975年国防部出版的《第二次世界大战百科全书》和1987年国家科学出版社出版的《小百科全书》均有意识地不把卡廷事件收入辞书。

在50和60年代，卡廷问题在波兰社会意识中一般说来还不突出，正像波党第一书记盖莱克所言，当时“知道的人就算知道了，一般人根本还没有想到要求调查清楚”。到了70年代，要求澄清真相的呼声日渐高涨，这个悲剧事件引起的反苏情绪开始不断地显现出来，一有风吹草动，它就像幽灵一样在波苏关系中游来荡去。特别是70年代中期以来，政治反对派开始活跃，他们抓住官方宣传的弱点，组织“飞行大学”历史讲座，发行地下出版物，借题发挥，使卡廷悲剧成为热门话题。一股同官方宣传针锋相对的地下宣传暗流经久不衰。有人口讲，有人著书，向社会灌输了一种危及波兰领导人政治和道德形象的意识：“苏联领导人说谎欺骗，波兰领导人软弱无能”。这种意识在青年学生中颇有市场，流传不已。波兰的官方宣传和社会认知之间形成水火不相容之势。

在反对政治反对派的斗争中，卡廷事件从历史问题变为政治问题。谁敢触动它，波兰官方就常常斥责谁不怀好心，是在利用群众的“反苏情绪”，恣意“煽动民族主义的狂热”。官方的这种立场和态度，只能增加知识界、青年学生、广大群众的反感，扩大执政集团同人民群众之间的隔阂与鸿沟，只能加重波党在克服经济和社会危机中肩上背负的重担。而当波兰军警手执警棍和盾牌，奉命驱散那些手举“卡廷”标语牌的游行示威的青年学生时，群情之愤慨是不言而喻的。

在20世纪的80年代，有人在华沙公墓中为卡廷森林中的死难者树立了一个奇特的纪念碑。这座纪念碑位于公墓的偏僻角落，是一块不加任何雕饰的光秃秃的巨石，上面写着两个醒目的大字——卡廷，没有碑文，也没有记载时日。这是一种特殊形式的纪念，是一种韧性的斗争，是以纪念为名发出的无声的抗议。在人们的心目中，这是一把利刃，矛头直指掩饰真相的苏联及其追随者。每年11月1日亡灵节时，公墓变成民意测验的课堂。某些风云人物的墓前冷冷清清，好像无人祭扫，但卡廷石碑周围却摆满鲜花和点燃的蜡烛，引来无数人驻足凝视，两者形成强烈的对比。可以说，这是人们用鲜花和烛光在公墓中表达的亲与疏，爱与恨，是一种特殊形式的公决。1985年亡灵节那天，在阴雨绵绵中作者目睹这一景象，心灵为之震惊，留下的记忆，久不能忘：

这里没有石砌的“光荣之路”，
也没有大理石陵寝的闪光。
这里只有一片荒草和泥土，
还有阴雨中的阴森和苍凉。

一块沉默无语的巨石上，
是谁写上了卡廷的字样？
招来了数以万计的冤魂，
在这里哭泣呼号和游荡。

亡灵节竟变成了民意测验的课堂，
鲜花和烛光填写在“历史空白点”上。
那边的陵寝只有孤独的灯火数盏，
这边的荒芜却是花山和烛光的海洋。

人们啊，紧闭双唇来自四面八方，
踏出的小路弯弯曲曲，很远很长。
人们啊，两眼含泪回到四面八方，
内心深处翻动着万盏烛光的汪洋。

谎言腿短，在华丽的辞句后隐藏，
谎言腿短，在权威的光环下嚣张。
但，一张薄纸岂能包住熊熊烈火，
墨写的谎言岂能改变血写的史章。

本来这是作者写给自己看的一首小诗，记录了作者作为目击者的见闻和感想。但在当时，在苏联能而不愿和波兰愿而不能说明事实真相的时候，其他国家的外交官怎能不分时间和场合，公开揣测、评论和抒发自己的爱和憎哩！现今，真相已经大白，这往昔的墨痕，不妨作为一个在华沙工作过的中国外交官明辨是非和思考历史经验教训的存证。

三

如果说人民波兰领导人不愿或不想澄清真相，解开波苏关系中的死结，缓和群众情绪，改善领导和群众关系，恐怕那也不是。随着时间的推移，人民波兰领导人逐渐认识到，诸如卡廷事件这样的涉及波苏关系的历史问题，如不抓紧澄清，不仅严重影响波苏关系，而且势必损害领导者的形象和威望，破坏领导与群众的关系，影响民心的向背，削弱波兰统一工人党的执政地位。但他们处于被动的两难境地。他们听到了社会的强烈的呼声，也看到了苏联老大哥顽固不化的态度。他们要求澄清，又害怕触怒苏联。他们既要揭开盖子，又要维护与苏联的“同盟和友谊”。他们没有主动权。因为“解铃还须系铃人”，打开苏共中央绝密档案柜的钥匙，并不掌握在他们手中，而掌握在苏联手里，不仅如此，有时他们又必须看苏联的脸色行事。

盖莱克的尴尬遭遇就是实例。据他回忆，在20世纪70年代，他曾经三次向苏联提过卡廷事件。第一次是向勃列日涅夫提及“为了我们的友谊，苏联同志应当解释清楚”。勃列日涅夫的反应一是感到惊讶，二是允诺调查，但说完了事。第二次是向葛罗米柯说起，希望苏方“再一次深入调查”。葛罗米柯胸有成竹，声称苏联的立场是清楚的，实际上没有任何东西是需要解释的，但允诺再重新调查。又是说完了事。此后是第三次，是向苏联新任驻波大使皮洛托维奇谈的，其结果不仅出人意料，而且令盖莱克感到“歉疚和自责”。当时这位大使倾听了盖莱克的谈话，深受触动和感到不安。他允诺将准确地亲自向葛罗米柯转达和陈述问题的微妙的一切。数日后，皮洛托维奇从莫斯科返回华沙，两手空空，神情沮丧，没带来任何答复。他告诉说，他见到了葛罗米柯，转达了波兰的立场，因而遭到上司的怪罪。此后不到两个月，他被免去大使职务，调离苏联外交部，派往白俄罗斯共和国任副总理。他失宠受贬，处境不佳，几年之后，自杀身亡。盖莱克企图澄清真相的努力，不了了之。

此后，这一重任又落在波兰统一工人党第一书记雅鲁泽尔斯基身上。

同盖莱克比较，雅鲁泽尔斯基具有两个日渐成熟的前提条件。从主观方面看，雅鲁泽尔斯基有着同政治反对派，同团结工会反复较量的实践，对于卡廷事件在波苏关系问题上、在领导和群众关系问题上所起的破坏性作用的认识，比盖莱克更深刻一些，要求澄清的愿望也更迫切些。从客观方面看，八十年代中期，苏联结束了老人政治，戈尔巴乔夫推行“新思维”，使澄清真相具备了客观可能性。在不允许政治反对派“把历史变成意识形态领域中投机的对象和煽动民族主义狂热的口实”的问题上，波苏双方看法趋于一致。从八十年代中期开始，双方把澄清真相，消除“历史空白点”问题提上了议事日程。但双方的态度和表现迥然不同，波方要求迅速和彻底澄清，苏方处境被动，步步为营。

1985年以来，雅鲁泽尔斯基同戈尔巴乔夫几乎年年会晤。雅鲁泽尔斯基和波兰统一工人党其他领导人，曾经利用各种机会，多次向苏方提出卡廷事件问题，向苏方施加影响和压力。双方经过反复磋商和酝酿，对消除波苏关系中“历史空白点”问题取得共识。1987年4月21日，雅鲁泽尔斯基对苏联进行了一次富有成果的访问，同戈尔巴乔夫签署了《波苏在意识形态、科学和文化领域合作宣言》，触动了解开卡廷之谜的闸门。双方强调，在两国关系的历史中，所有的事件，包括悲剧事件在内，都应得到从马列主义立场出发的、符合目前知识状况的、客观准确的解释，而不应存在任何“空白点”，不应给子孙后代留下悬而未决的问题。双方决定成立波苏两国历史学家联合委员会，共同研究卡廷事件以及1938年解散波兰共产党、1920年苏波战争、1939—1940年波兰人大迁移等问题。雅鲁泽尔斯基终于在澄清卡廷事件真相问题上争取到戈尔巴乔夫的公开承诺，但这只是开端，只是迈出的一小步，因为苏共中央绝密档案柜的铁门还在紧锁着。

这一小步的意义在于卡廷问题开始走出禁区。在波兰报刊上就卡廷问题发表的文章日渐增多，文章作者既有持反对派观点的又有接近波兰领导的学者和评论家。他们都公开认为，苏联应承担卡廷悲剧的罪责。波兰教会也于1988年出版题为《卡廷》小册子，说卡廷惨案是“人类历史上最残暴的罪行之一”。苏方认为，有关苏联有罪的观点，在波兰政府发言人乌尔班的声明中获得合法化，“事实上成为波兰当局的正式看法”。看得出波方在努力攻坚，而苏方在疲于应付。这种情况也表现在波苏历史学家联合委员会的工作上，两年来委员会原地踏步，毫无进展。在委员会的会议上，苏方代表既拿不出新的材料，也未获得就波方提出的重要证据进行讨论的授权。

如何应对来自波方的种种要求和压力，苏联领导层在寻找出路和办法，他们的态度在进一步发生变化。1988年3月，谢瓦尔德纳泽、法林、克留奇科夫三人在给苏共中央的报告中担心夜长梦多，节外生枝。他们强调，卡廷问题越拖延越危险，可能引发波方要求苏联进一步澄清其他数千被捕人员的命运。迄今为止，苏联对波方的这种呼吁并未做出回答。谢瓦尔纳泽三人的结论和建议是：“我们难于回避向人民波兰领导人和波兰社会澄清过去的悲剧事件。时间并不是我们的盟友。如能说清楚真实情况，说清楚何人对过去负有罪责，并以此了结此事，看来是可取的。从最终的结果看，这样做所付出的代价要小于目前的敷衍塞责所造成的损失。”

苏联领导层对卡廷事件态度变化的速度显然不如苏联和东欧政局变化的速度来得更快。1989年6月，波兰在东欧各国中首先发生剧变，波兰统一工人党丧失政权。雅鲁泽尔斯基虽然根据圆桌会议的精神仍当选为波兰总统，但地位虚弱，岌岌可危。而此时的苏联，正内外交困，走向解体，戈尔巴乔夫逐渐失去驾驭形势的能力。如何解决卡廷问题，对于雅鲁泽尔斯基和戈尔巴乔夫来说，正面临着最后的时刻。

1990年4月11—14日，雅鲁泽尔斯基以波兰共和国总统身份访苏。访问时间显然是精心选择和巧妙安排的。大家知道，卡廷事件曝光的日子是1943年4月13日，卡廷事件发生的年代是1940年，1990年恰恰是卡廷事件50周年。雅鲁泽尔斯基此时访苏，其重要任务之一显然是解决卡廷问题，这是不言而喻的。

为了应对雅鲁泽尔斯基的访问，法林于1990年2月向戈尔巴乔夫报告了有关苏联历史学家查阅档案情况和他的看法和建议。法林认为，继续说在苏联国家档案馆中找不到有关卡廷悲剧的背景材料“将难于令人信服”。已找到的档案材料同波方借以立论的材料相对照，“不允许我们再坚持以前的说法，不允许我们不做出结论”。“考虑到卡廷50周年在即，无论如何也要明确我们的立场。”法林建议，“看来代价最小的方案是：告诉雅鲁泽尔斯基，我们仔细查阅有关档案，未能找到可以确定卡廷悲剧发生的准确时间和具体肇事人的直接证据。”但在内务人民委员会档案中发现，有一些上下文“可对布尔坚科报告的可靠性提出异议”。“据此可以断定，在卡廷地区波兰军官的死难系内务人民委员会所为，就人而言，系贝利亚和米尔库洛夫所为。”法林的方案虽然可以在一定程度上满足波方的要求，但其实质是只在原则上认罪，不做彻底的澄清，凡波方已掌握的事实，苏方承认确有其事，凡波方尚不了解的情况，苏方一概缄口不言。

雅鲁泽尔斯基如期访苏。双方在会谈中一致强调，查清二战期间关押在苏联集中营里的波兰军官的死亡情况具有“特殊的道德意义”。除会谈外，雅鲁泽尔斯基还专程前往卡廷，作为波兰总统第一次在卡廷向死难的波兰军官致哀。这次访问的重大的实际成果，凝结在塔斯社4月13日声明的一句话中：“卡廷悲剧是斯大林主义的严重罪行。”这是苏联选择雅鲁泽尔斯基访苏期间，在波兰面前，在全世界面前就卡廷事件第一次公开正式承认负有罪责。

历时50载，苏联始认罪。对于雅鲁泽尔斯基来说，是他在总统任内完成的一件大事，也是他自1987年以来在坚持消除波苏关系中“历史空白点”方面取得的重大成果。只可惜，它来得太晚了。波兰统一工人党业已丧失政权，它并未能及时帮助波党解脱在维护政权斗争中压在背上的沉重的历史重负。只可惜，它来得太不彻底了，克里姆林宫的主人还在扭扭捏捏，“犹抱琵琶半遮面”。直至1992年10月14日俄罗斯总统叶利钦的特使在华沙向波兰总统瓦文萨转交俄国总统密档第一卷副本时，卡廷事件的真相才进一步暴露在光天化日之下。

四

俄罗斯总统密档第一卷，尘封半个世纪之后，终于在1992年10月14日揭下了一层层诡密的面纱。

这是关于卡廷事件的专卷。同许多类似的苏联绝密的档案一样，开始存放在苏共中央总务部第六处，尔后转归苏共中央政治局档案，1990年夏转归苏联总统档案馆，存放在克里姆林宫，1991年12月24日由俄罗斯总统接管。密封的档案盒内究竟装了什么文件，除了苏联领导层中几位核心人物外，任何人都不知道。总统档案馆工作人员非经特别批准也无权拆阅。在大部分档案盒上甚至标有“永不开启”的禁令。

苏联总统戈尔巴乔夫承认，他阅读过密档第一卷，时间是在1991年12月23日，是在移交总统权力时同叶利钦一道启封阅读的。

戈尔巴乔夫讲述过这前前后后的情景。当总统档案馆工作人员得知戈尔巴乔夫即将向叶利钦交权时，他们对密档第一卷的命运感到担忧，他们认为戈尔巴乔夫事先应当了解密档的内容。总统办公室主任向戈尔巴乔夫报告了有关情况并将密档第一卷摆在总统办公桌上。数小时后，戈尔巴乔夫会见叶利钦，时有雅科夫列夫在座。当开启封印，看了文件的内容，戈尔巴乔夫感到，“我们的头发竖立起来了”。“我们无权向波兰隐瞒事实”，“我们三个人当即认为，不论后果如何，也应向波兰方面通报”。“我对叶利钦说：‘鲍里斯，现在该由你做这件事了’。”

此前戈尔巴乔夫是否翻阅过密档第一卷，是一个有争议的话题，暂且不管。值得一提的是，1990年4月，雅鲁泽尔斯基总统访苏时，在澄清卡廷事件真相问题上，戈尔巴乔夫向前迈了一步，承认了卡廷惨案是“斯大林主义的罪行”，但有关卡廷事件的绝密档案仍紧锁在总统的密档铁柜中，并未向波方披露。事过一年半后，戈尔巴乔夫向叶利钦交权，特地移交这卷密档。又过了十个月，叶利钦决定将密档第一卷副本转交波方。叶利钦的特使、国家档案馆馆长鲁道尔夫·皮霍亚前来华沙，完成了这一使命。在1992年10月14日举行的转交仪式上，瓦文萨总统手捧密档语音嘶哑地说，“感到全身颤抖”。

究竟秘档中有什么东西会使戈尔巴乔夫“头发竖立”，会使瓦文萨“全身颤抖”呢？原来，困扰波苏关系长达半个世纪之久的卡廷悲剧的真相，随着密档第一卷封印的开启而全部暴露在光天化日之下。苏联当权者坚持半个世纪的弥天大谎顷刻间化为泡影。枪杀成千上万名波军战俘的人，不是苏联当年一口咬定的德国法西斯，而是苏联自己。

密档第一卷内的第一份文件，是由斯大林签署的1940年3月5日联共（布）中央的决定。第二份文件是1940年3月5日贝利亚给斯大林的报告。这两份文件构成一个整体，报告是决定的根据，是卡廷惨案的原罪之始。贝利亚的报告详细说明自1939年9月17日苏联出兵波兰后，被苏联关押在三个大战俘营以及其他营地和监狱中的波军被俘军官及其他人员的人数、军阶、职业和政治态度，说他们是苏维埃“不共戴天的敌人”，因此建议按“特别程序”审理，处以极刑枪决。据此，联共（布）政治局当日即通过决定，授权内务人民委员部对报告中所列25700人执行枪决。第三份文件是1959年3月3日谢列平给赫鲁晓夫的报告。报告核实卡廷惨案中被枪杀的总人数为21857人，报告强调档案馆保留这些人的人事档案对苏联和对“波兰朋友”已无必要和价值，“一旦泄密，必将危害国家”，因此，建议全部销毁这21857份人事档案。

密档第一卷终于解密了，卡廷惨案的真相终于大白天下了：枪杀的决定，是1940年3月5日由联共（布）政治局根据贝利亚的报告作出的，由斯大林等人签署；决定同意枪杀人数为25700人，其中关押在三大战俘营中的为14700人，关押在乌克兰和白俄罗斯西部各州监狱中的为11000人。值得强调的是，此前人们所了解的卡廷事件基本上只限于关押在三大战俘营中的波兰军官的悲惨命运，而现在事件涉及的范围大大扩展了，死难者的人数大大增加了。

接受档案后，瓦文萨致信叶利钦，称赞和感谢叶利钦的“勇气”。强调在罪行面前，过去“只有欺骗”，现在则是“信任和真诚”。说波俄两国人民之间的关系已掀开“面向未来，以相互谅解、合作和理解为基础的新的一页”。波兰报刊也称赞叶利钦做出的“悔罪的姿态”，“其伟大可同1970年勃兰特在犹太英雄纪念碑前跪拜请罪相提并论”。

卡廷事件的历史教训是沉痛而深刻的。

对于苏联来说，在国际关系中奉行大国沙文主义，将强权和谎言强加于人，虽能得逞于一时，却不能得益于永远，结果是既损人又害己。

对于波兰来说，她在同苏联的相互关系中处于小党小国的不利地位，这种关系是不平等的。敢不敢在强权面前维护国家和民族利益，关系到领导威信和民心向背。事实雄辩地证明，维护国家和民族利益的旗帜，如果执政的工人党不能高高举起，必然会落入政治反对派的手中，成为政治反对派同执政党争夺群众和动摇执政基础的工具。

沉痛的经验教训，值得后人借鉴和深思。

（原载《纵横》杂志，2004年第二期）

附录2

奥得—尼斯边界问题的始末

波兰和德国之间争议40多年的奥得—尼斯边界问题，终于在1990年11月14日画上了句号。是日，波兰共和国外交部长斯库比舍夫斯基和德意志联邦共和国外交部长根舍在华沙签署了《关于确认两国现有边界条约》，为战后波德两国关系史翻开了新的一页。

一、奥得—尼斯边界的形成

同二战前比较，波兰的版图发生了重大的变化，其一是领土面积缩小，其二是整个版图西移。

波兰领土面积，二战前为38.8万平方公里，二战后则为31.25万平方公里。战前波兰东部领土约17.7万平方公里划归苏联；战前德国东部领土——奥得河和尼斯河以东以及东普鲁士部分地区约10.2平方公里划归波兰。奥得—尼斯河成为波兰和德国之间的边界线。划归波兰的原德国土地约占现今波兰领土的三分之一，构成波兰的西部和北部地区。由于历史上这片土地曾属于波兰皮亚斯特王朝，所以战后波兰把它称为“收复地区”。

波兰版图的变迁，是二战期间及其后美英苏三大国历次国际会议安排决定的。据波兰历史学家记述，最初提出波兰版图西移这一主张的是斯大林。1941年12月初，流亡伦敦的波兰政府总理西科尔斯基访问苏联时，斯大林向他表示，战后，“东普鲁士应该属于波兰，波兰的西部边界必须以奥得河为基础”。自此之后，波兰的领土和边界问题便成为美英苏三大国外交谈判的重要议题之一。1943年11月，在德黑兰会议上，斯大林要求美英承认奥得河作为波兰西部边界线，罗斯福和丘吉尔当即表示同意。据德黑兰会议参加者回忆说，当时丘吉尔摆了三根火柴，用来比喻苏波德三国领土应该如何西移。他说，第一根火柴代表德国，第二根代表波兰，第三根代表苏联，这三根火柴都应该向西移动，以解决盟国面临的一项主要任务——确保苏联西部的安全。因此德黑兰会议取得的共识是，战后波兰的领土和疆界“原则上大体位于所谓的寇松线和奥得河之间”。但是，当时波兰出现了两个政权并存的局面：得到西方支持的波兰流亡政府，不愿意放弃寇松线以东的土地，坚持要恢复1939年波兰东部疆界；与苏联结盟的人民波兰政权，接受苏联关于波苏边界以寇松线划线的主张，并明确要求波兰西部边界不仅应以奥得河为基础，而且还应向西推进到奥得河支流尼斯—乌日茨卡河，形成奥得—尼斯边界线。斯大林允诺“无条件地支持”波兰把领土扩展到尼斯—乌日茨卡河一线的要求，但在1945年2月雅尔塔会议上，却未能获得美英两国的完全同意。

1945年5月德国投降。7月17日美英苏三国首脑举行波茨坦会议，讨论波德边界问题时在一度出现僵局的情况下，斯大林建议听取波兰政府的意见。波兰总统贝鲁特率领代表团抵达波茨坦，向美英苏三国外长表明，波兰同意雅尔塔会议确定了的波兰东部边界，同时强烈吁请三大国在确定波兰西部边界时，要充分考虑波兰国家的切身利益。经过苏联的坚持和波兰代表团的艰苦工作，波茨坦会议终于就奥得—尼斯边界问题达成了一致意见。

二、人口迁徙和重建家园

战争一结束，波兰政府在收复地区展开了史无前例的大规模重建家园的工作。

首先是解决大批居民迁徙问题。1939年在收复地区大约有居民1000万人。战争后期，大约有500多万德国居民，随着节节败退的德军后撤和逃亡到德国腹地。战争结束后，波茨坦协议规定，必须把原德国居民从波兰收复地区迁往德国本土。根据盟国对德管制委员会制定的迁徙计划，在波兰的德国人迁往德国英占区150万人，迁往德国苏占区200万人。

德国人迁走了，大批波兰人则从寇松线以东的西乌克兰和西白俄罗斯，从英国、法国和比利时，从波兰中部地区迁入新收复的波兰西部和北部地区。到1949年年底迁入近450万人。此后，1955—1959年又有近25万人从苏联返回收复地区定居。

这种数以千万计的人口大迁移，给德国和波兰带来了许多新的经济、社会、政治问题以及冲突和紧张。一些德国人对波茨坦协定愤愤不平，对划出去的土地恋恋不舍，对被迫迁居耿耿于怀，甚至从不掩饰其复仇的情绪和愿望，矛盾的尖锐和复杂是不言而喻的。一些波兰人虽然回到了祖国的土地，但心怀疑虑和恐惧，担心有朝一日会得而复失。战后初期的波兰收复地区的社会，一时间成为来自不同的地域和具有不同的文化素质的波兰居民的混合体。他们虽然拥有共同的民族语言，但彼此关系中却存在这样或那样的矛盾。面对这种情况，波兰政府采取了一系列相应的政策，进行了艰苦卓绝的组织、教育工作，才建立起一个和谐的社会。到1970年，收复地区的人口已占全国人口总数的三分之一，其中近500万人是生于斯长于斯的青年人。

战后波兰在饱经战争创伤的收复地区重建家园，付出了巨大的人力和物力。经过多年持续不断的艰苦努力，波兰的西部和北部地区早已旧貌换了新颜，早已在政治、经济、文化、社会生活的各个领域同波兰其他地区融为一体，成为波兰不可分割的组成部分。

三、两个德国，两种态度

1949年在德国的土地上诞生了两个德意志国家，德意志民主共和国和德意志联邦共和国。两个德意志国家对奥得—尼斯边界问题持有截然不同的两种态度。

德意志民主共和国（民主德国）从诞生之日起即同波兰建立了睦邻友好关系，承认奥得—尼斯河是波兰的西部边界。1950年7月6日，民主德国和波兰签订了边界条约，划定边界。此后，1953年8月23日，波兰政府决定自1954年1月1日起放弃向民主德国索取战争赔偿。1955年2月18日，波兰国务委员会决定终止对德战争状态。在波兰和民主德国之间，奥得—尼斯边界成为“友好的边界”，“和平的边界”。

与民主德国相反，德意志联邦共和国（联邦德国）在相当长的时间里对奥得—尼斯边界持有异议。他们强调波茨坦议定书有关波兰西部边界的“最后划定应由对德和约（或和会）解决”以及战前属于德国的东部领土交由“波兰管辖”的提法，不承认奥得—尼斯边界是波德之间的最终边界，不承认波兰对收复地区的主权，不同意将战前德国的部分领土割让给波兰。他们拒绝承认1950年民主德国和波兰签订的边界条约具有合法性。联邦德国的态度引起波兰的严重关切和警惕。波兰认为，在联邦德国存在一股企图修改边界的势力，这股势力始终没有放弃恢复1939年德国版图的愿望与活动，直接威胁着波兰的边界安全和领土完整。因此，奥得—尼斯边界问题就一直成为波兰和联邦德国双方争执的核心和关系紧张的根源。

波兰和联邦德国两国关系的改善始于20世纪60年代末勃兰特在联邦德国开始执政的时候。经过一系列的谈判，两国终于在1970年12月7日在华沙签订了《两国关系正常化基础条约》。该条约第一条确认“由波茨坦会议确定了走向的现有边界为波兰西部边界”，确认边界的不可侵犯性，并彼此保证无条件地尊重对方的领土完整，现在和将来都不向对方提出任何领土要求。1972年5月，波兰和联邦德国两国议会分别批准了这个条约，两国建立起大使级外交关系，实现了两国国家关系正常化。至此，事隔20年之后，波兰同两个德国都签订了肯定其西部边界的条约。但有关奥得—尼斯边界的争议虽说告一段落，其实并未终结。问题的症结在于联邦德国的立足点是，承认波德边界的现状及其不可侵犯性，但波德边界仍要留待对德和约来最终解决，因此拒不承认波兰西部边界的最终性质。

四、从“2+4”会议到波德边界条约

1989年11月9日，象征着德国分裂的柏林墙开始崩塌，一股要求两个德国统一的浪潮骤然兴起，来势汹涌，不可阻挡。对德国问题负有“特殊责任”的苏美英法四大国一时间无可奈何，德国的周边国家更是惴惴不安，其中尤以波兰为甚。波兰不仅有过遭受德国瓜分、侵略和占领的惨痛的历史经验，而且重新面临保障西部边界安全和领土完整的重大的现实问题。眼看德国的统一必然是民主德国的消亡，与民主德国有共同边界的波兰必将同联邦德国直接接壤。由于联邦德国始终不肯确认奥得—尼斯边界的“最终性质”，波兰十分担心统一后的德国会不会有人否定此前两个德国同波兰签订的

条约，重新挑起边界问题的争议，危及国家的存亡。

1990年2月13日，在北约和华约外长渥太华会议期间，两个德国的外长同四大国外长商定了解决德国统一问题的"2+4"方案，这使波兰面临着在没有波兰参加的情况下由其他国家决定波兰命运的现实危险。对此，波兰的反应十分强烈。2月14日和15日，波兰总理马佐维耶茨基和总统雅鲁泽尔斯基分别发表谈话，提出"波兰必须参加预定要举行的有关德国统一问题的谈判"，声明"我们的安全不能由代理人为我们解决"。21日，波兰政府总理写信给苏美英法四国首脑，陈述波兰的立场：一、要求参加"2+4"会议，强调在涉及波兰安全问题上，波兰有参加讨论的道义上的权利和法律上的权利；二、要求在德国统一之前，与两个德国分别草签关于波兰西部边界的条约，然后再与统一的德国正式签署。同一天，波兰总理在记者招待会上公开宣布了这两项要求，以争取有关各方的广泛同情和支持。

对波兰的要求，联邦德国总理科尔始则拒绝，不表同意；继则坚持只有统一后的全德政府，才有权签订具有国际法约束力的边界条约；进而在3月2日提出签订边界条约的条件，是波兰必须重申放弃战争赔偿的要求和保障德裔波兰人的权利。科尔的这种态度增加了波兰人的疑虑，也招致欧洲国家的批评，并在国内引起轩然大波。波兰遂即展开了空前频繁的外交活动，重点做美英法苏四大国的工作。四大国的领导人也出面表态，美国总统布什声明美国"正式承认目前的波德边界"，英国首相撒切尔夫人指出"统一后的德国不得谋求战后划为波兰的领土"，法国总统密特朗主张签订一项国际条约来确定波德边界的"不可更改性"，苏联总统戈尔巴乔夫强调任何改变边界现状的企图都是"危险的"。在联邦德国国内，参与执政的自民党和在野的社民党则批评科尔的言论"危及德国统一进程"，"是冒险主义和不负责任的"。在内外的压力下，科尔的态度才有所松动，3月6日他对记者说："各方，包括我自己在内，都犯了错误"。这场"科尔风波"才算平息下来。

3月8日，联邦德国议会根据政府的动议通过决议，决定在民主德国大选后，由两个德国议会发表内容相同的声明，表明"波兰人将得到保证，即无论是现在还是将来，德国人都不会提出领土要求；统一后的德国政府将在两德议会声明的基础上同波兰缔结边界条约"。这实际上是否定了科尔把确认波兰西部边界同波兰重申放弃赔偿要求和保障德裔波兰人权利联系在一起的立场。从而为"2+4"会议的筹备工作铺平了一段道路。此后不久，3月14日"2+4"会认第一次专家会议即达成一致，同意波兰参加讨论波德边界问题。

6月21日，两个德国的议会分别通过了关于波德边界问题的声明，表示统一后的德国愿意通过一项国际法条约对波德之间的边界走向作"最后的重申"。同日，科尔在联邦议院讲话，说同波兰实现最终和持久的和解的时机已经成熟，波德边界将是"最终边界"。科尔强调，这是德国为实现统一大业而不得不付出的"高昂的代价"，因为联邦德国"面临一种非常明确的选择，不是确认现有的边界，就是丧失实现德国统一的机会"。

两德议会的声明为最终解决波德边界问题迈出了关键的一步。此后，7月17日波兰外交部长斯库比舍夫斯基应邀出席了"2+4"外长巴黎会议，参与有关波德边界和波德关系问题的讨论。会议议定，把奥得—尼斯边界是"永久性边界"的内容写进"2+4"会议的最后文件；联邦德国承诺在统一后将尽快同波兰签订一项具有国际法约束力的条约。9月12日，在莫斯科举行的最后一轮"2+4"外长会议上，六国外长签署了《关于最终解决德国问题条约》，确认奥得—尼斯边界是波德之间的最终边界。

根据"2+4"会议的协议，签署波德边界条约是实现波兰要求和结束边界争议的最后步骤。11月14日，波兰外长斯库比舍夫斯基和统一后的德国外长根舍在华沙签署了《关于确认两国现有边界条约》，从而使长达40余年的有关奥得—尼斯边界之争终于成为历史。

波德《关于确认两国现有边界条约》除序言外，共4条，其中规定，“双方确认两国现有的边界”，“绝对尊重主权和领土完整”，确认“现在和将来边界的不可侵犯”和彼此“不提出领土要求”。

纵观波德边界争议的历史，可以说这个条约是波德双方在四大国参与下反复讨价还价和互相妥协的结果。对波兰来说，它得到了边界安全和领土完整的保证，但它不能不对德国历来坚持的立场做出一定的让步。条约行文中值得注意之处有：关于波德边界走向问题，未再直接援引波茨坦协议关于边界走向的历史性的文字；关于边界的最终性质问题，未采纳波兰一向主张的奥得—尼斯边界是最终边界的提法，而只在序言中采用了“拥有最终边界的”统一德国的提法；关于波兰人和德国人“蒙受丧失家园损失”的提法，实际上是反映了德国的立场。科尔在联邦议院发表的政府声明（6月21日）曾说，德国人在奥得—尼斯河以东的土地上有“700年生活历史”，把德国人“逐出老家，是不公正的做法。当时这种做法在道德和法律上都是没有道理的，也不能在事过几十年以后还说逐出家园的做法是合法的”。对德国来说，它是做出了一个“严酷和痛苦的决定”（德国总统魏茨泽克新年对记者谈话），同意“现在和将来”以放弃战前德国的东部领土，换来两个德国的统一。

（原载《德国统一纵横》世界知识出版社，1992年。
于欣，系作者笔名。）

后　记

《波兰历史的弄潮儿——雅鲁泽尔斯基》即将同读者见面了。借此机会上，我想还说几句话。

20世纪50年代，惠娣和我先后赴波兰留学，尔后，我们俩一直在外交部工作。在半个多世纪风云变幻的时间里，无论在外交部还是在驻波使馆，我们俩始终生活和工作在一起，携手并肩，共度时艰；互相砥砺，尽职尽责；折冲樽俎，不辱使命，共同书写了人生和事业的华章。

离退休后，我们在书海和墨海中畅游。她支持我参与《中国外交辞典》和《世界外交大辞典》的编纂工作，并鼓励我撰写一些文章。有时她出题目我动笔，而我写好的文章和书稿她都要认真审读，提出修改意见，帮我把关。

她审读认真，几近于苛刻，但她的意见是中肯的。有一次我在文章中引用了波兰解密档案中的"密电"，而未说明这份"密电"的来源，她认为这是严重的疏忽和遗漏，她指出必须写明"根据波兰解密档案"，否则容易引起外人的无端揣测。可见她做事的认真和仔细，思考问题的深入和周密。

《山河湖海话波兰》那本书，渗透了她的心血，她是未署名的作

在北京家中，2004年5月6日

者。《波兰历史的弄潮儿——雅鲁泽尔斯基》这本书，也是在她的鼓励和支持下完成的。她要我“踏实耕耘，向心中目标逐步迈进！”经她审读和修改的部分章节，曾分两篇在《百年潮》杂志上发表。第一篇《一场未遂“事变”的台前幕后》她看到了，可第二篇《招架不了的外来压力》发表时她已离开了人世。

我的心碎了，茫然不知其所以。我把书稿放在电脑的文件夹中，无心过问。而当我在悲痛中意识到，修改好这部书稿，也是完成她鼓励我要做而未做完的事的时候，我躲到一个远离城市喧嚣的处所，坐在灯下案前做起这件事来。因为，这本书同样渗透了她的心血，其出版发行是对她的最好的告慰和纪念。

我还想说的话，就是感谢我的朋友们。

外交笔会的许多朋友一直关心和鼓励我写作，并向出版社推荐我的书稿。我衷心地向外交笔会会长蔡方柏大使，向刘新生、朱祥忠、黄桂芳、黄舍骄大使，向各位朋友表示敬意和谢意。

我还要深深感谢世界知识出版社的朋友们。前总编辑陈平陵，我们是老同事老邻居老朋友，他欣然命笔，为本书写了序言；章少红总编辑、罗养毅副总编辑和侯新鹏女士为本书的出版，给予大力支持和热心指导，这是我难以忘怀的。

在写作过程中，我参阅和引用了有关书籍、文章和资料，谨向这些书籍、文章和资料的作者、译者和编者表示诚挚的谢意。

我期望《波兰历史的弄潮儿——雅鲁泽尔斯基》这本书，能通过一个人物的功过是非和盛衰荣辱，为读者了解波兰现代历史的发展变化，了解波兰人民此时和彼时的追求，提供某些史实和观点。

毋庸讳言，书中难免有这样或那样的缺陷和遗漏，敬祈专家和读者不吝指正。

2016年2月25日于燕郊

资料来源和参考书目

沃·雅鲁泽尔斯基:《雅鲁泽尔斯基选集1981—1987》(中文版,人民出版社,1988年)

沃·雅鲁泽尔斯基:《为什么战时状态?》(波文版,1992年)

沃·雅鲁泽尔斯基:《历史的急转弯》(波,互联网,2006年)

特·托兰斯卡:《雅鲁泽尔斯基访谈录》(波,互联网,2013年)

《雅鲁泽尔斯基大事记》(波,互联网,2013年)

莱·瓦文萨:《希望之路》(波文版,1990年)

布·盖莱梅克:《1989年问答录》(波文版,1990年)

耶·马赫耶克:《克瓦希涅夫斯基》(波文版,1995年)

安·阿尔贝特:《波兰现代史1914—1993》(波文版,1995年)

雅·罗利茨基:《中断的十年》(世界知识出版社,1992年)

米·弗·拉科夫斯基:《波兰剧变是怎样发生的》(世界知识出版社,1992年)

于欣、萍如:《圆桌会议和团结工会上台》(世界知识出版社,1990年)

邢广程:《苏联高层决策70年》(世界知识出版社,1998年)